Jörg Oberste (Hrsg.)

# Kommunikation in mittelalterlichen Städten

Jörg Oberste (Hrsg.)

# Kommunikation in mittelalterlichen Städten

SCHNELL + STEINER

Forum Mittelalter · Studien
Band 3

Herausgeberin der Reihe
Edith Feistner

Bibliografische Information der Deutschen Bibliothek

Die Deutsche Bibliothek verzeichnet diese Publikation in der Deutschen Nationalbibliografie; detaillierte bibliografische Daten sind im Internet über <http://dnb.ddb.de> abrufbar.

1. Auflage 2007

Umschlaggestaltung: grafica, Regensburg
Satzherstellung: Vollnhals Fotosatz, Neustadt/Donau
Lithoherstellung und Druck: Erhardi Druck GmbH, Regensburg
ISBN 978-3-7954-2018-5



Weitere Informationen zum Verlagsprogramm erhalten Sie unter:
www.schnell-und-steiner.de

# Inhaltsverzeichnis

# Einführung: Verdichtete Kommunikation und städtische Kultur

*Jörg Oberste*

Im Zentrum des wissenschaftlichen Profils des Forums Mittelalter der Universität Regensburg steht seit mehreren Jahren die interdisziplinäre Erforschung mittelalterlicher Städte und Stadtkulturen. Aufbauend auf der einzigartigen Dichte der Überlieferung im mittelalterlichen Regensburg, richtet sich der Forschungsansatz des Forums dabei dezidiert auf eine vergleichende gesamteuropäische Perspektive. In der thematischen Ausrichtung auf ‚Kommunikation' sollen mittelalterliche Städte a priori als öffentliche Räume mit verdichteten kommunikativen Beziehungen verstanden werden. Diese Prämisse könnte man auch schärfer formulieren: Verdichtete Kommunikation ist ein spezifisches Kennzeichen mittelalterlicher Urbanität.

Die mediävistische Forschung hat Städte unter dem Schlagwort der ‚Zentralität' bereits als Knotenpunkte des politischen, kirchlichen, wirtschaftlichen, gesellschaftlichen und kulturellen Lebens untersucht und beschrieben.[1] Dieses Konzept geht von der Grundannahme aus, dass ein Siedlungsort etwa in wirtschaftlicher, politischer, kirchlicher oder kultureller Hinsicht zentrale Funktionen für das Um- und Hinterland erfüllt. Der überregionale Markt, die umfassende Befestigung und der Bischofssitz spielen nach den Ergebnissen der Siedlungskernforschung bereits an den Anfängen des europäischen Städtewesens, beim Übergang von der spätrömischen Civitas zur frühmittelalterlichen Stadtgemeinde, eine zentralisierende Rolle. Im Hoch- und Spätmittelalter erfasst man sodann mit dem Zentralitätsbegriff vor allem demographische Schübe vom Land in die Stadt. Der Ausbau zur landesherrlichen Residenzstadt in Spätmittelalter und Frühneuzeit bringt zudem neue administrative, gerichtliche und vor allem kulturelle Zentralitätsfunktionen hervor.[2]

Durch die Fokussierung auf ‚Kommunikation' werden im vorliegenden Band verstärkt die kulturellen und medialen Bedingungen urbaner Zentralität in den Blick genommen werden. Die Vielzahl von Interaktionsebenen und Kommunikationspartnern, die

1 Vgl. bilanzierend die Sammelbände: Zentralitätsforschung, hg. v. Peter Schöller (Wege der Forschung 301), Darmstadt 1972 und Zentralität als Problem der mittelalterlichen Stadtgeschichtsforschung, hg. v. Emil Meynen, Köln 1979. Neuere Forschungen zu diesem Thema liegen vor mit dem Band: Städtelandschaft – Städtenetz – Zentralörtliches Gefüge. Ansätze und Befunde zur Geschichte der Städte im hohen und späten Mittelalter (THF 43), hg. v. Monika Escher/Alfred Haverkamp/Frank G. Hirschmann, Mainz 2000.

2 Vgl. Hans Patze, Die Bildung der landesherrlichen Residenzen im Reich während des 14. Jahrhunderts, in: Stadt und Stadtherr im 14. Jahrhundert, hg. v. Wilhelm Rausch (Beiträge zur Geschichte der Städte Mitteleuropas 2), Linz 1972, S. 1–54.

Heterogenität der beteiligten Institutionen und Gruppen, die Komplexität der medialen Möglichkeiten und sprachlichen Transfers machen Städte zu einem besonders dynamischen Feld kommunikativer Prozesse. Soziologische Studien haben seit langem auf die Bedeutung des kommunikativen Handelns für die Formierung sozialer Gruppen und öffentlicher Räume aufmerksam gemacht. Dabei wurde etwa untersucht, „wie kommunikative Akte die Funktion der Handlungskoordinierung übernehmen und ihren Beitrag zum Aufbau von Interaktionen leisten“[3]. Aufschlussreich erscheint auch die Unterscheidung Niklas Luhmanns zwischen „formalen“ und „informalen Kommunikationsbeziehungen“[4]. Bereits Max Weber hat am Beispiel städtischer Gemeinwesen den Zusammenhang zwischen intensivierten Kommunikationsbeziehungen und rationalen Organisationsprinzipien beobachtet. In seiner Deutung konnte die „okzidentale Stadt des Mittelalters“ somit zu einem Vorreiter für moderne Rationalisierungs- und Bürokratisierungsprozesse werden.[5] Die moderne mediävistische Forschung hat solche Überlegungen bislang nur in Teilgebieten aufgenommen und weiterverfolgt.

Auch wenn gewiss Vorarbeiten zur städtischen Kommunikation aus verschiedenen Disziplinen vorliegen,[6] kann doch bislang als Desiderat der Versuch angesehen werden, die unterschiedlichen Dimensionen kommunikativer Prozesse in mittelalterlichen Städten zu erheben und als einen konstituierenden Faktor mittelalterlicher Urbanität zu be-

3 Jürgen Habermas, Theorie des kommunikativen Handelns, 2 Bde., Frankfurt/M. [4]1988. In kritischer Auseinandersetzung mit Webers Handlungstheorie postuliert Habermas das Ziel, über eine sprechaktorientierte Kommunikationstheorie zu grundlegenden gesellschaftstheoretischen Fragen zu gelangen: „Eine auf dieser Linie formalpragmatisch ausgearbeitete Kommunikationstheorie kann für eine soziologische Handlungstheorie fruchtbar gemacht werden, wenn es gelingt zu zeigen, wie kommunikative Akte [...] die Funktion der Handlungskoordinierung übernehmen und ihren Beitrag zum Aufbau von Interaktionen leisten. Schließlich ist kommunikatives Handeln auf situative Kontexte angewiesen, die ihrerseits Ausschnitte aus der Lebenswelt der Interaktionsteilnehmer darstellen. Erst dieses Konzept der Lebenswelt [...] sichert den Anschluß der Handlungstheorie an die Grundbegriffe der Gesellschaftstheorie“ (ebd., Bd. 1, S. 376f.).

4 Niklas Luhmann, Funktionen und Folgen formaler Organisation, Darmstadt [3]1976, bes. S. 190–206 (Kap. 13: „Formalisierung des Kommunikationsnetzes“); ähnlich kommt Norbert Elias bei den „Mechanismen der Feudalisierung“ auf die Intensivierung der Kommunikationsbeziehungen im 12. und 13. Jahrhundert zu sprechen: Norbert Elias, Über den Prozeß der Zivilisation. Soziogenetische und psychogenetische Untersuchungen, Bd. 2, Frankfurt/M. [18]1994, hier S. 58–75.

5 Bei Weber findet sich in dem Kapitel über bürokratische Herrschaft die These von den Nachrichten- und Verkehrsmitteln „als Schrittmachern der Bürokratisierung“ (Max Weber, Wirtschaft und Gesellschaft. Grundriß der verstehenden Soziologie, Tübingen [5]1972, S. 561–571). Vgl. zu Webers Stadtbegriff K. Schreiner, Die mittelalterliche Stadt in Webers Analyse und die Deutung des okzidentalen Rationalismus, in: Max Weber, der Historiker (Kritische Studien zur Geschichtswissenschaft 73), hg. v. Jürgen Kocka, Göttingen 1986, S. 119–150 und den Band: Die okzidentale Stadt nach Max Weber. Zum Problem der Zugehörigkeit in Antike und Mittelalter (Historische Zeitschrift. Beihefte, n.F. 17), hg. v. Christian Meier, München 1994.

6 Aus Sicht der germanistischen Sprachwissenschaft sind die Forschungen im Bereich Stadtsprachen, Kanzleisprachen, Kanzleitechniken am besten dokumentiert in der Bibliographie von Jörg Meier/Arne Ziegler, Kanzleisprachenforschung im 19. und 20. Jahrhundert, Wien 2002 und in dem Band: Aufgaben einer künftigen Kanzleiforschung, hg. v. dens., Wien 2003. Vgl. auch den Band Stadt, Kanzlei und Kultur im Übergang zur Frühen Neuzeit, hg. v. Rudolf Suntrup/Jan R. Veenstra, Frankfurt 2004.

schreiben. Mit der im November 2006 in Regensburg abgehaltenen Tagung und dem vorliegenden Tagungsband wird somit – wenn auch ohne Anspruch auf Vollständigkeit – auf einen möglichst breiten Zugriff auf Felder, Träger, Genres und Medien städtischer Kommunikationsbeziehungen gezielt. Im Tagungskonzept wurden einige Differenzierungen und Leitfragen formuliert, von denen ich nur die vier dort genannten Programm-Schwerpunkte in Erinnerung rufen möchte:

(1) Wie werden kommunikative Techniken zur Herrschaftssicherung in der Stadt eingesetzt?[7] Hier ist von einem Prozess der zunehmenden Verschriftlichung des administrativen Handelns, von neuen Techniken der Buchführung, Archivierung und Vernetzung städtischen Schriftgutes auszugehen.[8] Wer hat aber die Verfügung über die städtische Schriftlichkeit? Welche Unterschiede in den Kommunikationsbeziehungen liegen vor bei Städten mit ausgeprägter monokratischer Stadtherrschaft und bei solchen mit stark repräsentativen oder oligarchischen Systemen? Welche Bildungsstandards gelten für die Beteiligten? Welche Rolle spielen die Hohen Schulen und Universitäten? Wie gestalten sich die Differenzen und Interferenzen zwischen klerikalem und laikalem Milieu?

(2) Welche Formen und Themen prägen die Kommunikation in den städtischen Außenbeziehungen und in den Beziehungen zum institutionellen Umfeld? Die Ausdehnung städtischer Administration und Herrschaft auf das regionale Umfeld gehört zu den wichtigsten Zentralisierungsleistungen mittelalterlicher Städte.[9] Aber auch die städtischen Beziehungen zum institutionellen Umfeld etwa der Klöster und Höfe; insbesondere die Rolle der Bettelorden und der auf bürgerliche Bedürfnisse abgestimmten Seelsorge, ferner auch die Präsenz und architektonische Repräsentation nichtstädtischer Herrschaftsträger in den Städten und deren Einfluss wiederum auf Formen der bürgerlich-städtischen Repräsentation, sind wichtige Fragestellungen.[10] Zuletzt gehören die Formen der kommunikativen Vernetzung mit anderen Städten, Kommunikationsstrukturen von Städtebünden und überregionalen Handelshäusern sowie der Transfer von

7 Siehe hierzu vor allem die Beiträge von Henning Steinführer, Christina Antenhofer und Flora Hirt in diesem Band.

8 Vgl. dazu etwa die Studien von Hagen Keller, Oberitalienische Statuten als Zeugen und als Quellen für den Verschriftlichungsprozeß im 12. und 13. Jahrhundert, in: Frühmittelalterliche Studien 19 (1988), S. 286–314 sowie die Beiträge in den Sammelbänden: Statutencodices des 13. Jahrhunderts als Zeugen pragmatischer Schriftlichkeit. Die Handschriften von Como, Lodi, Novara, Pavia und Voghera (Münstersche Mittelalter-Schriften 64), hg. v. Hagen Keller/Jörg W. Busch, München 1991 sowie Kommunales Schriftgut in Oberitalien. Formen, Funktionen, Überlieferung (Münstersche Mittelalter-Schriften 68), hg. v. Hagen Keller/Thomas Behrmann, München 1995 sowie für Deutschland die ältere Studie von Ernst Pitz, Schrift- und Aktenwesen der städtischen Verwaltung im Spätmittelalter. Köln, Nürnberg, Lübeck. Beitrag zur vergleichenden Städteforschung und zur spätmittelalterlichen Aktenkunde (Mitteilungen aus dem Stadtarchiv von Köln 45), Köln 1959 und der jüngste Tagungsband: Verwaltung und Schriftlichkeit in Hansestädten (Hansische Studien XVI), hg. v. Jürgen Sarnowsky, Trier 2006. Weitere Literatur wird im Beitrag von Henning Steinführer in diesem Band genannt.

9 Siehe hierzu die Beiträge von Artur Dirmeier und Diethard Schmid in diesem Band.

10 Siehe hierzu die Beiträge von Maria Pia Alberzoni und Jörg Oberste in diesem Band.

Wissen und Sprache zwischen Stadt und Land sowie zwischen Städten und Städtelandschaften zu diesem und zugleich bereits zum nächsten Bereich.

(3) Dort ist drittens nach den sprachlichen und literarischen Besonderheiten städtischer Kommunikation zu fragen.[11] Verdichtete Kommunikation schlägt sich auch in einer quantitativ und qualitativ ausgeprägten Literaturproduktion nieder, im lateinischen wie im volkssprachlichen Sektor. Welche besonderen Produktions- und Rezeptionsbedingungen liegen in der Stadt vor? Welche sprachlichen und literarischen Austausch- und Ausgleichsprozesse spielen sich zwischen Stadt und Umland ab?

(4) In einem letzten Punkt wird nach der symbolischen Dimension städtischer Kommunikation gefragt.[12] Die vielfältigen Demonstrationen städtischer Identität spielen sich in vielen Fällen nicht durch einfache schriftliche oder mündliche Akte ab, sondern in ausgefeilten ikonographischen, architektonischen oder rituellen Inszenierungen. Zu denken ist dabei an die Rolle der Stadtpatrone und der städtischen Heiligenverehrung, der regelmäßig wiederkehrenden Prozessionen, Feste und Feiern, an die Bildprogramme im öffentlichen Raum, oder an die urbane Architektur und Städteplanung.

Für die großzügige Unterstützung der Internationalen Tagung des Forums Mittelalter, die vom 17. bis zum 19. November 2007 im historischen Runtingersaal der Stadt Regensburg stattfand, ist der Universität Regensburg, der Universitätsstiftung Hans Vielberth und der Stadt Regensburg zu danken! Von der reibungslosen Zusammenarbeit mit dem Verlag Schnell & Steiner (Regensburg) und seinem Verleger Dr. Albrecht Weiland haben das Layout und die fristgerechte Drucklegung profitiert. Für die redaktionelle Bearbeitung des vorliegenden Tagungsbandes ist Susanne Ehrich und Andrea Hofmann, für die logistische Betreuung der Tagung und weitere redaktionelle Unterstützung ist ferner Elke Völcker, Anna Wipplinger, Solvejg Schlee und Sandra Lehner Dank zu sagen!

11 Siehe hierzu die Beiträge von Jörg Meier und Arne Ziegler in diesem Band.

12 Siehe hierzu die Beiträge von Bruno Klein, Sabine von Heusinger, Paul Mai und Roman Hankeln in diesem Band.

# Stadtverwaltung und Schriftlichkeit. Zur Entwicklung des administrativen Schriftwesens sächsischer Städte im späten Mittelalter[1]

*Henning Steinführer*

## I

Im Februar des Jahres 1476 wurde vom Leipziger Rat ein langwieriger Streit zwischen den Brüdern Balthasar und Hans Schultz wegen eines südwestlich der Stadt gelegenen Wald- und Wiesenbesitzes beigelegt. Die Auseinandersetzung war „in langen und manichfeldigen schrifften" bis vor den Kurfürsten getragen worden, der den Leipziger Rat als Schiedsinstanz in diesem Familienstreit einsetzte. Nachdem der Rat eine offenbar beide Parteien befriedigende Lösung gefunden hatte, ließ er diese in das „ratsbuch", das offizielle Geschäftsbuch der Stadt, eintragen. Zugleich wurde beiden Parteien ausdrücklich gestattet, „so offte yn das not thuen" würde, die Vereinbarung im Ratsbuch nachzulesen.[2] Das hier dokumentierte Rechtsgeschäft ist zugleich ein Beispiel für die zahlreichen Stadtbucheinträge, die uns heute zum einen Kenntnis vom Rechtsleben bzw. den wirtschaftlichen und gesellschaftlichen Verhältnissen in der mittelalterlichen Stadt geben, zum anderen aber auch einen Blick auf die Umstände der protokollierten Entscheidung erlauben.

Deutlich wird an diesem Beispiel die wichtige Rolle, die Rats-, Schöffen- oder Kanzleistuben als zentrale Orte städtischer Kommunikation gespielt haben. In diesen Räumen der Schrift ist auch die überwiegende Zahl der Quellen entstanden, die uns heute Kenntnis von der Geschichte der mittelalterlichen und frühneuzeitlichen Stadt geben. Für die in den letzten Jahren verstärkt in den Blickpunkt der Forschung gerückte Kommunikationsforschung ist die genaue Kenntnis von Entstehung und Funktionsweise des administrativen Schriftwesens von besonderer Bedeutung, etwa im Hinblick auf das Verhältnis von Mündlichkeit und Schriftlichkeit, auf die Teile der Stadtgemeinde, die durch die Schrift erschlossen werden, oder die Frage, welche Bereiche der städtischen Gesellschaft in besonderer Weise am Schriftgebrauch partizipieren.

Wie die Kommunikationsgeschichte so hat auch die Schriftlichkeitsforschung in den letzten zwei Jahrzehnten erhebliche Fortschritte gemacht. Stellvertretend sei hier nur der Münsteraner Sonderforschungsbereich „Träger, Felder, Formen pragmatischer Schriftlichkeit im Mittelalter" genannt.[3] Auch das administrative Schriftwesen der Städte hat in den letzten Jahrzehnten mehrfach das Interesse der Forschung auf sich

1 Der vorliegende Beitrag ist die leicht überarbeitete und um die wesentlichen Quellen- und Literaturnachweise ergänzte Fassung des auf der Regensburger Tagung gehaltenen Vortrages.

2 Henning Steinführer, Die Leipziger Ratsbücher 1466–1500. Forschung und Edition (Quellen und Materialien zur Geschichte der Stadt Leipzig 1), Leipzig 2003, Teilband 1, Nr. 438.

3 Die Ergebnisse des Sonderforschungsbereiches haben die deutsche Diskussion in ganz besonderer Weise vorangebracht. Stellvertretend sei hier nur auf wenige zentrale Arbeiten verwiesen:

ziehen können.[4] Allerdings ist zu konstatieren, dass es zum einen an einschlägigen Studien zu mittleren und kleinen Städten mangelt, zum anderen liegen kaum Arbeiten vor, die die Entwicklung innerhalb einer Region bzw. einer Städtelandschaft analysieren.[5] Im Folgenden möchte ich versuchen, einige Überlegungen für eine vergleichende Geschichte des administrativen Schriftwesens der sächsischen Städte von den Anfängen im 13. Jahrhundert bis zum Ausgang des Mittelalters vorzustellen.

## II

Zwischen dem 12. und dem 15. Jahrhundert bildete sich in Sachsen[6] ein dichtes Städtenetz heraus.[7] Die bei weitem bedeutendste sächsische Stadt war lange Zeit Freiberg. Die Bedeutung der Erzgebirgsstadt, die um 1300 etwa 5.000 Einwohner zählte, gründete sich vor allem auf den Silberbergbau, dessen Erträge die Stadt wohlhabend und für

Hagen Keller/Franz Josef Worstbrock, Träger, Felder, Formen pragmatischer Schriftlichkeit im Mittelalter. Der neue Sonderforschungsbereich 231 an der Westfälischen Wilhelms-Universität Münster, in: Frühmittelalterliche Studien 1988, S. 388–409; Pragmatische Schriftlichkeit im Mittelalter. Erscheinungsformen und Entwicklungsstufen, hg. von Hagen Keller/Klaus Grubmüller/Nikolaus Staubach (Münstersche Mittelalter-Schriften 65), München 1992; Schriftlichkeit und Lebenspraxis im Mittelalter. Erfassen, Bewahren, Verändern, hg. von Hagen Keller/Christel Meier/Thomas Scharff (Münstersche Mittelalter-Schriften 76), München 1999.

4 Vgl. u.a. Henryk Skrzypczak, Stadt und Schriftlichkeit im deutschen Mittelalter. Beiträge zur Sozialgeschichte des Schreibens, Ms., Phil. Diss. Berlin, Freie Universität, 1956; Ernst Pitz, Schrift- und Aktenwesen der städtischen Verwaltung im Spätmittelalter. Köln, Nürnberg, Lübeck. Beitrag zur vergleichenden Städteforschung und zur spätmittelalterlichen Aktenkunde (Mitteilungen aus dem Stadtarchiv von Köln 45), Köln 1959; Kommunales Schriftgut in Oberitalien. Formen, Funktionen, Überlieferung, hg. von Hagen Keller/Thomas Behrmann (Münstersche Mittelalter-Schriften 68), München 1995; La diplomatique urbaine en Europe au moyen âge. Actes du congrès de la Commission internationale de Diplomatique, hg. von Walter Prevenier/Therese de Hemptinne, Gent 2000; Verwaltung und Schriftlichkeit in den Hansestädten, hg. von Jürgen Sarnowsky (Hansische Studien XVI), Trier 2006; Tobias Herrmann, Anfänge kommunaler Schriftlichkeit. Aachen im Europäischen Kontext (Bonner Historische Forschungen 62), Siegburg 2006. Hinzu kommen eine Vielzahl lokaler Studien, u.a. für Regensburg: Karl Otto Ambronn. Entstehung und Anfänge der städtischen Kanzlei in Regensburg vor dem Hintergrund der wechselnden stadtherrlichen Verhältnisse, in: La diplomatique urbaine en Europe (siehe oben), S. 5–22.

5 Als ein gutes Beispiel für die Erkenntnisfortschritte, die sich aus einer regional-vergleichenden Arbeitsweise ergeben, kann die Studie von Mark Mersiowsky zur Rechnungsüberlieferung Nordwestdeutschlands herangezogen werden: Mark Mersiowsky, Die Anfänge territorialer Rechnungslegung im deutschen Nordwesten. Spätmittelalterliche Rechnungen, Verwaltungspraxis, Hof und Territorium (Residenzforschung 9), Stuttgart 2000.

6 Unter der Bezeichnung Sachsen bzw. sächsisch wird dabei das Gebiet zwischen Saale und Elbe verstanden, das sich im Wesentlichen unter der Herrschaft der Markgrafen von Meißen aus dem Hause Wettin befand. Nach dem Übergang der sächsischen Kurwürde auf die Wettiner im Jahre 1423 wurde für dieses Gebiet alsbald die Bezeichnung Sachsen üblich. Manfred Kobuch, Der Weg des Namens Sachsen, in: Die Wettiner. Chancen und Realitäten, Dresden 1989, S. 30–35.

7 Zur Geschichte der sächsischen Städte im Mittelalter sei hier nur auf wenige grundlegende Arbeiten verwiesen: Walter Schlesinger, Die Anfänge der Stadt Chemnitz und anderer mitteldeutscher Städte, Weimar 1952; Karlheinz Blaschke, Geschichte Sachsens im Mittelalter, Berlin 1990, S. 111–136; Ders., Entwicklungstendenzen im Städtewesen Sachsens zu Beginn der Neuzeit, in: Die Stadt an der Schwelle zur Neuzeit, hg. von Wilhelm Rausch (Beiträge zur Geschichte der Städte

Zuwanderung attraktiv machten. An die Wirtschaftskraft und Bevölkerungszahl Freibergs reichten die übrigen sächsischen Städte nicht heran. Die größeren unter ihnen – Leipzig, Zwickau oder Altenburg – zählten im 14. Jahrhundert kaum 3.000 Einwohner. Im 15. Jahrhundert gingen die Erträge der Freiberger Gruben jedoch zurück, und so musste die Bergstadt, die zusätzlich noch durch verheerende Stadtbrände in ihrer Entwicklung zurückgeworfen wurde, ihre führende Rolle an die aufstrebende Handels- und Universitätsstadt Leipzig abtreten. Obwohl Leipzig ebenso wie Freiberg schon im Mittelalter eine gewisse überregionale Bedeutung beanspruchen durfte, zählte jedoch keine der beiden Kommunen jemals zum Kreis der mittelalterlichen Großstädte, die die Forschung jenseits der Grenze von 10.000 Einwohnern beginnen lässt. Der überwiegende Teil der sächsischen Kommunen waren ohnehin Klein- und Minderstädte mit unter 1.000 Einwohnern, denen allenfalls regionale Bedeutung zukam. Die Zahl der Stadtbewohner im Verhältnis zur Gesamtbevölkerung war gleichwohl beträchtlich: am Ausgang des Mittelalters lebte in den ca. 150 sächsischen Städten bereits ein Drittel der Bevölkerung.[8]
Mit Blick auf das Verhältnis der sächsischen Städte zu ihren Stadtherren ist die zentrale Rolle der Wettiner als Markgrafen von Meißen bzw. seit 1423 als Kurfürsten von Sachsen hervorzuheben. Die Wettiner betrieben in ihrem Herrschaftsbereich eine intensive Städtepolitik. Es gelang ihnen zwischen dem 13. und dem 15. Jahrhundert ihren Besitz zu Lasten des Reiches und zahlreicher lokaler Herrschaftsträger erheblich zu erweitern. Im Zuge dieser Ausdehnung des wettinischen Territoriums gelangen auch zahlreiche Städte, darunter die ehemaligen Reichsstädte Altenburg, Chemnitz und Zwickau in die Hand der Meißner Markgrafen. Eine ernsthafte städtische Opposition gegen die wettinischen Stadtherren ist in Sachsen nicht nachzuweisen. Am Ausgang des Mittelalters waren die der Landesherrschaft unterworfenen Städte fest in den sich langsam herausbildenden Territorialstaat integriert.[9]

## III

Wenn nachfolgend die Entwicklung des administrativen Schriftwesens der sächsischen Städte vorgestellt wird, so ist vorauszuschicken, dass nur gut ein Dutzend von ihnen

Mitteleuropas 4), Linz 1980, S. 245–258; Ders., Stadtgrundriß und Stadtentwicklung. Forschungen zur Entstehung mitteleuropäischer Städte. Ausgewählte Aufsätze von Karlheinz Blaschke unter Mitarbeit von Uwe John hg. von Peter Johanek (Städteforschung; Reihe A, Darstellungen 44), Köln/Weimar/Wien ²2001, S. 83–120.

8 Karlheinz Blaschke, Bevölkerungsgeschichte Sachsens bis zur industriellen Revolution, Weimar 1967, S. 130–141.

9 Vgl. Herbert Helbig, Der Wettinische Ständestaat. Untersuchungen zur Geschichte des Ständewesens und der landständischen Verfassung in Mitteldeutschland bis 1485 (Mitteldeutsche Forschungen 4), Münster/Köln 1955, S. 375–387; Karlheinz Blaschke, Städte und Stadtherren im meißnisch-lausitzischen Raum während des 14. Jahrhunderts, in: Stadt und Stadtherr im 14. Jahrhundert. Entwicklungen und Funktionen, hg. von Wilhelm Rausch (Beiträge zur Geschichte der Städte Mitteleuropas 2), Linz 1972, S. 55–78; Henning Steinführer, Herzog Albrecht und die Städte. Zum Verhältnis zwischen Städten und Stadtherren in Sachsen in der zweiten Hälfte des 15. Jahrhunderts, in: Herzog Albrecht der Beherzte (1443–1500). Ein sächsischer Fürst im Reich und Europa (Quellen und Materialien zur Geschichte der Wettiner 2), hg. von André Thieme, Köln/Weimar/Wien 2002, S. 213–231.

über eine nennenswerte, in die Zeit vor 1400 zurückreichende, mittelalterliche Überlieferung verfügt. Die Ursachen für die bestehenden Lücken sind vielfältig, neben Kriegen und Stadtbränden spielt dabei vor allem der schlechte Zustand des kommunalen Archivwesens im 19. Jahrhundert ein wichtige Rolle. Im Zuge der bürgerlichen Verfassungsreformen waren große Mengen älteren Schriftgutes für die unmittelbaren Zwecke von Justiz und Verwaltung entbehrlich geworden und der Vernichtung anheim gefallen. Ein historisches Interesse, das hier Einhalt geboten hätte, erwachte vielfach erst zu spät. Eine trotz dieser Tatsachen noch breite und aussagekräftige Überlieferung hat sich in den Stadtarchiven von Altenburg, Dresden, Freiberg, Leipzig und Zwickau erhalten.[10]

Die Entstehung eines eigenständigen administrativen Schriftwesens der sächsischen Städte vollzog sich zwischen dem ausgehenden 13. Jahrhundert und dem 15. Jahrhundert, dabei können drei Phasen unterschieden werden: 1. Vorstufen um 1300, 2. Phase der Formierung eines eigenständigen administrativen Schriftwesens im 14. Jahrhundert und 3. Phase des voll ausgebildeten Schriftwesens im 15. Jahrhundert. Diese Entwicklungsstufen sollen im Folgenden kurz vorgestellt werden.

## 1. Vorstufen um 1300

Grundvoraussetzung für die Herausbildung des administrativen Schriftwesens war die Herausbildung der Ratsverfassung, also einer eigenständigen städtisch-bürgerlichen Organisationsform. Städtische Räte werden in Sachsen im Verlauf des 13. Jahrhunderts greifbar, beispielhaft seien Freiberg (1227/1241), Altenburg (1256), Leipzig (1270), Zwickau (1273), Chemnitz (1290/91) oder Dresden (1292) angeführt. Im Umfeld der Ausbildung dieser Räte sind in der Regel auch die ältesten Zeugnisse für die Inanspruchnahme der Schrift durch die Städte nachweisbar. Die Städte führen nun eigene Siegel (seit 1227 Freiberg) und treten als Urkundenaussteller auf (seit 1268 Altenburg).[11]

Dieser Befund sollte jedoch nicht dazu verführen, schon in dieser frühen Zeit von festgefügten Strukturen oder gar einem funktionierenden Kanzleiwesen auszugehen. Fest angestellte Schreiber können anfangs noch nicht nachgewiesen werden. Die Städte bedienten sich für die Erledigung der anfallenden Arbeiten temporärer Schreiber, deren Dienste man von Fall zu Fall in Anspruch nahm. Darüber hinaus handelt es sich bei den überlieferten Urkunden zum großen Teil um Empfängerausfertigungen zumeist geistlicher Provenienz. Anhand dieser Urkunden wird deutlich, wie groß der Einfluss kirchlicher, mit dem Schriftgebrauch vertrauter Institutionen auf die Formierung des städtischen Schriftwesens in den sächsischen Städten war. Besonders nachdrücklich lässt sich

10 Zum administrativen Schriftwesen der sächsischen Städte vgl. Hubert Ermisch, Die sächsischen Stadtbücher des Mittelalters, in: Neues Archiv für Sächsische Geschichte 10 (1889), S. 83–143 und S. 176–215; Thomas Vogtherr, Die Anfänge des städtischen Urkundenwesens in Sachsen, in: La diplomatique urbaine (wie Anm. 4), S. 536–538; Henning Steinführer, Urkunden- und Kanzleiwesen der sächsischen Städte im Spätmittelalter, in: Diplomatische Forschungen in Mitteldeutschland, hg. von Tom Graber (Schriften zur sächsischen Geschichte und Volkskunde 12), Leipzig 2005, S. 163–184.

11 Vgl. dazu ausführlich Vogtherr (wie Anm. 10).

dies in Altenburg zeigen, wo alle vor 1350 ausgestellten Ratsurkunden der Kanzlei des dortigen Bergerklosters zuzuweisen sind.[12]
Endgültige Klarheit über die Frühzeit des administrativen Schriftwesens ist angesichts einer sehr dürftigen Überlieferungslage freilich kaum zu gewinnen: pro Stadt sind nicht mehr als ein Dutzend Urkunden aus der Zeit um 1300 erhalten.[13] Die geringe Zahl überlieferter Urkunden und der hohe Anteil von Empfängerausfertigungen ist ein deutliches Indiz für die Annahme, dass es noch keine permanenten städtischen Beurkundungsstellen gegeben hat. Andererseits findet bereits 1292 in Leipzig ein Stadtbuch (*liber civium*) Erwähnung[14] und auch das so genannte Freiberger Stadtrechtsbuch, das auch Festlegungen über einen Stadtschreiber enthält, ist wohl schon vor 1300 angelegt worden.[15] Unterstellt man, dass die Anlage, Führung und Verwahrung von Geschäftsbüchern eine größere Kontinuität in den städtischen Verwaltungs- und Kanzleiverhältnissen erfordert, so ist wohl zumindest in diesen beiden Städten die Existenz einer städtischen Schreibstelle um 1300 denkbar.[16]
Nimmt man den Inhalt der zunächst rein urkundlichen Überlieferung in den Blick, so dominieren anfangs Rechtsgeschäfte mit Empfängern außerhalb der Stadtgemeinde. In der Regel geht es hierbei um von den Stadtherren gewährte städtische Rechte und Freiheiten. Um 1300 rücken dann zusehends innere Angelegenheiten der Städte in den Vordergrund der in den Urkunden und Stadtbüchern dokumentierten Rechtsgeschäfte. Nun ist es nicht mehr der von außen durch eine mit dem Schriftumgang vertraute Partei an die Stadt herangetragene Wunsch, der die schriftliche Fixierung einer Rechtshandlung auslöst, vielmehr gebrauchen jetzt die Städte das Werkzeug der Schrift ganz selbstverständlich im Rahmen ihrer eigenen Geschäftstätigkeit.

## 2. Formierung eines eigenständigen städtischen Schriftwesens im 14. Jahrhundert

Eine in der Breite einsetzende Verfestigung des städtischen Schrift- und Kanzleiwesens ist seit der Mitte des 14. Jahrhunderts festzustellen. Die Ratsherrschaft hatte sich etabliert und in den Städten begann sich eine differenzierte Verwaltung herauszubilden, die sich bei der Wahrnehmung ihrer Aufgaben zunehmend auf das Hilfsmittel der Schrift stützte.

12 Vgl. Altenburger Urkundenbuch 976–1350, bearbeitet von Hans Patze (Veröffentlichungen der Thüringischen historischen Kommission 5), Jena 1955, S. 55.

13 Übersicht bei Vogtherr (wie Anm. 10).

14 Vgl. Urkundenbuch der Stadt Leipzig, hg. von Karl Friedrich von Posern-Klett (Codex diplomaticus Saxoniae regiae 9), Leipzig 1868, Nr. 36; Ermisch, Stadtbücher (wie Anm. 10), S. 106, 177 f.

15 Manfred Unger, Das Freiberger Stadtrechtsbuch der Jahre 1296–1305/07, in: Rechtsbücher und Rechtsordnungen in Mittelalter und früher Neuzeit (Sächsische Justizgeschichte 9), Dresden 1999, S. 54–80, hier S. 60.

16 Für eine deutlich spätere Datierung erst um die Mitte des 14. Jahrhunderts treten sowohl Thomas Vogtherr als auch Tobias Herrmann ein, ohne jedoch auf die von mir hier angeführten Belege einzugehen. Vogtherr (wie Anm. 10), S. 555 f.; Herrmann (wie Anm. 4), S. 425–437.

Neben die städtischen Siegelurkunden treten nun neue Schriftgutformen.[17] Von besonderer Bedeutung sind in diesem Zusammenhang Stadtbücher, die man mit einigem Recht als das Rückgrat des administrativen Schriftwesens der sächsischen Städte bezeichnen kann.[18] Am Anfang der Überlieferung stehen hierbei in der Regel repräsentative Aufzeichnungen der städtischen Rechte, als Beispiele seien etwa das Freiberger Rechtsbuch (um 1300) und das Zwickauer Rechtsbuch von 1348 genannt. Die aufwändig gestalteten Handschriften dokumentieren augenfällig den Wert der dauerhafte Gültigkeit beanspruchenden Rechtstexte für die Stadtgemeinde. Den Wandel zu einer eher nüchternen Haltung gegenüber der Schrift als Hilfsmittel der Verwaltung zeigen eindrücklich die schon wenige Jahre nach Anlage des Kodex einsetzenden Nachträge (z.B. Handwerksordnungen), die in einer Geschäftsschrift ohne Rücksicht auf Repräsentativität eingetragen wurden.[19]

Neben die Stadtrechtscodificationen treten mit dem Grimmaer Gerichtsbuch von 1346 sowie den Zwickauer (1367–1536) und Leipziger Urfriedebüchern (1390–1480) zunächst weitere Gerichtsbücher. Darüber hinaus sind aber auch Ratsbücher vermischten Inhalts nachweisbar (Oschatz 1321, Lößnitz 1355, Leipzig 1359, Grimma 1372, Zwickau 1375, Freiberg 1378).[20]

Von zunehmender Bedeutung wird im Verlaufe des 14. Jahrhunderts die Dokumentation des städtischen Finanzwesens. Leider sind in diesem Bereich die Überlieferungsverluste besonders hoch, doch legen die wenigen erhalten Beispiele (z.B. für Altenburg und Dresden) nahe, dass im 14. Jahrhundert allgemein von einem funktionierenden, schriftgestützten Rechnungswesen in den sächsischen Städten auszugehen ist.[21]

Fasst man die Anfänge des Stadtbuchwesens in Sachsen zusammen, so kann man die Bücher vier Bereichen zuordnen: 1. Bereich Rechtscodifizierung (Stadtrechtsbücher); 2. Bereich der inneren Verwaltungsführung; 3. Bereich Finanzen/Wirtschaftsführung; 4. Bereich Justizausübung, freiwillige Gerichtsbarkeit.[22]

Wobei nicht immer eine klare Trennung zwischen den einzelnen Gruppen vollzogen werden kann, insbesondere die vermischten Stadtbücher enthalten, wie der Name schon sagt, Einträge aus verschiedenen Bereichen. Eine zuerst auf dem Gebiet der Rechts-

17 Grundlegend: Hans Patze, Neue Typen des Geschäftsschriftgutes im 14. Jahrhundert, in: Der deutsche Territorialstaat im 14. Jahrhundert, Bd. 1, hg. von dems. (Vorträge und Forschungen 13,1), Sigmaringen 1970, S. 9–64.

18 Vgl. dazu mit einer Übersicht über die ältere Forschung: Andreas Petter, Mittelalterliche Stadtbücher und ihre Erschließung. Grundlagen und Gestaltung quellenkundlicher Arbeiten zur mitteldeutschen Überlieferung, in: Sachsen und Anhalt 24 (2002/3), S. 189–245; Andreas Petter, Schriftorganisation, Kulturtransfer und Überformung: Drei Thesen zur Entstehung, Funktion und Struktur städtischer Amtsbuchüberlieferung aus dem Mittelalter, in: Sarnowsky (wie Anm. 4), S. 17–63.

19 Helmut Bräuer, Das Zwickauer Stadtrechtsbuch „de anno 1348“ aus sozial-, politik- und wirtschaftsgeschichtlicher Perspektive, in: Rechtsbücher und Rechtsordnungen (wie Anm. 15), Dresden 1999, S. 81–103.

20 Den nach wie vor besten Überblick über die sächsischen Stadtbücher bietet: Ermisch (wie Anm. 10).

21 Vgl. Steinführer (wie Anm. 10).

22 Diese Einteilung orientiert sich an der von Jürgen Kloosterhuis vorgenommenen Klassifikation mittelalterlicher Amtsbücher: Jürgen Kloosterhuis, Mittelalterliche Amtsbücher: Strukturen und Materien, in: Die archivalischen Quellen. Mit einer Einführung in die historischen Hilfswissenschaften, hg. von Friedrich Beck/Eckart Henning, Köln/Weimar/Wien [4]2004, S. 53–73.

pflege und des Finanzwesens einsetzende Spezialisierung ist aber noch im Laufe des 14. Jahrhunderts zu beobachten.

Mit den Stadtbüchern findet in den städtischen Kanzleien seit der Mitte des 14. Jahrhunderts auch verstärkt Papier Verwendung. Die älteste Papierhandschrift ist der Zwickauer *Liber proscriptorum* von 1367, der mehrere hundert Blätter umfasst und von Anfang an aus einem Buchblock bestand.[23]

Eine weitere wesentliche Entwicklung ist die um die Mitte des 14. Jahrhunderts einsetzende Ablösung des Lateinischen durch die deutsche Sprache. Innerhalb weniger Jahre wird Latein zugunsten der Volkssprache nahezu vollständig zurückgedrängt. Das Lateinische bleibt dennoch fester Bestandteil der Kanzleiarbeit, etwa im schriftlichen Verkehr mit der Kirche oder bei internen Vermerken.

In der ersten Hälfte des 14. Jahrhunderts etabliert sich mit den Stadtschreibern ein neuer Berufsstand. Die Schreiber können zunächst mit Hilfe von Handschriftenvergleichen und um die Mitte des 14. Jahrhunderts auch namentlich nachgewiesen werden (ältester Beleg Johannes von Übigau 1340 in Meißen).[24] Bei diesen Schreibern, die zugleich qualifizierte Verwaltungsfachleute waren und über ausreichende Rechtskenntnisse verfügen mussten, hat es sich in den sächsischen Städten bis ins 15. Jahrhundert hinein vielfach um Geistliche gehandelt.[25] Insbesondere in kleineren Städten bestand darüber hinaus eine enge Verbindung zwischen Stadtschreiber- und Schulmeisteramt. Beispielhaft wären hier Städtchen wie Dahlen, Rosswein oder Eibenstock zu nennen. Überhaupt ist die Entwicklung eines eigenständigen städtischen Schulwesens ein deutliches Indiz für die zunehmende Bedeutung der Schrift. Waren zunächst geistliche Institutionen für die Vermittlung elementarer Bildung zuständig – in Leipzig ist z.B. seit 1254 eine schola exterior am Thomasstift belegt –, so werden an der Wende zum 15. Jahrhundert eigenständige Stadtschulen nachweisbar. Die ältesten bestanden in Dresden und Zwickau. Der Leipziger Rat verfügte zwar seit 1394 über ein päpstliches Privileg, das ihm die Gründung einer eigenen, vom Thomasstift unabhängigen Schule gestattete. Tatsächlich eingerichtet wurde eine solche aber erst am Beginn des 16. Jahrhunderts. Von ungleich größerer Bedeutung als die nicht zustande gekommene Einrichtung einer Stadtschule war freilich die Gründung der Universität Leipzig im Jahre 1409. Im Laufe des 15. Jahrhunderts wurde sie zur wichtigsten Ausbildungsstätte sächsischer Stadtschreiber.

23 Vgl. dazu Henning Steinführer, Zur Geschichte und zur Wiederaufnahme der Arbeiten an der Edition des Zwickauer Urkundenbuches im Rahmen des Codex diplomaticus Saxoniae, in: Neues Archiv für sächsische Geschichte 76 (2005), S. 313–318.

24 Ein Zusammenstellung der Ersterwähnungen bei Vogtherr (wie Anm. 10).

25 Zu den sächsischen Stadtschreibern und ihren Bildungswegen vgl.: Ludwig Erich Schmitt, Untersuchungen zur Entstehung und Struktur der „neuhochdeutschen Schriftsprache", Bd. 1, Sprachgeschichte des Thüringisch-Obersächsischen im Spätmittelalter. Die Geschäftssprache 1300 bis 1500 (Mitteldeutsche Forschungen 36,1), Köln/Wien [2]1982.

## 3. Voll ausgebildetes administratives Schriftwesen im 15. Jahrhundert

Die dritte Entwicklungsstufe, die hier vorgestellt werden soll, ist schließlich die Phase des voll ausgebildeten Schriftwesens im 15. Jahrhundert. Zumindest den größeren sächsischen Städten gelang es in dieser Zeit, ein hohes Maß an Autonomie von ihrem Stadtherren zu erreichen. Der Rat hatte sich als herrschaftlich-obrigkeitliches Organ durchgesetzt und bestimmte über weite Teile des Lebens in der Stadt. Eine völlige Loslösung von der stadtherrlichen Gewalt ist den sächsischen Städten wohl auch auf Grund ihrer geringen Größe indes nicht gelungen.

Im 15. Jahrhundert hatte sich die Schriftlichkeit in nahezu allen Bereichen der städtischen Verwaltung durchgesetzt. Zugleich stiegen die Anforderungen an die Ratskanzleien in quantitativer wie in qualitativer Hinsicht erheblich. Den städtischen Verwaltungszentralen standen nun immer häufiger Juristen vor. In den sächsischen Städten lässt sich diese Entwicklung besonders deutlich in Leipzig verfolgen. Hier verfügten die Oberstadtschreiber seit 1420 und die seit der Mitte des 15. Jahrhunderts nachzuweisenden Unterstadtschreiber seit 1472 über eine universitäre Ausbildung.

Die Zunahme des Maßes an schriftlicher Kommunikation zwischen den einzelnen Bereichen der städtischen Verwaltung im 15. Jahrhundert brachte es mit sich, dass nun auch außerhalb der Ratskanzlei umfangreiches Schriftwerk entstand. Die von den Räten für die Erfüllung spezieller Aufgaben gegründeten Ämter und Kommissionen sahen sich, um die Erfüllung ihrer Aufgaben sicherzustellen, genötigt, eigene Schreiber zu beschäftigen; in Leipzig sind jeweils spezielle Schreiber beim Schöffengericht, im Ratskeller, in der Waage, als Marktschreiber oder an den Toren nachweisbar.[26]

Mit dieser Ausweitung der administrativen Schriftlichkeit ist eine merkliche Zunahme der Überlieferungsdichte und -vielfalt verbunden. Ein gutes Beispiel für die neue Qualität der schriftgestützten Verwaltung im 15. Jahrhundert ist das städtische Rechnungswesen, das auf einer mehrstufigen Schriftlichkeit basierte. Überliefert sind jedoch in der Regel nur die Hauptrechnungen der jeweiligen Geschäftsjahre und nicht die zahlreichen Zettel und Lagen, die zwar die Grundlage für die Rechnungslegung bildeten, für eine dauerhafte Aufbewahrung aber nicht wichtig genug waren. Einen instruktiven Einblick in das von einem intensiven Schriftgebrauch gekennzeichnete Verwaltungshandeln vor dem eigentlichen Stadtbuch- bzw. Rechnungseintrag bietet der zufällig erhaltene Bestand Teilrechnungen im Stadtarchiv Leipzig.[27] Die Vielzahl der von ganz verschiedenen Personen stammenden Einzelschriftstücke – es handelt sich dabei nicht selten um kleinformatige Papier- oder Pergamentstücke – vermittelt den Eindruck einer regelrechten „Zettelwirtschaft".[28] Sofern diese Zettel den einzelnen Stadtbüchern beige-

26 Vgl dazu: Walther Rachel, Verwaltungsorganisation und Ämterwesen der Stadt Leipzig bis 1627 (Leipziger Studien aus dem Gebiet der Geschichte 8,4), Leipzig 1902.

27 Stadtarchiv Leipzig, Teilrechnungen.

28 Zu diesem Phänomen vgl.: Antje Sander-Berke, Zettelwirtschaft. Vorrechnungen, Quittungen und Lieferscheine in der spätmittelalterlichen Rechnungslegung norddeutscher Städte, in: Vestigia Monasteriensia. Westfalen – Rheinland – Niederlande, hg. von Ellen Widder/Mark Mersiowsky/Peter Johanek (Studien zur Regionalgeschichte 5), Bielefeld 1995, S. 351–364.

legt oder eingeklebt wurden, markiert diese Praktik bereits den Übergang ins Aktenzeitalter. In Sachsen haben vor allem die Zwickauer Stadtbücher ihr mittelalterliches Erscheinungsbild bewahren können.[29]
In Bezug auf die Stadtbuchführung ist im 15. Jahrhundert ein deutlicher Trend zur Serienspaltung zu beobachten, d.h. nicht mehr das vermischte Stadtbuch bestimmt die Verwaltungsführung, sondern mit dem Zwischenschritt der Materientrennung innerhalb eines Buches gehen die städtischen Kanzleien in Sachsen zur Anlage immer neuer Buchreihen mit spezialisiertem inhaltlichen Profil über. Auf diese Weise entstehen umfangreiche Serien von Protokoll-, Vormundschafts-, Untergerichts- oder Gerichtsbüchern. Die Vielfalt dieser Bücher und die große Zahl der in ihnen überlieferten Einträge spiegelt zum einen die Zunahme des Schriftgebrauchs und zum anderen die Ausweitung der Kompetenzen der städtischen Räte sowie die fortschreitende Differenzierung des Verwaltungshandelns wider.

## IV

Die wesentlichen Anstöße für die Einführung des Prinzips der Schriftlichkeit in der städtischen Verwaltung gingen in Sachsen wie anderenorts von verschiedenen Richtungen aus. Zu nennen sind vor allen Dingen vier Faktoren:
1. Der große Einfluss kirchlicher Institutionen, die mit dem Schriftumgang vertraut waren und sich dieses Hilfsmittels auch im Verkehr mit den Städten bedienten. In den sächsischen Städten mögen als Belege die zahlreichen Empfängerausfertigungen gelten. Außerdem waren die Stadtschreiber noch bis ins 15. Jahrhundert hinein zumeist Geistliche. Mit dem Fortschreiten der Ausbildung städtischer Verfassungs- und Verwaltungsstrukturen verliert sich der kirchliche Einfluss jedoch zusehends.
2. Die Vertreter der städtischen Oberschicht – und hier in erster Linie die Kaufleute – haben die großen Vorteile des Schriftgebrauchs für die Abwicklung ihrer eigenen Geschäfte sicher ebenso schnell erkannt, wie für die Verwaltung der ihrem Einfluss als Ratsmitglieder unterstehenden Kommunen. Es sind letztlich die Räte, die die Entscheidungen zur Einrichtung einer Kanzlei und der Anstellung eines Stadtschreibers treffen. Inwieweit die Schrift das Leben der Stadtbürger in den mittelalterlichen Städten Sachsens beeinflusste, lässt sich auf Grund der dünnen Überlieferungslage allerdings kaum genauer untersuchen.[30]
3. Keinesfalls zu gering zu veranschlagen ist ferner der Einfluss der wettinischen Stadtherren, die auch die Ausbildung des administrativen Schriftwesens beeinflussten. Beschränkte sich ihr Einfluss im 13. Jahrhundert auf die Erteilung von schriftlich festgehaltenen Privilegien, so haben sie im 14. und 15. Jahrhundert im Rahmen ihrer intensiven

29 Vgl. dazu Hubert Ermisch, Die Zwickauer Stadtbücher und eine alte Ratsschulordnung, in: Neues Archiv für sächsische Geschichte 20 (1899), S. 33–45.

30 Zur bürgerlichen Überlieferung: Henning Steinführer, Leipziger Bürgerurkunden des späten Mittelalters, in: Leipzig, Mitteldeutschland und Europa. Festgabe für Manfred Straube und Manfred Unger zum 70. Geburtstag, hg. im Auftrag des Leipziger Geschichtsvereins von Hartmut Zwahr/Uwe Schirmer/Henning Steinführer, Beucha 2000, S. 23–33.

Städtepolitik einen wesentlichen Beitrag für eine zunehmende Verschriftung des städtischen Verwaltungshandelns geleistet.

4. Schließlich ist eine gewisse innere Dynamik in Bezug auf die voranschreitende Schriftnutzung durch die kommunalen Verwaltungen nicht zu verkennen. Die Notwendigkeit, das Zusammenleben tausender Menschen zu organisieren, ließ die Schrift schnell zu einem unentbehrlichen Begleiter werden. In diesem Zusammenhang gilt es auch die Personen der Stadtschreiber angemessen zu würdigen, die den Prozess der Verschriftlichung durchaus schöpferisch voranbrachten, in dem sie neue Praktiken entwickelten und für die Verbreitung ihrer Kenntnisse über eine zeitgemäße schriftgestützte Verwaltung sorgten.

# Zur Realisierung sozialtopographischer Studien für die Stadt Basel im 13. Jahrhundert. Ein Werkstattbericht

*Flora Hirt*

## 1. Einleitung: Fragestellung und Methoden

Der folgende Werkstattbericht gründet sich auf ein Dissertationsvorhaben zur Sozialtopographie der Stadt Basel im 13. Jahrhundert. Er stellt das Ergebnis erster Forschung und Fragestellungen dar und erläutert Probleme und Methoden, die sich aus der Beschäftigung mit sozialtopographischen Strukturen einer derart weit zurückliegenden Zeit und deren Nachweis durch Quellen ergeben.

Mithilfe sozialtopographischer Forschung lassen sich wichtige Fragestellungen der Sozialgeschichte besser klären: Sozialtopographie beleuchtet, knapp formuliert, die Wechselbeziehung zwischen Gesellschaftsordnung und Stadtgrundriss. Indem man erkennt, an welchen Orten die Personen einer Stadt wirtschaftlich und sozial verankert waren, erhält man Einblick in deren sozialräumliche Organisation. Werden solche wirtschaftlichen und sozialen Merkmale im Kontext der städtischen Topographie über einen längeren Zeitraum verfolgt, ist es möglich, Veränderungen festzustellen und z.B. der Frage nachzugehen, ob es in dieser Stadt eine hohe oder niedrige soziale Mobilität gab. In einer bedeutenden Bischofs- und Handelsstadt wie Basel haben sich entsprechende Prozesse eher abgespielt als in kleineren Orten. Demzufolge ist es auch einfacher, sie nachzuweisen. Zur Erforschung von Sozialtopographie muss einerseits die prosopographische, andererseits die topographische Komponente in den Quellen fassbar sein, und dies für den jeweilig untersuchten Ort bzw. die Stadt möglichst flächendeckend.

Üblicherweise dienen Steuerlisten als Quellengrundlage für die Erforschung sozialtopographischer Strukturen des Mittelalters.[1] In diesen werden die Steuerpflichtigen einer Stadt bzw. eines Ortes straßenweise aufgeführt. Daran schließt sich eine Angabe der Steuer an. Es findet somit eine personenbezogene Einteilung nach Vermögensklassen statt. Die Steuerlisten bieten jedoch keine Garantie, flächendeckende Sozialtopographien erstellen zu können.[2] Dies ist allerdings häufig noch nicht einmal für die jüngere Zeit zu leisten, für die weitaus vielfältigere Quellen zur Verfügung stehen.[3]

Daneben gibt es die bislang nur äußerst selten genutzte Möglichkeit[4], sozialtopographische Studien anhand von urkundlich dokumentierten Leihe- und Eigentumsverhältnissen

1 So z.B. bei Willi Schoch, Die Bevölkerung der Stadt St. Gallen im Jahre 1411. Eine sozialgeschichtliche und sozialtopographische Untersuchung, St. Gallen 1997.

2 Die Problematik ist angesprochen bei Schoch (wie Anm. 1), S. 19; Helge Steenweg, Göttingen um 1400. Sozialstruktur und Sozialtopographie einer mittelalterlichen Stadt, Bielefeld 1994, Kap. 2.3.

3 Vgl. Dietrich Denecke, Soziale Strukturen im städtischen Raum: Entwicklung und Stand der sozialtopographischen Stadtgeschichtsforschung, in: Matthias Meinhardt/Andreas Ranft (Hgg.), Sozialstruktur und Sozialtopographie vorindustrieller Städte, Berlin 2005, S. 124.

4 Vgl. Frank Meier, Konstanzer Stadterweiterungen im Mittelalter: Grundstücksbezogene Unter-

durchzuführen: Privaturkunden verzeichnen Rechtsgeschäfte, in denen Grund und Boden verschenkt, verliehen oder verkauft wird. Aus diesen Urkunden lassen sich Besitzer oder Eigentümer von Liegenschaften feststellen, Kaufpreise oder Zinse weisen auf den Wert der Liegenschaften hin. Hiermit lassen sich, wenn auch meist nicht mit der Regelmäßigkeit eines Steuerverzeichnisses, ebenfalls sozialstatistische Angaben gewinnen. Da pro Urkunde nur wenige solcher Besitzverhältnisse erfasst sind, ist bei dieser Methode die Quantität des Materials entscheidend. Vorteilhaft wirkt sich die Dokumentation der Übergabe des Besitzes von einer Hand in die nächste aus: Somit werden immer mindestens zwei beteiligte Parteien in Zusammenhang mit einer Liegenschaft genannt. Das Dissertationsvorhaben geht die Erstellung sozialtopographischer Studien für das 13. Jahrhundert an, da diese Zeit aufgrund des Fehlens leicht erschließbarer Quellen bisher kaum in entsprechenden Arbeiten berücksichtigt worden ist. Dabei die Stadt Basel zu untersuchen, bietet zudem die Möglichkeit, eine stadtgeschichtliche Forschungslücke zu schließen, die sich gerade dort für das 13. Jahrhundert offenbart. Steuerlisten treten in Basel erst Ende des 14. Jahrhunderts auf, kommen also als Basis der Untersuchung nicht in Frage. Daher soll die zweite der oben genannten Möglichkeiten, die Untersuchung von Leihe- und Eigentumsverhältnissen, bei der Erstellung sozialtopographischer Studien für Basel angewandt werden.

## 2. Quellenbasis

Die Stadt Basel ist vor allem für das 15. Jahrhundert und die Neuzeit bereits recht gut erforscht.[5] Den Grund dafür bildet das vermehrte Einsetzen von Überlieferung bzw. die Verbreiterung der Quellenbasis. Das große Erdbeben des Jahres 1356 und der Stadtbrand 1417 haben viele Schriftzeugnisse aus den Jahrhunderten davor, insbesondere Urkunden des städtischen Rates, zerstört. Infolgedessen konzentriert sich die lokale historische Forschung in Basel nahezu ausschließlich auf das ausgehende Mittelalter.[6] Gerade für das 13. Jahrhundert existiert jedoch eine beachtliche Anzahl an Urkunden, die vor

suchungen zur Erschließungsgeschichte und Sozialtopographie einzelner Quartiere, Konstanz 1990; Hans Füglister, Handwerksregiment. Untersuchungen und Materialien zur sozialen und politischen Struktur der Stadt Basel in der ersten Hälfte des 16. Jahrhunderts, Basel 1981.

5 Bezüglich der Erforschung von Basler Sozialgeschichte des Mittelalters wären vor allem die Arbeiten von Katharina Simon-Muscheid zu nennen, beispielsweise Katharina Simon-Muscheid, Die Dinge im Schnittpunkt sozialer Beziehungsnetze. Reden und Objekte im Alltag (14.–16. Jh.), Göttingen 2004; Dies., Zunft-Trinkstuben und Bruderschaften: „Soziale Orte" und Beziehungsnetze im spätmittelalterlichen Basel, in: Gerhard Fouquet/Matthias Steinbrink/Gabriel Zeilinger (Hgg.), Geschlechtergesellschaften, Zunft-Trinkstuben und Bruderschaften, Ostfildern 2003, S. 147–162; Dies., Randgruppen, Bürgerschaft und Obrigkeit. Der Basler Kohlenberg, 14.–16. Jahrhundert, in: Susanna Burghartz (Hg.), Spannungen und Widersprüche. Gedenkschrift für Frantisek Graus, Sigmaringen 1992, S. 203–225; Dies., Handwerkszünfte im Spätmittelalter. Zunftinterne Strukturen und innerstädtische Konflikte, Bern 1988, zugl. Basel, Univ. Diss., 1986.

6 Vgl. dazu auch die Kritik bei Reinhard Patemann, Die Stadtentwicklung von Basel bis zum Ende des 13. Jahrhunderts, in: Zeitschrift für die Geschichte des Oberrheins 112 (1964), S. 431–467, S. 431. Als eine der wenigen Publikationen speziell zum 13. Jh. wäre hier zu nennen Werner Meyer, Basel im 13. Jahrhundert, in: Christian Schmid-Cadalbert (Hg.): Das ritterliche Basel. Zum 700. Todes-

allem durch Klöster und Stifte ausgestellt worden sind. Diese Privaturkunden, die verschiedenartige Rechtsgeschäfte, die sich in der Stadt Basel abspielten, belegen, sind zum allergrößten Teil in den ersten drei Bänden des Urkundenbuches der Stadt Basel[7] zusammengestellt. Die Gesamtzahl der für den Untersuchungszeitraum relevanten hier abgedruckten Urkunden umfasst etwa 1800 Stücke, von denen sich mehr als drei Viertel mit Leihe- und Eigentumsverhältnissen beschäftigen. Zusätzlich finden sich Urkunden zum 13. Jahrhundert in den „Monuments de l'histoire de l'ancien évêché de Bale", die Joseph Trouillat zusammengetragen hat. Unter diesen bischöflichen Urkunden sind auch solche, die Personen und Liegenschaften der Stadt Basel betreffen.[8] Das gleiche gilt für das von Heinrich Boos herausgegebene Urkundenbuch der Landschaft Basel[9]. Obgleich das Basler Urkundenbuch durchaus einen Anspruch auf Vollständigkeit erhebt, soweit es die Basler Archivbestände betrifft, verzeichnet das Staatsarchiv des Kantons Basel-Stadt weitere Urkunden, die seinerzeit nicht in das Urkundenbuch aufgenommen wurden und die es in ihrer Zahl noch zu ermitteln gilt.[10] Daneben lagern kleinere Bestände im Generallandesarchiv in Karlsruhe[11] und den Archives départementales du Haut-Rhin in Colmar[12]. Obgleich die einschlägigen Gesamtwerke zur Basler Geschichte[13] und Monographien, die Rechtsfragen betreffen[14], sich zum Teil stark auf

tag Konrads von Würzburg, Basel 1987, S. 23–31. Zu den erwähnten Naturkatastrophen und deren Folgen vgl. Ders., Da verfiele Basel überall: Das Basler Erdbeben von 1356. Mit einem geologischen Beitrag von Hans Peter Laubscher, Basel 2006; Daniel Reicke, Erdbeben und Stadtbrände des 14./15. Jahrhunderts und ihre Folgen in der Basler Altstadt, in: Matthias Untermann (Hg.), Historisches Ereignis und archäologischer Befund (Mitteilungen der Gesellschaft für Archäologie des Mittelalters und der Neuzeit 16), Paderborn 2005; Gerhard Fouquet, Für eine Kulturgeschichte der Naturkatastrophen. Erdbeben in Basel 1356 und Großfeuer in Frankenberg 1476, in: Andreas Ranft/Stephan Selzer (Hgg.), Städte aus Trümmern. Katastrophenbewältigung zwischen Antike und Moderne, Göttingen 2004, S. 101–131.

7 Urkundenbuch der Stadt Basel, hg. von der Historischen und Antiquarischen Gesellschaft zu Basel, bearb. durch Rudolf Wackernagel und Rudolf Thommen, Bde. 1–3, Basel 1890–1896.

8 Monuments de l'histoire de l'ancien évêché de Bale, recueillis et publiés par ordre du Conseil-Exécutif de la République de Berne, par Joseph Trouillat, Bde. 1–3, Porrentruy 1852–1858. Einige der Urkunden dieser Edition sind von den Bearbeitern des Basler Urkundenbuches in Volltext abgedruckt oder in Regestform übernommen worden, so dass hier z.T. Überschneidungen zu erwarten sind. Die Edition von Trouillat ist jedoch schon im 19. Jahrhundert als unvollständig bemängelt worden: Heinrich Boos, Vorwort, in: Urkundenbuch der Landschaft Basel, hg. von dems., Bd. I (708–1370), Basel 1881, S. V–XI, S. VII f.; Rudolf Wackernagel/Rudolf Thommen, Vorrede, in: Urkundenbuch der Stadt Basel, hg. von der Historischen und Antiquarischen Gesellschaft zu Basel, Bd. I, S. I–XII, S. VIII.

9 Urkundenbuch der Landschaft Basel, hg. von Heinrich Boos, Bd. I (708–1370), Basel 1881.

10 Diese Aussage wurde seitens des Staatsarchivs des Kantons Basel-Stadt durch den Staatsarchivar, Herrn Dr. Josef Zwicker, bestätigt. Bei einem Besuch im Staatsarchiv vom 17.10. bis zum 19.10.2006 konnten noch keine entsprechenden Stichproben genommen werden, da sowohl die Urkundenregesten als auch die entsprechenden Bestände selbst aufgrund von Umbaumaßnahmen nicht zugänglich waren.

11 In dem im Karlsruher Archiv vorhandenen Bestand zum Domstift Basel sind laut Auskunft von Prof. Dr. Konrad Krimm, Generallandesarchiv Karlsruhe, etwa 30 Urkunden zum 13. Jahrhundert enthalten, wovon die meisten im Urkundenbuch der Stadt Basel abgedruckt sind. Prof. Dr. Krimm verwies jedoch gleichzeitig darauf, dass in diesem Bestand nicht unbedingt alle in Karlsruhe lagernden Basler Dokumente erfasst seien. Hierzu sind weitere Archivrecherchen vor Ort notwendig.

12 Die Bearbeiter der ersten Bände des Basler Urkundenbuches, Rudolf Wackernagel und Rudolf Thommen, sprechen in Bezug auf das Colmarer Archiv vom „Bezirks-Archiv des Ober-Elsass zu Kolmar". Dieses sei zur Kollektivierung des

die urkundlich überlieferten Dokumente und Fälle des 13. Jahrhunderts stützen, ist das Gesamtcorpus dieser Basler Privaturkunden aus dem 13. Jahrhundert noch niemals zusammenhängend ausgewertet worden.
Hinzu treten ein Zinsbuch des Klosters St. Alban und drei Jahrzeitenbücher des Stiftes St. Peter, die bislang nicht ediert worden sind.[15] Diese Bücher verzeichnen Abgaben unter Angabe der jeweils betroffenen Person und der Liegenschaft. Das Genannte bildet die Quellengrundlage für das Dissertationsvorhaben. Historiographische Quellen, die sich mit Basel im 13. Jahrhundert befassen, können dagegen nur als Rahmen dienen.[16]
Das Quellenmaterial deckt vorwiegend die letzten beiden Jahrzehnte des Untersuchungszeitraums ab und umfasst keine gesellschaftlichen Randgruppen. Dadurch lässt sich jedoch gleichzeitig eine stärkere zeitliche und prosopographische Fokussierung erreichen, die für die Quantifizierbarkeit des Materials höchst wichtig ist: Allein zwei Bände des Basler Urkundenbuchs umfassen den Zeitraum von 1268 bis zum Jahr 1300. Allerdings wird die Besitzgeschichte einzelner Liegenschaften, d.h. die Inbesitznahme ein- und derselben Liegenschaft durch verschiedene Personen, sicherlich nicht lückenlos erfasst werden können. Umgekehrt kann nicht der Anspruch bestehen, den zahlreichen in den schriftlichen Zeugnissen fassbaren Personen alle zu ihnen gehörigen Liegenschaften zuordnen zu können. Das vorhandene Material ermöglicht es jedoch zweifellos, über soziale Strukturen repräsentative Aussagen zu treffen.

Urkundenmaterials zwar aufgesucht worden und enthalte eine große Menge an Material, aufgrund eines fehlenden Gesamtverzeichnisses sei es jedoch wahrscheinlich, dass nicht alle relevanten Stücke erfasst worden seien; Wackernagel/Thommen (wie Anm. 8), S. VII.

13 Vgl. Rudolf Wackernagel, Geschichte der Stadt Basel, 3 Bde. in vier Teilen, Basel 1907–1924 (ND Basel 1968); Heinrich Boos, Geschichte der Stadt Basel, Bd. I: Basel im Mittelalter (= einziger Band), Basel 1877; Andreas Heusler, Verfassungsgeschichte der Stadt Basel im Mittelalter, Basel 1860; Peter Ochs, Geschichte der Stadt und Landschaft Basel, 8 Bde., Basel 1752–1822.

14 Vgl. Hans-Rudolf Hagemann, Basler Rechtsleben im Mittelalter. Band II: Zivilrechtspflege, Basel / Frankfurt am Main 1987; Wilhelm Arnold, Zur Geschichte des Eigentums in den deutschen Städten. Mit Urkunden, Basel 1861. Zu Arnold vgl. die Kritik bei Rudolf Hagemann, Die Anfänge des Rentenkaufs in Basel, in: C. Schott (Hg.): Nit anders denn liebs und guets. Petershauser Kolloquium aus Anlass des 80. Geburtstages von Karl S. Bader, Sigmaringen 1986, S. 57–60, S. 57.

15 StABS, Klosterarchiv St. Alban, Da Zinsbuch, 1284; StABS, Klosterarchiv St. Peter, Jahrzeitenbücher A – Ba.
Hans-Jörg Gilomen hatte im Zusammenhang mit seiner Arbeit über die Grundherrschaft des Klosters St. Alban aus finanziellen Gründen letztendlich auf eine Edition des Zinsbuches, in welcher er auch die Datierung beleuchten wollte, verzichtet. Der Hauptteil des Buches ist auf 1284 datiert; Hans-Jörg Gilomen, Die Grundherrschaft des Basler Cluniazenser-Priorates St. Alban im Mittelalter, Basel 1977, S. 296, Anm. 164. Keines der Bücher datiert ausschließlich aus dem 13. Jahrhundert, doch stammt jeweils ein großer Teil der Überlieferung aus diesem Jahrhundert. Zur Struktur und Abfassungszeit des Zinsbuches St. Alban Da. und der Jahrzeitenbücher St. Peter A, B und Ba. vgl. Albert Bruckner, Das alte Bistum Basel (Scriptoria Medii Aevi Helvetica. Denkmäler schweizerischer Schreibkunst des Mittelalters 12), Genf 1971, S. 20 f., Anm. 52, S. 31 f., Anm. 118.

16 Zur Basler Geschichtsschreibung ausführlicher Boos (wie Anm. 13), S. VIII ff.

## 3. Verwendung von EDV zur Sammlung von Daten

Während die Privaturkunden des Basler Urkundenbuches, deren Zahl auf etwa 1500–1600 geschätzt werden kann, das Grundgerüst für die Untersuchung bilden, sollen bei Trouillat und Boos edierte Stücke, die Personen und Liegenschaften der Stadt Basel behandeln, zusätzlich herangezogen werden. Darüber hinaus verfolgt das Vorhaben eine Auswertung bislang unedierter Archivalien.
Angesichts der auf dieser Basis zu erwartenden Datenmenge ist eine Erfassung mittels elektronischer Datenverarbeitung notwendig. Die Sammlung der Informationen aus Urkunden und Zins- bzw. Jahrzeitenbüchern in einer MS Access-Datenbank geschieht mithilfe eines zu diesem Zweck entwickelten Formulars.[17] Gesammelte Daten werden darin nach bestimmten Kriterien gebündelt, so dass eine kartographische Verwertung ermöglicht und sozialtopographische Verbreitungsmuster festgestellt werden können. Die Datenbank besitzt je eine Haupttabelle für Liegenschaften und Personen. Beide Tabellen sind relational miteinander verknüpft, d.h. es lassen sich einerseits einer Liegenschaft beliebig viele Personen (Besitzer/Eigentümer), andererseits einer Person beliebig viele Liegenschaften zuordnen. Hierdurch sind sowohl der topographische als auch der prosopographische Zugriff möglich. Beide Tabellen sind über eine dritte Tabelle miteinander verknüpft, die ein auf die jeweilige Person und Liegenschaft bezogenes Rechtsgeschäft verzeichnen. Hier wird auch der Wert der Liegenschaft bestimmt. Durch mehrere Felder in den Tabellen (so z.B. Name und, falls erwähnt, Beruf des Besitzers/Eigentümers, Verwandte des Besitzers/Eigentümers, Name des Objektes, Kaufpreise, Zinsabgaben, mögliche Betriebsform[en], Informationen zur Lage) kann jede für die sozialtopographische Erschließung wichtige Information aufgenommen werden. Besonderheiten werden in Kommentarfeldern vermerkt. Zum Eintrag von Quellen- und Literaturnachweisen stehen ebenfalls Felder zur Verfügung, die in Bezug auf bestimmte Personen, Liegenschaften und einzelne Rechtsgeschäfte einen schnellen und individuellen Zugriff erlauben. Die Arbeit mit der Datenbank hat den Vorteil, dass neben den topographischen und prosopographischen Informationen auch Angaben zu allen Rechtsgeschäften, die das Quellenmaterial enthält und die mit Basler Einwohnern und/oder Basler Liegenschaften in Zusammenhang stehen, gesammelt werden.

## 4. Kartographierung mittels historischer Stadtpläne

Ziel ist es, zunächst eine Kartographierung der aus den verschiedenen Archivalien kollektivierten Informationen zu erreichen und auf diese Weise schließlich die Analyse und Interpretation der gewonnenen sozialstatistischen Daten zu ermöglichen. Da das Quellenmaterial sowohl Namen und Lage einzelner verkaufter, verliehener oder verschenkter Grundstücke als auch Namen und soziale Hintergründe von Personen,

17 Für die Unterstützung bei der Erstellung der Datenbank bin ich Herrn Daniel Rupp M.A., Universität des Saarlandes, zu Dank verpflichtet.

die Rechtsgeschäfte tätigten, detailliert wiedergibt, ist es möglich, Parzellen und deren Bewohner innerhalb der Stadt zu ermitteln. Dazu ist im Grunde ein möglichst zeitnah erstellter historischer Plan notwendig, der zudem die einzelnen Parzellen verzeichnen sollte. Das ist für eine derart weit zurückliegende Zeit wie die des Spätmittelalters eine unmöglich zu erfüllende Kondition. In der einschlägigen Sekundärliteratur zur Problematik sozialtopographischer Forschung[18] wird in solchen Fällen ein rückschreibendes Verfahren empfohlen. Demzufolge haben die entscheidenden baulichen Strukturwandel in einer Stadt erst im Zuge der Industrialisierung stattgefunden, so dass ein noch vor der Industrialisierung entstandener Stadtplan, der die Parzellenstruktur wiedergibt, zumindest in Grundzügen rückdatiert werden kann. Das Verfahren der Rückschreibung von Stadtplänen ist bereits in Beiträgen zur Sozialtopographie angewandt worden.[19] Das Basler Staatsarchiv verfügt in der Tat über mehrere, zum Teil sehr detaillierte historische Stadtpläne aus verschiedenen Jahrhunderten, die vor dem Einzug der Industrialisierung entstanden sind. Es handelt sich um Vogelschaupläne, aber auch um Stadtpläne aus dem 19. Jahrhundert,[20] die die Stadt nach damaligem Stand parzellengenau darstellen. Die Mitarbeiter der Archäologischen Bodenforschung in Basel und der Basler Denkmalpflege gehen davon aus, dass es prinzipiell möglich ist, diese Pläne bis in das 13. Jahrhundert zurückzuschreiben.[21] Dies bedarf allerdings einer weiteren Überprüfung, da der zu überbrückende Zeitraum immerhin 600 Jahre umfasst. Eine entsprechende Kontinuität der Parzellen soll mithilfe der frühesten Einträge des Historischen Grundbuches von Basel verifiziert werden, wobei festzustellen bleibt, wie weit und in welchem Umfang das Grundbuch überhaupt in die frühe Zeit zurückreicht.[22] Von gro-

18 Vgl. Denecke (wie Anm. 3); Ders., Sozialtopographie und sozialräumliche Gliederung der spätmittelalterlichen Stadt. Problemstellungen, Methoden und Betrachtungsweisen der historischen Wirtschafts- und Sozialgeographie, in: Josef Fleckenstein/Karl Stackmann (Hgg.), Über Bürger, Stadt und städtische Literatur im Spätmittelalter. Bericht über Kolloquien der Kommission zur Erforschung der Kultur des Spätmittelalters 1975–1977, Göttingen 1980, S. 161–202; auch Eberhard Isenmann, Die deutsche Stadt im Spätmittelalter 1250–1500: Stadtgestalt, Recht, Stadtregiment, Kirche, Gesellschaft, Wirtschaft, Stuttgart 1988.

19 Vgl. Schoch (wie Anm. 1); Steenweg (wie Anm. 2), Kap. 2.5. Schoch wandte das Verfahren für St. Gallen erfolgreich an, schloss dabei jedoch eine nähere Untersuchung der Parzellengrößen bzw. von deren Kontinuität aus. Steenweg stellte bei einem Vergleich der mittelalterlichen Parzellengrößen mit denen des Urkatasters fest, dass diese durchaus variieren.

20 Hierbei handelt es sich um zwei Stadtpläne: Den des Geometers L.H. Löffel aus den Jahren 1857–59 für den innerstädtischen Bereich und den des Geometers Rudolf Falkner aus den Jahren 1856-58 für den innerstädtischen Bereich mit Vorstädten. Zur Geschichte und Verflechtung dieser Pläne vgl. Emil Bachmann, Die Basler Stadtvermessung, Basel 1969, S. 28 ff.

21 Auskunft von Christoph Philipp Matt, Ressortleiter Innerstadt der Archäologischen Bodenforschung in Basel, und Dr. Thomas Lutz, Basler Denkmalpflege. Bereits Rudolf Kaufmann, der in zwei aufeinanderfolgenden Neujahrsblättern die bauliche Gestalt der Stadt Basel mit den Vorstädten und dem rechtsrheinischen Kleinbasel für römische Zeit und Mittelalter besprochen hat, stellte fest, dass „die Erhaltung der ursprünglichen Parzellierung bis in das 19. Jahrhundert als Regel angenommen werden darf“; Rudolf Kaufmann, Die bauliche Entwicklung der Stadt Basel (126. und 127. Neujahrsblatt GGG), Basel 1948–1949, Teil I, S. 35.

22 Bei einem kürzlich erfolgten Besuch im Staatsarchiv des Kantons Basel-Stadt vom 17.–19.10.2006 konnte diese Frage noch nicht geklärt werden, da das Historische Grundbuch aufgrund von Umbaumaßnahmen nicht zugänglich war. Reichte das HGB in größerem Umfang zurück bis in das 13. Jahrhundert selbst, so würde die Quellenarbeit beträchtlich erleichtert. Der Beitrag von

ßer Wichtigkeit hierfür sind auch die Jahresberichte der Archäologischen Bodenforschung in Basel, da sie bereits Untersuchungen zu den mittelalterlichen Parzellenstrukturen und zu Siedlungsbefunden enthalten.[23]
Ein klassisches Häuserbuch mit besitzgeschichtlichem Fokus gibt es für Basel noch nicht: Ein bereits bestehendes Projekt im Rahmen der Reihe „Die Kunstdenkmäler des Kantons Basel-Stadt", welches die Inventarisierung von Basler Profanbauten in vier Bänden verfolgt, kann zwar als eine Art Häuserbuch verstanden werden; bei den beiden bereits erschienenen Bänden handelt es sich jedoch um Haus-zu-Haus-Inventare, welche besitzgeschichtliche Angaben nur in Auswahl heranziehen und sich vordergründig auf kunstgeschichtliche Aussagen spezialisiert haben. Dabei wird kaum bis in das 13. Jahrhundert zurückgegangen. Dennoch bieten die Bände nützliche Informationen zu Veränderungen in der historischen Bebauung.[24]
Kaum verwertet werden kann hingegen das im Jahre 1974 herausgegebene Verzeichnis zu Basler Häusernamen:[25] Das Buch stellt lediglich eine Konkordanz dar, bei welcher frühere Häuser bzw. deren Namen mit der Lage im modernen Basel in Form der modernen Adresse (Stand 1974) ohne Anspruch auf Vollständigkeit abgeglichen werden. Aussagen über die Funktion der Häuser oder die Eigentümer bzw. Besitzer werden nicht getroffen. Schwierig erscheint vor allem, dass der Untersuchungszeitraum mehrere Jahrhunderte umfasst, wobei die Häusernamen weder einzelnen Jahren noch Jahrhunderten zugeordnet werden; Rückschlüsse auf den Zeitpunkt des Bestehens der Häuser bzw. dessen erste Erwähnung sind nicht möglich.

Die bisherigen Untersuchungen zeigen, dass sich eine breiter angelegte Studie zur Stadt Basel des 13. Jahrhunderts durchaus realisieren lässt: Es existiert eine solide Quellenbasis, die es ermöglicht, detaillierte Forschungen zum Liegenschaftsmarkt und den daran beteiligten Personen zu betreiben. Damit kann ein substantieller Beitrag zu Prosopographie und Topographie geleistet werden, wobei die Verknüpfung beider Elemente durch die Aufzeichnung von Rechtsgeschäften zusätzlich soziale Verflechtungen aufzuzeigen vermag.

Andreas Staehelin, Das Historische Grundbuch der Stadt Basel. Seine Entstehung und Entwicklung, in: Jahresbericht des Staatsarchivs Basel-Stadt 1990. Mit zwei Beilagen, Basel 1990, S. 20–28, S. 25, legt nahe, dass dies zumindest nicht in umfassendem Maße der Fall ist.

23 So z.B. Christoph Philipp Matt, Zur Parzellenstruktur der Stadt Basel vor 1300, in: Guy de Boe (Hg.), Urbanism in Medieval Europe. Papers of the „Medieval Europe Brugge 199" Conference, Zellik 1997, S. 277–290.

24 Thomas Lutz, Die Altstadt von Kleinbasel. Profanbauten (Die Kunstdenkmäler des Kantons Basel-Stadt 6), Basel 2004; Anne Nagel, Die Altstadt von Grossbasel I. Profanbauten (Die Kunstdenkmäler des Kantons Basel-Stadt 7), Basel 2006.

25 Eugen A. Meier, Verträumtes Basel. Fünftausend Häusernamen – ein unbekanntes Kapitel Basler Stadtgeschichte, Basel 1974.

# Die Gonzaga und Mantua. Kommunikation als Mittel der fürstlichen Herrschaft in der Stadt

*Christina Antenhofer*

Florenz und die Medici, Verona und die Skaliger, Mailand, die Visconti und Sforza, Ferrara und die Este – Mantua und die Gonzaga. Es sind klangvolle Namen, die sich an die Städte Oberitaliens binden, derart, dass es fast unmöglich scheint, an viele dieser Städte ohne ihre Fürsten und Fürstinnen zu denken. Die Namen der Herrscherhäuser stehen dabei weniger für Macht und Gewalt, noch nicht einmal für ein politisches System, als vielmehr für Glanz, Kunst und Kultur, die bis heute die Menschen in ihren Bann ziehen. Den sichtbaren Ausdruck findet dies in der Stadtarchitektur der Renaissancestädte, welche Italien zu einer der großen Kulturlandschaften und zu einem Magnetpunkt der internationalen Touristenströme machen. Zugleich gründet darauf aber auch die starke Identifikation, die die Bewohner und Bewohnerinnen gerade mit den Silhouetten und Kulturdenkmälern ihrer Städte verbindet. Es sind keine Postkarteninszenierungen, sondern gelebte Identifikationsmomente, die etwa Renata Salvarani als „Totems" der italienischen Städte beschreibt.[1] Dieser augenscheinlich harmonischen Identifizierung der Städte mit ihren Herrscherfamilien steht die blutige Geschichte gegenüber, die zur Etablierung sowohl der Fürstenhäuser in der Stadt als auch der Städte als Machtzentren selbst führte und die – so scheint es heute – gewissermaßen kollektiv verdrängt wurde, um einer uneingeschränkten Akzeptanz des fürstlichen Italiens Platz zu machen. Diese positive Perspektive, so kann verknappt die These dieses Beitrags zusammengefasst werden, ist das Ergebnis einer ausgefeilten Kommunikationspolitik, die die großen und erfolgreichen Fürstenfamilien Italiens in ihren Städten führten. Eine Kommunikationspolitik, die alle Ebenen, die symbolische ebenso wie die verbale, einschloss, auf alten Diskursen aufbaute, diese fortführte und zugleich überhöhte, indem sie sie um eine bisher in diesem Ausmaß nicht gekannte künstlerische Dimension erweiterte.

Es ist eine These, die eine vertiefende und vergleichende Forschung erfordert. Dieser Beitrag versteht sich somit lediglich als Gedankenanstoß, in dem einige zentrale Facetten dieser Kommunikationspolitik herausgefiltert werden. Als Beispiel dienen die Gonzaga von Mantua. Dies ergibt sich zum einen aus meinen bisherigen Forschungen, die diesem Herrscherhaus gewidmet waren.[2] Zum anderen lässt sich die Wahl dieser Fürstenfamilie damit begründen, dass die Gonzaga anders als viele andere Fürsten ihre

1 So etwa in ihrem Vortrag „Città d'arte della pianura padana", gehalten im Rahmen der Vortragsreihe „Die Poebene im Blickpunkt" (organisiert durch das Italienzentrum der Universität Innsbruck) am 4. Oktober 2006 in Innsbruck.

2 Vgl. etwa Christina Antenhofer, Briefe zwischen Süd und Nord. Das Korrespondenznetz um Paula de Gonzaga und Leonhard von Görz (1473–1500), Phil. Diss. (MS), Innsbruck 2004; die überarbeitete Buchversion erscheint 2007: Christina Antenhofer, Briefe zwischen Süd und Nord. Die Hochzeit und Ehe von Paula de Gonzaga und Leonhard von Görz im Spiegel der fürstlichen Kommunikation (Schlern-Schriften 336), Innsbruck 2007.

Herrschaft tatsächlich stets nur auf die Stadt Mantua und ihr Umland beschränkten, hier also in besonderem Maße von der Kommunikation mit und in einer Stadt gesprochen werden kann. Zugleich hielten sich die Gonzaga zwischen den Machtblöcken Mailand und Venedig in einer gefährdeten Balance,[3] die sie zu besonderen Meistern der Diplomatie und damit der Kommunikation werden ließ. Aus dieser Situation resultierte zudem eine verstärkte Abhängigkeit von ihrer Stadt, auf deren Rückhalt sie – zumindest in der ersten Aufstiegsphase – mehr noch als die mächtigen Nachbarn angewiesen waren. Mantua ist somit aufs Engste mit den Gonzaga verbunden, die Stadt ist selbst ein Palast, wie es Romani bereits im Titel ihrer einschlägigen Studie zur fürstlichen Macht und städtischen Form am Beispiel Mantuas in Mittelalter und früher Neuzeit formuliert.[4]

Zwei Aspekte sind es, auf die in den folgenden Ausführungen besonders eingegangen wird: Zunächst werden die bedeutsamsten städtebaulichen Maßnahmen der Gonzaga im Vergleich mit bzw. aufbauend auf die maßgeblichen Vorläuferstrukturen betrachtet; der zweite Teil gilt der Durchdringung der Stadt durch die Verwaltung, wobei insbesondere die Kanzlei als Sprachrohr von Fürst und Fürstin herausgegriffen wird. Damit zusammenhängend werden die wichtigsten Medien der verbalen Kommunikation mit und in der Stadt vorgestellt sowie abschließend ein Blick auf die Kommunikation in den Außenbeziehungen geworfen. Damit wird das Bild abgerundet und es ergeben sich Vergleichsmöglichkeiten mit den anderen Beiträgen in diesem Band. Zunächst seien jedoch kurz die historischen Rahmenbedingungen skizziert, innerhalb derer sich der Aufstieg der Gonzaga zu *Signori* und schließlich Fürsten von Mantua vollzog.

## 1. Mantua: Von der Bischofsstadt zur Stadt der Gonzaga[5]

Der in diesem Beitrag betrachtete Zeitraum umfasst die ersten Gonzaga-Generationen, die zu *Signori* von Mantua aufstiegen, konkret den Zeitraum ab 1328 bis zum Beginn des 16. Jahrhunderts, als sie sich als Fürsten voll etabliert hatten (Stammbaum Abb. 1).

3 Rodríguez-Salgado nennt Mantua in dieser Hinsicht eine Terracotta Vase, die zwischen Eisenvasen steht; vgl. Maria-Jose Rodríguez-Salgado, Terracotta and Iron. Mantuan Politics (ca. 1450–ca. 1550), in: Cesare Mozzarelli/Robert Oresko/Leandro Ventura (Hgg.), La corte di Mantova nell'età di Andrea Mantegna; 1450–1550./The court of the Gonzaga in the Age of Mantegna; 1450-1550, Atti del convegno (Londra, 6–8 marzo 1992; Mantova, 28 marzo 1992) (Europa delle Corti. Centro studi sulle società di antico regime. Biblioteca del Cinquecento 75), Rom 1997, S. 15–59.

4 Vgl. Marina Romani, Una città a forma di palazzo. Potere signorile e forma urbana nella Mantova medievale e moderna (Quaderni di Cheiron 1), Mantua 1995. Sie bezieht sich dabei auf ein Zitat, das im Grunde für Urbino und dessen Herzogspalast geprägt worden war, vgl. ebd. S. XV.

5 Zu den Gonzaga gibt es eine Flut an Literatur, hier kann nur eine Auswahl der wichtigsten Überblickswerke angeführt werden. Allen voran ist die mehrbändige Geschichte Mantuas zu nennen: Leonardo Mazzoldi/Giuseppe Coniglio (Hgg.), Mantova. La storia. Le lettere. Le arti; für den hier betrachteten Zeitraum Giuseppe Coniglio (Hg.), Mantova. La Storia. I. Dalle origini a Gianfrancesco primo marchese, Mantua 1958 und Leonardo Mazzoldi (Hg.), Mantova. La storia. II. Da Lodovico marchese a Francesco secondo duca, Mantua 1961. Überblicksdarstellungen finden sich des Weiteren bei Giuseppe Coniglio, I Gonzaga (Grandi famiglie 13), Varese 1967; Giuseppe Amadei/Ercolano Marani, I Gonzaga a Mantova,

Ein Prozess, der in ihrer Erhebung zu Herzögen 1530 gipfelte. Es ist der Zeitraum, in dem die wesentlichen Maßnahmen gesetzt wurden, und der auch insofern interessiert, als die Gonzaga zwei Leistungen zugleich erbringen mussten: Ihre unmittelbaren Vorgänger, die Bonacolsi, hatten eben erst die *Signorie* errichtet – die Gonzaga mussten also zum einen diese neue politische Form dauerhaft etablieren und gegenüber den noch vorhandenen kommunalen und kirchlichen Machtinstanzen absichern. Zum anderen galt es, ihre eigene Familie als Herrscherdynastie in der Stadt zu verankern. Erschwert wurde das Unterfangen durch interne blutige Rivalitäten zwischen den Gonzaga-Söhnen.[6] Der Schwerpunkt des Beitrags liegt auf der Epoche von Markgraf Ludovico II (* 1423; † 1478; seit 1444 Markgraf von Mantua), da unter ihm der Übergang von der *Signorie* zum Fürstentum endgültig vollzogen wurde: Mantua war fortan als Stadt der Gonzaga anzusehen. Ludovico gelang es, die zentralen Machtinstanzen, allen voran die lokale Bischofskirche sowie das Kloster Sant'Andrea, in die Hand der eigenen Familie zu bringen; außerdem setzte er die entscheidenden städtebaulichen Maßnahmen, die zur Durchdringung Mantuas durch die so genannte „Gonzaga-Achse" führten. Er machte die Stadt selbst zum Rekrutierungspool für Hofämter und sicherte letztlich den Platz der Gonzaga in den großen europäischen Dynastien durch eine geschickte Heiratspolitik. Das Gewicht soll hier jedoch nicht zu sehr auf diese Figur Ludovicos gelegt werden, denn er hatte bemerkenswerte Menschen an seiner Seite. So ist zunächst seine Gattin Barbara von Brandenburg[7] zu nennen, deren Anteil an Ludovicos Politik erst noch aufzuarbeiten und entsprechend herauszustellen ist. In künstlerischer Hinsicht wurde Ludovico durch Leon Battista Alberti und Andrea Mantegna unterstützt und auch hier ist mit Recht immer wieder die Frage zu stellen, in welchem Maß der Fürst an der Gestaltung der Stadt resp. des Palastes beteiligt war, und in welchem Maß dies einfach des Werk genialer Künstler war.[8]

Milano 1975; Kate Simon, A Renaissance tapestry. The Gonzaga of Mantua. New York 1988. Eine ausführliche Bibliographie bietet Raffaele Tamalio, La memoria dei Gonzaga. Repertorio bibliografico Gonzaghesco 1473–1999 (Biblioteca di bibliografia italiana CLVIII), Mantua 1999.

6 Blutige Familienzwiste kennzeichneten im Übrigen auch die Entwicklung in den anderen italienischen Fürstendynastien.

7 Eine umfassende Darstellung der Markgräfin steht immer noch aus; Detailstudien liegen vor bei Bernhard Hofmann Barbara von Hohenzollern, Markgräfin von Mantua. Ein Lebensbild aus dem XV. Jahrhundert, in: Jahresbericht des Historischen Vereins für Mittelfranken 41 (1881), S. 1–51; Giancarlo Malacarne, Barbara Hohenzollern del Brandeburgo. Il Potere e la virtù. Die Macht und die Tugend, Mantova 1997; Ebba Severidt Familie und Politik. Barbara von Brandenburg, Markgräfin von Mantua (30. September 1422 – 7. November 1481), in: Innsbrucker Historische Studien 16/17 (1997), S. 213–238; Bonaventura Tecchi Barbara di Brandemburgo, in: Arte, pensiero e cultura a Mantova nel primo Rinascimento in rapporto con la Toscana e con il Veneto. Atti del VI convegno internazionale di studi sul Rinascimento, 27 settembre – 1 ottobre 1961, Florenz 1965, S. 251–255.

8 Ludovico in seiner Rolle als „Stadtarchitekt" ist Gegenstand zahlreicher Studien; gerade die runden Jubiläen zu Alberti und Mantegna finden immer wieder ihren Niederschlag in entsprechenden Katalogen und Sammelbänden, vgl. etwa Cesare Mozzarelli / Robert Oresko / Leandro Ventura (Hgg.), La corte di Mantova nell'età di Andrea Mantegna; 1450–1550./The court of the Gonzaga in the Age of Mantegna; 1450-1550, Atti del convegno (Londra, 6–8 marzo 1992; Mantova, 28 marzo 1992) (Europa delle Corti. Centro studi sulle società di antico regime. Biblioteca del Cinquecento 75), Rom 1997; Luca Chiavoni/Gianfranco Ferlisi/Maria Vittoria Grassi, Leon Battista Alberti e il Quattrocento. Studi in onore di Cecil Grayson e Ernst Gombrich, Atti del Convegno internazionale Mantova 29–31 ottobre 1998 (Ingenium 3), Mantua 2002.

Doch zunächst zu den Anfängen. Die Gonzaga und ihre Entwicklung gliedern sich ein in das Ambiente der oberitalienischen Stadtentwicklungen. Ihre Geschichte ist eine jener Aufstiegsgeschichten, die lokale Familien aus unterschiedlichen Wurzeln zu *Signori* der Stadt werden ließen. Ursprünglich hießen die Gonzaga „Corradi"; nach ihrem Herkunftsort nannten sie sich mit der Zeit „da Gonzaga". Ihre Wurzeln wurden durch spätere Legendenbildung überlagert; feststeht, dass sie Vertreter der Schicht der *capitanei* waren, jener niederen Adeligen, die in engster Verbindung mit der Stadt stehend aus bescheidenen Wurzeln zu immer mehr Macht aufstiegen.[9] Die Gonzaga sind ursprünglich im ländlichen Ambiente anzusiedeln. Ihr Aufstieg begann als Vasallen des Benediktinerklosters San Benedetto in Polirone, des dritten großen geistlichen Zentrums im Mantovano.[10] Mantuas Entwicklung verlief nicht geradewegs von der Bischofsstadt zur Kommune, sondern war geprägt durch die Herrschaftsphase der Markgrafen von Canossa.[11] Ab 1090/91 kam es zu heftigen Auseinandersetzungen der mantuanischen Bürger mit Mathilde von Canossa; es entstand die freie Kommune, die spätestens ab 1116, nach dem Tod Mathildes, anzusetzen ist. Die kommunale Phase in Mantua war wie in den meisten anderen Städten jedoch von kurzer Dauer; auch hier breiteten sich Streit und Unfrieden in der Stadt aus und bereits 1186 musste erstmals ein Podestà für Ordnung sorgen. Im Lauf des 13. Jahrhunderts stiegen die Bonacolsi als *capitani del popolo* zu *Signori* der Stadt auf. Ihre treuen Vasallen waren die Gonzaga, welche im Lauf des 12.–13. Jahrhunderts zu immer mehr Reichtum gelangt und – wieder im Einklang mit dem allgemeinen Entwicklungstrend – in die Stadt übersiedelt waren. Völlig überraschend putschten sie am 16. August 1328 mit Unterstützung von Cangrande della Scala aus Verona und übernahmen nunmehr die Herrschaft in Mantua.

In der folgenden Phase mussten die Gonzaga die Gratwanderung bewältigen, einerseits in der Stadt als Herrscherfamilie dauerhaft akzeptiert zu werden, das System der *Signorie* zu etablieren und zugleich die familieninternen Rivalitäten in den Griff zu bekommen. Außerdem galt es, die Eigenständigkeit des mantuanischen Territoriums gegen die rivalisierenden benachbarten Fürstentümer zu verteidigen. Letztes Ziel war es schließlich, aus der usurpierten Herrschaftsposition in den legitimierten Fürstenstand aufzusteigen und zugleich in den europäischen Hochadel aufgenommen zu werden. Dass diese Ziele alle erreicht wurden, sei bereits vorweg genommen: Das Territorium der Gonzaga bestand bis 1707 als einer der wenigen Kleinstaaten, der sich aus dem vielfältigen „Fleckerlteppich" der oberitalienischen Städtelandschaft in die Neuzeit „gerettet" hatte.

Dass dies gelang, ist sicher zum Teil auf die erfolgreiche Kommunikation der Gonzaga zurückzuführen. Es sind vor allem zwei Mittel, die zur Kommunikation des Herr-

9 Zur Zusammensetzung und Entwicklung der feudalen Struktur am Land und in der Stadt vgl. Giancarlo Andenna/Renato Bordone/Francesco Somaini/Massimo Vallerani, Storia d'Italia. Vol. 6. Comuni e signorie nell'Italia settentrionale: la Lombardia, Turin 1998, S. 77–120, 191–282, 348–355.

10 Vielfach wird angegeben, dass die Gonzaga Vasallen der Mathilde von Canossa waren, es ist jedoch nach wie vor ungeklärt, in welchem Verhältnis sie zu den Markgrafen von Canossa standen. Vgl. zu den Anfängen der Gonzaga Amadei/Marani (wie Anm. 5), S. 7–12.

11 Die Bedeutung dieser Phase nicht zuletzt für die städtebauliche Gestaltung Mantuas streicht Arturo Calzona in seiner Studie heraus: Arturo Calzona, La rotonda e il palatium di Matilde (Civiltà medievale), Parma 1991.

schaftsverständnisses und -anspruchs eingesetzt wurden, und die hier in der Folge betrachtet werden: die (Um)Gestaltung des Stadtbilds und die Verwaltung.

## 2. Die Kommunikation nach innen: Eine Stadt wird zum Palast

Die Herrschaftsübernahme der Gonzaga im Inneren der Stadt war begleitet von gezielten städtebaulichen Maßnahmen, die in der Form symbolischer Kommunikation die Position der Gonzaga in der Stadt räumlich verfestigten und zugleich an einen bereits bestehenden Diskurs anknüpften: Die (Um)Gestaltung der Stadt erweist sich als sichtbarer Dialog der Gonzaga mit den vorherigen Herrschaftsinstanzen und noch bestehenden Machtzentren. Von der Forschung ist die städtebauliche Gestaltung Mantuas in unterschiedlichen Ansätzen vielfach behandelt worden, bleibt trotz aller Detailuntersuchungen aber nach wie vor ein Kapitel mit vielen offenen Fragen. Die Darstellung in diesem Beitrag fußt auf zwei jüngeren und umfassenderen Untersuchungen, die ihrerseits wiederum unterschiedlich vorgehen. Marina Romani beschäftigt sich in ihrem Buch „Una città a forma di Palazzo“ in chronologisch aufsteigender Perspektive mit der Frage, wie aus der Stadt Mantua allmählich ein Palast der Gonzaga wurde.[12] Sie beginnt zwar bereits im 9. Jahrhundert, intensiver setzt die Untersuchung jedoch erst ab der kommunalen Phase im 12. Jahrhundert ein, um das Augenmerk schließlich auf die Ablöse der Bonacolsi durch die Gonzaga zu legen, denen das Hauptgewicht der Darstellung gilt. Die Studie endet am Beginn des 16. Jahrhunderts. Einen anderen Weg beschreitet Arturo Calzona.[13] Sein Interesse gilt der bewegten Geschichte der „Piazza delle Erbe“, dem Marktplatz, als neuralgischem Zentrum der Stadt mit besonderem Blick auf die rätselhafte Rotunde von San Lorenzo. Die Geschichte dieses Platzes wird im Zusammenspiel des Klosters Sant'Andrea, der Kommunalen Paläste und der Rotunde gesehen und zugleich als verdichtetes Sediment an Stadtgeschichte oder besser Geschichte wechselnder Machthaber in der Stadt gelesen. Calzona schreitet bewusst rückwärts in der Zeit. Er beginnt mit den heute sichtbaren Strukturen und verfolgt diese in einer Zusammenschau archivalischer und archäologischer Befunde zurück bis in die Zeit der Mathilde von Canossa und der Karolinger. Die Piazza delle Erbe wird als mathildisches Machtzentrum erkannt, als Resultat der Verschiebung des Herrschaftszentrums aus der alten Bischofsstadt vor die Stadtmauern. Calzona liest die Rotunde als Zitat auf die Pfalzkappelle in Aachen und damit als Ausdruck von Mathildes Anspruch als christliche Herrscherin gerade in der schwierigen Zeit ihrer Reichsächtung. – Im Folgenden sollen aus dem Vergleich dieser beiden Arbeiten die wesentlichen Linien herausgearbeitet werden, die die Stadtplanung Mantuas prägten. Der Fokus gilt den Maßnahmen der Gonzaga.

Das alte Zentrum Mantuas war die *città vecchia* oder *civitas vetus* – hier lagen sowohl die antiken Wurzeln der Vergilstadt als auch der Bischofsitz und die Kathedrale zum Heiligen Petrus. Im Suburbium siedelte sich das Kloster Sant'Andrea an, das engstens mit der Heilig Blut Reliquie verknüpft war, die dort aufbewahrt wurde. Die Geschichte

12 Romani (wie Anm. 4).

13 Calzona (wie Anm. 11).

des Klosters und der Reliquie sind ihrerseits Gegenstand von Forschungskontroversen. Feststeht, dass im Jahr 804 die erste *Inventio* der Heilig Blut Reliquie dokumentiert ist. Diese soll durch den Soldat Longinus nach Mantua gebracht worden sein. Die zweite Auffindung der Reliquie fand erst 1048 statt, nachdem offensichtlich laut Legende die Verehrung abgebrochen und die Reliquie in Vergessenheit geraten war.[14] Die zweite *Inventio* wird zum Anlass für die (Neu)Konstruktion des Klosters Sant'Andrea, das als Kultstätte für die Reliquie eingerichtet wurde. Calzona zeigt diese Erzählung zugleich als Legitimationspropaganda für Mathilde in bewusster Abgrenzung zu Bischof, Papst und Kaiser auf. Offen bleibt die Frage, wie die Vorläuferkirche zu Sant'Andrea ausgesehen hatte. Der Autor geht davon aus, dass es seit der ersten *Inventio* ein groß angelegtes Kloster gegeben haben musste, das jedoch etwa ab der Zeit der Ungarneinfälle einen Niedergang erfuhr und somit erst Ende des 11. Jahrhunderts in Zusammenhang mit der zweiten *Inventio* in prächtiger Form wieder errichtet wurde. Kontrovers diskutiert und nicht eindeutig zu klären ist die Rolle des Bischofs Itolfo bei dieser (Re)Konstruktion von Sant'Andrea ebenso wie die Rolle Mathildes. Folgt man der Lesart Calzonas so kam es bereits unter Mathilde zur bewussten Gestaltung des Suburbiums als Gegenpol zur bischöflichen Machtzentrale in der *città vecchia*. In der Forschung war das Ausgreifen vor die Stadtmauern zuvor als Maßnahme der Kommune angesehen worden. Auch Calzona sieht das Suburbium engstens mit der Kommune verknüpft, da nach dem Tod Mathildes bereits 1116 die Kommune die bestehenden Strukturen eines Mathildepalastes in der Vorstadt übernommen habe. Als zweite Zäsur in der Entwicklung des mittelalterlichen Mantuas ist somit nach der auf die *città vecchia* beschränkte Phase der Bischofsstadt die Ausdehnung auf das Suburbium anzusehen. Um Sant'Andrea entstand das kommunale Zentrum, das Kloster wurde zum Motor der kommunalen Bewegung. Dies wurde beispielsweise dadurch gefördert, dass das Kloster Grundstücke an Kaufleute vermietete, die darauf ihre Geschäfte errichteten. In der aus dem Suburbium entstehenden *città nuova* siedelten sich folglich die Händler an, hier entstanden der Marktplatz und die kommunalen Gebäude in enger Nähe zur Heilig Blut Reliquie.[15]

Als die Bonacolsi allmählich die Macht in der Kommune übernahmen, verlegten sie ihren Sitz wiederum zurück in die *città vecchia*: Bereits unter diesen ersten *Signori* von Mantua wurden einzelne Paläste in der alten Stadt aufgekauft, und es begann sich ein verdichtetes Zentrum der Bonacolsi gegenüber der in der *città nuova* verankerten Kommune abzuzeichnen.[16] Nachdem die Gonzaga gegen ihre einstigen Herren geputscht hatten, übernahmen sie deren Herrschaftsstrategien, wenn auch mit leichten Modifikationen:[17] Auch

14 Zur Geschichte um die Reliquie vgl. Calzona (wie Anm. 11), S. 174–224.

15 Vgl. dazu Romani (wie Anm. 4), S. 17–41; zur Frage der Entwicklung der kommunalen Paläste Calzona (wie Anm. 11), S. 41–126.

16 Vgl. Romani (wie Anm. 4), S. 61–72.

17 Während die Bonacolsi-Familienmitglieder einzeln die Paläste erwarben, da die Zwistigkeiten innerhalb der Familie zu groß waren, gingen die Gonzaga-Brüder zunächst gemeinsam vor und erwarben die Gebäude gemeinschaftlich. Vielleicht eine Lehre, die sie aus der Beobachtung der Bonacolsi gezogen hatten? Man muss jedoch einräumen, dass auch in der Gonzaga-Familie die Gewalt kurz darauf eskalierte und zu Bluttaten führte. Einen zweiten Unterschied sieht Romani darin, dass die Gonzaga zunächst verschiedene Gebäude über die Stadt verteilt erwarben, ohne dass hier eine deutliche Strategie sichtbar würde; erst in einem zweiten Schritt erfolgte die Konzentration auf den ältesten Stadtbezirk. Vgl. Romani (wie Anm. 4), S. 73–76.

sie kauften sich in der *citta vecchia* ein, wobei sie insbesondere an den Bonacolsipalästen interessiert waren. Es ging ihnen zunächst nicht darum, neue Strukturen aufzubauen, vielmehr sich die bestehenden einzuverleiben – eine Strategie, die in vielerlei Hinsicht kennzeichnend für die Gonzaga werden sollte. Die Bonacolsi hatten eine Übernahme ihrer Paläste durch die Gonzaga verhindern wollen; entsprechend hatte die letzte Vertreterin des Hauses eine Klausel in ihrem Testament eingefügt, die einen Verkauf der Gebäude an die Gonzaga verbot. Erst 1355, sechs Jahre nach dem Tod der letzten Erbin und 27 Jahre nach dem Putsch der Gonzaga, gelang es diesen über Mittelsleute in den Besitz der Bonacolsipaläste zu kommen. Bezeichnend für die Form der Machtübernahme der Gonzaga war außerdem, dass sie auch das Archiv der Bonacolsi und der Canossa ihrem Familienarchiv einverleibten.[18] Überspitzt lässt sich formulieren, dass die Gonzaga ihre Vorgänger „schluckten" und sich somit gewissermaßen inkorporierten – das Archiv der Stadt bzw. des Staates blieb demgegenüber ein eigener Bereich.

Gleichzeitig gingen die Gonzaga nun systematisch daran, weitere Gebäude in der Altstadt zu erwerben und umzugestalten, bis der *Palazzo Ducale* als Stadt in der Stadt schließlich ein ganzes Viertel einnahm: Ein eigenes Herrschaftszentrum der *Signori* kristallisierte sich heraus. Die Übernahme des Stadtviertels war begleitet von einer Zentralisierung der Macht im Inneren der Familie: 1362 wurde Ugolino von seinen beiden Brüdern ermordet, 1369 starb zunächst Francesco unter unklaren Umständen und kurz darauf der Vater, sodass der letzte Überlebende der Brüder, Ludovico I Gonzaga, als einziger Herrscher in der Stadt übrig blieb.[19] Unter ihm wurde die *città vecchia* – wie Ausgrabungen verdeutlichen – offensichtlich mit einer Mauer umgeben: Der fürstliche Bezirk schloss sich also gegen die Stadt ab.[20] Sein Sohn Francesco setzte die Arbeit des Vaters fort: Unter ihm wurde als markantes neues Herrschaftszeichen in der Zeit zwischen ca. 1395 und 1406 das Castello San Giorgio erbaut. Das Schloss ist gänzlich dem Schloss der Este in Ferrara nachempfunden, welches vom selben Architekten nur wenige Jahre zuvor errichtet worden war.[21]

San Giorgio kann geradezu als Sinnbild der Position betrachtet werden, die die Gonzaga nunmehr in der Stadt erreicht hatten: Es war ihnen gelungen, aus dem Status einer *Signorie* in jene einer Tyrannis überzugehen. Die Herrschaft war nun nicht mehr nur an das Charisma und die Autorität eines einzelnen Herrschers gebunden, um nach dessen Tod sofort wieder zu zerfallen – eine Situation, die typisch für die *Signorie* ist. Es war der Familie vielmehr gelungen, die Herrschaft in der Stadt zu sichern und zugleich vom Vater auf den Sohn weiterzuvererben. Allerdings fehlte nach wie vor eine offizielle Legitimation dieser Macht, sodass noch von einer Gewaltherrschaft, einer Tyrannis zu sprechen ist. Sichtbar gemacht wird diese Position im Festungscharakter des neuen Schlosses, das zunächst rein als Verteidigungsinstanz und zwar sowohl nach außen, gegenüber den Seen und in weiterer Hinsicht gegenüber dem Umland, als auch nach innen, gegenüber der Stadt, errichtet worden war. Mit seiner Ästhetik verkörperte es

18 Vgl. Axel Jürgen Behne, Das Archiv der Gonzaga von Mantua im Spätmittelalter. Diss. Marburg an der Lahn 1990, S. 156.

19 Vgl. Amadei/Marani (wie Anm. 5), S. 24–28.

20 Vgl. Romani (wie Anm. 4), S. 84.

21 Vgl. dazu und zum Folgenden Romani (wie Anm. 4), S. 90–92; sowie Enzo Boriani, Castelli e torri dei Gonzaga nel territorio mantovano, Brescia 1969, S. 157–164.

zugleich auch ritterliche Ideale und zementierte damit den Anspruch der Gonzaga, Teil des europäischen Adels zu sein.[22] Für Mozzarelli zeigt sich in diesem Schloss der Anspruch der Gonzaga, ihre Herrschaft auf das Haus und nicht auf die städtische Legitimation zu stützen.[23] Romani stellt es in Zusammenhang mit dem Ideal, das Alberti in seiner *De re aedificatoria* für das Schloss eines *Principe* formulierte: „Der Wohnsitz des Königs soll in der schönen Mitte der Stadt angesiedelt sein, leicht zugänglich und reich an Ornamenten soll er sich durch Eleganz und Raffiniertheit aber auch durch Stattlichkeit hervorheben. Die Wohnstätte des Tyrannen soll hingegen wie eine Festung angelegt sein und wie jene soll sie weder Teil der Stadt sein noch außerhalb derselben liegen. Darüber hinaus sollen sich an den Königspalast anschließend Orte für Spektakel finden, der Tempel und die Wohnhäuser der Oberschicht. Die Wohnstätte des Tyrannen soll hingegen ein gutes Stück abseits aller anderen Konstruktionen liegen."[24]
Eine zweite wichtige Maßnahme ist unter Francesco zu nennen: Er ließ die Fassade des Doms erneuern und nutzte die Gelegenheit, um die Gebeine des heiligen Anselms hierher zu überführen.[25] Bis zu diesem Zeitpunkt hatte die Stadt eigentlich (außer dem Dichter Vergil) keinen Patron gehabt; als Reliquie wurde vielmehr das Blut Christi in Sant'Andrea verehrt. Francesco führte mit dieser Aktion nun den Kult des heiligen Anselm gewissermaßen „von außen" in der Stadt ein: Der einstige Bischof von Lucca und Papstlegat war 1086 in Mantua verstorben und ruhte seither im Prinzip unbeachtet in der lokalen Bischofsresidenz. Erst rund 350 Jahre nach seinem Tod errichtete nun Francesco 1396 für Anselm eine eigene Kapelle in San Pietro, in die seine Gebeine überführt wurden. Der Kult des „neuen" Stadtpatrons war somit an das Herrscherhaus der Gonzaga gebunden – und was noch wichtiger war: damit wurde zugleich die Vormachtstellung der Blutreliquie von Sant'Andrea in Frage gestellt; die langsame Entmachtung des Klosters begann.

## 3. Ludovico Gonzaga – im Dialog mit der Stadt

Hatten sich die Gonzaga bislang in der *città vecchia* eine solide Machtbasis errichtet, die Hand auf den alten Bischofsbezirk gelegt und mit der Einführung eines Stadtheiligen einen deutlichen Kontrapunkt gegen das alte kommunale Zentrum um Sant'Andrea gesetzt, so begann unter Ludovico II, Francescos Enkel, ein neuer Diskurs: Was bisher beinahe als Monolog gegen die Stadt angelegt war, bzw. als aggressiver Diskurs gipfelnd

22 Aufgegriffen wurde diese ritterliche Ästhetik beispielsweise noch im Fresko des Pisanello, in dem er die Gonzaga als Teil der Artusrunde im Reigen der anderen Fürsten zeigte. Das Fresko blieb jedoch unvollendet; vgl. Giovanni Paccagnini, Pisanello alla corte dei Gonzaga. Catalogo della Mostra, Venedig 1972.

23 Mozzarelli zit. nach Romani (wie Anm. 4), S. 91.

24 „Alla dimora del re si conviene di essere collocata nel bel mezzo della città; essere facilmente accessibile e ricca di ornamenti, distinguersi più per eleganza e raffinatezza che per imponenza. L'abitazione del tiranno sarà invece situata come una rocca, e come tale essa non si potrà dire né facente parte della città né esterna ad essa. Inoltre adiacenti al palazzo del re gli fanno degna corona i luoghi per spettacoli, il tempio, e le abitazioni dei maggiorenti; mentre la dimora del tiranno deve essere tenuta discosta per un buon tratto da tutte le costruzioni intorno". Zit. nach Romani (wie Anm. 4), S. 98–99.

25 Vgl. dazu Romani (wie Anm. 4), S. 93–96.

im Symbol der Tyrannenfestung San Giorgio, wurde nun zum Dialog mit der Stadt, der diese durchzog und gleichzeitig vereinnahmte. Dass dies möglich war, ist nicht zuletzt darauf zurückzuführen, dass in dieser Gonzaga-Generation der entscheidende Schritt von der „Tyrannis" zum Fürstentum gelang. Die Gonzaga schafften es, ihre Vormachtstellung beizubehalten, die internen Konflikte zu kontrollieren und endlich 1432 formal als Stadtherren anerkannt zu werden: Francescos Sohn Gianfrancesco (Vater von Ludovico II) wurde 1432 durch Kaiser Sigismund in den Rang eines Markgrafen erhoben. Besiegelt wurde diese Erhebung in den Reichsfürstenstand durch die Hochzeit Ludovicos mit Barbara von Brandenburg – damit waren nun auch verwandtschaftliche Bindungen zum Hochadel des Reichs geknüpft.[26]

Diesem neuen Status der Gonzaga entsprach eine veränderte städtebauliche Politik Ludovicos, des zweiten legitimen Markgrafen von Mantua. Wie kein anderer Gonzaga ist Ludovico als „principe architetto", als Konstrukteur der Stadt, Fürst mit architektonischem Verständnis, in die Geschichte eingegangen.[27] Das Augenmerk kann auch hier nur auf einige ausgewählte symbolische Akte gelegt werden. So wurde etwa die Festung San Giorgio nun zur Familienresidenz umgebaut, die zu besonderen Anlässen – etwa der öffentlichen Zurschaustellung des Brautschatzes der Gonzagatöchter – für die Stadt geöffnet und zugänglich war.[28] Die einstige Festung war zum „intimen" Herrschafts- und Familiensitz der Gonzaga geworden und zugleich zu einer – parziell – der Stadt geöffneten Plattform, in der sich die Familie als Trägerin der Herrschaft in Mantua inszenierte. Dies geschah im berühmten Fresko des Andrea Mantegna, das die sogenannte *camera picta* oder *camera degli sposi* ziert, den Audienz- und Schlafraum Ludovicos im Castello San Giorgio. In diesem Nukleus der Gonzagamacht entstand ein bemerkenswertes Fresko, das zugleich als Herrscherinszenierung aber auch als verdichtetes Herrschaftskonzept gelesen werden kann.

26 Zur Erhebung der Gonzaga in den Markgrafenstand in enger Verbindung mit der Hochzeit von Ludovico und Barbara vgl. Elisabeth Ward Swain, Strategia matrimoniale in casa Gonzaga. Il caso di Barbara e Ludovico, in: Civiltà Mantovana 14 (1986), S. 1–14; Antenhofer (wie Anm. 2), S. 39–42.

27 Vgl. beispielsweise Arturo Calzona, Ludovico Gonzaga principe „intendentissimo nello edificare", in: Arturo Calzona u. a. (Hgg.), Il principe architetto. Atti del convegno internazionale Mantova, 21–23 novembre 1999 (Centro Studi L. B. Alberti Ingenium 4), Mantua 2002, S. 257–277; Livio Volpi Ghirardini, La presenza di Ludovico II Gonzaga nei cantierei delle chiese albertiane di San Sebastiano e di Sant'Andrea, in: Arturo Calzona u. a. (Hgg.), Il principe architetto. Atti del convegno internazionale Mantova, 21–23 novembre 1999 (Centro Studi L. B. Alberti Ingenium 4), Mantua 2002, S. 279–296; Gianfranco Ferlisi, I palazzi dei cortigiani e le scelte architettoniche e urbanistiche di Ludovico Gonzaga, in: Arturo Calzona u. a. (Hgg.), Il principe architetto. Atti del convegno internazionale Mantova, 21–23 novembre 1999 (Centro Studi L. B. Alberti Ingenium 4), Mantua 2002, S. 297–326; Paolo Carpeggiani, Ludovico Gonzaga, l'architettura e il progetto di „renovatio urbis", in: Cesare Mozzarelli/Robert Oresko/Leandro Ventura (Hgg.), La corte di Mantova nell'età di Andrea Mantegna; 1450–1550./The court of the Gonzaga in the Age of Mantegna; 1450–1550, Atti del convegno (Londra, 6–8 marzo 1992; Mantova, 28 marzo 1992) (Europa delle Corti. Centro studi sulle società di antico regime. Biblioteca del Cinquecento 75), Rom 1997, S. 243–252.

28 Dies wird deutlich aus einem Brief vom 12. Oktober 1478, in dem Barbara von Brandenburg die Zurschaustellung des Brautschatzes ihrer Tochter Paula in San Giorgio ankündigt: „Como sia venuto el messo qual aspectamo del signor conte harà acceptato il partito nui se transferiremo in contanti a San Zorzo et in castello per incassare et far la monstra dele robbe de la predicta Paula et alhora haremo caro li mandiati un di vostri o più a vederle." (ASM AG b. 2103bis c. 545; Barbara an ihre Schwiegertochter Margarete von Wittelsbach).

Um das Fresko ranken sich nach wie vor verschiedene Interpretationen,[29] selbst der Zeitraum, in dem es entstand, ist nicht völlig gesichert. Der Beginn der Arbeiten dürfte mit etwa 1462 angesetzt werden; 1474 war das Fresko mit Sicherheit fertig gestellt. Zentrales Thema ist die Inszenierung der Familie, die sich in einem Akt der Kommunikation verewigen ließ. Die zwei zentralen Bildsequenzen zeigen den Erhalt eines Briefes (Abb. 2) – zum einen sehen wir auf der Nordseite Ludovico Gonzaga mit seiner Gattin und einigen seiner Kinder, wie er soeben einen Brief erhalten hat und mit einer Person spricht, die mitunter als Marsilio de Andreasi, sein Sekretär, angesehen wird.[30] Die zweite Bildsequenz links daneben zeigt die Begegnung Ludovicos mit seinem Sohn Francesco, der ebenfalls einen Brief in der Hand hält. Die Forschung stimmt mittlerweile darin überein, dass hier keine zufällige Anordnung von Bildsequenzen zu sehen ist, vielmehr sei ein konkretes Ereignis dargestellt. Uneinigkeit herrscht darüber, welches das Schlüsselereignis sei, wobei zwei Möglichkeiten angenommen werden: Es könnte sich zum einen um die Begegnung von Vater und Sohn in Bozzolo vom 1. Januar 1462 handeln, die Briefe würden dann die Erhebung Francescos zum Kardinal mitteilen, eines der Schlüsselereignisse im Familienverband. Gegen diese Lesart spricht das Alter der dargestellten Personen sowie überhaupt der Umstand, dass Personen dargestellt werden, die 1465 noch nicht einmal geboren waren. Auch die dargestellte Natur entspricht nicht einer Winterlandschaft, sondern verweist eher auf das zweite Ereignis, die Begegnung von Vater und Sohn in Bondanello am 22. August 1472; die Briefe würden dann die Mitteilung enthalten, dass der Papst die Aufhebung des Klosters Sant'Andrea genehmigte.[31]

Feststeht, dass sich die Gonzaga bei einem signifikanten Familienereignis inszenierten, das sich um Francesco dreht, der in seiner Person die erfolgreiche Kirchenpolitik der Gonzaga verkörperte: Francesco war nicht nur der erste einer Serie von Gonzagakardinälen und sicherte somit die Kontakte der Gonzaga zur Kurie und ihre Präsenz in Rom; mit ihm ist auch das Ende der Autorität der lokalen Mantuaner Kirche anzusetzen, denn auch das Mantuaner Bischofsamt, eine der letzten Keimzellen möglichen Widerstands, war fortan fest in der Hand von Gonzagasöhnen. Dass zugleich auch das Kloster Sant'Andrea entmachtet wurde, ist bereits angedeutet worden. Vorausgegangen war der Umgestaltung von Sant'Andrea ein zäher Streit Ludovicos mit dem Abt des Klosters Nuvoloni; ein Konflikt, der bereits 1460 kurz nach dem großen Tag in Mantua (1459) begonnen hatte.[32] Ludovico hatte eine Umgestaltung der gesamten *Piazza delle Erbe* geplant, die jedoch am Widerstand des Abtes scheiterte. Erst nachdem Nuvoloni 1470

29 Umfassend dargestellt (wenn auch teilweise mit etwas eigenwilligen Interpretationen) ist das Fresko mit den verschiedenen Interpretationsansätzen bei Rodolfo Signorini, Opus hoc tenue. La camera dipinta di Andrea Mantegna. Lettura storica iconografica iconologia, Parma 1985; auf dieser Darstellung basieren großteils auch die folgenden Ausführungen.

30 So beispielsweise in Giovanni Pasetti/Gianna Pinotti, La camera in luce. La camera degli Sposi di Andrea Mantegna in Palazzo Ducale a Mantova – redazione 1999, in: htp://xoomer.alice.it/gpasett/luce.htm; 20.01.2007.

31 Vgl. Signorini (wie Anm. 29), S. 126–127 und Pasetti/Pinotti (wie Anm. 30), S. 4–5.

32 Dieses große Treffen in Mantua, bei dem unter dem Vorsitz von Papst Pius II. Maßnahmen gegen die Expansion der Türken beraten wurden, stellte wohl den Höhepunkt in der Herrschaftsperiode von Ludovico und Barbara dar. Erstmals war Mantua als so bedeutend angesehen worden, dass es eine internationale „Konferenz" beherbergen durfte. Nicht zuletzt war dieser Tag Anlass dafür, die ganze Stadt grundlegend zu erneuern und „aufzupolieren", hier sind also ebenfalls die Wurzeln der großen Baumaßnahmen unter

verstorben war, konnte der Markgraf seine Pläne wieder in Angriff nehmen.[33] Vor diesem Hintergrund versteht sich die Semantik der (möglichen) Darstellung des Bescheids von 1472 noch viel deutlicher: Damit war nun neben dem Bischof die letzte Machtinstanz in Mantua gefallen, der Fürst konnte gestalterisch auf das alte politische und zugleich religiöse Zentrum der Kommune einwirken. Folgen wir der Darstellung Calzonas so wollte Ludovico zudem in der Form der von Alberti geplanten neuen Prunkbasilika Sant'Andrea einen neuen Tempel für die Heilig Blut Reliquie errichten. Damit hatte er sowohl das Bischofszentrum um die Reliquie des heiligen Anselms als auch das zweite konkurrierende religiöse Zentrum mit der Heilig Blut Reliquie übernommen: Der Fürst hatte seine Hand auf das Herz der alten Kommune gelegt und sich die zentralen religiösen Instanzen einverleibt. Damit einher ging auch die Übernahme einer weiteren kommunalen Einrichtung durch den Fürsten: 1477 ließ er das alte Consorzium – die städtische Wohlfahrtseinrichtung – durch ein neu gegründetes „großes Hospital" ersetzen, eine Maßnahme, die von der Stadt keineswegs erfreulich begrüßt wurde: Der Mantuaner Chronist Andrea Schivenoglia kommentierte dies wie folgt: „Es ist zu bemerken, dass seit alten Zeiten in Mantua ein Ort war, der sich *Consorzio* nannte. Dieses *Consorzio* machte viele Almosen und man übte Recht für die Bürger aus und so wählten die Bürger einen Schatzmeister. Doch als der Herr Marchese das Hospital vergrößern wollte, ließ er alle Angelegenheiten unter dieses Hospital übernehmen, worüber die Bürger sehr aufgebracht waren."[34]
Doch zurück zur *Camera Picta*. Die Zelebrierung der kirchlichen Machtposition der Gonzaga wird zugleich eingebunden in eine Zelebrierung der „Freundschaftsbeziehungen" der Gonzaga, die diese zu den Fürsten des Reichs, allen voran zu Kaiser Friedrich III. aber auch zu König Christian I. von Dänemark, unterhielten, die ebenfalls in diesem Fresko dargestellt sind. Auch wenn die Zuweisung der Charaktere zu den dargestellten Personen schwer fällt, ist die Darstellung dieser beiden Personen durch ein zeitgenössisches Zitat von Galeazzo Maria Sforza bezeugt, der sich darüber beklagte, dass die „duy più tristi homini del mondo" dargestellt seien, während er selbst fehle.[35] Das Thema der Freundschaft soll laut einer nicht unumstrittenen Interpretation von Mulazzani[36] auch im mysteriösen „Oculo della volta" fortgesetzt werden, das für

Ludovico zu sehen. Vgl. dazu Romani (wie Anm. 4), S. 102–105; Ebba Severidt, Familie, Verwandtschaft und Karriere bei den Gonzaga. Struktur und Funktion von Familie und Verwandtschaft bei den Gonzaga und ihren deutschen Verwandten (1444–1519) (Schriften zur südwestdeutschen Landeskunde 45), Leinfelden/Echterdingen 2002, S. 282–287.

33 Vgl. Calzona (wie Anm. 11), S. 7–9.

34 Zit. nach Isabella Lazzarini, Fra un principe e altri stati. Relazioni di potere e forme di servizio a Mantova nell'età di Ludovico Gonzaga (Istituto storico italiano per il medio evo/nuovi studi storici 32), Rom 1996, S. 87; „Nota che ab anticho tempore era in Mantoa uno logho el quale se chiamava el chonsorcio. Questo consorcio faxia de molte limosine e si faxia reto per li zitadini e choxij li zitadini elizia uno maxaro. Ma quando el signor messer lo Marchexo volse agrandire lo hospedalo se fe retrare ognechoxa soto quelo hospedalo, de che molto li zitadini se turbono."

35 Vgl. Signorini (wie Anm. 29), S. 171–172; Pasetti/Pinotti (wie Anm. 30), S. 10. Folgt man den Ausführungen von Pasetti und Pinotti, so seien zumindest die Sforza-Gefolgsleute auf dem großen zentralen Fresko dargestellt, nur der Fürst selbst sei ausgespart worden wegen seiner Arroganz und nicht zuletzt deshalb, weil er zwei Gonzagatöchter als Gattinnen abgelehnt hatte. Vgl. Pasetti/Pinotti (wie Anm. 30), S. 9–10.

36 Die Interpretation ist zusammengefasst bei Signorini (wie Anm. 29), S. 228–236.

das Generalthema dieses Beitrags von besonderem Interesse ist. Im Gewölbe des Zimmers findet sich nämlich eine optische Täuschung, eine aufgemalte Öffnung in den Olymp bzw. in einen blauen Himmel (Abb. 3). Dort sind zum einen Putten aufgemalt, die entweder rein dekorativen Wert besitzen oder aber eine gleichsam himmlische Beobachtungsinstanz darstellen könnten; zum anderen aber sieht man drei Mädchen, eine noble Dame und eine schwarzafrikanische Person (umstritten ist, ob es ein Mann oder eine Frau ist), die über eine Balustrade gebeugt in den Raum blicken. Daneben sind noch ein Pfau und ein Orangenbaum in einem Kübel abgebildet. Die Darstellung gibt wie gesagt nach wie vor Rätsel auf, eine Lesart sieht darin jedoch die Öffnung der Sphäre fürstlichen Lebens und der Freundschaftsbindungen nach außen: „einfache" Menschen in der Gestalt der Mädchen sowie die Gestalt der Dame – die möglicherweise eine Hofdame darstellt, ebenso wie die schwarzafrikanische Person zum internationalen Hofstaat der Gonzaga gezählt werden könnte – verkörpern gleichsam die Ebene der „Untergebenen", die an dieser fürstlichen Welt teilhaben, ja sie geradezu von oben herab beobachten. Der Blickkontakt der Mädchen in den Raum wird als Ausdruck der „freundschaftlichen" Bindung des „Volkes" an den Fürsten gesehen. Daneben fällt auf, dass zumindest eines der Mädchen wie auch die Zwergin in der Hofsequenz die Besucherinnen und Besucher direkt anblicken und damit in die Welt des Freskos einbinden, in den freundschaftlichen Kreis der dargestellten Personen. Die fürstliche Familie zeigt sich somit keineswegs abgeschottet, sondern in Kontakt zu den Menschen, auf deren Schultern ihre Herrschaft ruht – ein Thema, das besonders den nächsten Abschnitt dieses Beitrags prägen wird.

Neben seinen architektonischen Umgestaltungen unternahm Ludovico schließlich auch Maßnahmen als „Konstrukteur" der Stadt: So ließ er das Netz der Straßen und Wasserwege grundlegend erneuern; die Straßen wurden gepflastert und die Stadt in ein urbanisiertes Bild „gegossen". Zugleich setzte er mit seinen baulichen Maßnahmen nicht nur symbolische Akzente in der Stadt, sondern er legte damit auch die Grundpfeiler der so genannten „privaten Gonzaga-Achse", die die Stadt durchschnitt und ihren Endpunkt in der hier betrachteten Epoche in der Errichtung des Palazzo Te durch Ludovicos Urenkel Federico II erfahren sollte. Erbaut wurde der Palast ab ca. 1524 durch Giulio Romano. Er stellt Ziel- und Endpunkt der Gonzaga-Achse dar: Der Fürst hatte die Stadt durchschritten und hielt sie nun über zwei Palastbezirke umklammert.

## 4. Die Stadt als Hof

Dieser baulichen Durchdringung der Stadt durch die Gonzaga entsprach eine zweite, stärker personelle bzw. soziale Durchdringung Mantuas oder vielmehr eine Bindung der Stadt an den Hof: Sie wurde zum Rekrutierungsort für das Hofpersonal, eines Hofes, der sich immer weiter ausdehnte.[37] Gleichzeitig wurde die Stadt teilweise in den Hof integriert. So gab es – wie Lazzarini in ihrer grundlegenden Studie zur Verwaltung

37 Zur Zusammensetzung des Hofes der Gonzaga vgl. Guido Guerzoni, La corte gonzaghesca in età moderna. Struttura, ordini e funzioni, in: Silvana Balbi de Caro (Hg.), I Gonzaga. Moneta Arte Storia, Mailand 1995, S. 90–96.

der Gonzaga im 15. Jahrhundert aufzeigt[38] – keine klare Trennung zwischen städtischen und fürstlichen Ämtern.[39] Das macht es auch schwierig, mit dem Begriff *Hof* zu operieren: Zum einen, weil das Territorium der Gonzaga so klein, also gewissermaßen nur auf die Stadt und ihr Umland konzentriert war, woraus sich eine „Omnipräsenz" des Fürsten in der Stadt ergab,[40] zum anderen, weil bereits eine städtische Verwaltung existierte, über die sich der Hof gewissermaßen „stülpte".[41]

Lazzarini versucht in ihrer Analyse das System durchschaubarer zu machen, in dem sie zwischen eindeutig „offiziellen" Beamten (*ufficiali*) auf der einen Seite unterscheidet, die durch öffentlich Patente bestellt wurden (etwa die Rektoren). Diese ordnet sie entsprechend eher der Stadtverwaltung zu. Auf der anderen Seite siedelt sie als Extremform die reinen Höflinge an (*cortigiani*), welche informell bestellt wurden und zum Teil auch keine fixen Löhne erhielten. Diese rechnet sie dem Haushalt (*domus*) des Fürsten im engeren Sinn zu. Der Hof in diesem engeren Sinn stellte eine eigene Welt für sich dar, die mit der Stadt kaum verbunden war. Dazwischen öffnete sich eine flexible Übergangszone mit unterschiedlichen Mischformen, von denen in der Folge noch die Kanzlei gesondert herausgehoben wird.[42]

Als wichtigsten Aspekt in Bezug auf die Frage der Einbindung der Stadt in den Hof sowie der Betrachtung der Verwaltung als Kommunikation der Fürsten und Fürstinnen mit ihrer Stadt ist die Bestellung der Ämter herauszuheben. Diese war ausschließliches Privileg des Fürsten, auf das er beharrte, und das er lediglich mit seiner Gattin teilte.[43] Es herrschte insgesamt eine große Informalität bei der Besetzung der Ämter ebenso wie bei der Entlohnung. Die Höhe des Lohns scheint verhandelbar gewesen zu sein, wobei der Fürst entsprechende materielle Zuweisungen durchaus als Gunstbeweis sah. Lazzarini schildert den Fall des Sekretärs Bartolomeo di Matteo Bonatti, dem Ludovico auf seine Forderung antwortete: „.. tu non te ricordi che quelli de casa tua hanno sempre habuto di gratia poter essere a la canzelaria nostra".[44] Die Ämterbesetzung seitens des Fürsten löste bei der Bevölkerung Empörung aus: Die Mantuaner empfanden diese als Willkür und intervenierten immer wieder, vor allem da früher die Ämter rotiert und entsprechend allen Bürgern in wechselnden Zeitabständen zugestanden hatten. Gerade dies war aber auch ein Disziplinierungsmittel, das die Fürsten anwendeten, um die Bürger zu kontrollieren. Lazzarini kann nämlich zugleich aufzeigen, dass die Empörung, die sich etwa in der Chronik des Andrea Schivenoglia niederschlägt, nicht zuletzt darauf zurückzuführen ist, dass

38 Vgl. Lazzarini (wie Anm. 34). Diese Studie ist zugleich die Grundlage für die Darstellung der Verwaltung in diesem Beitrag. Daneben sei noch auf die zahlreichen Einzelstudien verwiesen, die Lazzarini zu diesem Thema vorgelegt hat.

39 Vgl. Lazzarini (wie Anm. 34), S. 109–116.

40 Lazzarini (wie Anm. 34 ), S. 111: „È chiaro che in particolare in una signoria ridotta come quella gonzaghesca la prossimità al principe, la continua familiarità con lui, erano di per sé elementi di notevole peso nel gioco degli equilibri di potere all'interno del ceto di governo."

41 Vgl. Lazzarini (wie Anm. 34), S. 109–111. Sie spricht von einem „schweren städtischen und kommunalen Erbe" („una pesante eredità urbana e comunale"; ebd. S. 109).

42 Vgl. zu all dem Lazzarini (wie Anm. 34), S. 95–124.

43 Vgl. Lazzarini (wie Anm. 34), S. 117–124.

44 Lazzarini (wie Anm. 34), S. 115; „Du erinnerst dich nicht daran, dass jene aus deinem Haus es immer als Ehre ansahen, in unserer Kanzlei sein zu dürfen."

Schivenoglia nicht zum Kreis der vom Fürst Privilegierten gehörte. – Dies, obwohl er selbst ein Hofamt anstrebte.[45]
Ludovico versuchte durchaus dem willkürlichen Charakter der Ämterbesetzung entgegenzusteuern und strebte nach Überparteilichkeit. So wollte er beispielsweise eine Vererbung der Ämter verhindern und bemühte sich für zentrale städtische Ämter „auswärtige" Beamte ohne Wurzeln in Mantua zu rekrutieren. Dennoch zeigt sich auch und gerade unter seiner Herrschaft ein funktionierendes Netzwerk, das über die Nähe zum Fürsten auch zur Einnahme von Ämtern ja sogar zu Lohnerhöhungen führte.[46] Als wesentlichen Aspekt für das hier betrachtete Thema gilt es festzuhalten: Der Fürst hielt die Macht über die Ämterbesetzung in Händen und kontrollierte damit die städtische Oberschicht, die ihrerseits gierig nach diesen Ämtern strebte! Damit band der Fürst die Stadt als Rekrutierungsort für fürstliche und städtische Ämter an sich und seine „Gunst". Lazzarini erklärt zugleich die große Flexibilität und Informalität der Ämterbesetzung als Strategie des jungen Fürstenhauses, um auf eventuelle Umbruchsituationen rasch reagieren zu können. Vermutlich hatten die Gonzaga noch deutlich im Gedächtnis, dass sie selbst als Getreue der Bonacolsi die Macht an sich gerissen hatten.[47] Dabei bewies gerade Ludovico im Unterschied zu seinen Vorläufern und Nachfolgern großes Gespür und Sensibilität bei der Ämterbesetzung: Eine Mischung aus Familien mit alten Wurzeln, die den Aufstieg der Gonzaga von Anfang an begleitet hatten, neuen „Aufsteigern" aus Mantua und schließlich Fremden (wobei die Fremde schon in der Nachbarstadt begann) bildete den Rekrutierungspool für die Beamten – der Hof war somit offen, eine Plattform, die prinzipiell allen eine Karriere ermöglichte.[48]

## 5. Die Kanzlei als Sprachrohr des Fürsten und der Fürstin

Wenn von „verbalisierter Kommunikation" des Fürsten und der Fürstin mit der Stadt im engeren Sinn die Rede ist, so ist als zentrale Instanz die Kanzlei als Sprachrohr hervorzuheben. Sie stellt in mehrerer Hinsicht das Herzstück von Ludovicos Verwaltungssystem dar und verdient insofern besondere Beachtung.[49] Hatte noch unter seinem Vater Gianfrancesco die Kanzlei eine untergeordnete Rolle neben dem *consilium domini* gespielt, wobei mitunter Kanzlei- und Ratstätigkeit verbunden waren, so trennte Ludovico Rat und Kanzlei konsequent voneinander und entwickelte die Kanzlei zusehends zu seiner persönlichen Stütze. Lazzarini spricht von einer „Filterrolle", die die Kanzlei zwischen dem Markgraf und allen anderen inneren wie äußeren Organen, mit denen er kommunizierte, einnahm.[50] Die Kanzlei bot dem Markgrafen zusätzlich den Vorteil, dass sie allein ihm unterstand, er sie somit zur Gänze kontrollieren konnte. Die Kanzleibeamten nahmen eine Sonderrolle zwischen den offiziellen Verwaltungsbeamten und

45 Vgl. Lazzarini (wie Anm. 34), S. 89–95; 117–124.
46 Vgl. Lazzarini (wie Anm. 34), S. 117–124.
47 Vgl. Lazzarini (wie Anm. 34), S. 98.
48 Vgl. Lazzarini (wie Anm. 34), S. 122.
49 Vgl. zu den folgenden Ausführungen Lazzarini (wie Anm. 34), S. 182–217 und Isabella Lazzarini, „Peculiaris Magistratus". La cancelleria Gonzaghesca nel Quattrocento (1407–1478), in: Franca Leverotti (Hg.), Cancelleria e amministrazione negli stati italiani del Rinascimento. Ricerche storiche 24 (1994), S. 337–349.
50 Vgl. Lazzarini (wie Anm. 49), S. 341.

den diversen Familiaren ein. Die Sekretäre wurden persönlich vom Markgrafen ernannt, allerdings nicht öffentlich und nach undurchsichtigen Kriterien, was sie in die Nähe der Familiare rückte. Anders als die Familiare wurden sie jedoch gleich wie die offiziellen Amtsträger nach einem fixen Schema entlohnt.
Im Unterschied zu seinen Vorgängern und Nachfolgern rekrutierte Ludovico das Personal für die Kanzlei ausschließlich aus dem Kreis alteingesessener Mantuaner Familien. Dabei unterstützte Ludovico die Tendenz, dass das Amt eines Sekretärs in den Händen einiger weniger Familien blieb und vom Vater auf den Sohn weiter vererbt wurde. Lazzarini bezeichnet dies nach einer zeitgenössischen Quelle, einem Brief des Alessandro di Giovanni Arrivabene, als „peculiaris magistratus".[51] Die Laufbahn in der Kanzlei war somit ein „besonderer Dienst", der nur einem bestimmten Kreis von Personen zugänglich war. Diese zeichneten sich durch unbedingte Loyalität dem Markgrafen gegenüber aus. Kontrolle und Vertrauen scheinen somit die Leitmotive gewesen zu sein, nach denen Ludovico beim Aufbau seiner Kanzlei vorging. Zugleich vermied er es im Unterschied zu seinen Vorgängern und Nachfolgern einzelnen Personen eine besondere Favoritenrolle zukommen zu lassen oder sie gar mit anderen Ämtern zu versehen. Eine Kanzleilaufbahn blieb zudem allein auf die Kanzlei beschränkt und entwickelte sich völlig anders als etwa im deutschen Raum nicht zum Sprungbrett für weitere Karrieren. Die Kanzlisten waren durchwegs Personen, die ihre Karriere innerhalb der Kanzlei realisierten; diese entsprach auch nicht dem Hofamt Kanzlei – so gab es kein Amt eines „Kanzlers" als Vorsteher – vielmehr waren die Einzelpersonen mit flexiblen und wechselnden Kompetenzen betraut. Eine gewisse „Vormachtstellung" wurde nicht qua Amt, sondern allein durch Loyalität und Vertrauen zum Fürst und zugleich langjährigen Dienst, am besten über mehrere Generationen, gesichert.
Die Kanzlei war zugleich das Sprachrohr des Fürsten nach außen, insofern als sich auch die Botschafter, Gesandten und Boten für Auslandsmissionen aus diesem Kreis rekrutierten. Auch hier dominierten wieder Flexibilität und Informalität – ein fixer, ständiger Botschafter findet sich seit 1450 nur in Mailand,[52] für alle anderen diplomatischen Missionen wurden je nach Bedarf Personen eingesetzt.

## 6. Medien der verbalisierten Kommunikation: Gride, Dekrete und Briefe

Die bisher betrachteten Maßnahmen lassen sich in einen breiteren Kommunikationsbegriff eingliedern – nach traditionellen Ansätzen sind es wohl einfach Mittel der Herrschaftsübernahme, der Organisation und Verwaltung, die zunehmend in der aktuellen Forschung als Mittel der Kommunikation betrachtet werden. Würden wir diese

51 Vgl. Lazzarini (wie Anm. 34), S. 185.

52 Die Briefe dieses Botschafters werden seit einigen Jahren in einer umfassenden Edition in 16 Bänden herausgegeben, vgl. Franca Leverotti (Hg.), Carteggio degli oratori mantovani alla corte sforzesca (1450–1500). Vol. I–XVI (Pubblicazioni degli archivi di stato), Rom 1999ff. Die Einzelbände haben jeweils individuelle Herausgeber/innen.

ausblenden, so bliebe als vereinfachte Frage: Wie sprachen der Herrscher/die Herrscherin mit ihrer Stadt? Über welche Medien kommunizierten sie?
Bereits unter den ersten Gonzaga gab es Statuten der Stadt, die gewissermaßen als „sedimentierte“ Kommunikation angesehen werden könnten; allerdings entsprachen sie bereits zum Zeitpunkt ihrer Abfassung in vielen Aspekten nicht mehr der Realität. So beschrieben sie bereits unüblich gewordene Organe wie die Räte, während sie Institutionen verschwiegen, von deren Existenz man aus anderen Quellen weiß.[53] Als lebendiges Instrument der Kommunikation sind dem gegenüber die *Gride* (wörtlich „Schreie“) zu erwähnen. Es handelte sich dabei um Erlässe, die flexibel zu speziellen Fragen ausgestellt wurden. Sie waren im *volgare* verfasst und wurden am Samstag auf öffentlichen Plätzen verlesen.[54] Die *Gride* entwickelten sich zusehends zu wichtigen Ergänzungen der Statuten, denen sie in lateinischer Form beigefügt wurden. In dieser verschriftlichten Form werden sie als *Dekrete* bezeichnet. Während sich über diese Medien gewissermaßen die „formalisierte“ Kommunikation fassen lässt, so ist für Mantua wie auch für die anderen italienischen Städte ein zweites Medium zu nennen, das im 15. Jahrhundert eine regelrechte Revolution in quantitativer wie in qualitativer Hinsicht erlebte und einen faszinierenden Fundus hinterlassen hat: die Briefe.[55]
Der Hof – in Person des Fürsten und vor allem seiner Gattin, der Marchesa – war Drehscheibe einer geradezu riesigen schriftlichen Briefkommunikation, die sich minutiös, Tag für Tag aus Mantua, aus dem Umland (den so genannten *paesi*) sowie aus dem „Ausland“ in die Kanzlei ergoss und von dort hinausströmte. Überliefert ist die Korrespondenz zum Teil im Original, der Auslauf in den so genannten *Copialettere*, Register, in denen die ausgehenden Briefe der amtierenden Markgräfin und des Markgrafen eingetragen wurden.[56] Von amtlichen Angelegenheiten bis hin zu persönlichen Anliegen, die in Form einzelner Bittbriefe überliefert sind – alles kam vor die Augen, wenn schon vielleicht nicht der Markgrafen, so doch zumindest der Kanzlei. Besonders wichtig war das Medium Brief auch in kritischen Phasen, wie etwa der Pest, wenn nur der lokale Pestbeauftragte in Mantua blieb und den Fürsten brieflich täglich über den Verlauf der Krankheit informierte.[57]
Die Briefe konnten eine Vielfalt an kommunikativen Funktionen erfüllen.[58] Sie waren etwa reiner „Gesprächsersatz“[59] im Sinne einer vormodernen Telefonleitung: In drin-

53 Vgl. Lazzarini (wie Anm. 34), S. 12–18.
54 Vgl. Lazzarini (wie Anm. 34), S. 18–25; Zu den Dekreten vgl. Romani (wie Anm. 4), S. 126–132.
55 Vgl. dazu Antenhofer (wie Anm. 2), Herold (wie Anm. 56), Lazzarini (wie Anm. 34), S. 69–79. Zum archivalischen Briefbestand der Gonzaga vgl. Alessandro Luzio, L'Archivio Gonzaga di Mantova. La corrispondenza familiare, amministrativa e diplomatica. Vol. II. (Pubblicazioni della R. Accademia Virgiliana di Mantova. Serie I = Monumenta = Vol. II.), Nachdruck der Ausgabe von 1922, Mantua 1993.
56 Eine umfassende Darstellung dieser Briefkommunikation ist in Vorbereitung durch Jürgen Herold (Greifswald), der seit 1998 seine Dissertation diesem Thema gewidmet hat; sie soll 2007 erscheinen. In Details findet sich eine Betrachtung der Briefkommunikation auch bei Antenhofer (wie Anm. 2).
57 Vgl. Lazzarini (wie Anm. 34).
58 Vgl. Antenhofer (wie Anm. 2), S. 245–249.
59 Diese Funktion wird häufig zur Definition von Briefen generell herangezogen; es ist jedoch nur ein Aspekt der Briefkommunikation, dass sie bei räumlicher Trennung als Gesprächsersatz dienen kann; vgl. Antenhofer (wie Anm. 2).

genden Angelegenheiten schickten Marchese und Marchesa mehrfach täglich Briefe hin und her, um Informationen auszutauschen. Die Schreiben konnten also einerseits der reinen Information dienen – eine Funktion, die beispielsweise in besonderem Maße die Gesandtenbriefe ausmacht. Daneben aber wurden über Briefe direktive Sprachhandlungen, also Befehle, Anordnungen und Bitten übermittelt, sie konnten aber auch schlicht als Beglaubigungszertifikat für Familiare dienen oder die Beziehungsebene stabilisieren – dies ist besonders deutlich an den eigenhändig verfassten Schreiben zu sehen, an jenen Briefen, mit denen man sich gegenseitig „besuchte“. Hier spielte der Inhalt gegenüber dem Brief selbst als sichtbarem „Zeichen“ der Kontaktaufnahme eine untergeordnete Rolle. Es stellt sich die Frage, ob solche Briefe überhaupt gelesen werden mussten.[60]

Bemerkenswert ist die Einbindung der gesamten Markgrafenfamilie in diesen Briefwechsel. Eine zentrale Rolle nahmen die Gattinnen der amtierenden Fürsten ein, die in den häufigen Phasen der Abwesenheit des Fürsten den Briefwechsel dirigierten, empfingen, an den Gatten weiterleiteten, sich mit ihm berieten und den Absendern und Absenderinnen antworteten. Hier kristallisiert sich eine deutliche Machtposition dieser Fürstinnen heraus, die zum Teil an die Situation der Kaufmannsgattinnen erinnert, die in Abwesenheit ihrer Gatten die Geschäfte führten und die Korrespondenz erledigten. Es zeigt sich eine Arbeitsteilung des fürstlichen Paares – wohl auch unabhängig von der Ab- oder Anwesenheit des Markgrafen in der Stadt. Gerade für Barbara von Brandenburg lässt sich nachweisen, dass sie beispielsweise die Kommunikation mit den deutschen Reichsfürsten nahezu allein und zentral führte. Hier scheint sie noch vor ihrem Gemahl die erste Kontaktperson gewesen zu sein.[61] Unter ihr wurde Mantua zu einer wichtigen Informationsdrehscheibe, in der Nachrichten aus dem Reich, aus Italien und nicht zuletzt aus der Kurie in Rom zusammenflossen und weitervermittelt wurden – der Kommunikationskanal nach Rom wurde von Francesco, dem Gonzagakardinal, und seinem Sekretär Giovanni Pietro Arrivabene in Gang gehalten.[62]

60 In meiner Dissertation habe ich für solche Briefe den Begriff „Postkartenbrief" verwendet; der Inhalt von Postkarten ist meist völlig irrelevant, beschränkt sich auf banales „Uns geht es gut, das Essen schmeckt, das Wetter ist schön" – diese Mitteilung ist jedoch nicht Zweck der Postkarte, vielmehr soll sie der Adressatin oder dem Adressaten zeigen, dass man an sie denkt, und sie über dieses Medium am Erlebnis in der Fremde teilhaben lassen möchte. Bei mittelalterlichen Briefen finden sich entsprechend Schreiben, die auf die Formel reduziert sind: „Ich wollte nur die Gelegenheit dieses Botens nutzen, um dir mitzuteilen, dass es mir gut geht, was ich auch von dir hoffe.“ Zu unterschätzen ist trotz allem nicht die Wichtigkeit, die der Mitteilung des jeweiligen Wohlbefindens resp. von Erkrankungen zugemessen wurde, zur Mitteilung von Erkrankungen vgl. Cordula Nolte, Familie, Hof und Herrschaft. Das verwandtschaftliche Beziehungs- und Kommunikationsnetz der Reichsfürsten am Beispiel der Markgrafen von Brandenburg-Ansbach (1440–1530) (Mittelalter-Forschungen 11), Ostfildern 2005, S. 363–373.

61 Deutlich zeigt sich dieser Befund für die Korrespondenz der Markgrafen mit Graf Leonhard von Görz. Hier korrespondierte Barbara nahezu ausschließlich, nur einmal wurde ihr Schreiben durch einen zweiten Brief ihres Gatten begleitet; dabei handelte es sich jedoch nur um die Bitte, die Angelegenheiten einiger Italiener zu unterstützen, die in das Gebiet Leonhards reisten.

62 Zu Francesco und seinem Sekretär vgl. David Sanderson Chambers, Renaissance Cardinals and their Worldly Problems (Variorum Collected Studies Series CS553), Hampshire 1997.

Wie diese Informationsbeschaffung im einzelnen Fall aussah, lässt sich anhand des folgenden Beispiels skizzieren: Als Graf Leonhard von Görz 1473 noch recht allgemein um die Hand einer Gonzagatochter anhielt, ließen die Gonzaga Erkundigungen über ihn einholen. Als Informationsquelle wählten sie Venedig, da der Graf enge Kontakte dorthin unterhielt. Es war somit anzunehmen, dass man dort zuverlässige Auskunft erhalten würde. „Kundschafter“ war Johannes de Strigiis, eigentlich der Schatzmeister der Gonzaga. Dieser informierte sich bei vier Edelleuten („zentilomini“), die im Gebiet des Görzers geschäftlich zu tun hatten. Die Informationen, die er von diesen Venezianern erhielt, leitete er in einem ausführlichen Brief an die Markgräfin weiter (Abb. 4).[63] Zunächst gab er an, dass er sich diesmal besser als beim letzten Mal informiert habe, was auf wiederholtes Befragen von „Informanten“ hindeutet. Er begann seinen Bericht mit der finanziellen Kapazität Leonhards, auf die eine Charakterbeschreibung folgte: Leonhards Einkommen reiche von 9.000 bis 12.000 Dukaten, doch er würde das Geld zum Fenster rauswerfen, und wolle sich nur amüsieren. Er sei sehr tollkühn, würde waghalsig mit der Lanze zu Pferd reiten und über die Berge hinaufstürmen, so dass es jeden wundere, dass er sich nicht schon dreißigmal umgebracht habe. Außerdem gebe sich der Graf mit einfachen Leuten („vilani“) ab und würde am liebsten spielen und tanzen. Auch wenn er von großer und alter Abstammung sei, so sei er doch ein leichter Kopf. Der Graf sei jung, fröhlich und schön; das sei alles, was man von ihm berichte.
Diese Beschreibung Leonhards ist nur ein Beispiel für die Informationsbeschaffung über Briefe und Kundschafter. Wie am Fall des Johannes de Strigiis deutlich wird, wurden als Botschafter – abgesehen vom Kanzleipersonal – vielfach Personen eingesetzt, die gute Beziehungen zu den „Informanten“ unterhielten, hier etwa der Schatzmeister von Mantua, der aufgrund seiner häufigen Aufenthalte in Venedig allmählich zur Kontaktperson in allen venezianischen Belangen aufstieg.[64] Die Wichtigkeit der Briefe für diese Art der Informationsübermittlung zeigt sich ganz besonders an den Gesandtenberichten, die beispielsweise über den einzigen institutionalisierten Botschafter der Gonzaga in Mailand nach Mantua flossen.[65] Informationsmitteilung mischt sich aber in fast allen Briefen mit den verschiedenen anderen Funktionen. Eine regelrechte Fundgrube stellen in dieser Hinsicht auch die Briefe der Markgräfinnen an die Markgrafen dar, in denen sie vor allem mündliche Berichte paraphrasierten, die sie von verschiede-

63 „Del conte de Goricia ancora meglio me sonte informato de quello fezi l'altra volta da più de quatro de questi zentilomini che anno a fare dove l'a el suo dominio. La intrata sua che me dice da 9 fina 12 millia duc(ati) ma chel spenderia Roma e toma hozi impigna uno castello domani uno altro che è per milli duc(ati) che è (per) millicinquecento e ogna cossa per meter in far bon tempo. Et he molto pericolosse core a cavallo como la lanza in resta a scauza colo de quelli montagni in zosse se maraveglia ognomo che non se habia amazato mo trenta volti. Conversa ogni di como quelli vilani e non atende ad altro che zugare a brazi e balare ala piva. In fin questi zentilhomini pur di grandi e vegii l'anno per uno liziro cervello quello che sente mi bisogna dire el vero zovene gaiardo bello dichone he. Questo he quanto presente de lui. De zentil sangue he de la ca de Franza.“ (ASM AG b. 1431 bis c. 849)

64 Vgl. Isabella Lazzarini, Palatium Juris e palatium residentie. Gli offici e il servizio del principe a Mantova nel Quattrocento, in: Cesare Mozzarelli/Robert Oresko/Leandro Ventura (Hgg.), La corte di Mantova nell'età di Andrea Mantegna; 1450–1550./The court of the Gonzaga in the Age of Mantegna; 1450–1550 (Europa delle Corti. Centro studi sulle società di antico regime. Biblioteca del Cinquecento 75), Rom 1997, S. 145–164. Hier S. 158.

65 Ediert bei Leverotti (wie Anm. 52).

nen Boten und Gesandten übermittelt bekamen. Da gerade über diese „Botenberichte" meist Aufzeichnungen fehlen, sind diese Paraphrasen der Markgräfinnen wichtige Dokumente, nicht zuletzt was die Rezeption der Mitteilungen anlangt. Anknüpfend an die Wiedergabe von Botenberichten und auch Briefen finden sich nämlich meist Kommentare und Reflexionen der Fürstinnen, denen die Antworten der Fürsten folgen – aus dieser reichen Dokumentation lässt sich somit das Vor- und Umfeld der Briefkommunikation erschließen.[66]

Die Briefkommunikation war jedoch nicht nur zentral für den familieninternen Austausch der Gonzaga, für Informationsbeschaffung und das Knüpfen und Aufrechterhalten politischer Kontakte zu den befreundeten und verwandten Fürsten. Daneben war der Brief auch das wichtigste Kommunikationsmittel für die Erfassung des Umlands der Stadt, des Mantovano: Die Korrespondenz lief hier zwischen den Fürsten und den lokalen Verwaltern im Mantovano, den Rektoren ab. Unterstützt wurde die Durchdringung des Umlands zugleich durch das Herumreisen des Fürsten; auch seine Gattin und die Kinder hielten sich häufig in verschiedenen Residenzen verstreut über das Umland auf. Der Durchdringung der Stadt über Bauwerke entsprach gleichermaßen eine bauliche Durchdringung des Mantovano. Die Gonzaga errichteten Schlösser und Festungen, wobei verschiedene Fürsten und Fürstinnen unterschiedliche Landsitze bevorzugten. In der Stadt selbst blieb – wiederum in der Epoche von Ludovico II – sehr häufig die Marchesa als Ansprechpartnerin für alle Belange, insbesondere um die Korrespondenz zu empfangen, die sie entsprechend je nach Wichtigkeit an ihren Gatten weiterleitete. Welche Macht dies für die Markgräfin bedeutete, wird aus den Klagen Barbaras von Brandenburg ersichtlich, als sie nach dem Tod ihres Gatten nicht mehr Einblick in diese Korrespondenz hatte. Für sie war das gleichbedeutend mit dem Ausschluss aus den Regierungsgeschäften.[67] – Damit schließt sich der Kreis zum Fresko Andrea Mantegnas in der *camera picta*, das nicht nur die zentrale Rolle der Briefkorrespondenz gemeinsam mit der Darstellung der Familie verewigte, sondern auch die zentrale Rolle der Markgräfin, die diese nicht nur in diesem Fresko einnahm.

## 7. Fazit und Ausblick

Diesen kaleidoskopartigen Überblick schließe ich über die Kommunikation der Gonzaga mit ihrer Stadt nicht mit Ergebnissen, sondern mit Thesen, die sich aus den vielfach nur angerissenen Fragestellungen ergeben und als Anregung für eine vertiefte und vergleichende Forschung der Kommunikation von Fürsten und Fürstinnen mit den

66 Eine Methode, die ich für die Auswertung und das Aufspüren von Strategien in der Korrespondenz Gonzaga-Görz angewandt habe; vgl. Antenhofer (wie Anm. 2) und Christina Antenhofer, Letters across the borders. Strategies of Communication in an Italian-German Renaissance Correspondence, in: Jane Couchman/Ann Crabb (Hgg.), Women's Letters Across Europe 1400–1700. Form and Persuasion (Women and Gender in the Early Modern World), Aldershot 2005, S. 103–122.

67 Vgl. Rodolfo Signorini, La malattia mortale di Barbara di Brandeburgo Gonzaga, seconda Marchesa di Mantova, in: Civiltà Mantovana 15 (1987), S. 1–39.

Städten zu verstehen sind – möglicherweise sogar für einen Vergleich mit der Situation nördlich der Alpen.

1) Die Gonzaga erhielten ihre starke Position gerade durch ihre enge Verbundenheit mit ihrer Stadt, das war ihr Rückhalt. Trotz ihres Aufstrebens in höhere Adelskreise blieben sie zutiefst städtisch. Dieser Umstand zeigt sich etwa in einer völlig anderen Kommunikationsform als es für die Reichsadeligen der Fall war: Erst aus dieser Situation erklärt sich die weit größere Bedeutung, die der schriftlichen Kommunikation, den Briefen, beigemessen wurde und die sich in entsprechenden Archivbeständen niederschlug. Bereits die Fürstenkinder wurden angehalten eigenhändig Briefe zu schreiben. Paula de Gonzaga erhielt Schreibzeug und „ein Büchl, lernt Rechnung machen" in die Ehe.[68] Der „städtische Charakter" der Gonzaga zeigt sich aber etwa auch in einer ganz anderen Position der Frau, die im Stil der Kaufleutegattinnen die Geschäfte im Stadtstaat in der Abwesenheit des Gatten führte. Sie scheint in vieler Hinsicht als Partnerin in die Regierungs- und Verwaltungsgeschäfte integriert.[69]

2) Der Fürst nahm zwar die Macht in der Stadt ein – alle seine Maßnahmen sind aber in Auseinandersetzung und Kommunikation mit der Stadt zu sehen: damit sind sie zugleich Ausdruck seines Herrschaftswillens und -verständnisses und Zugeständnis an die Stadt, deren Bedürfnissen er entsprechen (musste).

3) Zur Art der Kommunikation lässt sich festhalten, dass die Gonzaga experimentierten, mit verschiedenen Strategien jonglierten – das mag wohl ihren langfristigen Erfolg ausgemacht haben. Zogen sie sich zunächst auf die *città vecchia* zurück, so erkannten sie, dass sie für eine dauerhafte Etablierung stärker mit der Stadt in Kommunikation treten mussten. Sie vereinnahmten die Stadt durch städtebauliche Maßnahmen und machten aus Mantua bis heute die „Stadt der Gonzaga". Zugleich boten sie den Familien in der Stadt Möglichkeiten, am Hof eingebunden zu sein und dort, in kontrollierter Art und Weise, Karriere zu machen – damit wurde ebenfalls Unruhepotential in der Stadt gebunden; weit unbarmherziger gingen sie mit den kirchlichen Instanzen vor, die sie entweder entmachteten und umwandelten (wie Sant'Andrea) oder sich einfach einverleibten (wie das Bischofsamt).

4) Die Gonzaga schafften es, dauerhaft in ihrer Stadt akzeptiert zu werden – die Kommunikation hatte also funktioniert. Dass es auch hätte anders ausgehen können, zeigt etwa das Beispiel der Medici, die immer wieder von ihrer eigenen Stadt vertrieben wurden und sich schließlich erst im 16. Jahrhundert dauerhaft etablieren konnten, als das freie Kräftespiel der Städte und der *Signorie* schon längst übergeordneten Kräften gehorchen musste. Dass den Gonzaga dieser dauerhafte Erfolg beschieden war, ist mit Sicherheit zu einem großen Teil auf ihre Kommunikation zurückzuführen. Dass sie sich

68 Vgl. Antenhofer (wie Anm. 2), S. 163–167.

69 Dieses Ergebnis zeigte sich auch für andere Fürstinnen der Zeit bei der Tagung „Donne di potere nel Rinascimento", die unter der Leitung von Letizia Arcangeli und Susanna Peyronel vom 29. November bis 2. Dezember 2006 in Mailand stattfand.

dessen bewusst waren, mag sich vielleicht in dem Umstand widerspiegeln, dass die erste große Inszenierung ihrer Dynastie im Mantegna-Fresko sie als fürstliche Familie im Akt des Kommunizierens zeigt. Einer Kommunikation, die sie mit den Fürsten und Fürstinnen des Reichs und Italiens verband, die aber auch nach außen und oben offen war und gleichermaßen die „Untertanen" einbezog, welche den Blick auf ihre Herrscher und Herrscherinnen gerichtet hielten.

# Information, Kommunikation und Dokumentation im transurbanen Raum

*Artur Dirmeier*

Der Schall der großen Domglocke von Regensburg klang weit über die Stadtmauern hinaus in das bayerische Umland, verkündete den Gläubigen Tages- und Gebetszeiten und warnte gleichzeitig vor drohender Gefahr. Als Konrad von Marburg diese Glocke im Jahre 1333 goss, gab er ihr in erhabenen gotischen Majuskeln folgende Inschrift: *ICH BIN EINE TROMPETE DER KÖNIGE – ICH RUFE DAS VOLK – ICH VERSAMMLE DIE GEISTLICHKEIT – ICH PREISE DIE HEILIGEN – ICH VERTREIBE DAS UNWETTER – ICH BEKLAGE DIE TOTEN.*[1] Glocken waren auf den Kirch- und Stadttürmen seit alters her zur schnellen Übermittlung von Informationen und zum Lob Gottes und der Heiligen eingesetzt. Die Bürgerglocke von Regensburg regelte die Marktzeiten, die Sturmglocke alarmierte die Bürger in Kriegs- und Krisenzeiten, die Feuerglocke rief die Löschmannschaften, die Ratsglocke auf dem Marktturm ermahnte die Räte rechtzeitig zur Sitzung zu erscheinen[2] und die Bierglocke verkündete die Sperrstunde. Die Festlegung der Sperrstunden und Öffnungszeiten fiel in die Satzungskompetenz der Ratsmitglieder einer Stadt, so dass in der Ratsordnung von Regensburg nachzulesen ist: *Min herren gebitent, daz nieman dehein trinchen nach der pirgelokken geb, ez si dann ein gast, der in der herwerge lige.*[3] Nicht nur der Ausschank von Bier und Wein, sondern auch der Aufenthalt in Schenkstuben und Schenkkellern war nach dem Ertönen der Bierglocke verboten. So konnte sich ein raffinierter Zecher nicht darauf berufen, er hätte ja noch nicht ausgetrunken. Die akustische Kommunikation über die Stadtgrenzen hinaus garantierten die großen Glocken, wie

1 MILLE · TRECENTIS · TRIGINTA · TRISQVE · SVB · ANNIS · TEMPORE · SVB · MAII · CONDITA · SOLA · FVI · EN · TVBA · SVM · REGVM · PPLM · VOCO · CONCITO · CLERVM · SANCTOS · COLLAVDO · TONITRVM · FVGO · FVNERA · PLANGO · MGR · CHVNRAD · DE · MARHBVRCH · ME FECIT (Felix Mader [Bearb.], Stadt Regensburg. Dom und St. Emmeram [Die Kunstdenkmäler der Oberpfalz XXII], unveränderter Nachdruck der Ausgabe von 1933, München 1981, S. 132); zur Informationsübertragung durch mittelalterliche Turmglocken (signum dare) vgl. Adolf Reinle, Die Ausstattung deutscher Kirchen im Mittelalter, Darmstadt 1988, S. 247–251 und Alfred Haverkamp, „... an die große Glocke hängen". Über Öffentlichkeit im Mittelalter, in: Jahrbuch des Historischen Kollegs 1995, S. 71–112 und unveränderter Nachdruck in: Alfred Haverkamp, Gemeinden, Gemeinschaften und Kommunikationsformen im hohen und späten Mittelalter (Festgabe zur Vollendung des 65. Lebensjahres), Trier 2002, S. 277–313.

2 Vgl. Thomas Engelke, Eyn grosz alts Statpuech. Das „Gelbe Stadtbuch" der Stadt Regensburg. Forschungen und Edition (Regensburger Studien und Quellen zur Kulturgeschichte 2), Regensburg 1995, Nr. 567.

3 Josef Widemann/Franz Bastian (Hgg.), Regensburger Urkundenbuch, 2 Bände (Monumenta Boica 53 und 54), München 1912/1956, hier Bd. 1, S. 719: *Ez schol ouch dehein man in dem leithause niht lenger beliben, wan untze di piergelokken gelaeutet hat, und schol ouch dehein leitgeb fuerbaz niemen dehein trinchen geben weder in leithaeusern noch in chelern bi dem vodern wandel.* Vgl. Engelke (wie Anm. 2), Nrn. 311 u. 816.

etwa die Domglocke oder die Sturmglocke der Stadt. Eine ähnliche Funktion übernahmen die Kirchenglocken auf dem flachen Land, wie etwa die beiden bronzenen Glocken aus Bubach.[4] Damals wie heute sind die Domglocken von Regensburg an Sonn- und Feiertagen weit über die Stadtgrenzen hinaus zu vernehmen.

Ganz allgemein geht es bei Kommunikation um Informationsaustausch zwischen Menschen bzw. zwischen Menschen und transzendenten Phänomenen, genauer gesagt um die Wahrnehmung von Kommunikationsprozessen in der auf uns gekommenen schriftlichen, bildlichen oder zeichenhaften Überlieferung.[5] Ein repräsentativer Teil der verbalen und nonverbalen Kommunikation vergangener Zeiten ist in Archiven, Bibliotheken und Museen dokumentiert bzw. über Architektur, Plastiken und Fresken greifbar. Seit Beginn der 1990er Jahre wendet man sich in den Geschichtswissenschaften zunehmend der Erforschung der Kommunikation zu. Ungeachtet dieser Entwicklung bleiben Fragen der Kommunikation und der Informationsübermittlung klassische Untersuchungsfelder der Sozial-, der Medien- oder der Sprachwissenschaften. Jedoch auch in der Medizin und der Pharmazie spricht man von Informationsübertragung, nämlich durch hormonelle Botenstoffe und Neurotransmitter. Die Geschichtswissenschaft war vor allem an der Erforschung der Kommunikationsformen und -wege im Gerichtsverfahren sowie im Boten- und Gesandtschaftswesen interessiert.[6] Vor allem die inflationäre Ausbreitung der historischen Kommunikationsforschung in den letzten Jahren hat weitere Untersuchungsfelder erschlossen, so dass im Jahr 2003 auf einer Tagung in Zürich mit dem Thema „mittelalterliche Kommunikation“ festgestellt wurde, dass „Kommunikation problematisch sei, weil damit alles und nichts gemeint sein kann“.[7] Angesichts dieser Feststellung und der umfangreichen Überlieferung zu den Stadt-Umland-Beziehungen ist eine Beschränkung auf wenige Fallbeispiele notwendig.

Die Untersuchung der Stadt-Umland-Beziehungen verlangt nach Definitionen für den Siedlungsraum Stadt, die Stadtgrenzen und das zugehörige Umland.[8] Im Fall von Regensburg unterliegt beides dem zeitlichen und herrschaftlichen Wandel. So definierte

4 882: *campanas aenas II* (Josef Widemann, Die Traditionen des Hochstifts Regensburg und des Klosters S. Emmeram [Quellen und Erörterungen zur bayerischen Geschichte, N.F. 8], München 1943, Nr. 95).

5 Zum Begriff der Kommunikation vgl. Heinz Pürer, Grundbegriffe der Kommunikationswissenschaft, Konstanz 2001; Roland Burkhart, Kommunikationswissenschaft. Grundlagen und Problemfelder. Umrisse einer interdisziplinären Sozialwissenschaft, Stuttgart 2002.

6 Vgl. Rainer C. Schwinges/Klaus Wriedt (Hgg.), Gesandtschafts- und Botenwesen im spätmittelalterlichen Europa (Vorträge und Forschungen 60), Ostfildern 2003; Karl-Heinz Spieß (Hg.), Medien der Kommunikation im Mittelalter (Beiträge zur Kommunikationsgeschichte 15), Wiesbaden 2003; Robert Walser, *Lasst uns ohne nachricht nit.* Botenwesen und Informationsbeschaffung unter der Regierung des Markgrafen Albrecht Achilles von Brandenburg, Diss. München 2004; Rudolf Schlögl (Hg.), Interaktion und Herrschaft. Die Politik der frühneuzeitlichen Stadt (Historische Kulturwissenschaft 5), Konstanz 2004; Franz-Josef Arlinghaus/Ingrid Baumgärtner/Vincenzo Colli (Hgg.), Praxis der Gerichtsbarkeit in europäischen Städten des Spätmittelalters (Rechtsprechung. Materialien und Studien 23), Frankfurt 2006.

7 Tagung an der Universität Zürich mit dem Thema *Mittelalterliche Kommunikation – ganz modern:* http://www.unipublic.unizh.ch/magazin/gesellschaft/2003/0855.html; vgl. Romy Günthart/Michael Jucker (Hgg.), Kommunikation im Spätmittelalter. Spielarten – Wahrnehmung – Deutungen (Mediävistik), Zürich 2007 (im Druck).

8 Für den deutschsprachigen Raum ist insbesondere auf die unter Karl Bosl (München), Heinz Stoob und Peter Johanek (Münster) sowie Alfred Haverkamp (Trier) erschienen Arbeiten zu verweisen,

sich Regensburg vor dem Aufstieg zur Reichsstadt wesentlich weiträumiger und griff nach Norden über die Donau aus. Nach dem Jahre 1245 gingen die ehemaligen Vorstädte um das Kloster Prüfening im Westen, das Kloster Prüll im Süden und das Chorherrenstift St. Mang im Norden an das aufstrebende Herzogtum Bayern über, so dass ein in seiner Fläche stark reduzierter Burgfriedensbereich übrig blieb. Die fortifikatorischen bzw. rechtlichen Grenzen der Stadt sind zum einen durch die Stadtmauern, zum anderen durch den Burgfrieden beschrieben. Das Umland hingegen ist weniger griffig zu definieren, denn innerhalb der Stadtmauern von Regensburg existierten zahlreiche Immunitäten, die eng miteinander verflochten waren und mit unterschiedlicher Intensität und Reichweite über die Stadtmauern hinaus wirkten. Durch den Auf- und Ausbau der Städte sowie die Gliederung des Herzogtums in Land- und Pfleggerichte entstand im 13. Jahrhundert ein wesentlich differenzierteres System zentraler Orte im näheren und fernen Umfeld von Regensburg. Zentralörtliche Funktionen setzen natürlich funktionstüchtige Kommunikationsnetze voraus und diese Netze waren je nach „Netzbetreiber", sprich Bischof, Klöster, Stifte, Bürger, unterschiedlich ausgeprägt. Die herrschaftliche und administrative Durchdringung des Raums verlangte insbesondere nach einem zuverlässigen Straßennetz.[9]

Die Stadt-Umland-Beziehungen werden im Folgenden anhand von drei Kommunikationsfeldern näher dargestellt, zum einen durch die Kommunikation zwischen verschiedenen Herrschaftsträgern. Innerhalb der Stadtmauern von Regensburg existierten sechs Reichsstände mit ebenso vielen Kleinstterritorien und außerhalb der Stadt konsolidierte sich der bayerische Territorialstaat. Als weiterer Aspekt bietet sich die Kommunikation zwischen den grundherrlichen Zentren in der Stadt und den Grundholden außerhalb der Stadt an. In einem dritten Punkt wird die Kommunikation zwischen Klerus und Laien untersucht. Nicht thematisiert wird in diesem Zusammenhang die Kommunikation zwischen Reichsoberhaupt und Reichsstadt, die in zahlreichen Privilegien und deren Bestätigung Niederschlag findet. Dass dies nur beispielhaft geschehen kann, versteht sich eigentlich von selbst.

## 1. Kommunikation auf landesherrlicher Ebene

Ein klassisches Beispiel herrschaftlicher Kommunikation, bei dem der Übergang von der Mündlichkeit zur Schriftlichkeit gut dargestellt werden kann, ist das Lehenswesen.

zuletzt Monika Escher/Alfred Haverkamp/Frank G. Hirschmann (Hgg.), Städtelandschaft – Städtenetz – zentralörtliches Gefüge. Ansätze und Befunde zur Geschichte der Städte im hohen und späten Mittelalter (Trierer Historische Forschungen 43), Mainz 2000; Monika Escher/Frank G. Hirschmann, Die urbanen Zentren des hohen und späteren Mittelalters. Vergleichende Untersuchungen zu Städten und Städtelandschaften im Westen des Reiches und in Ostfrankreich. Kommentiertes Kartenwerk mit Ortslexikon, 3 Bde. (Trierer Historische Forschungen 50), Trier 2005 entwickelten einen differenzierten Kriterienkatalog (S. 38–40), anhand dessen sie den Zentralitäts- und Urbanitätsgrad der einzelnen Städte im Untersuchungsraum ermitteln.

9 Vgl. Dietrich Jürgen Manske, Regensburgs Lage im Nord-Süd-Altstraßensystem der Oberpfalz, in: Sandra Reimann/Katja Kessel (Hgg.), Wissenschaften im Kontakt. Kooperationsfelder der Deutschen Sprachwissenschaft, Tübingen 2007, S. 241–271.

Der Lehensherr räumte einem Lehensmann auf Lebzeiten ein Gut ein, während der Lehensmann persönliche, nicht bäuerliche Leistungen zusicherte. Dadurch entstand ein gegenseitiges Treueverhältnis, das jeweils beim Herren- und Mannfall zu erneuern war. Mit der zunehmenden Schriftlichkeit wurden seit der Wende vom 13. zum 14. Jahrhundert über die Belehnung Dokumente angefertigt. Frühe Beispiele dafür sind das Kanzleibuch Bischof Ottos von Passau (1254–1263), die Lehensregister des Klosters St. Emmeram (1275) bzw. die Lehensbücher der Regensburger Bischöfe (1508).[10] Die Gleichförmigkeit des Rechtsakts bei der Übertragung von Lehen erleichterte dabei die Normierung des Schriftguts. In Regensburg gab es die Lehenshöfe des Bischofs und der Reichsstifte. Bildlichen Einblick in die Lehenskanzlei eines geistlichen Fürsten bietet das Beispiel des Eichstätter Lehenshofs (Abb. 5). In der Mitte des Bildes stehend ist der Fürstbischof, damals Gabriel von Eyb, zu erkennen. An seiner Seite werden drei Personen sitzend dargestellt, darunter der Kanzler, der gerade dabei ist einen Lehensbrief auszustellen.[11] Im Vordergrund werden die zu belehnenden Personen durch einen Lehensboten vorgeführt, nämlich ein Adeliger, ein Bauer und ein Bürger. Damit thematisiert der Buchmaler die unterschiedliche Rechtsqualität einzelner Lehen als Ritter-, Bürger- und Bauernlehen. In den Regensburger Quellen werden immer wieder Bürger als Empfänger bzw. Träger bischöflicher Lehen angesprochen. Institutionen, die selbst nicht lehensfähig waren, stellten für die Übertragung eines Lehens einen Lehensträger oder strebten die Allodifizierung des Lehensguts an. Ein Beispiel für die erfolgreiche Allodifizierung eines Lehensguts bietet der Amhof südöstlich von Regensburg.[12] Neben der Veränderung der Rechtsqualität des Gutskomplexes ging es bei den Verhandlungen vor allem um den Interessensausgleich zwischen dem Oberlehensherrn, dem Lehensherrn und dem späteren Eigentümer, aber auch um die Entschädigung der Familienmitglieder des Lehensherrn. Die in diesem Zusammenhang überlieferten Urkunden aus der Zeit um 1300 lassen erahnen, welch komplexe Verhandlungen der Allodifizierung vorausgegangen sein müssen.

Ein wirtschaftlich entscheidender Faktor für die Kaufleute von Regensburg war die Sicherung des Geleits auf den Handelswegen. Nach der Form unterscheidet man schriftliches und lebendiges Geleit. Ersteres bestand in einem mitzuführenden Schutzbrief, Letzteres wurde von einem Geleitsknecht oder einer Geleitsmannschaft wahrgenommen. Im Fall des Kaufmannsgeleits von Regensburg, das in über 60 Geleitsbriefen überliefert ist, ging es zum einen darum, die Kaufleute vor Überfällen zu schützen, zum anderen, die Kaufmannswaren über die richtigen Zollstätten zu führen. Die Grafen von Helfenstein verlangten für ein sicheres Geleit durch ihr Gebiet zwei Schilling pro

10 Lehensbücher von Bistumsadministrator Johann III. (1508–1538) und der Bischöfe Pankraz Sinzenhofer (1538–1550), Georg von Pappenheim (1549–1564) und David Kölderer von Burgstall (1569–1583) (BZAR BDK 4840–4843).

11 Vgl. Joachim Wild, Die Fürstenkanzlei des Mittelalters. Anfänge weltlicher und geistlicher Zentralverwaltung in Bayern (Ausstellungskataloge der Staatlichen Archive Bayerns 16), Neustadt a.d. Aisch 1983.

12 Vgl. Artur Dirmeier, Der Amhof. „Seinesgleichen an Grund und Boden in Bayern nicht leicht einer vorhanden seyn wird“, in: VHVOR 145 (2005), S. 77–132.

13 1317 Juni 5: ... *gibet uns ein iegelich choufman von iegelichen rosse besunderlichen ufwertes des landes zwen schilling und abwertes aber zwen schilling hallar;* Regensburger Urkundenbuch Bd. 1 (wie Anm. 3), Nr. 336 u. 356.

Pferd.[13] Wie aus den Geleitsbriefen hervorgeht, war der Geleitsherr für Schäden aus Überfällen haftbar.[14] Damit übernahmen die Geleitsbriefe die Funktion einer Art Versicherungspolice. Falls der Geleitschutz eingestellt werden musste, sollte dies den betroffenen Kaufleuten vier Wochen im Voraus angezeigt werden. Das Geleit auf dem Nordgau, also auf den Straßen nördlich von Regensburg, fiel ursprünglich in die Zuständigkeit der Landgrafen von Leuchtenberg. Eher symbolischen Charakter hatten hingegen die so genannten Geleitsmahlzeiten, zu denen die Geleitsherren und Geleitsknechte bis zum Ende des Alten Reichs im Katharinenspital eingeladen waren.[15] Ein sicheres Geleit auf dem Nordgau war für das Spital von Regensburg deshalb von großer Bedeutung, da es umfangreichen Zins- und Gültbesitz in der nördlichen Oberpfalz besaß. Die Geleitsmahlzeiten boten ursprünglich die Möglichkeit zum unmittelbaren Kontakt mit dem Geleitspersonal, waren sicherlich eine Anerkennung für die geleisteten Dienste, wurden aber zunehmend eine finanzielle Belastung ohne sichtbare Gegenleistung.

Über die Steuerforderungen der niederbayerischen Herzöge hat sich in der bischöflichen Kanzlei ein umfangreicher Briefwechsel erhalten.[16] Neben den Herzögen traten der Viztum von Straubing und die herzöglichen Räte als Korrespondenzpartner auf. Steuern sind ursprünglich aus einer besonderen Leistung von Abhängigen an ihren Herren erwachsen und wurden zur Abwendung außerordentlicher Notlagen erbeten. Spezielle Gründe zur Erhebung einer solchen Steuer waren Kriegsgefahr, Lösegeldleistungen, Leichenbegräbnis, Aussteuer oder Hochzeit. Über die Steuerbewilligung gewannen die Landstände zunehmend Einfluss auf den Landesherrn, jedoch gelang es dem Adel und der höheren Geistlichkeit, ihren persönlichen Besitz und die in Eigenregie bewirtschafteten Güter von der Steuer zu befreien. Diese Entwicklung wird in Bayern durch die Ottonische Handfeste von 1311 und die Erklärung der Edelmannsfreiheit von 1557 skizziert.[17]

Als Herzog Heinrich XIV. von Niederbayern Hochzeit halten wollte, sollte eine Viehsteuer, auch Klauensteuer genannt, Geld in seine Kassen spülen. In seiner Finanznot schrieb er 1322 an Bischof Nikolaus von Regensburg, dass er die unter herzoglicher Vogtei stehenden Untertanen des Bischofs besteuern möchte.[18] Als der Bischof dies ablehnte, schrieb der Herzog beschwichtigend: *daz wir darvnder chloster und ander pfafheit vreytum schonen.* Die Viehsteuer wurde nicht zurückgezogen, so dass Erzbischof Friedrich von Salzburg und Bischof Nikolaus von Regensburg ihrem Klerus einschärften keine Steuern zu bezahlen.[19] Gleichzeitig wurden die Verhandlungen mit

14 1317 Mai 3: ... *swas si schadens in unserm und in irem gelait nement, das si des her zu uns allein gewarten suln und suln ouch in den ufrihten ane allen iren schaden*; Regensburger Urkundenbuch Bd. 1 (wie Anm. 3), Nr. 333.

15 Vgl. Andreas Kühne, Essen und Trinken in Süddeutschland. Das Regensburger St. Katharinenspital in der Frühen Neuzeit (Studien zur Geschichte des Spital-, Wohlfahrts- und Gesundheitswesens 8), Regensburg 2006, S. 141–145.

16 Vgl. Marianne Popp (Bearb.), Das Handbuch der Kanzlei des Bischofs Nikolaus von Regensburg (1313-1340) (Quellen und Erörterungen zur bayerischen Geschichte NF, Bd. XXV), München 1972, Nrn. 59–61, 63–71, 74.

17 Vgl. Erich Stahleder (Hg.), „Gerechtigkeit erhöht ein Volk.“ Recht und Rechtspflege in Bayern im Wandel der Geschichte (Ausstellungskataloge der Staatlichen Archive Bayerns 28), Neustadt a.d. Aisch 1990.

18 1322 Februar 5; Popp (wie Anm. 16), Nr. 59.

19 1322 März 13: ... *neu steuram vel exaccionem aliquam ex parte dominorum ducum Bawariem predictorum*; Popp (wie Anm. 16), Nr. 63.

den niederbayerischen Herzögen intensiviert und Propst Heinrich von St. Mang sowie der bischöfliche Kaplan Konrad von Aufhausen als Unterhändler – *specialibus et iuratis nunciis* – eingesetzt. Gleichzeitig wurde der Viztum der niederbayerischen Herzöge in der Residenzstadt Straubing, damals Konrad von Chamerau, aufgefordert die Steuerforderung binnen drei Tagen zurückzunehmen. Bei Zuwiderhandlung drohte diesem die Exkommunikation und nach weiteren drei Tagen das Interdikt. Mit dieser Botschaft schickte nunmehr der Regensburger Bischof den Pfarrer von Abbach zum Straubinger Viztum. Daraufhin präzisiert Herzog Heinrich XIV. seine Steuerforderungen. Demzufolge waren von der Steuer befreit: die Eigenleute und Eigengüter des Bischofs, das Vieh in den zu den Pfarrhöfen gehörenden Stallungen und dasjenige innerhalb der Klostermauern. Demnach wären, wie Bischof Nikolaus richtig erkannte, nur die in Eigenregie betriebenen Höfe der Klöster und Pfarreien steuerfrei geblieben. Dagegen protestierte Bischof Nikolaus unter Berufung auf königliche Privilegien, die besagten, dass Kirchengut und Kirchenleute grundsätzlich Steuerfreiheit genießen. Da die Besteuerung der Kirchengüter eine grundsätzliche Angelegenheit war und von der niederbayerischen Viehsteuer auch die Nachbarbistümer von Regensburg betroffen waren, fragte Bischof Nikolaus bei Erzbischof Friedrich III. von Salzburg nach, wie er sich gegenüber der Steuerforderung verhalten solle. An diesem Punkt brechen die umfangreichen Verhandlungen ab. Aus anderen Quellen wissen wir jedoch, wie schwierig es war, zu unrecht bezahlte Steuern von den Amtleuten des Herzogs bzw. den Steuereinnehmern der Landstände zurückzuerhalten.

In die Sparte der Kommunikation zwischen verschiedenen Landesherren fallen auch die Prozesse vor den obersten Reichsgerichten, darunter der Konflikt um die Territorialhoheit über das St. Katharinenspital. Diese Auseinandersetzung zwischen Reichsstadt und Herzogtum Bayern wurde mit unterschiedlicher Intensität über Jahrhunderte hinweg geführt und beschäftigte ganze Generationen von Juristen. Dies wäre aber ein eigenes Thema.

## 2. Kommunikation im grundherrlichen Bereich

Die Regensburger Stifte und Klöster besaßen im Mittelalter umfangreichen Grundbesitz, der durch Traditionsbücher, Kopialbücher, Urbare und Rechnungsbücher gut überliefert ist (Abb. 6–10).[20] So reichte der Grundbesitz des Klosters St. Emmeram von Wemding im Westen bis zum Plattensee im Osten.[21] Die Besitzungen des Klosters waren nach dem Urbar von 1031 in 33 Villikationen organisiert, die bevorzugt im fruchtbaren Lössgebiet des Dungaus lagen. Im Zentrum dieser Villikationen lag der grundherrliche Fronhof, der von abhängigen Bauernstellen umgeben war. Die Auflösung des Villikationssystems und der Übergang zur Rentengrundherrschaft vollzog sich im 12. und 13. Jahrhundert.

20 Vgl. Peter Schmid (Hg.), Regensburg im Spätmittelalter. Bestandsaufnahme und Impulse (Forum Mittelalter, Studien Bd. 2), Regensburg 2007.

21 Vgl. Christine Rädlinger-Prömper, St. Emmeram in Regensburg. Struktur- und Funktionswandel eines bayerischen Klosters im frühen Mittelalter (Thurn und Taxis-Studien 16), Kallmünz 1987.

Mit der Ausbildung der Territorialfürstentümer entstand ein Netz von Land- und Pfleggerichten, das in Bayern durch Niedergerichtsbezirke des Adels und der Klöster durchbrochen war. Das Gerichtsverfahren selbst folgte dem Prinzip von Frage, Folge, Urteil. Und am Ende des Verfahrens verkündete der Richter das vom Gerichtsumstand gefundene Urteil. Die einzelnen Schritte des mündlichen Gerichtsverfahrens werden in den Gerichtsurkunden minutiös beschrieben und geben somit guten Einblick in den Gerichtsalltag. Mit der Einführung des Landrechts Ludwigs des Bayern urteilte der Richter „nach der Buchsage".

Von zahlreichen Zivil- und Strafsachen blieben Urkunden und später auch Akten erhalten. So wurde der Regensburger Bürger Friedrich von Sengkofen auf der Kirchweih in Gailspach nahe der Ortschaft Hagelstadt in eine Rauferei mit den dortigen Bauern verwickelt.[22] Der Vorfall wurde gerichtsanhängig und der zuständige Landrichter beschlagnahmte daraufhin das Hab und Gut der Sengkoferin. Als jedoch der Sengkofer den Verlust seines Hab und Guts befürchten musste, intervenierten Bürgermeister und Rat von Regensburg und ersuchten den Viztum von Straubing, dass Hab und Gut der Sengkoferin zumindest bis zum Gerichtsverfahren unangetastet zu lassen.

Nicht mit den Verfahren an den Land-, Hofmarks- und Dorfgerichten zu verwechseln sind die so genannten Verhandlungen im Baustift bzw. Bauteiding. Die Grundholden wurden zu diesem Termin per Boten geladen. Dort wurden meist einmal im Jahr, bevorzugt in den Wintermonaten, grundherrliche Angelegenheiten verhandelt; nämlich Stiftverträge verlängert, Baufälle geregelt, Schulden beglichen, gestundet oder erlassen und ein geringfügiger Rekognitionszins von ein bis zwei Pfennigen erhoben.

Ein weiteres Mal besuchte der Grundherr oder sein Vertreter die Bauern in den Wochen vor der Getreideernte zur so genannten (Frucht-)beschau. Die Verhandlungen sowohl bei der Beschau als auch beim Stiftteiding wurden mündlich geführt und zur Gedächtnisstütze auf Zetteln und Wachstafeln notiert bzw. in flüchtig geführten Journalen aufgezeichnet. Diese Notizen waren nach wenigen Wochen oder Monaten veraltet und wurden meist vernichtet. Doch gerade in diesen Aufzeichnungen spiegeln sich die alltäglichen Verwaltungsangelegenheiten wider. Es ist deshalb ein Glücksfall der Überlieferung, dass die Teidingsbücher des St. Katharinenspitals erhalten blieben und bereits 1386 einsetzen. Wenige Jahrzehnte später sind diese Bücher weitgehend standardisiert und nähern sich nach Form und Inhalt den Jahresrechnungen an.

Neben zahlreichen Einzelhöfen besaß das St. Katharinenspital zeitweise im Eigenbau betriebene Großhöfe, über deren Einnahmen und Ausgaben der Spitalschreiber genau Buch führte. Mindestens zweimal im Jahr besuchte der Spitalmeister diese Höfe, nämlich einmal vor und einmal nach der Ernte. Im Anschluss daran nahm er die Rechnungslegung der jeweiligen Hofmeister entgegen. Jedoch unterschätzte das Spital die Schwierigkeiten, die mit der Auflösung dieser Eigenbetriebe verbunden waren. Der überlieferte Schriftwechsel und speziell die Wirtschaftsaufzeichnungen des Amhofs lassen die zwischen 1418 und 1432 geführten Verhandlungen und getroffenen Entscheidungen lebendig

22 1338/1339: ... *da waz chirchtag und da wurden die pawern mit einander vehtent, daz im gar lait waz, und der nam ainer schaden, da er gar unschuldig ist*; Regensburger Urkundenbuch Bd. 1 (wie Anm. 3), Nr. 826.

werden.[23] Gleichzeitig eröffnen diese Notizen ein Zeitfenster, das den Blick freigibt auf das längst untergegangene Villikationssystem.
Eine arbeitsintensive Sonderkultur mit großen Ertragsschwankungen war der Weinbau. Die Donauhänge um Regensburg bildeten das Hauptanbaugebiet des Baierweins, der für die Klöster und Bürger der Stadt hohe Renditen abwarf. Zahlreiche Dörfer um Regensburg lebten überwiegend vom Weinbau.[24] Ähnlich dem Bauteiding der Grundherren fand einmal im Jahr nach der Weinlese ein Weinzierlrecht statt. An diesem Termin wurden den Weinzierln ihre Rechte und Pflichten verlesen sowie die Pachtverträge um ein weiteres Jahr verlängert.
Der Beginn der Weinlese wurde in Krisenzeiten von der Stadt, ansonsten von den Grundherren bestimmt. So war die Weinlese in den Zeiten des Städtekriegs (1388–1391) ohne hinreichende Bewachung nicht möglich. Bewaffnete Knechte sorgten in den Weinbaugebieten für Sicherheit. So legten Bürgermeister und Rat der Stadt den Termin für den Beginn der Weinlese am Scheuchenberg bei Donaustauf auf den 8. September: *daz man an dem Schawhenperg an heb des ersten.*[25] Grundsätzlich war der Beginn der Weinernte mit den jeweiligen Grundherren abzustimmen. In den Weinzierlrechten des Klosters Prüfening und auch des St. Katharinenspitals steht deshalb nachzulesen: *si [die Weinzierl] sollen auch on willen und wissen ains spitlmaisters kains jars lesen.* Die Aufsicht des Grundherren über die Weinzierln führte ein so genannter Weinpropst. Forderte dieser unbillige Leistungen, so stand den Weinzierln der Beschwerdeweg zum Grundherrn offen. Kommunikationsbedarf zwischen Grundherr, Güterpropst und Weinzierl bestand vor allem hinsichtlich der Leiheform, der Meliorierung des Bodens, der Pflege der Weinstöcke, des Personaleinsatzes während der Weinlese, der Instandhaltung und Nutzung der Biethäuser sowie des Transports des Mosts in die Weinkeller. Dass der Weinanbau bis weit ins 16. Jahrhundert hinein eine Haupteinnahmequelle war, kommt in einem Ausspruch des bayerischen Historikers Aventin zur Geltung. In der Einleitung zu seiner Chronik stellt er nämlich über das Konsumverhalten der bayerischen Landbevölkerung fest: *Der gemeine Mann auf dem Gäu in Bayern sitzt Tag und Nacht bey dem Wein.*
Ein Blick in die Rechnungsunterlagen der Grundherrschaften von Regensburg, insbesondere derjenigen des Klosters St. Emmeram, des Chorherrenstifts U. L. Frau zur Alten Kapelle, des Damenstifts Obermünster und des St. Katharinenspitals zeigt, dass nicht nur die Einnahmen beträchtlich waren, sondern auch die Ausstände. Letztere wurden genau verbucht und in separaten Schuldbüchern erfasst. Die Kommunikation mit den Schuldnern lief zunächst über den Güterpropst, dann über die weltlichen Gerichte und machte auch vor der Verhängung kirchlicher Zensuren – *censurae ecclesiasticae* – nicht Halt.
Ein im Bereich der ländlichen Rechtsquellen kaum untersuchtes Phänomen ist die Anwendung der Exkommunikation bis hin zur Aggrave. Im ländlichen Rechtsraum er-

23 Dirmeier (wie Anm. 12), S. 88–98.
24 Vgl. Andreas Otto Weber, Studien zum Weinbau der altbayerischen Klöster im Mittelalter. Altbayern – Österreichischer Donauraum – Südtirol (Vierteljahrschrift für Sozial- und Wirtschaftsgeschichte, Beihefte Nr. 141), Stuttgart 1999; Theodor Häußler, Der Baierwein. Weinbau und Weinkultur in Altbaiern, Amberg 2001.
25 Vgl. Engelke (wie Anm. 2), Nr. 744.

langte die Exkommunikation den Charakter einer Beugestrafe, die zumindest den kirchlichen Grundherren bei der Eintreibung von Abgaben und Schulden unterstützte. Unter Exkommunikation versteht man den Entzug kirchlicher Rechte, den Ausschluss von den Sakramenten, den Verlust der Kirchenämter, den Ausschluss vom Gottesdienst und kirchlichen Begräbnis. Der Exkommunikation gingen mehrere Mahnungen, so genannte *monitiones*, voraus. Die Verhängung der Aggrave war hingegen eine Verschärfung des großen Kirchenbanns, wenn sich der Exkommunizierte nicht binnen Jahr und Tag löste. Die Aggrave bestand in der Unfähigkeit zu irgendwelcher Tätigkeit vor Gericht und in der Beschlagnahme der Güter. Dies wiederum bedeutete für den Betroffenen, dass er alle Rechte an seinem Hof verlor. Sowohl im Kloster St. Emmeram als auch im St. Katharinenspital war die Exkommunikation fester Bestandteil der Schuldeneintreibung. Zunächst wurde der zahlungsunwillige Bauer gemahnt, schließlich die Exkommunikation und später die Aggrave ausgesprochen. Umgekehrt stand der Aussöhnung mit der Kirche nichts im Wege, wenn die geforderte Schuld bezahlt war. Die Verkündung der Exkommunikation war Aufgabe des jeweiligen Pfarrers, in dessen Sprengel der Schuldner lebte. Angesichts dieses kirchenrechtlichen Verfahrens wird nun verständlich, dass der Grundherr neben dem Urbareintrag auch den Pfarrsprengel notierte. Die mit der Exkommunikation verbundenen Kosten für die Übermittlung und Verkündung des Spruchs wurden in den Rechnungsbüchern notiert. Dies soll jedoch nicht darüber hinwegtäuschen, dass die Exkommunikation im weltlichen Bereich immer wirkungsloser wurde:[26]

1462: *Item XVI d. umb ain citation und um ein excommunication feria secunda post oculi.*

1504: *Schmid von Petzkofen umb ein citationen und agravat(en) VIII d.*

## 3. Kommunikation im kirchlich-religiösen Umfeld

Die Übergabe von Liegenschaften und Eigenleuten an kirchliche Institutionen ist in den Traditionsbüchern der Regensburger Klöster und Stifte – St. Emmeram, Obermünster, St. Paul und Prüfening – gut dokumentiert. Dieser Akt der Übergabe wird im Rahmen einer sakral-symbolischen Handlung vollzogen, nämlich durch die Übergabe an einen Heiligen mit dem Niederlegen der Charta auf dem Kirchenaltar. In den Traditionsnotizen der Klöster steht deshalb zu lesen: *ad altare s. Emmerammi delegavit* oder *tradiderunt sancto martyri Emmerammo*.[27] Diese Form der Kommunikation zwischen Mensch und Gott ist über die klösterlichen Wirtschaftsquellen überliefert. Darüber hinaus gab es zahlreiche weitere Kommunikationsfelder zwischen dem kirchlich-städtischen und dem kirchlich-ländlichen Raum; zu nennen sind Wallfahrten, Prozessionen, Predigten und Heiltumsschauen. Wallfahrten und Prozessionen führten sowohl in die Stadt als

26 Die Verhängung von Exkommunikation und Aggrave sind in den Rechnungsbüchern des St. Katharinenspitals vom 14. Jahrhundert bis in die Zeit der Reformation vermerkt.

27 1143–1149; Widemann (wie Anm. 4), Nrn. 814 u. 815.

auch vor die Stadtmauern. Zu nennen sind die Wallfahrten zu den Gräbern des hl. Emmeram, des hl. Wolfgang und des hl. Erhard. Eine weitgehend unbekannte Wallfahrt ist diejenige zum hl. Magnus in das Chorherrenstift St. Mang. In den Wunderberichten des Klosters sind die Herkunftsorte der Pilger überliefert, die aus Parsberg, Regenstauf, Kelheim, Döllwang, Neumarkt, Sinzing, Lerchenfeld, Dechbetten und Gaisbach kamen.[28] Ein weiterer Wallfahrtsort vor den Toren der Stadt war Mariaort, das in früherer Zeit einfach Ort hieß.

Weitere innerkirchliche Kommunikationsfelder erschließen sich über die Mandate und Verordnungen der Regensburger Bischöfe[29] bzw. über die 1508 einsetzenden Visitationsberichte.[30] Die oberhirtlichen Verordnungen beginnen mit einem Spendenaufruf Bischof Alberts I. für den Dombau und die Unterstützung der Armen in den Spitälern von Cham, Straubing und Regensburg. Ausdrücklich wird festgehalten, dass die Almosensammler und Boten freundlich aufgenommen werden sollten.[31] Fortgesetzt werden die Mandate durch die Beschlüsse der Diözesansynoden des 14. und 15. Jahrhunderts. Adressaten waren in diesem Fall die Prälaten, Äbte, Dekane, Pfarrer und Vikare der Diözese.

Die enge Verflechtung und damit der Informationstransfer zwischen Stadt und Land wird auch über die stadtnahen Pfarreien von Regensburg deutlich. Denn diese waren allesamt den innerstädtischen Stiften und Klöstern inkorporiert. Inwieweit deren Kanoniker und Mönche die Seelsorge in den umliegenden Landpfarreien selbst ausübten, wäre noch genauer zu untersuchen. Wie Konrad von Megenberg in seiner Pfarrbeschreibung von Regensburg berichtet,[32] waren die Grundholden der Klöster während ihres Aufenthalts in Regensburg in kirchlichen Angelegenheiten den entsprechenden Klosterpfarreien zugeteilt.

Die Affinität zwischen dem Landadel und städtischen Klöstern und Spitälern ist durch eine große Zahl von Memorialstiftungen gekennzeichnet. Besonderen Bekanntheitsgrad haben die Kapellenstiftungen der Paulsdorfer und Weintinger im Minoritenkloster St. Salvator bzw. die Stiftungen der Krondorfer im St. Katharinenspital. Den Wappenfries in der Dominikanerkirche zieren Inschriften der Truchsesse von Heilsberg und Eggmühl. Weitere Inschriften erinnern an adelige Damen wie etwa Kunigunde von Sünching, Elisabeth von Eglofsheim oder Berta von Haidau. Mit diesen Personen sind zumindest einige Adelsgeschlechter aus dem Umland erwähnt, die enge Kontakte zu den Regensburger Klöstern und Stiften pflegten. Umgekehrt versorgten die Regensburger

28 Vgl. Franz Fuchs, Bildung und Wissenschaft in Regensburg. Neue Forschungen und Texte aus St. Mang in Stadtamhof (Beiträge zur Geschichte und Quellenkunde des Mittelalters 13), Sigmaringen 1989, S. 108–119.

29 Vgl. Joseph Lipf, Oberhirtliche Verordnungen und allgemeine Erlasse für das Bisthum Regensburg vom Jahre 1250–1852, Regensburg 1853.

30 Paul Mai/Marianne Popp, Das Regensburger Visitationsprotokoll von 1508, in: Beiträge zur Geschichte des Bistums Regensburg 18 (1984), S. 7–316.

31 1250: ... *quatenus petitores nostros et nuntios, Chunradum plebanum de Langendorf, latorem praesentium cum suis sociis pia compassione moti benigne recipere et caritative pertractare curetis*; Lipf (wie Anm. 29), S. 1.

32 Vgl. Philipp Schneider, Konrads von Megenberg Traktat *De limitibus parochiarum civitatis Ratisbonensis.* Ein Beitrag zur Geschichte des Pfarrinstituts aus dem 14. Jahrhundert, Regensburg 1906.

Bürger ihre Töchter in den stadtnahen Klöstern Pielenhofen und Pettendorf. Ungeachtet des geltenden Armutsgelübdes der Nonnen oder zumindest bevor diese ein solches ablegten, empfingen die dort eingetretenen Bürgerstöchter Vermächtnisse ihrer Anverwandten.

Schriftstücke, die Heil verhießen und um die sich in den Jahrzehnten vor der Reformation heftige Diskussionen entwickelten, waren die Ablassbriefe. Die Startfinanzierung des St. Katharinenspitals wie auch diejenige vieler Klöster und Stifte erfolgte ganz wesentlich durch Spenden und Almosen. So deuten die zahlreichen Ablassbriefe auf eine rege Sammeltätigkeit im näheren und weiteren Umland von Regensburg hin.[33] Diese wurden von Päpsten, Kardinälen und Bischöfen ausgestellt und unterstützen die Finanzierung öffentlicher Aufgaben, wie etwa den Bau von Kirchen, Spitälern, Brücken und Straßen. Mit Ablass wird ganz allgemein der Nachlass von Sündenstrafen angesprochen, die auf Erden oder im Fegefeuer abzugelten waren. Der Weg, den die Ablassbriefe nahmen, soll am Beispiel des St. Katharinenspitals kurz skizziert werden. Das Spital bzw. die Spitalpfleger beauftragten einen Kleriker, der nach Rom oder Avignon unterwegs war, mit der Beibringung eines Ablassbriefes. Zurück in Regensburg wurde der Ablassbrief an exponierter Stelle, vermutlich in der Pfarrkirche des Spitals an der Steinernen Brücke, für alle Gläubigen gut sichtbar aufgehängt. Darauf lassen zumindest die Schlaufen am oberen Rand einiger Ablassbriefe schließen. Andererseits schickte das Spital spezielle Almosensammler weit ins Umland hinaus. So erlaubte König Wenzel den Spitalbrüdern ihre Almosenzüge bis nach Böhmen hinein auszudehnen. Um sich gegenüber den potentiellen Almosengebern zu legitimieren, führten die Spitalbrüder eine Art Ausweis mit sich. Diese Dokumente waren in der Form von handlichen Siegelurkunden abgefasst, legitimierten die Sammler, beschrieben die große Not des Spitals und den durch das Almosen zu erlangenden Sündennachlass (Abb. 11). Alle für das Spital ausgestellten Ablässe summiert, ergaben diese einen Sündennachlass von 4000 Tagen für schwere Sünden und von 8000 Tagen für lässliche Sünden. Dass diese Almosensammlungen durchaus einträglich waren, belegt das Beispiel des Bruders Konrad. Mit den von ihm gesammelten Almosen erwarb das St. Katharinenspital im Jahre 1285 vier Höfe, namentlich in Bachling, Weiher, Hagenbuch und Abbach.[34] Bruder Konrad selbst sammelte mit leidenschaftlichem Geist – *compassivo animo* – und, wie es in den Quellen heißt, pflanzte damit den Baum der Barmherzigkeit – *plantaret arborem misericordiae.* Die Zeit der Finanzierung mittels Almosensammlungen ging für das St. Katharinenspital Mitte des 14. Jahrhunderts zu Ende, wenn man einmal von den erklecklichen Beträgen aus den Opferstöcken absieht.

Zusammenfassung: Wie nicht anders zu erwarten existierte zwischen der Reichsstadt Regensburg und dem näheren und ferneren Umland ein intensiver Informations- und Nachrichtenaustausch, der von Laien und Klerikern mit unterschiedlicher Intensität und Zielsetzung getragen wurde. Zudem lassen die ausgewerteten Schriftstücke auf eine rege mündliche Kommunikation im Vorfeld der Niederschriften schließen. Doch soll man sich auch bewusst sein, dass schriftliche Überlieferung nur dort erhalten blieb, wo die Registraturen und Archive gepflegt wurden.

33 Vgl. allgemein Alexander Seibold, Sammelindulgenzen, Diss. masch. Regensburg 1997.

34 1285 Nov. 30 (Spitalarchiv Regensburg, Urkunden Nr. 73).

Wo es Kommunikation gibt, gibt es bekanntlich auch fehlgeleitete Kommunikation, und mit einem bekannten Beispiel einer solchen Fehlkommunikation möchte ich schließen. Der Baumeister der Steinernen Brücke von Regensburg schloss mit dem Teufel einen Pakt,[35] der die rasche Fertigstellung der Brücke zum Ziel hatte. Im Gegenzug versprach der Baumeister dem Teufel die ersten drei Seelen, die über die neue Brücke gehen würden. Als die Brücke nach kurzer Bauzeit fertiggestellt war und der Teufel seinen Lohn abholen wollte, schickte der listige Baumeister einen Hahn, eine Henne und einen Hund über die Brücke, so dass der Teufel um seinen menschlichen Seelenlohn betrogen war.

Aus rechtlicher Sicht handelt es sich bei diesem Pakt um einen Werkvertrag. Die Bezahlung erfolgte jedoch, anders als heute, nicht nach Baufortschritt, sondern nach Fertigstellung. Und unter den drei Lebenden verstand der Teufel Menschen, der listige Baumeister hingegen Tiere. Aus der Sicht des Baumeisters kann also gezeigt werden, dass bewusst gesteuerte Fehlkommunikation durchaus zum Erfolg führen kann.

35 Zu den Regensburger Brückensagen siehe Emmi Böck, Regensburger Stadtsagen, Regensburg 1982, S. 277–285.

# Das Umland als Gegenstand der Kommunikation im mittelalterlichen Regensburg

*Diethard Schmid*

## 1. Begriffe

Nach einem häufig benutzten Kommunikationsmodell wird eine aus einer „Quelle (>source<)“ stammende Information von einem „Sender (>transmitter<)“ als „Signal“ durch einen „Kanal (>channel<)“ an einen „Empfänger (>receiver<)“ übermittelt. Er ist das „Bestimmungsziel (>destination<)“ der Nachricht. „Dieses für den Prozess der Nachrichtenübertragung unmittelbar einleuchtende Modell wurde auf das menschliche Verständigungshandeln insgesamt übertragen“.[1]

Die „Sender“ sind für unsere Untersuchung in Regensburg zu finden. Der Begriff kann die Institutionen der Stadt umfassen: Bürgermeister und Rat, alle städtischen Gerichte und Einrichtungen und schließlich vor allem die Bürger selbst. Dazu kann eine Vielzahl von Einrichtungen in der Stadt kommen. Zu nennen sind da vor allem die geistlichen: der Bischof, die Reichsstifte, die Klöster, die Spitäler, ferner Stiftungen, Bruderschaften usw. Für die vorliegende Untersuchung liegt der Schwerpunkt auf den Äußerungen von Regensburger Bürgern im Zeitraum um die Mitte des 14. Jahrhunderts (1340–1360). Empfänger sind entweder wiederum Bürger oder von der Nachricht Betroffene, z.B. bei Verleihungen. Der Kanal ist in unserem Fall eine urkundliche Nachricht, durch die wir von dem Vorgang Kenntnis erhalten.

Gegenstand der Kommunikation zwischen den verschiedenen Sprechern ist in unserer Untersuchung das Regensburger Umland. Gefragt wird nach den Formen und nach dem Inhalt der in die Arbeit einbezogenen kommunikativen Prozesse. Auch hier wird der Untersuchungsraum eingegrenzt. Er soll das ehemalige Landgericht Haidau umfassen.

Als Ergebnis ist ein Überblick über die Anlässe für kommunikative Vorgänge zu erwarten. Daneben fällt bis zu einem gewissen Grad eine Aussage über den Besitz der Regensburger Bürger und seine räumliche Verteilung im Untersuchungsraum an. Die Arbeit will somit dazu beitragen, die Frage der Stellung der städtischen Siedlungen in ihrem Umland im Verlauf der historischen Entwicklung zu klären.

## 2. Besitz und Besitzbewegungen Regensburger Bürger um 1350

Am Beispiel der kommunikativen Prozesse von Regensburger Bürgern für das Landgericht Haidau lassen sich die Beziehungen der Reichsstadt zum Umland um die Mitte des 14. Jahrhunderts erfassen. Die Übersicht über die Quellen für das Gericht Haidau zeigt, wie regensburgisches Kapital im Bereich von Haidau gebunden war.

1 Helmut Glück (Hg.), Metzler Lexikon Sprache, Stuttgart/Weimar 1993, Sp. 316.

*Besitzungen im Landgericht Haidau*

| Ort | Gegenstand | genannte Bürger *Rechtsvorgang* | Jahr |
|---|---|---|---|
| Aufhausen | Äcker | s. Ehring | |
| Aufhausen | 1 Hube | Konrad der Haller<br>*Erbvergleich zwischen 2 Brüdern* | 1346[2] |
| Barbing | 1 Hube[3] | - Frau Irmgard die Albanin und Marquard ihr Sohn<br>- Konrad der Hofmeister in dem Weinhof<br>*Verkauf, Kauf* | 1347[4] |
| Barbing | 1 Hube[5] | Konrad der Hofmeister in dem Weinhof<br>*Kauf* | 1356[6] |
| Barbing | Güter | Friedrich der Dürnstetter<br>*Verkauf an Paldwein den Paerbinger* | 1359[7] |
| Barbing | - ½ Hof[8]<br>- 3 Huben[10] | Heinrich der Baumburger<br>*Kauf von Paldwein dem Paerbinger* | 1360[9] |
| Burgweinting | - 1 Hof<br>- 1 Acker[12] | - Lautwein der Tollinger und seine Hausfrau Elspet<br>- Gottfried, Ruedger, Matheis die Reichen und Hermanns des Reichen Kinder<br>*Verkauf, Kauf* | 1346[11] |

2 Josef Widemann, Regensburger Urkundenbuch Bd. 1, Urkunden der Stadt bis zum Jahr 1350 (MB 53, NF 7), München 1912. (RUB 1); hier: RUB 1, Nr.1163 (ca.). Die Regensburger Urkundenbücher stellen die wichtigste Quelle für unsere Untersuchung dar. Ein Blick in verschiedene Editionen zu geistlichen Besitzungen hat ergeben, dass hier so gut wie keine bürgerlichen Rechtsgeschäfte überliefert werden. Das verwendete Material dokumentiert mit Sicherheit nicht den vollen Umfang der bürgerlichen Besitzungen im Landgericht Haidau, sondern lässt Tendenzen erkennen. Es erlaubt jedoch einen ausreichend genauen Einblick in die Art der Rechtsgeschäfte und eignet sich somit zur Dokumentation kommunikativer Vorgänge.

3 Lehen des Konrad von Hohenfels.

4 RUB 1, Nr. 1168.

5 Bischöfliches Lehen.

6 Franz Bastian/Josef Widemann, Regensburger Urkundenbuch Bd. 2, Urkunden der Stadt 1351–1378 (MB 54, NF 8) München 1956 (RUB 2); hier: RUB 2, Nr. 199.

7 RUB 2, Nr. 321.

8 Der *Petrinn hof.*

9 RUB 2, Nr. 353.

10 Des Seidleins Hub, Hub *da weilent der Pflaenzel gesezzen waz*, Hub, die der *Rauch Rueger* baut nebst Zehnt (Bischöfliches Lehen).

11 RUB 1, Nr. 1149.

12 *daz chirchlehen.*

| Ort | Gegenstand | genannte Bürger<br>*Rechtsvorgang* | Jahr |
|---|---|---|---|
| Burgweinting | 3 Äcker | Philipp der Braumeister von Niedermünster<br>*Kauf* | 1346[13] |
| Burgweinting | 1 Hof | Gottfried Reich<br>*Erlaubnis des Baus zweier Schutzwehren* | 1347[14] |
| Burgweinting | 1 Hof mit 7 Huben[15] | - Jaeutt, Witwe Ulrich des Cheschingers und Mechthild seine Schwester<br>- Friedrich der Lauterbeck<br>*Verkauf, Kauf* | 1348[16] |
| Burgweinting | ½ Hof[17] | Hartwig der Ladaer<br>*Verkauf* | 1352[18] |
| Ehring (= Oberehring) | Zehnt | Frau Ann die Staindlin mit | 1359[19] |
| Aufhausen | Äcker | Sohn Konrad[20]<br>*Besitzklage* | |
| Ehring | 1 Hube | Berthold der Grozze und seine Hausfrau Irngard<br>*Kauf* | 1345[21] |
| Haidenkofen | - Mühle<br>- 7 Tagwerk Wiesen[23]<br>- 1 Tagwerk[24]<br>- 1 Haus und 1 Stadel[25]<br>- 3 Joch Acker | - Friedrich der Loebel<br>- Konrad vor Pruck<br>*Verkauf, Kauf* | 1342[22] |
| Haidenkofen | Mühle | Konrad vor Pruck<br>*Verleihung auf Widerruf* | 1347[26] |
| Haidenkofen | Mühle | Konrad vor Pruck<br>*im 1. Testament genannt* | 1350[27] |

13 RUB 1, Nr. 1155.
14 RUB 1, Nr. 1178.
15 5 sind Lehen des Bischofs von R., 1 Lehen der Herren von Ehrenfels, 1 Lehen des Domkapitels.
16 RUB 1, Nr. 1205.
17 Teils Eigen, teils bischöfliches Lehen.
18 RUB 2, Nr. 42.
19 RUB 2, Nr. 332.
20 Regensburger Bürger?
21 RUB 1, Nr. 1111.
22 RUB 1, Nr. 1013.
23 *wismats gegen der muel ueber an der Laber.*
24 *in der aw.*
25 *auf der hofstat.*
26 RUB 1, Nr. 1165.
27 RUB 1, Nr. 1287.

| Ort | Gegenstand | genannte Bürger<br>*Rechtsvorgang* | Jahr |
|---|---|---|---|
| Haidenkofen | 1/2 Hube[28] | - Friedrich der Loebel und Katrey seine Hausfrau<br>- Ulrich der Schlosser<br>*Verkauf, Kauf* | 1350[29] |
| Haidenkofen<br>(Hohen-) Gebraching | Mühle<br>1 Hof[31] | Konrad vor Pruck<br><br>*im 2. Testament genannt* | 1351[30] |
| Haidenkofen | 1 Hube | Ulrich der Schlosser<br>*Verleihung (auf 3 Jahre)* | 1353[32] |
| Haidenkofen | Mühle | Konrad vor Pruck | 1357[33] |
| (Hohen-) Gebraching | 1 Hof[34] | | |
| Kumpfmühl | Weiher, Haus und Baumgarten | *im 3. Testament genannt* | |
| Haidenkofen | Mühle und Ölpresse | Lucey,<br>Witwe des Konrad vor Pruck<br>*Verleihung (auf 3 Jahre)* | 1357[35] |
| Haidenkofen | ½ Hube<br>1 Eigengut | Ulrich der Schlosser und seine Hausfrau Cecili<br>*Verkauf von Ewiggeld* | 1360[36] |
| Haidenkofen | Mühle und Ölpresse | Stefan der Ingolsteter und seine Hausfrau Lucey<br>*Verleihung auf 3 Jahre* | 1360[37] |
| Harting | Zehnt | Gottfried der Reiche<br>*im Testament genannt* | 1356[38] |
| (Hohen-) Gebraching | | s. Haidenkofen | |
| (Hohen-) Gebraching | | s. Haidenkofen | |

28 Lehen der Brüder Konrad und Albrecht von Hohenfels.
29 RUB 1, Nr. 1293.
30 RUB 2, Nr. 10.
31 *daz gelt, daz ich han auf dem hof ze G.*
32 RUB 2, Nr. 73.
33 RUB 2, Nr. 262.
34 Lehen der Abensberger.
35 RUB 2, Nr. 272.
36 RUB 2, Nr. 366.
37 RUB 2, Nr. 394.
38 RUB 2, Nr. 178.

| Ort | Gegenstand | genannte Bürger<br>*Rechtsvorgang* | Jahr |
|---|---|---|---|
| (Langen-)<br>Erling | Acker | Percht die Hausmeckin<br>an der Port<br>*Verkauf* | 1344[39] |
| Köfering | Veste | - Karl der Maeller | 1351[40] |
| Moosham | Dorf | - Perchtolt der Grafenreuter | |
| Pinkofen | Dorf ohne den Amthof | | |
| Stadelhof | Hof mit Holz Sauhart | | |
| | | *Pfandschaftssicherung<br>für Albrecht von Haidau* | |
| Kumpfmühl | | s. Haidenkofen | |
| Mangolding | 1/2 Hof[41] | Albrecht der Maeller<br>*im Testament genannt* | 1350[42] |
| Mangolding | Amthof | Ulrich der Crutzfelder<br>Rueger der Sterner<br>*Übertragung der Rechte<br>auf dem Hof* | 1358[43] |
| Mangolding | Zehnt | Martin der Stadtschreiber | o.J.[44] |
| Heder[45] | Güter | von Regensburg | |
| Pfatter | Güter | | |
| | | *Gläubiger, der Pfänder zur Sicherung<br>erhält von Werner dem Hederer* | |
| Mintraching | Zehnt aus dem Amthof[46] | Hailwekch,<br>Liebhart des Wogers Hausfrau<br>*Verkauf* | 1348[47] |
| Mintraching | 2 Huben (*Schauebhueb*) | Rueger der Loebel<br>1 Forstlehen<br>*Verleihung als Lehen* | 1360[48] |

39 Regesta Boica sive rerum Boicarum (...), bearb. v. Karl Heinrich Ritter v. Lang u. a., 13 Bde., München 1822–1854 (RB), hier: RB 8, S. 27.

40 RUB 2, Nr. 34. 1353, Juni 14 erklärt Albrecht von Haidau, mit den Pfandgebern verglichen zu sein (RUB 2, Nr. 82). Vgl. RB 8, S. 270: Albrecht entsagt allen Ansprüchen auf Güter zu Köfering, Moosham und Pinkofen, die er an obige verpfändet hatte.

41 Gelegen *ze Mangolting bey der Prukk;* Lehen des Reichsstifts Niedermünster.

42 RUB 1, Nr. 1292.

43 RB 8, S. 408.

44 RUB 1, Nr. 1309i.

45 Nicht identifiziert.

46 Aus 13 *praiten,* Lehen des Klosters Niederalteich.

47 RUB 1, Nr. 1209.

48 RUB 2, Nr. 370.

| Ort | Gegenstand | genannte Bürger<br>*Rechtsvorgang* | Jahr |
|---|---|---|---|
| Moosham | Dorf | s. Köfering | |
| (Ober-)<br>Hinkofen | 1 Hube[49] | - Konrad der Woger<br>- Weynmar der Daveit<br>*Verkauf, Kauf* | 1346[50] |
| Obersanding | 1 Gut[51] | Heinrich des Dürnstetter Schwager<br>*Verkauf* | 1350[52] |
| Pfatter | 1 Wiese (8 Tagwerk)[53] | Heinrich der Ingolsteter<br>*im Testament genannt* | 1349[54] |
| Pfatter | Wiese in der Aue[55] | Heinrich der Baumburger<br>*Kauf* | 1352[56] |
| Pfatter | Güter | s. Mangolding | |
| Pinkofen | Dorf ohne Amthof | s. Köfering | |
| Rempelkofen | 1 Hof | Seifrid von Preising<br>*im Testament genannt* | 1345[57] |
| Riekofen | 1 Hube | Friedrich der Schefpeck<br>*Pfand zur Sicherung* | o.J.[58] |
| Sarching | 1 Hof | Reichker der Bischof<br>*hat eine Handfeste über den Eigenhof zu S.* | 1351[59] |
| Sarching | mehrere Höfe[60] | Ortlieb der Lengfelder und seine Hausfrau Ann<br>Heinrich der Taucher<br>*Verkauf, Kauf* | 1355[61] |
| Sarching | Wöhrd in der Donau[62] | Konrad der Dorn<br>*Kauf* | 1360[63] |

49 Bischöfliches Lehen.
50 RUB 1, Nr. 1152.
51 Lehen von Herrn Ulrich von Abensberg.
52 RUB 1, Nr. 1269.
53 Lehen Perngers von Haidau.
54 RUB 1, Nr. 1251.
55 Lehen Liebhart des Propstes zu Pfatter.
56 RUB 2, Nr. 54.
57 RUB 1, Nr. 1102.
58 RUB 1, Nr. 1309g. Undatiert, der Beteiligte ist jedoch in diesem Zeitraum nachweisbar.
59 RUB 2, Nr. 6.
60 Offensichtlich bischöfliches Lehen.
61 RUB 2, Nr. 145.
62 Bischöfliches Lehen.
63 RUB 2, Nr. 350.
64 Lehen Ekkolf des Lerchenfelders.

| Ort | Gegenstand | genannte Bürger<br>*Rechtsvorgang* | Jahr |
|---|---|---|---|
| Sengkofen | 1 Acker<br>(*der Anwanter*)[64] | Frau Perchten die Hausmeckin an der Port<br>*Kauf* | 1344[65] |
| Seppenhausen | 1 Wiese | Fridrich der Schefpeck, Karl der Maeller<br>*Verkauf, Kauf* | 1351[66] |
| Stadelhof | Hof mit Holz Sauhart | s. Köfering | |
| Stockhof (bei Gebelkofen) | 2/3 Anteil am Hof[67] | - Offney die Zantin und ihr Bruder Friedrich<br>- Ulrich der Stadtschreiber zu Regensburg und seine Hausfrau Margret<br>*Verkauf, Kauf* | 1346[68] |
| Stockhof | Baurecht für den Stockhof | Ulrich der Stadtschreiber zu Regensburg, seine Hausfrau Margret, sein Oheim Martin der Schreiber<br>*Kauf des Baurechts von Mair Heinrich* | 1346[69] |
| Sünching | Zehnt von 1 Hube | Frau Mathild, Konrad des Messerers Hausfrau<br>*erhebt erfolgreich Anspruch* | 1351[70] |
| (Unter-) Ehring | 1 Hof | Jörg in dem Hirsse<br>*Verleihung des Hofs auf drei Jahre an Dietrich den Erlinger* | 1359[71] |

Die aufgelisteten Beispiele bieten Einblick in eine Vielfalt von Kommunikationsanlässen zwischen der Reichsstadt und ihren Bürgern einerseits und dem Umland andererseits. Denn es geht in den Beziehungen nicht nur um Käufe und Verkäufe, sondern um eine ganze Reihe differenzierter Rechtsakte. Zwar dominieren Käufe und Verkäufe, doch geht es auch um Vorgänge wie einen Erbvergleich, Testamentsinhalte, Pfandschaften, eine Bauerlaubnis sowie eine *Handfeste*. Verleihungen an Pächter finden sich

65 RUB 1, Nr. 1095.
66 RUB 2, Nr. 33. Die Schreibweisen der Namen wurden z. T. in moderner Form einander angeglichen.
67 Leibgeding des Schottenklosters St. Jakob, Regensburg.
68 RUB 1, Nr. 1136.
69 RUB 1, Nr. 1157.
70 RUB 2, Nr. 22. Ortsnamen erscheinen in moderner Umschrift.
71 RB 8, S. 412.

ebenso. Stets sind sie im 14. Jahrhundert noch zeitlich begrenzt auf ein, maximal auf drei Jahre. Zur Disposition standen nicht nur Grundstücke und Anwesen bzw. Höfe oder Teile davon, sondern auch Investitionen in bäuerliche Abgaben, die regelmäßigen Gewinn abwarfen, z.B. in Zehntrechte.
Häufig treten in unserem Bereich Regensburger Bürger in Besitzungen und Rechte auf dem Land ein, wenn es um Eigengut geht. Aber auch Lehensherrn werden bei den Beispielen genannt. Als Obereigentümer treten die Regensburger Bischöfe, aber auch der Ministerialenadel auf.
Dabei ist bei dem in der Mitte des 14. Jahrhunderts gelegten Querschnitt der Besitzumfang der Regensburger Bürger im Landgericht Haidau nicht auffällig groß. Dies scheint jedoch noch nicht am mangelnden Kapital des Patriziats gelegen zu haben; noch ist der spätere Niedergang nicht in Sicht. Ein kurzer Blick auf Vergleichsgebiete mit Weinbau scheint dies zu bestätigen.

### Weinbau um Regensburg

Auf eine größere Besitzdichte von Regensburger Bürgern treffen wir nämlich, wenn wir uns Quellen vornehmen, die den Weinbau zum Thema haben. Allein die Regensburger Urkundenbücher handeln in 43 Urkunden für den Berichtszeitraum vom Wein, insgesamt gibt es über 150 Einträge.[72] So finden wir Weingärten im Regensburger Besitz auch donauaufwärts, z.B. in Matting und Oberndorf. Es zeigt sich an diesen Beispielen, dass Regensburger Bürger vor allem an der Donau, darüber hinaus auch auf dem Nordgau weitere Besitzschwerpunkte hatten.
Die Klimagunst des Mittelalters brachte für die Lagen an den Donauhängen um Regensburg recht gute Qualitäten. Dies begann sich erst mit der sog. „Kleinen Eiszeit" allmählich zu ändern, deren Beginn man um 1400 ansetzt. In Regensburg liegen derzeit (noch) die Durchschnittstemperaturen im Juni bei 17,6°, damals waren sie um ca. 2° höher, also so wie heute z.B. in Wien.

## 3. Die Rolle der Pfandschaften

### Regensburger Bürger

Unter den verschiedenen Kommunikationsanlässen spielen über die genannten Beispiele hinaus Pfandschaften eine besondere Rolle, weil sie herrschaftsgeschichtlich bedeutender waren als bloßer Besitz an Grund und Boden bzw. Anwesen. Auch die Regensburger

72 Zum Weinbau, der sich traditionell bevorzugt an den Hanglagen des Donautals findet, vgl. für den Bereich zwischen der Naabmündung und dem Raum unterhalb Wörth Diethard Schmid, Regensburg I. Das Landgericht Stadtamhof, die Reichsherrschaften Donaustauf und Wörth (Historischer Atlas von Bayern, Teil Altbayern, Heft 41), München 1976.

73 RUB 1, Nr. 54 (1228). Bei den Pfandschaftsgeschäften ist die selbst gesetzte, enge Beschränkung auf den Untersuchungszeitraum zwischen 1340 und 1360 nicht sinnvoll, weil sie sich zumeist über einen längeren Zeitraum erstreckt haben.

Bürger legten Geld in Pfandschaften an bzw. verliehen es gegen entsprechende Sicherheit. Pfandgeber waren neben dem Bischof von Regensburg (in einem Fall dem von Passau) vor allem die bayerischen Herzöge. Viele dieser auch als Kommunikationsvorgänge einzustufenden Akte datieren aus dem 14. Jahrhundert. Hier war das Landgericht Haidau mit seinen zahlreichen Burgen und alten Adelssitzen eine wichtige Region.
Schon im 13. Jahrhundert hatte der Bischof von Passau Güter in Aufhausen an den Regensburger Bürger Karl den Zollner verpfändet. [73] Und 1253 war es der Bischof von Regensburg, der die Vogtei im gleichen Ort pfandweise weitergab.[74] In Triftlfing haben um 1312 (und offenbar schon seit 1287) das Haus (*Domus*, also wohl das Schloss) die Brüder Ulrich und Otto Woller.[75] Heinrich Woller hatte ursprünglich drei Höfe und die Mühle in Triftlfing, hält nunmehr noch zwei.[76] Um 1300 erwarb Albrecht der Zollner verschiedene *wismad* zu Pfatter.[77] 1321 verkaufte Bischof Nikolaus u.a. an Ulrich den Woller *aus unserm ambthofe datz Eglofsheim* eine genau aufgelistete Gilt auf Rückkauf,[78] er nahm mit anderen Worten einen Kredit auf. 1329 verkaufte der gleiche Bischof *Chunraden dem Lengveldaer und Ortlieben dem Gainchovaer die hoef und deu guet gelegen datz Saerching, deu Karel der Hager* (†) *und nach im elspet sein hausfrowe und Albrecht der Hager sein sun biz her inne habent gehabt*, ebenfalls auf Rückkauf.[79] 1339 hielt Heinrich der Woller die Mühle in Aufhausen als Pfand der bayerischen Herzöge.[80] Neben Rechten über Grundstücke ist natürlich besonders bedeutsam, wenn Herzöge Vogteirechte über Dörfer oder gleich ganze Hofmarken als Pfand einsetzen. In der Schuldverschreibung der Herzoge gegen Friedrich von Au von 1318 sind derartige Fälle dokumentiert.[81] Hier waren es die Hofmarken von Pinkofen und Pfellkofen sowie die Vogtei über (Ober-)Traubling und Piesenkofen, dazu die Abgabe von zwei Schaff Weizen. Schon 1299 hatte Friedrich von Au die beiden Orte inne.[82] Auch in Mintraching sind immer wieder Abgaben und Höfe pfandweise in Regensburger Besitz. Eine Gilt von 10 Pfund Regensburger Pfennigen hält 1318 Friedrich von Au,[83] *Ditricus Awer* hält 1322 den Amthof, einen weiteren Hof zur gleichen Zeit *Leopoldus Gumpert*.[84] Die Ansammlung von Pfandschaftsgeschäften zeigt die Bedeutung, die der Raum Haidau im Spätmittelalter hatte.

## Pfandschaftsbesitz der Reichsstadt

Allerdings brauchen die Gebiete des Donauraums von Stadtamhof bis Wörth einen Vergleich keineswegs zu scheuen, vor allem nicht bei den Aktivitäten der Reichsstadt. Die Pfandschaftspolitik der Reichsstadt Regensburg selbst ging nämlich über den hier

74 RUB 1, Nr. 82 (1253).
75 Monumenta Boica (MB), München 1763ff., hier: MB 36,2 (Urbar des Vitztumamts Straubing), S. 237f.
76 MB 36,2 S. 442.
77 MB 36,2, S. 240; RUB 1, Nr. 200.
78 RUB 1, Nr. 392. Im einzelnen waren das *4 Schaff Weizen, 11 Schaff Roggen, 2 Schaff Gerste, 8 Schaff Haber, 1 Pfd. wisgelts, 4 Metzen Öl, 20 Hühner, 10 Gänse, 200 Eier, 30 Käse, 1 Fuder Rüben und 1 Fuder Kraut um 150 R. Pfg.*
79 RUB 1, Nr. 578.
80 RUB 1, Nr. 82.
81 RUB 1, Nr. 366.
82 RUB 1, Nr. 165; vgl. MB 36,2, S. 442f.
83 RUB 1, Nr. 366.
84 Vielleicht Gumprecht auf der Haide; RUB 1, Nr. 431.

gezogenen zeitlichen, vor allem aber örtlichen Rahmen erheblich hinaus; deshalb soll hier kurz darauf eingegangen werden.
Regensburg war, so lange für die Stadt und ihre Bürger die Einnahmen aus dem Handel reichlich flossen, mit System dabei, Pfandschaften zu erwerben und dafür Geld auszuleihen. Dies war bekanntlich die mittelalterliche Form der Kreditwirtschaft, die damit das Zinsnahmeverbot der Kirche elegant umging. Die Reichsstadt selbst setzte Pfandschaftserwerb systematisch bei ihrer Territorialpolitik ein.[85] Sie versuchte, zusätzlich zu dem ja sehr engen Gebiet des Regensburger Burgfriedens, benachbarte Gebiete unter ihre Herrschaft zu bringen, sowie Handelsstraßen zu sichern. Damit folgte Regensburg dem allgemeinen Trend der Zeit zum Erwerb von Territorien.
Einzelne Rechte hatten verschiedene Regensburger Bürger bereits im 14. Jahrhundert innegehabt: 1390 hatte Herzog Friedrich Zoll und Gericht in der Vorstadt (also in Stadtamhof) mit Ausnahme der Steuer und des Vogtgelds an Jakob den Prunhofer, den Schultheiß von Regensburg, versetzt. 1391 erwarb Hans der Laeutwein den Stadtamhofer Zoll.[86] 1408 beurkundeten die Herzoge Ernst und Wilhelm die Verpfändung der Vorstadt um 2600 fl., die anscheinend 1409 wirksam wurde.[87] Die Pfandschaft über Stadtamhof wurde mehrfach erneuert und dauerte letztlich bis 1486. In dieser Zeit setzte der Regensburger Rat die Beamten in Stadtamhof ein. Donaustauf, das alte Herrschaftsgebiet der Bischöfe von Regensburg, war sogar noch länger in regensburgischem Pfandschaftsbesitz als Stadtamhof, nämlich von 1385 bis 1486.[88] Donaustauf gehörte auch zu den besitzmäßig besonders stark mit Regensburg verflochtenen Gebieten. Noch im 16. Jahrhundert sind für die Häuser am Markt in Donaustauf 23 Regensburger Bürger und 9 kirchliche Einrichtungen aus Regensburg als Eigentümer nachzuweisen.

## 4. Wanderungsbewegungen

### Zuwanderung

Kommunikatives Handeln mit dem Umland verdichtet sich in besonderem Maße, wenn es im Zusammenhang mit einer Zu- oder Abwanderung steht. Diese ist schon verschiedentlich für das 14. Jahrhundert überliefert.[89] Systematisch lässt sie sich mit dem „Ältesten Bürgeraufnahmebuch der Reichsstadt Regensburg“[90] verfolgen. Es zeigt noch für das 15. Jahrhundert eine breit gestreute Zuwanderung, allerdings nicht spezifisch beschränkt auf die Region.[91] Auch zahlreiche Bewohner aus der näheren Umgebung sind in der Stadt ansässig geworden.

85 Vgl. Schmid (wie Anm. 72) sowie ders., Regensburg – Bürgertum und Stadtregion im späten Mittelalter (VHO 117) 1977, S. 259–278.

86 RB 10, S. 284.

87 BayHStA, Kurbaiern 12911; Regensburg Reichsstadt Urk.1409 Jan 24.

88 Vgl. Schmid (wie Anm. 72), S. 183–187.

89 www.frc-online.com

90 Fontes Civitatis Ratisbonensis, vol.1, hg. v. Ingo H. Kropac/Heinrich Wanderwitz, bearb. v. Susanne Kropac.

91 Vielmehr scheint ein Austausch zwischen den größeren Städten stattzufinden.

Ein Fall erregt besondere Aufmerksamkeit. Am 23. August 1338 geriet der Regensburger Bürger Friedrich von Sengkofen am Kirchweihfest in Gailsbach in eine Rauferei *und der nam ainer schaden, da er gar unschuldich an ist.* Bürgermeister und Rat verwandten sich nun bei *Liebhart von Otmaring*, dem Vitztum von Straubing, für ihn, weil der Haidauer Richter *Lavan seiner hausfrawn hab ze Semchoven an gegriffen hat*, obwohl er *unschuldich an den sachen* sei, wie man in Regensburg behauptet.[92] Wie der Fall ausgegangen ist, wissen wir nicht. Aber wir stellen fest, dass der betreffende Bürger offenbar aus Sengkofen stammt und auch seine Frau von dort kommt. Sie verfügt in Sengkofen auch über eigenen Besitz. Der Sengkofener war übrigens im Auftrag *sines herren des Paulsers*[93] im Haidauischen unterwegs – kommunikationshalber sozusagen. So sind zahlreiche bäuerliche Familien mit Teilen ihrer Familien mit der Einwohnerschaft in der Stadt verbunden.

Ein herausragendes Beispiel für Zuwanderung von patrizischen Geschlechtern stellen die Auer dar. Seit der ersten Hälfte des 13. Jahrhunderts sind sie in den Quellen genannt; frühe Nennungen reichen sogar schon in das 12. Jahrhundert zurück.[94] Die Auburg wird man sich als eine um 1200 vom Hochstift erbaute und zunächst in der Verwaltung von Hochstiftsministerialen befindliche Anlage vorstellen können. Die Auer nennen sich nach der Landschaft, der Donauaue.[95] Die Familie gelangte als Ministerialen/Ritter (*milites*) im Dienst der Regensburger Bischöfe rasch zu großer Bedeutung.[96] Im 13. Jahrhundert wanderten sie nach Regensburg, ihre Patrizierburg stammt vom Ende des Jahrhunderts. Die Auer besetzten nicht nur zahlreiche Burgen und Orte der Regensburger Umgebung mit Angehörigen der weit verzweigten Sippe, sondern hielten in ihrer Blütezeit auch Schlüsselpositionen in der Stadt und im kirchlichen Bereich. Höhepunkt ihrer Macht war die Zeit des Aueraufstands – das Stadtregiment der Auer mit Hilfe der Zünfte – zwischen 1330 und 1334 und in der Folge eine Dauerfehde zwischen den Auern und der Stadt. Diese führten nach ihrer Vertreibung von ihren Burgen aus die Feindseligkeiten gegen Regensburg bis 1343 weiter.[97]

Die Verflechtung der Auer als mit dem Umland weit verzweigter Familie wird überlagert durch die Auseinandersetzung um die Macht in der Stadt.

92 RUB 1, Nr. 826.

93 Die Paulser sind ebenfalls Regensburger Bürger.

94 Thomas Ried, Codex diplomaticus episcopatus Ratisbonensis, 2 Bde., Regensburg 1816; hier: Ried 1, Nr. 210, 252; MB 14/2, S. 419; QE 1 (Schenkungsbuch Berchtesgaden, Register S. 540).

95 Vgl. dazu auch Wiguleus Hund, Bayerisch Stammen-Buch, Bd. I/II Ingolstadt 1598, S. 171.

96 Vgl. Thomas Ried, Genealogisch-diplomatische Geschichte des erloschenen Rittergeschlechtes der Auer in Regensburg und Prennberg (Bayerische Akad. d. Wissenschaften, Hist. Abhandl. 5, 1823) S. 209–332, 549–596; Fritz Morré, Ratsverfassung und Patriziat in Regensburg bis 1400 (VHO 85) 1935, S. 1–147; Andreas Boos, Burgen im Süden der Oberpfalz. Die früh- und hochmittelalterlichen Befestigungen des Regensburger Umlandes, (Regensburger Studien und Quellen zur Kulturgeschichte 5), Regensburg 1998, hier: S. 99f. Eine zeitgemäße Würdigung des Geschlechts fehlt noch immer.

97 Zur inneren Verfassung Regensburgs vgl. Alois Schmid, Regensburg. Reichsstadt – Fürstbischof – Reichsstifte – Herzogshof (Historischer Atlas von Bayern, Teil Altbayern, H. 60) München 1995, S. 123–136.

## Abwanderung: Haidau und die Haidauer

Aber auch ein besonderer Fall von Abwanderung, der ebenfalls bis in die Mitte des 14. Jahrhunderts hineinreicht, soll hier angesprochen werden. *An der Heide* war wohl der alte Flurname für den heutigen Haidplatz. Als ältester nachweisbarer Spross für eine hier ansässige Familie könnte *Hæitfolc de Heida* gelten, der zwischen 1115 und 1126 bei der Übergabe einer Censualin an die Regensburger Kirche an der Spitze der Zeugenreihe steht.[98] Er weist sich damit zumindest als der Kirche nahestehend aus. Um die Mitte des 12. Jahrhunderts tritt ein namensgleicher und offensichtlich Regensburger Bürger *Heitfolch de Heide* auf, der bezeugt, dass ein *Gozwinus*, ebenfalls Bürger der Stadt, dem Kloster Rohr ein Grundstück schenkt. Salmann ist hier ein *Ortlib de Heide*,[99] zweifellos aus der gleichen Familie. Der Name *Ortlib/Ortlieb* entwickelte sich sogar eine Zeitlang zum Leitnamen der Familie. Ein Nachfahre gleichen Namens ist es, der in den Dienst des bayerischen Herzogs tritt und hier Karriere macht. Er geht spätestens nach dem ersten Drittel des 13. Jahrhunderts nach Mangolding. Ein Zweig der Familie verbleibt in der Stadt.

In Mangolding gab es aber schon vor den Haidauern ein Adelsgeschlecht, die Mangoldinger, eines der wenigen edelfreien alten Geschlechter in unserem sonst von altem Adel freien Raum. Sie sind mit den Kreuzzügen ausgestorben; ihr Sitz ist nicht mehr nachzuweisen.[100]

Ortlieb de Heida wurde schätzungsweise um 1180 geboren. Von 1210 bis 1238 saß er in Regensburg im Rat, jedenfalls war er Regensburger Bürger.[101] 1237 wurde er als Ministeriale Herzog Heinrichs genannt;[102] 1238 bis 1248 erbaute er Haidau allerdings wahrscheinlich völlig neu. Gegen Ende seines Lebens bekannte er, dass er zum Bau der Burg dem Stift Niedermünster eine Wiese entfremdet hatte. Er bestimmte, dass dies mit diesem Grundstück nicht mehr geschehen solle.[103] Ortlieb lebte noch 1252, kurz danach ist er verstorben.

Der heutige Burgstall befindet sich außerhalb des Ortes in einer sumpfigen Niederung. Der Name Haidau passt nun allerdings gar nicht zu dieser Örtlichkeit, denn eine Heide

98 Josef Widemann, Die Traditionen des Hochstifts Regensburg und des Klosters St. Emmeram (QE, NF 8), München 1942/43, hier: Nr. 199.

99 RUB 1, Nr. 28 (wohl zwischen 1138 und 1159).

100 Frühere Adelssitze müssen als einfache „feste Häuser" nicht zwingend Spuren hinterlassen – frdl. Mitteilung von Dr. Andreas Boos, Regensburg.

101 RUB 1, Nr. 55, 69. Konnte man ihn 1229 noch lediglich als bischöflichen Ministerialen ansehen, so ist dies 1244 nicht möglich, wo es in der Urkunde, in der er mit auftritt, um eine Schuhmacherordnung in der Stadt geht.

102 Ried 1 (wie Anm. 94), Nr. 376.

103 BayHStA KU Niedermünster Nr. 60/I, vgl. Boos (wie Anm. 96), S. 276 und 278, Anm. 10.; Joseph R. Schuegraf, Manuskript zur Geschichte von Haidau (Stadtarchiv Regensburg, MS O 207, 44'). Bei Schuegraf findet sich noch die Erinnerung an die Vorgänger-Anlage: „Gewiß war sie zuvor eine verfallene Römerschanze – Burgstall. Diesen begann Ortlieb von Heida zwischen 1238-1248 zu bauen und nannte ihn nach seinem Geschlechtsnamen die Burg Heida= Heidau/Haidau." Er hat damit zweifellos den richtigen Ansatz gefunden, auch wenn man nicht gleich bis zu den Römern zurückgehen muss. Vgl. auch Artur Dirmeier, Die Grundherrschaft des St. Katharinenspitals im Spätmittelalter. Das Urbar aus dem Jahr 1333/34. Ein Beitrag zur Rechts-, Sozial- und Wirtschaftsgeschichte der Reichsstadt Regensburg (Ungedr. Zulassungsarbeit, Univ. Regensburg 1985), S. 141f.

ist von der Namensbedeutung „eine flache, trockene Gegend“[104]. Als Erklärung dafür bietet sich an, dass Ortlieb seinen Namen, als er die Burg bei Mangolding errichtete,[105] von Regensburg mitgenommen und der neuen Örtlichkeit hinterlassen hat – ein Vorgang, der in der Namenkunde öfter zu beobachten ist.[106]
Auf Ortlieb folgte sein Sohn Rupert. 1263 ist er bereits Richter, 1272 wird er in einer Klosterurkunde des Reichsstifts Niedermünster in Regensburg als Richter genannt,[107] 1273 ist er als Ministeriale erkennbar, als *fidelis ducis Bavariae*.[108] Der Erbe Ruperts war um 1287 Ekbert von Haidau. In ihm erreicht dieser Zweig der Familie einen gewissen Höhepunkt in Besitz und Bedeutung. Ekbert starb 1335. Nachfolger wird sein Sohn Pernger, der aber bereits 1357 kinderlos gestorben ist. Der letzte Haidauer war daher sein Bruder Albrecht. Auch er verfügte über umfangreichen Besitz im Bereich des Haidauer Gerichts. Mit ihm schlagen wir den Bogen zurück nach Regensburg.
1351 sind es wieder zwei verschiedene Familien, die sich ein Objekt teilen. Damals räumen die Regensburger Bürger *Karel der Maellaer* und *Perchtolt der Grafenrewter* dem *hern Albrecht von Haydawe* und seiner Hausfrau *Katerey* das Recht ein, die ihnen verpfändete Feste *Chefring* (Köfering), die Dörfer *Mooshaim* (Moosham) und *Puennchoefen* (Pinkofen) ohne den Amthof, dazu den Stadelhof mit dem Holz *Sawhart* (Sauhart) jederzeit auszulösen.[109] Dies geschieht offenbar etwa eineinhalb Jahre später.[110]
Zu Schluss soll von einem spektakulären Kriminalfall die Rede sein. Albrecht von Haidau wurde am 15. September 1363 von seinem Schwager Hans dem Auer von Brennberg in Regensburg nachts auf offener Straße erschlagen.[111]
Trotz der Verflechtung der Haidauer in ihrem Machtbereich im Umland war es für sie anscheinend immer noch von Bedeutung, die Beziehungen in Regensburg zu pflegen, sonst hätte sich Albrecht nicht in der Stadt aufgehalten – dies wurde ihm zum Verhängnis. Kommunikation ist in diesem Fall durch Gewalt verdrängt worden. Über den Grund kann man spekulieren – waren es Familienstreitigkeiten, waren es Machtkämpfe im Umland, wir wissen es nicht genau.
Das Verbrechen blieb mehr oder minder ohne Konsequenzen, für die Auer waren die Folgen wenig gravierend: Der Rat beschloss, *daz her Hans der Awer von Prennberch und sin helffer, di di tat mitsambt im getan haben, in unser stat nit chomen suollen, alslang untz den chlagern wird abgeleit und ouch der stat hie ze Regenspurch*[112].

104 Vgl. J. Andreas Schmeller, Bayerisches Wörterbuch, Neudruck 1996, hier: Bd. 1/2, Sp. 1051.

105 Vgl. aber Boos (wie Anm. 96), S. 276–279 (mit zahlreichen Belegstellen für Ortlieb). Seiner Meinung nach besteht „kein Zweifel, … dass die Burg Haidau unter besagtem Ortlieb in der ersten Hälfte oder Mitte des 13. Jahrhunderts angelegt wurde.“ Allerdings bezieht Boos das Problem des vorhergehenden Mangoldinger Geschlechts und die Notwendigkeit eines Sitzes für diese Familie noch nicht in seine Erörterung mit ein.

106 Freundliche Mitteilung von Prof. Dr. Albrecht Greule, Universität Regensburg.

107 BayHStA KU Niedermünster Nr. 61, vgl. auch O. Tröger, Verzeichnis der Burgen, Burgställe und -ruinen, Turmhügel, Hofmarken, Edelsitze und ihrer Besitzer im Landkreis Regensburg (MS, Museen der Stadt Regensburg; 1986–88), S. 47.

108 MB 11, 61/67.

109 RUB 2, Nr. 34.

110 RUB 2, Nr. 82.

111 Carl Theodor Gemeiner, Regensburgische Chronik 4 Bde, Regensburg 1800–1824 (Nachdrucke 1971ff.; hier: Bd. 2, S. 125; RUB 2, Nr. 541.

112 RUB 2, Nr. 541.

Die Familie des Opfers hatte da weit mehr zu tragen: Die Haidauer starben damit aus, denn auch die beiden Töchter Albrechts hatten keine Nachkommen, wie die Genealogie zeigt.[113]

## 5. Zusammenfassung

Der kommunikative Ansatz, mit dem von ganz verschiedenen Seiten an die Geschichte Regensburgs im Mittelalter herangegangen worden ist, hat sich für die Betrachtung des Verhältnisses der Reichsstadt zum Landgericht Haidau als recht gewinnbringend erwiesen. So konnte nicht nur die Vielfalt der Beziehungen zwischen Stadt und Umland herausgeschält werden, sondern es hat sich auch zeigen lassen, wo im Untersuchungsraum Schwerpunkte von Besitz und Herrschaft von Regensburger Bürgern entstanden sind. Dass Haidau nicht so sehr den begehrten Besitz von Weingärten ermöglichte, sondern vor allem für herrschaftliche Beziehungen interessant war, ist ein wichtiges Ergebnis. Es zeigt sich dies in Zu- und Abwanderung und bei Pfandschaften, wobei hier deutlich die herzoglichen Interessen ins Spiel kommen. So ist der große Raum des späteren Landgerichts Haidau ein Beispiel für die Vielfalt kommunikativer Prozesse von Regensburger Bürgern und gleichzeitig Gegenstand ihrer Besitz- und Herrschaftsaktivitäten – vom einfachen Erwerb eines Lehens oder eines Zehntrechts bis zur persönlichen Ansiedlung, die für die Familie allerdings ein tragisches Ende genommen hat.

113 Das Erbe der Haidauer ging damit zunächst an die Tochter Elspeth und nach deren Tod an die zweite Tochter Petrissa und ihren Gemahl Graf Albrecht von Abensberg über (MB 15, S. 524). Der Witwer hatte auf den Besitz, den seine Frau mit in die Ehe gebracht hatte, verzichtet. Petrissa starb ihrerseits am 26.5.1396. Ihr Wappen ist in MB 15 zu finden. Zu den Haidauern vgl. auch Johann Siebmacher, J. Siebmachers großes und allgemeines Wappenbuch, hier: Bd. VI, Abt.1, S. 42. Vgl. auch Hans Buhl, Das Haus in dem pach, daz gain des heiligen Chrauzes cirichen ueber ligt... Geschichte des Bürgerhauses Obere Bachgasse 16 in Regensburg (MS 1984/85, Archiv des Hist. Vereins f. Regensburg und die Opf., Nr. 3048).

# 6. Stammtafel der Haidauer[114]

**Heitvolk de Heide**[115]
Bürger von R 1138/59[116]
1147[118]

**Ortlib de Heide**
Bürger von R 1138/59[117]
(...?)
↓ (?)

```
-------------------------------------------------------------------------------------------------------------------(?)
```

**[Adalbert v. d. Heide** **Leutwein v. d. HeideHartwich]** **Ortlib de Heida**[119] **[Conrad** **Wernhard]**
1181/89[120] 1181/89

* wohl um 1180, † nach 1252
∞ Chunegund, geb. Auer v.

```
-------------------------------------------------------------------------(... ?)
```

**NN** (Tochter)
∞ Gozwinus de Porta
(Bürger v. R.)

**Rupert v. Haidau**[121]
1253 Erbe seines Vaters Ortlib
† 1287[123]
∞ Irmengard † 1278
↓

**Konrad v. Haidau**[122]
genannt der Huffkofer 1254

**Ruprecht**
∞ Offmei
† 1341
↓

**Friedrich**

**Ekbert v. Haidau**
1287 Pfleger u. Richter
† 1335
Ekpert hatte 6 Söhne u. 2 Töchter
∞ 1. Sälmel (=Salome?) wohl geb. v. Rain, genannt um 1299
∞ 2. Berta geb. Weichser † 1304 3. Agnes geb. v. Stinglheim
↓ ↓

**Elsbeth**

**Berta**

**Heinrich**
Domherr in Rgb.

```
------------- ------------------ -------------------------------------------------------------------------------------
```

**Karl**

**Chunrad**

**Pernger v. Haidau**[124]
Nachfolger Ekperts
† 15. 2. 1357
∞ Elspeth geb. Weichser
v. Traubling † 1362

**Albrecht v. Haidau**
Nachfolger Perngers
† (ermordet) vor 15. 9. 1363
∞ (u.a.?) Katharina geb Auer
↓

```
------------------------------------------------------------------------------------
```

**Elspeth**
1.Tochter
† 1385 oder 1386
∞ Stefan Altmann
zu Degenberg

**Petrissa**[125] **v. Haidau**
2. Tochter
† 26.5. 1396
∞ Graf Albrecht von
Abensberg zu Altennusberg[126]

114 Buhl, MS (wie Anm. 113); Schuegraf, MS (wie Anm. 103); Boos (wie Anm. 96), S. 276–279.
115 Namensformen: de Heide, in Heida.
116 RUB 1, Nr. 28.
117 RUB 1, Nr. 28; Bruder von Heitvolk?
118 Ried 1 (wie Anm. 94), S. 218.
119 Namensformen: Ortlib, Ortlieb.
120 Widemann (wie Anm. 98),Bd. 2, Nr. 960; weitere Hinweise Boos (wie Anm. 96), S. 146, Anm. 6.
121 Zuordnung unsicher; Namensformen Rupert, Ruprecht.
122 Zuordnung unsicher.
123 MB 11, S. 259.
124 1309 treten die Söhne Chunrad und Pernger bereits als Mitbesitzer des familieneigenen Anwesens „in dem pach“ auf, sind also volljährig, vgl. RUB 1, Nr. 251; dazu Buhl, MS (wie Anm. 113).
125 Namensform: Petronella.
126 Hund (wie Anm. 95), Bd. 2, S.58.

# Die Reform der städtischen Seelsorge als Kommunikationsproblem (1150–1250)

*Jörg Oberste*

## 1. Seelsorge als Reformprojekt

In der Mitte des 13. Jahrhunderts war bei den Dominikanern ein Exemplum über die rechte Seelsorge in Umlauf. Es wird überliefert durch Humbert von Romans, den späteren Generalmagister der Dominikaner.[1] Solche Exempla waren bei den Bettelorden in der Predigt und Priesteramtsausbildung beliebt: Ein Spielmann beobachtet in der Kirche einer größeren Stadt wie eine große Menge von Leuten zur Beichte bei ihrem Priester anstand. Dieser ließ immer die jungen Mädchen zuerst vor und wies die Alten trotz ihrer Proteste zurück. Darauf verkündete der Spielmann auf den Straßen und Plätzen der Stadt: „Alte haben keine Seelen, Alte haben keine Seelen!" Als er deswegen vor dem Bischof der Ketzerei bezichtigt wurde, verteidigte er sich und sagte: „Ich habe mit eigenen Augen gesehen, dass jener Priester nur die jungen Mädchen zur Beichte zuließ, die Alten jedoch abwies. Wenn die Alten eine Seele hätten, bräuchten sie aber um so mehr das Heilmittel der Beichte, da sie schon länger lebten und mehr Gelegenheit zur Sünde hatten". – Damit spricht der Spielmann eine für die Dominikaner selbstverständlich gewordene Einsicht aus: Ein Beichtvater hielt das einzig wirksame Heilmittel zur Erlösung der sündigen Seele in der Hand. Humberts Geschichte ruft ihm in Erinnerung, dass die pastorale Betreuung ein essentielles Bedürfnis jedes einzelnen Christen unabhängig von Stand, Alter und Geschlecht darstellte, und dass die Kirche von außen an der Erfüllung dieses Bedürfnisses gemessen wurde.[2]

Eine zweite Beispielgeschichte des 13. Jahrhunderts sagt ebenfalls etwas über die neue Erwartungshaltung der Gemeinde gegenüber der Kirche aus, in diesem Falle gegenüber einem jener Volksprediger, die oft größten Zulauf erhielten. Man denke nur an Berthold von Regensburg. Die Anekdote handelt über einen bekannten Augustiner-Eremiten, der in Florenz in einem armen Stadtviertel über die Sünde des Wuchers predigte, bis er von seinem Publikum, in dem vor allem einfache Wollarbeiter saßen, unterbrochen wurde. Seine Worte seien Zeitverschwendung, da niemand von den Anwesenden Geld besitze, das er verleihen könnte. Die Gemeinde forderte den Prediger auf, er solle über ein

1 Humbert de Romanis, Opera de vita regulari, Bd. 2, ed. Joachim Joseph Berthier, Rom 1889, S. 479. Vgl. zu mendikantischen Beichtexempla ebenfalls Jacques Berlioz, ‚Quand dire c'est faire dire'. Exempla et confession chez Etienne de Bourbon († v. 1261), in: André Vauchez (Hg.), Faire croire (Collection de l'Ecole française de Rome 51), Paris 1981, S. 299–335.

2 Vgl. zu Humberts Einstellung zur Seelsorge Jörg Oberste, Gesellschaft und Individuum in der Seelsorge der Mendikanten. Die Predigten Humberts de Romanis an städtische Oberschichten, in: Das Eigene und das Ganze. Zum Individuellen im mittelalterlichen Religiosentum, hg. v. Gert Melville/Markus Schürer, Münster 2002, S. 497–527.

anderes, ihr angemessenes Thema predigen.[3] Die Moralpredigt war nach allgemeiner Auffassung des 13. Jahrhunderts die notwendige Ergänzung zur Beichte. Der Prediger hatte die Menschen vor den Fallstricken des Alltags, vor den Versuchungen der Sünde zu warnen und ihnen konkrete, verständliche und praktikable Handlungsanweisungen zur Sicherung ihres Seelenheils zu geben. Thomas von Aquin formuliert, Moralpredigten (*Sermones morales*) seien weniger nützlich, wenn sie allgemein gehalten würden, weil sich das menschliche Verhalten in Einzelfällen vollziehe.[4] Belehrende Volkspredigt und individuelle Beichte sind zwei abgestufte und aufeinander bezogene Kommunikationssituationen, in denen die Vertreter der Kirche gegenüber dem laikalen Umfeld den heilsvermittelnden Auftrag ihrer Institution wahrnahmen. Dass die Bettelorden zur Erfüllung dieses Auftrags vor allem die größeren Städte aufsuchten, ist übrigens nicht erst der modernen Forschung aufgefallen. Schon die beiden Ordensoberen Humbert von Romans für die Dominikaner und der heilige Bonaventura für die Franziskaner mussten sich der Kritik stellen, das Land zu vernachlässigen und die Nähe des reichen Bürgertums zu suchen. Und wer etwa die Grablegen der kommunalen Spitzenvertreter im Florentinischen Franziskanerkonvent Santa Croce vor Augen hat, weiß, dass sich die Bettelorden auch gar keine Mühe gaben, diese enge Beziehung zu leugnen. Die, die im Geiste der radikalen Armut „nackt dem nackten Christus nachfolgen" wollten, suchten ganz offensichtlich und öffentlich die Nähe zu den Reichen und Mächtigen in den Städten.[5] Was von außen leicht wie die missverständliche Inszenierung einer paradoxen Beziehung aussieht, besitzt von innen eine ganz eigene, gleichsam missionarische Logik.

Humbert antwortet auf die Vorwürfe, auch die Propheten und Apostel seien öfter in Städten als in kleinen Dörfern aufgetreten, um ihre Lehren zu verkünden. In den Städten könne man besser predigen, weil man dort mehr Menschen in kürzerer Zeit erreiche[6] – das Stichwort der „verdichteten Kommunikation" ins 13. Jahrhundert übersetzt. Bonaventura ergänzt dies um den Hinweis, in den Städten existierten mehr Sünder und mehr Gelegenheiten zum Sündigen, sei also der Bedarf an Seelsorgern größer.[7] Gerade diese Antwort reflektiert ein bereits fortgeschrittenes Stadium jenes Prozesses, der als tiefgreifende Reform der Seelsorge, als ‚pastorale Wende', charakterisiert werden kann.[8] In der Mitte des 13. Jahrhunderts konnte die Idee einer gezielten, sozial abgestuften Seelsorge als gewisse Selbstverständlichkeit angesehen werden. Das zeigen die zitierten

3 Franco Sacchetti, Il Trecento novelle, ed. V. Perticone, Firenze 1946, S. 223f.

4 Thomas von Aquin, Summa theologiae, Prologus ad IIam-IIae, ed. Roberto Busa, in: ders., Opera omnia, Bd. 2, Stuttgart 1980, S. 523: *Sermones morales universales minus sunt utiles, eo quod actionibus in particularibus sunt.*

5 Zu diesem Verhältnis vgl. den Band: Bettelorden und Stadt. Bettelorden und städtisches Leben im Mittelalter und in der Neuzeit (Saxonia Franciscana 1), hg. v. Dieter Berg, Werl 1992.

6 Humbert de Romanis, De eruditione praedicatorum II, De modo prompte cudendi sermones circa omne hominum et negotiorum genus, ed. Margarinus de la Bigne (Maxima bibliotheca veterum patrum 25), Lyon 1677, Nr. 72, S. 491f.

7 Bonaventura, Determinationes quaestionum circa regulam Fratrum Minorum, in: Opera omnia, Bd. 8, Quaracchi 1898, S. 337–374, hier qu. 19, S. 370.

8 Vgl. dazu ausführlicher Jörg Oberste, Predigt und Gesellschaft um 1200. Praktische Moraltheologie und pastorale Neuorientierung im Umfeld der Pariser Universität am Vorabend der Mendikanten, in: Gert Melville/Jörg Oberste (Hgg.), Die Bettelorden im Aufbau. Beiträge zu Institutionalisierungsprozessen im mittelalterlichen Religiosentum (Vita regularis 11), Münster 1999, S. 245–294.

Exempla wie auch die Erklärungen Humberts und Bonaventuras. Um dorthin zu gelangen, hat die Kirche allerdings einen hoch dynamischen Erkenntnis- und Reformprozess durchlaufen. Bereits in den hundert Jahren zuvor, etwa ab der Mitte des 12. Jahrhunderts, gehörte die Reform der Seelsorge zu einem Hauptthema von Theologen, Bischöfen, Päpsten und Konzilien. Aufgeschreckt durch die Konkurrenz großer religiöser Laienbewegungen, rückten die Gemeinden und das Seelenheil des einzelnen Christen – man könnte sagen: wieder – in den Mittelpunkt des kirchlichen Selbstverständnisses und Wirkens.

Dass diese Rückbesinnung auf Ideale, wie sie einst in der „Regula pastoralis" Gregors des Großen formuliert wurden, um 1200 keine Selbstverständlichkeit ist, sondern in der Tat eine ‚Wende' markiert, lässt sich eindrücklich an der Überlieferung belegen: Zwischen den exegetischen Homeliaren des früheren 12. Jahrhunderts und den moralischen Volkspredigten des 13. Jahrhunderts, zwischen Bernhard von Clairvaux und Berthold von Regensburg, liegt eine kulturelle Zäsur, die nicht mit individuellen Fähigkeiten und Absichten erklärt werden kann, sondern nur mit einer tiefgreifenden Neubestimmung von Ziel, Form und Inhalt der Seelsorge.[9] Jean Longère spricht bis zur Mitte des 12. Jahrhunderts von der „temps des homéliaires" und erst danach programmatisch von der „prédication au peuple"[10]. Homeliare sind gelehrte lateinische Predigtsammlungen dogmatischen und exegetischen Inhalts, während sich Volkspredigten, seien sie lateinisch oder in der Volkssprache niedergeschrieben, durch eine moralisch instruierende Semantik und einen stark appellativen Zug auszeichnen. Noch deutlicher wird der Kontrast im Bereich der theoretisch-didaktischen Anleitungen: Ausführliche und in dieser Form neuartige Predigthandbücher und Beichtsummen dokumentieren eindrücklich, dass es der Kirche um und nach 1200 entscheidend auf die breite praktische Umsetzung ihrer Reformanliegen auf dem Feld der Seelsorge ankam.[11]

Als kirchenhistorischer Meilenstein können dabei die Pastoralbeschlüsse des IV. Laterankonzils von November 1215 angesehen werden. Die Versammlung, die sich darin auf eine Reihe vorbereitender Provinzial- und Diözesansynoden des frühen 13. Jahrhunderts stützen konnte,[12] legte sich programmatisch und mit höchster kirchlicher Autorität auf eine neue und intensivere Zusammenarbeit von Laien und Klerikern in der Kirche fest, deren erklärtes Ziel in der Rettung der einzelnen Seele lag. Kanon zehn schreibt fest, auf dem christlichen Heilsweg sei die Nahrung des göttlichen Wortes besonders wichtig.

9 Vgl. dazu Albert Lecoy de la Marche, La chaire française au Moyen Age, spécialement au XIIIe siècle d'après les manuscrits contemporains, Paris [2]1886 (ND Genf 1974); Nicole Bériou, L'avènement des maîtres de la Parole. La prédication à Paris au XIIIe siècle, Bd. 1–2, Paris 1998 sowie für den Quellenüberblick Johannes Baptist Schneyer, Repertorium der lateinischen Sermones des Mittelalters für die Zeit von 1150–1350, Bd. 1–11, Münster 1969–1990.

10 Jean Longère, La prédication médiévale, Paris 1983, S. 140.

11 Dazu maßgeblich die Arbeiten von Louis-Jacques Bataillon, La prédication au XIIIe siècle en France et en Italie. Etudes et documents (Collected studies series 402), hg. v. David d'Avray/Nicole Bériou, Aldershot 1993 und jüngst die Studie von Peter Landau, Seelsorge in den Kanonessammlungen von der Zeit der gregorianischen Reform bis zu Gratian, in: La pastorale della Chiesa in occidente dall'età ottoniana al Concilio Lateranense IV: Atti della Quindicesima Settimana Internazionale di Studio Mendola, Mailand 2004, S. 93–123.

12 Vgl. M.-H. Vicaire, La pastorale des moeurs dans le conciles languedociens (fin XIe-début du XIIIe siècle), in: Cahiers de Fanjeaux 6 (1971), S. 85–118.

Deshalb sollten die Bischöfe, die aufgrund vieler weltlicher Belastungen oft nicht zum Predigen kämen, geeignete Männer mit vorbildlicher Lebensweise zur Predigt in ihrer Diözese heranziehen, die Fähigkeiten in christlichen Werken und in Worten besitzen.[13] Kanon 21 führt sodann unter Betonung des Beichtgeheimnisses die private Ohrenbeichte und Eucharistie als Pflicht jedes volljährigen Christen ein, die mindestens einmal jährlich zu Ostern zu erfüllen sei.[14] Der folgende Beschluss greift schließlich zusammenfassend die paulinische Arzt-Metapher auf, die den Priester als *medicus animarum* beschreibt.[15] Doch woher kam der Impuls für eine solch gewichtige Neuorientierung des kirchlichen Selbstverständnisses und Handelns? Bereits im 4. Jahrhundert war die Einteilung der Kirche in die *ordines* der Kleriker (*ordo praedicatorum*), Religiosen (*ordo continentium*) und weltlichen Laien (*ordo coniugatorum*) festgeschrieben worden.[16] Die fehlende Differenzierung des Laienstandes machte eine ausschließlich negative Qualifizierung gegenüber den beiden anderen Ständen der Kirche notwendig. Rolf Zerfaß formuliert: „Von ihrem Gegensatz zum Klerus her werden die Laien als die verstanden, denen aktive Gewalt in der Kirche nicht zukommt, die also innerkirchlich als der passivempfangende Teil dastehen. Durch ihren Gegensatz zu den Mönchen werden sie zu Christen zweiter Klasse, denen aufgrund ihrer unlöslichen Verflechtung in die ‚weltlichen' Geschäfte nur die ‚unvollkommene' Verwirklichung des Christentums zugestanden wird".[17] Die Pastoralreform des 12. und 13. Jahrhunderts setzte an beiden Negativqualifizierungen zugleich an. Zum einen sollte insbesondere im Pontifikat Innozenz' III. (1198–1216) die Partizipation der Laien an der Kirche verstärkt werden. Die zumindest zeitweise Zulassung der Laienpredigt, das Bruderschaftswesen sowie die Drittorden bei Humiliaten und später den Mendikanten sind nur besonders signifikante Schritte in diese Richtung.[18] Zum anderen bemühte man sich zunehmend um die Heiligung der laikalen Existenz per se, was notwendig den Abschied vom pauschalisierenden *ordo laicorum* bedeutete. Jakob von Vitry brachte dies keineswegs als einziger, jedoch besonders anschaulich auf die ekklesiologische Formel von „den unterschiedlichen Lebensformen der Menschen", die „gemeinsam den einen Körper der Kirche bilden"[19].
Anstöße zu einer breiteren Rezeption, wenngleich in einer spezifisch kirchenpolitischen Ausrichtung, erhielt der Wandel des ekklesiologischen Verständnisses im Zeitalter der Kirchenreform des 11. und frühen 12. Jahrhunderts.[20] Nach dem Wormser Konkordat

13 IV. Lateranum, can. 10, De praedicatoribus instituendis, in: Decreta Oecumenicorum Conciliorum, Bd. 1: Nicaea I to Lateran V, ed. Norman P. Tanner, London/Washington 1990, S. 239f.

14 Ebd., can. 21, De confessione facienda, S. 245.

15 Ebd., can. 22, Quod infirmi prius provideant animae quam corpori, S. 245f.

16 Vgl. dazu im Überblick Yves Congar, Les laïcs et l'ecclésiologie des ‚ordines' chez les théologiens des XI^e et XII^e siècles, in: I Laici nella ‚societas christiana' dei secoli XI e XII (Miscellanea del centro di studi medioevali 5), Milano 1968, S.83–117, hier bes. S. 85–89, und Rolf Zerfaß, Der Streit um die Laienpredigt. Eine pastoralgeschichtliche Untersuchung zum Verständnis des Predigtamtes und zu seiner Entwicklung im 12. und 13. Jahrhundert, Freiburg i. Br./Basel/Wien 1974, S. 179f.

17 Zerfaß (wie Anm. 16), S. 180.

18 Vgl. Johann B. Pierron, Die katholischen Armen. Ein Beitrag zur Entstehung der Bettelorden mit Berücksichtigung der Humiliaten und der Wiedervereinigten Lombarden, Freiburg i. Br. 1911.

19 Jakob von Vitry, Historia occidentalis XXXIV, ed. John F. Hinnebusch, The Historia occidentalis of Jacques de Vitry. A Critical Edition (Spicilegium Friburgense 17), Fribourg 1972, S. 166.

20 Einführend dazu Friedrich Kempf, Das Problem der Christianitas im 12. bis 13. Jahrhundert, in: Historisches Jahrbuch 79 (1960), S. 104–123.

trugen die ersten päpstlichen Generalkonzilien, zu denen zuerst Papst Calixt II. im Jahre 1123 auf den Lateran einlud, Entscheidendes zur Gestaltung und Durchsetzung der Reformen in Kirche und Welt bei. Den Ausgangspunkt dieser Reformbemühungen bildete eine Erfahrung des Investiturstreits, die nach Gerd Tellenbach zur „entschiedeneren Trennung des *ordo clericorum* und des *ordo laicorum*“ führte.[21] Dabei habe diese Zweiteilung keineswegs die Laien von der Kirche absondern wollen, sondern unter Formulierung einer „gesteigerten Bedeutung des Klerus“ dezidiert auf einer „Integration dieses *ordo laicorum* in die eine und einheitliche ‚Kirchengesellschaft‘ des Mittelalters“ bestanden.[22] Unter dem Leitmotiv der *christianitas* machte die päpstlich geführte Kirche den Anspruch geltend, die religiösen Werte umfassend in der Gesellschaft zu etablieren und die pastorale Verantwortlichkeit des *sacerdotium* endgültig vor die Herrschaft des *regnum* zu schalten.[23] Was das bedeutete, lässt sich bereits an der römischen Fastensynode von 1078 ablesen, die als päpstliche Synode universalen Geltungsanspruch erhob: Ritter mussten Lehen aus kirchlichem Besitz wieder zurückgeben (c. 1); Kaiser und Könige hatten auf die Investitur zu verzichten (c. 2); Ritter und Kaufleute sollten ihr sündiges Metier aufgeben (*nisi arma deponat [...] vel negotium derelinquat*), da sonst keine Sündenvergebung erlangt werden könne (c. 5); jeder Christ sollte im Gottesdienst etwas spenden (c. 12).[24]

Wie das ältere Kirchenrecht setzte die Fastensynode Gregors VII. bei der Buße an, um religiös-ethische Forderungen gegenüber Laien durchzusetzen. Kempf betont zu Recht, dass das zeitgenössische Kirchenrecht dem universalkirchlichen Anspruch in doppelter Weise entgegenkam, indem es die innerkirchlichen Kompetenzen zentralisierte und zugleich „für grundlegende Probleme des menschlichen Zusammenlebens, wie etwa für die Erlaubtheit des Zinses, des Handelsprofits oder der Steuererhebung die Normen [angab]“[25]. In diesem Zuge förderte die Reklamierung weltlicher Normsetzung in starkem Maße die zunehmend differenzierte und an aktuellen sozialen Sachverhalten interessierte Sicht auf die laikale Gesellschaft. Dabei bildete die Sorge um das Seelenheil, wie der Text der Fastensynode von 1078 zeigt, weiterhin das zentrale Argument zur Eindämmung sündigen Verhaltens und zur Begründung des kirchlichen Führungsanspruchs in einer Zeit, in der die bürgerliche und wirtschaftliche Expansion auf der einen und das Bußpilgerwesen sowie seit dem Ende des 12. Jahrhunderts die Bußbewegung auf der

21 Gerd Tellenbach, Die westliche Kirche vom 10. bis zum frühen 12. Jahrhundert (Die Kirche in ihrer Entwicklung 6/1), Göttingen 1988, S. 263.

22 Ebd., S. 263f.; vgl. Zerfaß (wie Anm. 16), S. 182.

23 Kempf (wie Anm. 20), S. 118–123.

24 Römische Fastensynode a. 1078 (P. Gregor VII.), c. 1–12, in: Sacrorum conciliorum nova et amplissima collectio, Bd. 20, ed. Giovanni Domenico Mansi, Paris 1902 (Nachdruck Graz 1960), Sp. 507–510, hier Sp. 509f.; c. 5 lautet: *Falsas poenitentias dicimus, quae non secundum auctoritatem sanctorum patrum pro qualitate criminum imponuntur. Ideoque quicumque miles, vel negotiator, vel alicui officio deditus quod sine peccato exerceri non possit, si culpis gravioribus irretitus ad poenitentiam venerit, vel qui bona alterius injuste detinet, vel qui odium in corde gerit, et recognoscat se veram poenitentiam non posse peragere, per quam ad aeternam vitam valeat pervenire, nisi arma deponat, ulteriusque non serat, nisi consilio religiosorum episcoporum pro defendenda justitia, vel negotium derelinquat, vel officium deferat, et odium ex corde dimittat, bonaque quae injuste abstulit restituat. Ne tamen desperet, interim quidquid boni facere poterit, hortamur ut faciat, ut omnipotens Deus cor illius illustret ad poenitentiam.* Vgl. Hubert Jedin, Kleine Konziliengeschichte, 8. Aufl., Freiburg-Br./Basel/Wien 1978, S. 39–41.

25 Kempf (wie Anm. 20), S. 121.

anderen Seite neuen Höhepunkten zustrebten.[26] Das neue Verhältnis der Kirche zur *christianitas* stimulierte nicht nur den Reformeifer der Seelsorger, Theologen und Kanonisten; es schuf eigene Erwartungen, Ängste und religiöse Ausdrucksformen auf seiten der betroffenen Laien. Die aktuelle kirchenpolitische Brisanz der pastoralen Reform wird sichtbar, wenn man sich die Erfolge evangelischer Laienbewegungen vergegenwärtigt, die im Zeichen von Armut und Buße, angeleitet von Wanderpredigern und Charismatikern, für die Kirche des 12. und 13. Jahrhunderts eine doppelte Herausforderung darstellten: einerseits durch die potentielle Verbreitung häretischer Lehren, andererseits durch die Glaubwürdigkeit der eigenen Lebensform und die darin enthaltene massive Kleruskritik.[27] Der Aufschwung der praktischen Moraltheologie um 1200 mit ihrem groß angelegten pastoralen Programm ist vor allem als kirchliche Antwort auf diese Eigendynamik laikaler Religiosität zu verstehen.

## 2. Kirche und städtische Lebenswelt

Kirche und Städte durchliefen im 12. und 13. Jahrhundert tiefgreifende, vielfach miteinander verwobene Entwicklungen. Städte waren nicht nur der Ort gesteigerter pastoraler Aktivität, sondern auch die Erprobungsfelder für einen qualitativ neuen Dialog zwischen Laien und Kirchen. Als zugleich Wirtschafts- und Bildungszentren kam es vor allem in den größeren Bischofsstädten zum Aufeinandertreffen von urbanem und klerikalem Milieu, als dessen Ergebnis sich die Wahrnehmung der städtischen Lebens- und Wirtschaftsweise durch die Kirche und nicht zuletzt die Themen und Medien der städtischen Kommunikation radikal änderten. Vertreter des gelehrten städtischen Klerus gehören zu den ersten Kirchenleuten, die – entgegen dem restriktiven Kirchenrecht – eigenständige Reflexionen über die Heiligkeit des städtischen Lebens anstellten.[28] Der Mönch Honorius Augustodunensis verfasste um 1120 einen „Speculum ecclesiae" mit einer Reihe von Predigtadressen an unterschiedliche Stände, unter anderem an Reiche, Ritter, Kaufleute, Bauern und Eheleute, deren Stellung und Beitrag in der Kirche Gottes thematisiert werden. In den Predigten an Reiche und Kaufleute zählte er die aus seiner Sicht typischen Züge stadtbürgerlicher Frömmigkeit auf, wie er sie in Canterbury und Regensburg, seinen beiden sicher bezeugten Lebensstationen, hautnah miterlebte:[29] Die Ausstattung von Kirchen mit Büchern und liturgischem Gerät, die Versorgung der Kleriker mit Präbenden und Pitanzen, der Bau von Hospitälern und Hospizen für die Ar-

26 Zu letzterem Aspekt resümiert André Vauchez, Les laïcs au Moyen Age. Pratiques et expériences religieuses, Paris 1987, S. 105: «Le mouvement des pénitents, qui débuta à la fin du XII<sup>e</sup> siècle en Occident, est l'une des expressions de l'aspiration qui poussa alors de nombreux laïques des deux sexes à mener une vie religieuse plus intense».

27 Noch immer grundlegend Herbert Grundmann, Religiöse Bewegungen im Mittelalter. Untersuchungen über die geschichtlichen Zusammenhänge zwischen der Ketzerei, den Bettelorden und der religiösen Frauenbewegung im 12. und 13. Jahrhundert und über die geschichtlichen Grundlagen der deutschen Mystik, Darmstadt [4]1977 (zuerst 1935).

28 Vgl. dazu grundlegend: Jörg Oberste, Zwischen Heiligkeit und Häresie. Religiosität und sozialer Aufstieg in der Stadt des hohen Mittelalters, Bd.1–2, Köln/Weimar/Wien 2003, bes. Bd. 1, S. 60ff.

29 Honorius Augustodunensis, Speculum ecclesiae, Migne PL 172, Sp. 807–1108, davon der Sermo generalis Sp. 861–870.

men, der Aufbau ruinierter Kirchen und die Förderung öffentlicher Bauten wie Brücken und Plätze waren aus seiner Sicht die geeigneten Mittel, den reichen Bürgern – wie er es formuliert – „eine Brücke ins Himmelreich zu bauen".

Auch der Propst Gerhoch von Reichersberg, er wirkte einige Jahre früher als Honorius ebenfalls in Regensburg, dachte in seinen Schriften über die städtische Gesellschaft nach: Ein großer Teil seiner Tätigkeit in Regensburg (1126–1132) und als Propst des Salzburgischen Stifts Reichersberg (1132–1169) sowie seines umfangreichen Werkes gilt kirchlichen Reformfragen, insbesondere den Themen des kirchlichen Besitzes und der Abhängigkeit gegenüber weltlichen Großen.[30] Seine Lehre, nach der die Armen Inhaber des Kirchenvermögens seien, stützte sich auf die Kirchenväter. Soziale Bedeutung erhält die Formel, fragt man danach, wen Gerhoch als *pauper* mit Anspruch auf Almosen und Kirchengut bezeichnet. In seinem ersten Werk, „De edificio Dei" (1128/1138), unterscheidet er zwei Gruppen, die die moderne Forschung mit den Termini der freiwillig und sozial Armen belegt.[31] In treffender Metaphorik nennt er diese *pauperes cum Lazaro*, deren Namenspatron durch äußere Umstände in Not geraten sei, während jene nach dem Vorbild Petri ihr Hab und Gut freiwillig zurückgelassen hätten, um dem Herrn zu folgen: *pauperes cum Petro*[32]. Die dem Bischof Konrad I. von Regensburg (1126–1132) gewidmete Schrift geht sogar noch weiter, wenn sie eine Verteilung des Kirchengutes nach folgendem Schlüssel vorschlägt: Da die Zahl der freiwillig armen Regularen (*pauperes cum Petro*) leider klein, diejenige der Notleidenden (*pauperes cum Lazaro*) indessen überaus groß sei, sollten die letzteren mit der Hälfte des gesamten Kirchengutes versorgt werden, während Bischof und Regulare sich mit je einem Viertel begnügten.[33]

Vor diesem Hintergrund erstaunt es nicht, dass Gerhoch einen Ansatz zur Verteidigung des kaufmännischen Berufs verfolgt, der von den zeitgenössischen Verdikten, wie sie sich bei Gratian und Petrus Lombardus wiederfinden, weitgehend unbeeindruckt bleibt. Zwar kennt er als guter Gregorianer den Satz der römischen Fastensynode von 1078,[34] doch zueigen macht er sich diese Position – im Gegensatz zu Gratian und Petrus Lombardus – nicht.

Dem Regensburger Bischof schreibt er stattdessen, so wie die Mönche und Kanoniker ihre Regel hätten, um Gott zu dienen, so besitze jeder laikale Beruf seine eigene Regel,

30 Zur Tätigkeit und zum Werk Gerhochs grundlegend Peter Classen, Gerhoch von Reichersberg. Eine Biographie. Mit einem Anhang über die Quellen, ihre handschriftliche Überlieferung und ihre Chronologie, Wiesbaden 1960; vgl. zur sozialen Position Gerhochs die Dissertation von Anna Lazzarino del Grosso, Armut und Reichtum im Denken Gerhohs von Reichersberg, München 1973.

31 Vgl. Michel Mollat, Le problème de la pauvreté au XIIe s., in: Cahiers de Fanjeaux 2 (1967), S. 23–47.

32 Gerhoch von Reichersberg, De edificio Dei, MGH. LdL III, ed. Ernst Sackur, Hannover 1897, S. 136–202, hier § 42, S. 157: *Pauperes enim propter Deum nihil habentes, ipsi sunt sancti. (...) Item qui cum Lazaro ante januam jacente in hac paupertate gravatur, et tamen non furta proponit, non abundantias divitum concupiscit (...); non alienum per iniquitatem affectat: iste revera in sua patentia operatur. Qui autem talem pro viribus consolatur, operanti cooperatur. Ideo, etsi deest aliquando pauper Petrus, raro vel numquam deest pauper Lazarus.*

33 Ebd., § 145, S. 186: *Quia et parvus adhuc est numerus cum Petro nichil habere volentium, et magnus est numerus cum Lazaro ante ianuas divitum indigentium.* Vgl. insgesamt Lazzarino del Grosso (wie Anm. 30), S. 31.

34 Bei Gerhoch findet er sich im *Dialogus inter clericum saecularem et clericum regularem* (a. 1131), MGH. LdL III, ed. Ernst Sackur, Hannover 1897, S. 231.

deren Beachtung zur Krone der Heiligkeit führe. Die Laienstände müssten die ihnen von Gott und den Aposteln gesetzten Vorschriften befolgen und seien dadurch den heiligen Ständen (*sancti ordines*) der Kleriker, Mönche, Jungfrauen und Witwen „auf verschiedene Art gleichgestellt und auf gleiche Art unterschiedlich“ (*distincte uniformes et uniformiter distincti*). Diejenigen, die ihr Haus nicht verlassen, müssten doch sich selbst und das Ihrige ganz in den Dienst der heiligmäßigen Armen und Pilger stellen (*sanctorum pauperum et peregrinorum*). Auf diese Weise könnten auch die Verheirateten, Reichen, Richter und Ritter innerhalb der christlichen Lehre bleiben. Gerhoch unterstreicht noch einmal: Wer immer im weltlichen Stand sein Heil suche, sei er reich oder arm, Herr oder Diener, Kaufmann oder Bauer, müsse der Versuchung des Weltlichen widerstehen und den christlichen Gesetzen folgen. Denn jeder Stand und jeder Beruf habe im katholischen Glauben seine ihm angemessene Regel, die ihn rechtmäßig zur Heiligkeit führe.[35] Wenn das Spätwerk des Reichersberger Propstes, „De quarta vigilia noctis“ (1167), mit Papst Gregor VII. das Zeitalter der *avaritia* einläutet, dann liegt dem wie beim Armutsbegriff ein doppeltes, auf Kirche und Welt bezogenes Verständnis von Habsucht zugrunde. Grundsätzlich müsse man die verurteilen, die ihren irdischen Besitz höher schätzen als die Ewigkeit (*magisque ambiuntur temporalia quam aeterna*); die Verbreitung dieser Einstellung rechtfertige die Bezeichnung des neuen Zeitalters. Unter den Klerikern grassiere die *avaritia judaica*, der Missbrauch des kirchlichen Amtes zugunsten weltlicher Ziele; die Laien hingegen erfänden viele Schliche (*malae artes*), um widerrechtlich in den Besitz weltlicher Reichtümer zu gelangen.[36] In Widerspruch zu seiner früheren Lehre von laikalen Ständen tritt er damit freilich nicht. Er präzisiert vielmehr die Gefahren des Reichtums, um immer wieder an das Almosengeben als Hauptgebot für die Reichen zu gemahnen. Den beiden Gruppen von Armen gehörten die überflüssigen Güter der Reichen; diese dürften daher nichts für sich behalten, was sie nicht selbst für ihren Lebensunterhalt benötigten, so lautete bereits die Forderung in „De edificio Dei“.[37]

35 Gerhoch von Reichersberg, De edifcio Dei (wie Anm. 32), § 43, S. 157f.: *Ut autem nemo extra regulam suae professioni congruam transversa via incedens, a corona decidat, quam non accepit nisi qui in suae professionis officio regulariter et legitime certat: debent regulam sibi a Domino et apostolis propositam custodire, clericorum, monachorum, virginum, viduarum, sancti ordines, distincte uniformes et uniformiter distincti. Quos vicino pede comitatur coetus eorum qui suas domos necdum ex toto relinquentes, ordinant tamen se suaque omnia in ministerium sanctorum pauperum et peregrinorum. Post hos caeteri conjugati, divites, judices, milites non carebunt regula, si permanere volunt in Christi doctrina. (...) Qui enim baptismo abrenuntiavit diabolo et omnibus pompis ac suggestionibus ejus, etiamsi nunquam fiat clericus vel monachus, mundo tamen renuntiasse convincitur (...). Unde et qui utuntur hoc mundo, sint quasi non utantur: ut sive divites sive miseri, nobiles ac servi, mercatores et rustici et omnino cuncti, qui Christiana professione censetur, illa respuant, quae huic inimica sunt nomini, et ea quae sunt apta sectentur. Habet enim omnis ordo et omnino omnis professio in fide catholica et doctrina apostolica suae qualitati aptam regulam, sub qua legitime certando poterit pervenire ad coronam.*

36 Gerhoch von Reichersberg, De quarta vigilia noctis, MGH. LdL III, ed. Ernst Sackur, Hannover 1897, S. 504f. Vgl. Lester K. Little, Pride goes before Avarice. Social Change and the Vices in Latin Christendom, in: American Historical Review 76 (1971), S. 16–49, bes. S. 37f.

37 Gerhoch von Reichersberg, De edificio Dei (wie Anm. 35), § 42, S. 157: *His duobus pauperibus debentur omnium divitum superflua, quae sine dubio pauperum sunt necessaria. Et ideo qui se ordinat in ministerium eorum, nihil debet de rebus suis cuiquam dare, nisi tantum ad necessitatem indigentium.*

Beachtung verdient hier zuletzt der bedeutende Pariser Theologe Hugo von St. Viktor († 1141), dessen „Didascalion“ ein durchaus originelles Modell der *septem artes mechanicae* vorstellt, in dem auch Handwerker und Kaufleute den ihnen zustehenden Rang bekleiden.[38] Fast überschwenglich nimmt sich das Lob aus, welches die Fernhändler – ganz im Widerspruch zur patristischen Vorstellung, Handel sei eine primäre Ursache sozialen Unfriedens – zu „Wegbereitern einer friedlichen Weltgemeinschaft“[39] deklariert. Unter großen Mühen reise der Kaufmann an entfernte Küsten und zu fremden Völkern, mit denen er Handel treiben wolle. Dieser Geschäftsdrang (*commercii studium*) „versöhnt Völker, befriedet Kriege, bestärkt den Frieden und verwandelt private Güter zum Nutzen der ganzen Gemeinschaft“[40]. So faszinierend modern der Gedanke der Völkerverständigung durch wirtschaftliche Beziehungen wirkt, für die Position der Kaufleute in der Gesellschaft war das zweite Argument das wichtigere. Dass die Tätigkeit der Fernhändler zum Gemeinwohl beiträgt, da sie den Lebensstandard hebt und Versorgungslücken schließt, ist für Aristoteles und Cicero eine Binsenweisheit, an die durch die scholastische Rezeption der antiken Philosophie nach der Mitte des 13. Jahrhunderts – unter Ausarbeitung eines eigenen, folgenreichen Verständnisses von *bonum commune* – wieder angeknüpft wurde,[41] auch wenn sie, wie das Beispiel Hugos belegt, dem Mittelalter nie vollständig abhanden gekommen war.

Wie auch Rupert von Deutz († 1129/1130) gehörten Hugo, Gerhoch und Honorius dem städtischen Mönch- und Kanonikertum an, das im 12. Jahrhundert als erstes Antworten auf die neuen gesellschaftlichen und wirtschaftlichen Verhältnisse gefunden hatte.[42] Rupert stand darüber hinaus als Kanoniker in Siegburg (seit 1116) ebenfalls in Verbindung mit Abt Konrad, der 1126 den Regensburger Bischofsstuhl einnahm. Seine abfällige Bemerkung über den Hang wandernder Kaufleute, stets den neuesten Gerüchten nachzujagen,[43] begegnet dem Verdacht, der Reformkreis um Konrad und den Kölner Erzbischof Friedrich I. († 1131) trete – gleichsam im Interesse der beiden größten deutschen Handelsorte der Zeit: Köln und Regensburg – der Kaufmannschaft vorbehaltlos wohlwollend gegenüber. Allesamt bleiben freilich die Stellungnahmen Hugos von St. Viktor, Gerhochs, Honorius' und Ruperts zum Beruf des Kaufmanns

38 Hugo von St. Viktor, Didascalion II, 21-28, Migne PL 176, Sp. 759–793.

39 Klaus Schreiner, Legitimität, Autonomie, Rationalisierung. Drei Kategorien Max Webers zur Analyse mittelalterlicher Stadtgesellschaften – wissenschaftsgeschichtlicher Ballast oder unabgegoltene Herausforderung?, in: Die okzidentale Stadt nach Max Weber. Zum Problem der Zugehörigkeit in Antike und Mittelalter (Historische Zeitschrift. Beihefte, n.F. 17), hg. v. Christel Meier, München 1994, S. 161–211, hier S. 203.

40 Hugo von St. Viktor, Didascalion II, 24, Migne PL 176, Sp. 781: *Hujus (commercii) studium gentes conciliat, bella sedat, pacem firmat, et privata bona ad communem usum omnium immutat.*

41 Vgl. dazu Winfried Trusen, Handel und Reichtum. Humanistische Auffassungen auf dem Hintergrund vorangehender Lehren in Recht und Ethik, in: Humanismus und Ökonomie (Kommission für Humanismusforschung 8), hg. v. Heinrich Lutz, Weinheim 1983, S. 87–103.

42 Vgl. Lester K. Little, Religious Poverty and the Profit Economy in Medieval Europe, New York 1978, S. 99: „The religious responses to profit economy included (...) movements firmly planted within urban society itself. The first direct religious confrontation with this society came in the reform programme of the regular canons, a programme intended to render the secular clergy, many of whom lived *more laicorum*.“

43 Ebd., S. 27.

Marginalien im eigenen Gesamtwerk und – im Vergleich zu Gratian oder Petrus Lombardus – ebenso in ihrer kanonistisch-theologischen Rezeption.

Die zitierten Passagen spiegeln gleichwohl eine in Moraltheologie und Kanonistik ausgetragene Diskussion des 12. Jahrhunderts wider, in der die Bedingungen für eine kirchliche Anerkennung der urbanen Lebens- und Wirtschaftsweise verhandelt wurden. Theologischen Zündstoff boten dieser Diskussion die hinlänglich bekannten Wucher-Verdikte der Heiligen Schrift und der Väterliteratur, die sich noch in den Bußbestimmungen des Decretum Gratiani (um 1140) und im weit verbreiteten Lehrbuch des Petrus Lombardus sorgfältig versammelt finden.[44] Gratian und Petrus Lombardus hatten noch den Satz aus der römischen Fastensynode von 1078 zitiert, kein Christ dürfe Kaufmann sein, wenn er gerettet werden wolle.[45] Ich kann hier nicht im einzelnen verfolgen, wie Theologen und Kanonisten bereits in den Kommentaren zum Decretum und verstärkt dann in der pastoralen Literatur um 1200 das allgemeine biblische Wucherverbot mit modernen wirtschaftstheoretischen Argumenten aushebelten und damit dem Kreditwesen sowie den kommerziellen Gewinnen, den zwei Säulen der städtischen Geldwirtschaft, zum kirchlichen Segen verhalfen.[46]

Die eigentliche Pointe dieser Diskussion lag freilich auf lokalem Gebiet: Hier waren die einzelnen städtischen Kirchen längst in Verbindung zu den reichen und mächtigen Gemeindegliedern ihres Umfeldes getreten und hatten ihnen gegen wirtschaftliche und politische Konzessionen Anteile an ihren guten Werken zugestanden. Honorius, Gerhoch und Hugo orientierten sich bei ihrer Aufzählung mithin am üblichen Geschäft zwischen lokaler Kirche und ihrem städtischen Umfeld. Für Angehörige der urbanen Eliten ergab sich auf dieser Grundlage die Chance, religiöse und zugleich politisch-soziale Erwartungen einzulösen. Gerhoch betonte dabei am stärksten die moralischen Verpflichtungen, die sich für Kaufleute und Handwerker aus ihrer Lebensweise und ihrem Besitz ergaben, und damit entsprach er am besten den Idealen der beginnenden Pastoralreform.[47] Alle drei Autoren sind jedoch frühe Beispiele für eine theologische Position, die für die kirchliche Akzeptanz der städtischen Lebensweise und die Integration des Bürgertums eintrat. Eine Position, die sich freilich erst mit Entstehung und Verbreitung der großen Mendikantenorden im 13. Jahrhundert allgemein Geltung verschaffte. Die betreffenden Texte weisen im Übrigen eine Sprachlichkeit und Semantik auf, in der soziale Kategorien wie Armut, Reichtum oder Herrschaft ganz neu definiert und kontextualisiert werden.[48] Diese Überlegung leitet über zum dritten Abschnitt, in dem nach den kommunikativen Leistungen der neuen seelsorgerischen Bemühungen um das stadtbürgerliche Klientel gefragt wird.

44 Vgl. Oberste (wie Anm. 28), Bd. 1, S. 37ff.

45 Petrus Lombardus, Sententiarum quatuor libri, IV, 16, 2, Migne PL 192, Sp. 878f.: *Ideoque miles, vel negotiator, vel alcui officio deditus, quod sine peccato exercere non possit, si culpis gravioribus irretitus ad poenitentiam venerit, (...) recognoscat se veram poenitentiam non posse peragere, nisi negotium relinquat, vel officium deserat.* Das Zitat stammt aus Decretum Gratiani D. 5 c. 6 de pen., in: Corpus iuris canonici, Bd. 1: Decretum Magistri Gratiani, ed. Emil Friedberg, Leipzig 1879 (ND Graz 1955), Sp. 1241.

46 Dazu ausführlich Oberste (wie Anm. 28), Bd. 1, S. 103ff.

47 Vgl. Lazzarino Del Grosso (wie Anm. 30), S. 32ff.

48 Vgl. dazu bereits die Überlegungen von Little (wie Anm. 36), S. 39ff.

## 3. Seelsorge als Kommunikationsproblem

Was der Auftrag zur Seelsorge für die Kirche – gewissermaßen zeitübergreifend – bedeutet, ist an zwei Texten deutlich abzulesen:
„Zur Erfüllung ihres Auftrags obliegt der Kirche allzeit die Pflicht, nach den Zeichen der Zeit zu forschen und sie im Lichte des Evangeliums zu deuten. So kann sie dann in einer jeweils einer Generation angemessenen Weise auf die bleibenden Fragen der Menschen nach dem Sinn des gegenwärtigen und des zukünftigen Lebens Antwort geben. (...) Es gilt also, die Welt, in der wir leben, ihre Erwartungen, Bestrebungen und ihren oft dramatischen Charakter zu erfassen und zu verstehen“.[49]
„Es ist gewiss eine schwierige Aufgabe für den Prediger, in einer allgemeinen Predigt mit einem für alle geltenden Wort auf die inneren Regungen und Fehler der einzelnen Zuhörer achtsam einzugehen und sich nach Art der Ringkämpfer geschickt bald so, bald anders zu wenden. Deshalb bedarf es Scharfsinn und mühsamer Hingabe, allen Zuhörern die gleiche Botschaft der Liebe zu übermitteln, jedoch in einer jedem einzelnen verständlichen und angemessenen und deswegen unterschiedlichen Weise“[50].
Zwischen beiden Texten liegen fast anderthalb Jahrtausende. Text 1 stammt aus der Pastoralkonstitution „Gaudium et Spes“ des II. Vatikanischen Konzils; Text 2 aus der „Regula pastoralis“ Papst Gregors des Großen. Die Zeichen der Zeit erforschen und deuten, die komplexe Welt, in der wir leben, verstehen und den Menschen zeitgemäße, auf individuelle Bedürfnisse zugeschnittene Antworten geben – diesen Anspruch stellte die Kirche also im Jahre 600 wie im Jahre 1965 an sich selbst. Und beide Texte antworten auch in gleicher Weise darauf, wem die entscheidende Rolle als Vermittler, ja als Bindeglied zwischen Kirche und Welt zufiel: dem Seelsorger. Wenn das Haus des Herrn viele Zimmer hat, so ist die Seelsorge das Foyer, wo die Kirche mit der Außenwelt kommuniziert, deren Wandlungen und Bedürfnisse wahrnimmt und in Form von Erklärungen und normativen Orientierungen auf die Welt einwirkt.[51] In der Seelsorge kommuniziert die Kirche mit der Außenwelt und umgekehrt: die Außenwelt mit der Kirche. Der institutionelle Rahmen für diese Kommunikation wird durch Predigt und Beichte gesteckt. Charakter und Intensität dieser Kommunikation indes variierten im Laufe der Geschichte. Erst nach 1150 kann nach meinem Dafürhalten überhaupt davon gesprochen werden, die Kirche habe versucht, die Zeichen der Zeit zu erforschen und zu deuten, die komplexe Welt, in der wir leben, zu verstehen und den Menschen zeitgemäße Antworten zu geben. Erst in dieser Epoche hat die Kirche die Instrumente der Wahrnehmung und Mitteilung an die Bedürfnisse einer institutionalisierten Kommunikation angepasst.[52]

49 Aus der Pastoralkonstitution „Gaudium et Spes“ des II. Vatikanischen Konzils (1965).

50 Gregor I., Reg. past. III, 37.

51 Vgl. im Überblick Antonio García y García, La pastoral de las compilaciones antiguas a las Decretales de Gregorio IX, in: La pastorale della chiesa (wie Anm. 12), S. 125–143.

52 Vgl. Bernd Thum, Öffentlichkeit und Kommunikation im Mittelalter. Zur Herstellung von Öffentlichkeit im Bezugsfeld elementarer Kommunikationsformen im 13. Jahrhundert, in: Höfische Repräsentation. Das Zeremoniell und die Zeichen, hg. v. Hedda Ragotzky/Horst Wenzel, Tübingen 1990, S. 65–87 und Neithard Bulst, Normative Texte als Quelle zur Kommunikationsstruktur zwischen städtischen und territorialen Obrigkeiten im späten Mittelalter und in der frühen Neuzeit, in: Kommunikation und Alltag

Die Frage nach den Konzepten und Ideen der pastoralen Reform am Vorabend der Mendikanten muss hier auf eine summarische Beantwortung beschränkt bleiben, da ihr eine eigene Studie gewidmet worden ist.[53] Deshalb sei hier mit Petrus Cantor allein kurz auf den Vordenker jenes akademischen Zirkels an der Pariser Theologischen Fakultät eingegangen, dem bedeutende Persönlichkeiten wie Fulko von Neuilly, Robert von Courçon, Jakob von Vitry und Stephen Langton angehört haben.[54] Die Hauptschrift des Kantors, „Verbum abbreviatum", ist als moraltheologisches Handbuch zu charakterisieren, das durch Exempla und Modellpredigten der homiletischen Praxis verpflichtet bleibt. In Kapitel eins erklärt Petrus seinen Kollegen und Schülern, dass Theologen zur Lesung (*lectio*), Disputation (*disputatio*) und Predigt (*praedicatio*) berufen seien. Letztere werde oft vernachlässigt, obwohl sie die wichtigste theologische Tätigkeit sei: „Die Predigt ist das Dach (*quasi tectum*), das die Gläubigen vor den Versuchungen des Bösen schützen soll."[55] Gleichzeitig wird der Klerus vor eigener Sündhaftigkeit gewarnt: „Es sind nämlich die Prälaten die Lastkörbe, durch welche die Sünden nach draußen gebracht werden und nicht hinein"[56]. Später wird der Kantor noch einmal zuspitzen: „Der Prediger ist ein Arzt, ein öffentlicher Diener, ein Lasttier, ein Korb und Gefäß der Sünden, und die Kirche ein Stall."[57] Im Lichte solcher Stellen gewinnt ein pastorales Kirchenverständnis Profil, das die ultima ratio der Kirche in der Heilsvermittlung und ihre Haupttätigkeiten folglich in Predigt und Beichte sieht. In einem kurzen Exemplum schildert Petrus, wie einst jemand Papst Alexander III. lobte und ihn als einen guten Papst bezeichnete. Dieser habe in der Volkssprache geantwortet: „Wenn ich gut richten, gut predigen und die Beichte abnehmen könnte, dann wäre ich wahrlich ein guter Papst."[58]

Nach den Vorstellungen des Kantors musste der Seelsorger um Verständlichkeit und Glaubwürdigkeit bemüht sein; seine Predigten durften keine akademischen Spitzfindigkeiten beinhalten, sondern sollten durch illustrative Beispielgeschichten (*exempla*) und nicht zuletzt durch die vorbildliche Lebensweise des Seelsorgers selbst den Wunsch nach Nachahmung wecken. Für diese doppelte Qualifikation des idealen Pastors hielt die Theologie dieser Zeit die Formel des *docere verbo et exemplo* bereit, die nicht nur in den Werken des Petrus Cantor und seiner Schüler, sondern etwa auch in den überlieferten Predigten Papst Innozenz' III. und im zitierten Kanon 10 des IV. Lateranums

in Spätmittelalter und früher Neuzeit (Sitzungsberichte der Österreichischen Akademie der Wissenschaften, phil.-hist. Klasse 596), Wien 1992, S. 127–144.

53 Oberste (wie Anm. 8).

54 Dazu grundlegend John W. Baldwin, Masters, Princes and Merchants: The Social Views of Peter the Chanter and his Circle, Bd. 1–2, Princeton 1970.

55 Petrus Cantor, Verbum abbreviatum I, Contra superfluitatem et prolixitatem glossarum et inutilium quaestionum, ed. Migne, PL 205, Sp. 25: *Praedicatio vero, cui subserviunt priora, quasi tectum est tegens fideles ab aestu, et a turbine vitiorum.*

56 Ebd. LXV, Qualis debeat esse praedicatio pro modo auditorum, Sp. 198: *Quatuor verba ponit (sc. praelatus) pertinentia ad ejiciendum peccata, quod fit per vitiorum increpationem, per judicii comminationem, per confessionis auditionem et satisfactionis impositionem; duo tantum ponit ad inserendum virtutes, quod fit per praedicationem et exemplum. Sunt ergo praelati cophini, quibus extra portari debent peccata, non inferri.*

57 Ebd., Sp. 198: *Praedicator iste est medicus, publicus est servus, jumentum […], cophinus et vas stercorarium, stabulum est Ecclesia.*

58 Ebd., Sp. 199: *Si scirem ‚Bien jujar, et bien predicar, et penitense donar, je seroie boene pape'.*

auftaucht.[59] Da das erklärte Ziel in der *instructio* und *aedificatio* von Laien lag, zu deren Alltag die Sprach- und Lebenswelt der Pariser Theologen denkbar wenige Berührungspunkte aufwies, kann man in der Lösung dieses Widerspruchs den vielleicht innovativsten Beitrag der neuen Moraltheologie zur pastoralen Erneuerung sehen. Die Volkstümlichkeit der Predigten eines Berthold von Regensburg wird gelegentlich belächelt; sie ist gleichwohl ein rhetorisch-didaktisches Konstrukt von hoher Qualität, durch welches theologische Erkenntnisse etwa über die Voraussetzungen der rechten Buße in die Sprache und den intellektuellen Horizont der Gläubigen übersetzt werden.[60] Ein besonderes Anliegen ist es dem Kantor, dass sich der Seelsorger eingehend über die Situation seiner Gemeinde erkundigt. In der Predigt müsse man auf die speziellen Probleme und Lebensumstände der Zuhörer eingehen. Wer immer dasselbe predige, sei wie ein Arzt, der gegen alle Krankheiten immer dieselbe Medizin verordne.[61] Dem Beichtvater empfiehlt Petrus, seine Gemeinde oft zu besuchen, jeden einzeln im Geheimen zu befragen und zu beraten.[62] Insbesondere auch in der Beichtpraxis kam es auf eine genaue Kenntnis und auf adäquate Bewertungskriterien der verschiedenen Erscheinungsformen und Spielarten, Situationen und Begleitumstände menschlichen Verhaltens an, wollte man mit den rasanten Veränderungen im sozialen und wirtschaftlichen Alltag Schritt halten. Wie sollte man Kaufleute im Beichtgespräch beraten oder öffentlich vor ihnen predigen, ohne auf die Gefahren des Wuchers hinzuweisen, die ihrerseits intime Kenntnisse über komplizierte Geschäftsabläufe voraussetzten? Als logische Konsequenz erscheinen bereits im Predigthandbuch Alains von Lille (vor 1198), eines Pariser Kollegen des Kantors, bald in größerer Ausführlichkeit bei Peters Schüler Jakob von Vitry und eine Generation später bei den Predigern der Bettelorden sogenannte Predigtsammlungen *ad status*, das heißt an die verschiedenen Gruppen der Gesellschaft mit Bezug zu ihren typischen Verhaltensweisen, Gewohnheiten, Lebensumfeldern, Lastern und Problemen.[63]

59 Vgl. John C. Moore, The Sermons of Pope Innocent III., in: Römische Historische Mitteilungen 36 (1994), S. 81–142 und Caroline W. Bynum, Docere verbo et exemplo. An aspect of twelfth century spirituality (Havard Theological Studies 31), Missoula, Mont. 1979. Das Zitat stammt aus Predigt 23 Innozenz' III, In solemnitate sanctae Pentecostes, ed. Migne, Patrologia Latina 217, Sp. 417: *Quae duo debent in praedicatione conjungi, ut non solum verbo doceat, sed et exemplo.* Vgl. bereits die Diskussion um den moraltheologischen Gehalt der vor 1197 entstandenen Schrift *De miseria humanae conditionis* bei John C. Moore, Innocent III's ‚De miseria humanae conditionis': A ‚speculum curiae', in: Catholic Historical Review 67 (1981), S. 553–564.

60 Dazu einführend Hans-Joachim Schmidt, Arbeit und soziale Ordnung. Zur Wertung städtischer Lebensweise bei Berthold von Regensburg, in: Archiv für Kulturgeschichte 71 (1989), S. 261–296.

61 Petrus Cantor, Verbum abbreviatum VIII, De curiosa praedicatione et contra eam, Migne, Patrologia Latina 205, Sp. 42: *Praedicator sapiens testimonio sapientis omnes suas et omnium auditorum imposturas et circumstantias debet attendere, ne in uno sermone decurrat, sed multiplici etiam, ut pro advertentibus mutet et formet sermonem, subtrahat et addat, si necesse fuerit, secundum competentiam singulorum. [...] Utens enim unico et firmato sermone ad omnia vitia curanda similis est medico danti unum pillulam ad omnem morbum.*

62 Ebd. CXLIV, Sp. 345: *Sibi autem confessos saepe visitet, et secreto alloquantur, inquirens de statu eorum, et si egerint poenitentiam sine recidivo.*

63 Allgemein zum Genre vgl. David d'Avray/M. Tausche, Marriage Sermons in Ad Status Collections of the Central Middle Ages, in: Archives d'histoire doctrinale et littéraire du Moyen Age 47 (1980), S. 71–119; Maria Corti, Structures idéologiques et structures sémiotiques dans les

Mehr als ein Jahrhundert nach dem „Speculum ecclesiae" brachte Jakob von Vitry, ein Schüler des Kantors und Kardinal an der Kurie Gregors IX., seine Modellpredigten an das städtische Bürgertum zu Pergament. In einer Vorrede zu den *Sermones de tempore* führt Jakob selbst aus, dass er seine Predigtsammlungen zum Gebrauch von weniger erfahrenen Brüdern im geistlichen Amte angelegt habe.[64] Das wird so auch für die *Sermones vulgares* gegolten haben, zumal sich die einseitigen Ad-status-Adressen ohnehin kaum als eigenständige Predigt eigneten, da in einem laikalen Auditorium in aller Regel die unterschiedlichsten Gruppen und Stände vertreten waren.[65] Andererseits gehörten Kenntnisse über die aktuelle Zusammensetzung der Hörerschaft, über deren spezifische Problemlagen und Interessen zu den Forderungen der Predigthandbücher, aber auch zu den Erwartungen, die sich im 13. Jahrhundert gegenüber den Volkspredigern herausbildeten. Zunächst herrscht in Jakobs Predigt an die Kaufleute ein allegorischer Grundton vor, da sich Gnadengaben, Bußwerke und Sündenstrafen dem Alltagssprachgebrauch weitgehend entzogen. Gut sei der Kaufmann, der das Stroh der Vergänglichkeit (*paleam temporalium*) hingebe und dafür das Korn der Ewigkeit (*granum aeternorum*) erwerbe.[66] Ähnlich wird der verwerfliche Handel allegorisiert, diesmal jedoch, dem Prinzip der naturhaften Ähnlichkeiten gehorchend, mit weit plastischeren Bezügen zum tatsächlichen Marktgeschehen: Der Teufel leihe auf seinen Märkten zu Wucherzinsen (*ad usuram*) sein Falschgeld (*falsam monetam*); zum Preis der Sünde verkaufe er falsche Genüsse und Sinnesfreuden, wobei er als Pfand von der Seele des Sünders Besitz nehme. „Und dieser schlimmste aller Wucherer rechnet nicht hier auf Erden ab, sondern in der Hölle, wo er als Zins ewige Höllenstrafen verlangt."[67]

Wer mithin solchen Märkten einen Besuch abstatte, könne nicht bei Verstand sein, folgert der Prediger, jetzt die Grenzen zwischen historischer und allegorischer Bedeutung verwischend. Die Beschreibung, auf den Märkten könne man alles verlieren und nichts gewinnen, da zu viele Diebe und unehrliche Kaufleute dort ihr Unwesen trieben, machte durchaus auch im Alltagsverständnis Sinn, genauso wie der Hinweis auf den für sie

sermones ad status du XIIIe siècle, in: Lucie Brind'Amour/Eugène Vance (Hgg.), Archéologie du signe (Recueils d'Etudes Médiévales 3), Toronto 1983, S. 145–163; Stephen C. Ferruolo, Preaching to the Clergy and Laity in Early Thirteenth-Century France: Jacques of Vitry's *Sermones ad status*, in: John F. Sweets (Hg.), Proceedings of the Twelfth Annual Meeting of Western Society for French History, Kansas 1985, S. 12–22.

64 Jakob von Vitry, Sermones de tempore, Prologus, zit. nach Jean-Thèobald Welter, L'exemplum dans la littérature religieuse et didactique du Moyen Age, Paris/Toulouse 1927, S. 119, A. 14: *Incipit, de exercitio antiquorum et studio eorum et diversis scripturis, (...) sermonem nostrum a lectione simplicium fratrum alienum non facere procuraverimus. Simplici et humili stilo ad edificationem parvulorum scribentes non verborum phaleris nec sermonibus imperitis sententias involventes, malentes instruere simplices et infirmos quam declarare curiosos.*

65 Zur gattungstypologischen Diskussion Corti (wie Anm. 63), S. 145–163.

66 Jakob von Vitry, Ad mercatores et campsores, in: Sermones vulgares, Analecta novissima Spicilegii Solesmensis. Altera continuatio, ed. Jean-Baptiste Pitra, Bd. 2, Tusculum 1888, Sp. 344–442, hier Sp. 431ff.

67 Ebd.: *Diabolus autem in nundinis suis commodat ad usuram falsam monetam, id est peccata, praetendendo falsam delectationem, sub qua latet vilitas peccati. Nam falsi denarii suaviores esse dicuntur. Hic autem pessimus fenerator, numquam quaerit computare in hoc saeculo, sed tandem computabit in inferno, ubi pro usuris seu excremento exiget poenam aeternam.*

bereitstehenden Galgen (*patibulum*).[68] Nachdem er so die allgemeinen Marktgesetze des Kaufens und Verkaufens thematisiert hat, unternimmt Jakob von Vitry im gleichen Spiel der Bedeutungsebenen eine genauere Schilderung der verschiedenen Metiers und Waren. Als Vorlage dient ihm hier das traditionelle Lasterschema, das sich auf die bunte Welt der Märkte sehr anschaulich übertragen ließ. Stand an Stand reihen sich die Todsünden, die ihre Waren feilbieten. Der Hochmut handelt mit geschmückten Kleidern, vergoldeten Sätteln, metallenen Gürtelschnallen, purpurnen Hauben, prächtigen Bechern und allem vielfarbigen Zierrat, der den Stolz und die Eitelkeit befriedigt. Die Habgier unterhält die Weinstube, in der mit falschen Maßen ausgeschenkt wird. In ihrem Namen wird auch falsch abgerechnet, werden Glücksspiele veranstaltet, verkaufen falsche Advokaten ihr Wortgeschick und Huren ihre Leiber, mischen Goldschmiede unedle Flüssigkeiten ins Silber, fertigen Apotheker ihre Salben aus verderbten Substanzen an, zweigen Geldwechsler einen Teil des Geldes in ihre eigene Tasche ab, betrügen Bäcker mit falschen Brotmaßen, bringen Händler mit abgestandenem Fleisch und verfaultem Fisch die Leute ins Grab und überspielen die Rosshändler den maroden Zustand ihrer alten Gäule.[69] Auf diesem Markt wandert die *avaritia* mit ihrem großen Sack umher, in dem sie, gleich einem nächtlichen Dieb, alles zusammenrafft und verschwinden lässt, während die *gula* und ihre Schwester *luxuria* beispielsweise Weine verschiedenster Herkunft in großen Amphoren unablässig herbeischaffen oder blumenbemalte Tapeten in kostspieliger Ornamentierung anpreisen.[70]

Der Markt wird hier zum Sinnbild der gegenwärtigen laikalen Welt, in der das materielle Denken eine christliche Lebensführung unmöglich machte. In den wirtschaftlich erblühenden Städten konzentrierte sich dieses Denken in einer für den kirchlichen Beobachter erschreckenden Weise. Die *cupiditas*, herkömmlich mit dem Kaufmann identifiziert, ist für ihn unbestrittene Herrin dieser städtischen Welt, die alle laikalen Gruppen und Stände fest in der Gewalt hat: Arme und Reiche, Wirte und Huren, Advokaten und Pferdehändler, Apotheker, Bäcker, Fleischer usf. Kaufleute und Geldleiher erscheinen nur noch als Exponenten einer sich allenthalben ausbreitenden Mentalität, die durch Gewinnstreben und Veräußerlichung, Profanisierung und Entsolidarisierung gekennzeichnet ist. Jakob von Vitry bezieht die Religion ausdrücklich mit in dieses Denken ein. Einige besonders widerwärtige Kaufleute würden ihre perforierten

68 Ebd.: *Insanus est et vecors, qui ad nundinas vadit, ubi omnes perdunt et nullus lucratur, et quoniam ad has nundinas multi fures et fraudulenti mercatores conveniunt, paratum est patibulum, seu furca, secundum vulgare idioma, ut in ea suspendantur.*

69 Ebd., Sp. 433: *Cupiditas autem forum suum tenet, in quo falsi tabernarii cum mensuris iniquis et dolosis vinum vendunt. Alii XI pro XII commodant; taxillos et candelas ad ludum, emungendo pecuniam, ministrant. Falsi advocati linguas suas venales exponunt. Meretrices cadavera sua omnibus vendunt. Campsores denarios decurtant et rescindunt. Aurifabri stagnum argento miscent. Falsi apothecarii ex corruptis et veteribus speciebus electuaria conficiunt et sophisticant. Venditores pannorum cum ulnis decurtatis pannos mensurant. Carnifices carnes diu reservatas et fetidas et pirces putridos vendendo multos perimunt et necant. Venditores equorum furfure eos inflant, et eorum morbos adscondunt et celant.*

70 Ebd.: *In hoc foro avaritia semper saccum amplissimum tenens, omnia recipit, omnia in sacco abscondit, similis latroni (...). In foro gulositatis ebrietas habet tabernam, soror ejus gastrimargia coquinam (...). Soror gulositatis luxuria prope sororem suam in eodem vico suum erexit prostibulum, in parte anteriore tapetibus pictis et floribus exornatum...*

Maße mit Schaum bestreichen, damit sie ebenmäßig wirkten. Andere würden auf dem Boden ihres Maßes ein Bild anbringen, damit es von außen größer scheine. Dies seien „Heuchler von oberflächlicher Religiosität" (*hypocritae superficiali religione*). Mit diesem Bild werden Almosen, Stiftungen, Pilgerfahrten und sonstige gute Werke jener Laien zurückgewiesen, die in der skizzierten Mentalität verharrten und deren Lebensalltag weit von christlichen Grundsätzen entfernt waren. Bereits in seiner „Historia occidentalis" hatte Jakob Geiz und Habgier, Eigensinn und Wucher als die neuen Plagen der zeitgenössischen Gesellschaft scharf angeprangert und ihre Ausbreitung bis in die kleinsten Dörfer beklagt, während der Glaube überall fehle.[71] Diese Erkenntnis war gewiß nicht neu. Man denke an das satirische Gedicht Hildeberts von Lavardin († 1133) „Über das Geld" oder bereits an die Mahnungen Odos von Cluny († 942): Selbst wenn die Reichen den ganzen Erdkreis besitzen könnten, würden sie weiter von Habgier verzehrt; und die Armen hätten nichts im Sinn, als es den Reichen nachzutun.[72] Das materielle Denken ist von den christlichen Schriftstellern jeder Epoche kritisiert worden; doch die Evidenz seiner zerstörerischen Kraft war im sozialen Alltag der Wirtschaftszentren des 13. Jahrhunderts ungleich größer als in den Jahrhunderten zuvor. Allzu einfach und spirituell gefährlich musste Jakob von Vitry angesichts der unüberbrückbaren sozialen und religiösen Diskrepanzen vor allem in der städtischen Gesellschaft die Formel des Honorius Augustodunensis erscheinen, der Reichen und Mächtigen quasi einen Ablasshandel gegen großzügige Spenden und kirchliche wie öffentliche Wohltaten vorgeschlagen hatte. Dass es eben nicht nur auf Werke, sondern auch auf Einstellungen ankam, führt die Predigt am Beispiel Christi vor: „Dieser Kaufmann hat, um unsere Seelen zu kaufen, sein eigenes Blut vergossen und sich selbst für uns geopfert."[73]

Wie weit die Versuche gingen, die neuen kommunikativen Anforderungen an die Predigt zu systematisieren, lässt sich am Handbuch des Engländers Thomas von Chobham, auch er Pariser Absolvent und Schüler Petrus Cantors, aus den Jahren um 1220 ablesen. Als Subdekan der Kirche von Salisbury pflegte Thomas gute Kontakte zum Konvent der Predigerbrüder seines einstigen Studienortes Paris. Er hinterließ eine kleine Predigtsammlung, die seine Anwesenheit in der Kirche St. Jacques zu verschiedenen Anlässen dokumentiert. Ein Exemplum, das später in die Sammlung Stephans von Bourbon einging, macht zudem die Bekanntschaft mit dem ersten Pariser Prior der Dominikaner,

71 Jakob von Vitry, Historia occidentalis II, in: The Historia occidentalis of Jacques de Vitry. A Critical Edition (Spicilegium Friburgense 17), ed. John F. Hinnebusch, Fribourg 1972, S. 78f.: *Hoc autem fedissimum et reprobissimum genus hominum adeo ubique inualuerat, quod non solum civitates et oppida, sed etiam casalia repleuerant, qui dies et noctes et horas et singula temporum momenta in dampnationem suam uendentes, usuras et superhabundantias supra sortem absque misericordia repetebant.*

72 Hildebert von Lavardin, Versus Cynomannensis episcopi de Nummo, Migne PL 171, Sp. 1402–1406, hier 1403: *Servit avaritiae sed in hoc aevo scelus omne.* Odo von Cluny, Collationes II, 3, Migne PL 133, Sp. 551: *Nam et ipsi divites, etiam si totum orbem possibile esset possideri a singulis, adhuc tamen in desiderio ejus arderent. Pauperes vero dum cupiunt divitibus exaequari, insatiabilem concupiscentiae rabiem patiuntur.* Vgl. auch ebd. II, 18–20, Sp. 564–566.

73 Jakob von Vitry, Ad mercatores (wie Anm. 71), Sp. 434: *Mercator iste, ut animas nostras emeret, sanguinem proprium fudit, et se ipsum pro nobis tribuit.*

Matthaeus, wahrscheinlich, einem Gefährten des heiligen Dominikus.[74] Es lässt sich leicht ausmalen, was den englischen Kleriker an der neuartigen Gemeinschaft fasziniert haben mag, wenn man den Blick auf das akademische Milieu im Umfeld des Kantors lenkt, in dem Thomas in den Jahren vor 1192 seine theologische Prägung erhielt. Seine beiden pastoralen Hauptwerke aus der Zeit nach 1215, eine „Summa confessorum" und eine „Summa de arte praedicandi", zitieren ausgiebig aus den moraltheologischen Schriften seines Lehrers.[75] Die Dominikaner mochten dem Engländer in seinen letzten Lebensjahren als eine Emanation jenes Reformgeistes seiner Studienjahre vorgekommen sein. Das Programm dieser Erneuerung umschloss wesentlich die Aufwertung der Predigt im Kanon der theologischen Ausbildung an der Universität. Thomas gibt zu Beginn der „Summa de arte praedicandi" eine Predigtdefinition, die bereits seine späteren Ausführungen zum Adressatenbezug vorbereiten: Die Predigt sei die Verkündigung des göttlichen Wortes (*diuini uerbi nuntiatio*) mit dem Ziel der Erbauung des Glaubens und der Sitten (*ad informationem fidei et morum*).[76] Er fährt fort, und hier wird es interessant, im Vorgang der *nuntiatio* liege es begründet, dass die Prediger menschliche, nicht göttliche Worte gebrauchen müssten (*in quibus secularibus uerbis utimur, non diuinis*). Modern ausgedrückt, begründet Thomas hier, dass die Predigt eine Vermittlungsleistung zu erbringen habe, welche die Verschlüsselungen des Evangeliums – die Summa beginnt mit einem Traktat über die Schriftsinne (*De modo significandi in theologia*) – in die Sprache des Auditoriums übersetzt. Nichts anderes meinten die Väter des II. Vatikanischen Konzils, als sie der Kirche die Aufgabe zuschrieben, „in einer jeweils einer Generation angemessenen Weise auf die bleibenden Fragen der Menschen Antwort zu geben". Denn das Ziel jeder Predigt sei, so wieder Thomas, die Zuhörer im Glauben und in guten Sitten zu belehren. Und dafür müsse sie jedermann verständlich sein (*ut ab omnibus possit intelligi*).[77]

Für das ehrgeizige Ziel einer durchgreifenden Besserung der Sitten und des Glaubens reichte den Reformern das gesprochene oder niedergeschriebene Wort indessen nicht aus. Sie fügten als weitere Eckpunkte ihres Programms zwei persönliche Anforderungen an den idealen Seelsorger hinzu: Er musste einerseits theologisch geschult, andererseits aber in seinem Lebensvollzug ein glaubwürdiges Vorbild abgeben. Beim ersten Punkt formuliert Thomas, der Herr habe die Hirten und Lehrer miteinander verbunden, denn niemand könne Pastor sein, der nicht auch Doktor sei und die rechte Lehre verstehe.[78] Thomas von Chobham verfasste seine Predigtsumme in den Jahren nach dem IV. Laterankonzil und als Reaktion darauf. In der Verbesserung der Ausbildung für den örtlichen Pfarrklerus, in der Stärkung von dessen Überzeugungskraft und Glaubwürdigkeit sah Thomas das Hauptinstrument zur Verbreitung der Reformideen in den

74 Thomas von Chobham, Sermones, ed. Franco Morenzoni (CCCM 82A), Turnhout 1993, hier S. 236f. Zur Biographie und zum Wirken Thomas' vgl. die Einleitung, in: Thomas von Chobham, Summa confessorum (Analecta Mediaevalia Namurcensia 25), ed. Frederick Broomfield, Louvain/Paris 1968, S. XXVIII–XXXVIII.

75 So etwa Petrus Cantor, Verbum abbreviatum, Migne, PL 205, 23–554 und ders., Summa de sacramentis et animae consiliis, Bd. 1–3, ed. Jean-Albert Dugauquier, Louvain/Lille 1962.

76 Thomas von Chobham, Summa de arte praedicandi (wie Anm. 74), S. 15.

77 Ebd., S. 15–17.

78 Ebd., S. 205.

Gemeinden. Unter den Stilmitteln, mit denen der Prediger Glaubwürdigkeit erzielt, nennt der Traktat *rationes*, *exempla* und *auctoritates* an vorderster Stelle. Während die Autoritäten und die Vernunftgründe theologisch begründet werden, denkt das Handbuch bei den Exempla zuerst an die psychologische Wirkung: Pointierte Geschichten seien besonders einprägsam. Als erfundene Geschichten (*narrationes*) stehen sie auf einer Stufe mit Parabeln, Fabeln, Etymologien, Analogien und Metaphern, deren kunstvollem Gebrauch Thomas eine *ars inueniendi* widmet. Im Unterschied zum Erfundenen nennt er die *narrationes historicae*, die ihre Wirkung aus der Wahrhaftigkeit bezögen und ausschließlich in der heiligen Schrift und den Heiligenleben gesucht werden müssten.[79] Größte Bedeutung komme den konstruierten Geschichten und Bildern bei dem Versuch zu, den einfachen Menschen die *invisibilia* der göttlichen Heiligkeit nahezubringen. Dazu empfiehlt Thomas dem Prediger eine genaue Betrachtung der natürlichen Dinge und die Suche nach verständlichen Analogien.[80] Wenn also Geschichten erfunden werden, sei es unumgänglich, sie nach der Natur der Dinge auszugestalten (*formare narrationes suas secundum naturam rerum*). Folgt man den eigenen Zitaten und Beispielen der Summa, war dafür Hilfe etwa im Physiologus, in den Etymologien Isidors oder im zeitgenössischen Traktat „De naturis rerum“ des englischen Theologen Alexander Neckam († 1217) zu finden.[81]

In diesem kognitiven Prozess stellte die Suche nach Ähnlichkeiten (*similitudines*) freilich nicht nur eine Merkhilfe dar, sondern naturhafte *Ähnlichkeit* galt als entscheidendes Indiz für einen transzendentalen Zusammenhang zwischen den Dingen, als Verbindungsglied des weltlichen mit dem göttlichen Kosmos. Mit dem Verfahren der Allegorese ließ sich mithin die im Schöpfungsplan begründete Transzendenz alles Irdischen aufdecken.[82] Thomas von Chobham stützt sich hier auf den Symbolbegriff Hugos von St. Viktor († 1141), der Symbole als natürliche Formen definiert, die auf übernatürliche Dinge verwiesen: *Symbolum est collatio formarum visibilium ad invisibilium demonstrationem*.[83] Am Beispiel der *civitas* macht Thomas klar, wie solche Analogien aussehen

79 Ebd., S. 266f.: *Et talis confirmatio et confutatio, sepe incidunt in predicationes, quia sepe probat predicator uel per rationes, uel per exempla, uel per auctoritates sanctorum, aliquid quod pertinet ad ueritatem fidei et ad bonos mores, et nititur reprobare aliquam falsam opinionem hereticorum. Et in talibus necessarium est scire argumenta et rationes probabiles et necessarias, logicas uel rethoricas, et multa auctoritates sanctorum quibus probatur ueritas et falsitas reprobatur.* Zur Unterscheidung der *narrationes* siehe ebd., S. 272f.: *Vtimur autem in narratione quandoque arte inueniendi, scilicet qualiter inueniamur narrationes et qualiter artificialiter inuentam narremus. Narrationem autem hystoricam numquam inuenire possumus nec debemus, quia hoc esset falsitatem miscere sacre pagine (...) uel opera sanctorum.*

80 Ebd., S. 275–279, bes. 279: *Et ideo oportet predicatorem considerare naturas rerum et proprietates per quas possit diuinitas intelligi, et per quas possint simplices Deum cognoscere.*

81 Vgl. zu den Quellen der Summa ebd., S. 337–377.

82 Vgl. jeweils mit Bezug auf die Predigten des 13. Jahrhunderts Corti (wie Anm. 63), S. 145–163, hier 146f. und Hans-Joachim Schmidt, Allegorie und Empirie. Interpretation und Normung sozialer Realität in Predigten des 13. Jahrhunderts, in: Die deutsche Predigt im Mittelalter. Internationales Symposium am Fachbereich Germanistik der FU Berlin, hg. v. Volker Mertens/Hans-Jochen Schiewer, Tübingen 1992, S. 301–332, hier 301–305.

83 Hugo von St. Viktor, Commentarium in hierarchiam coelestem S. Dionisii Areopagitae II, 1, PL 175, 923–1154, hier 941f. Aufbauend auf Röm. 1,20: *inuisibilia Dei per ea que uisibilia sunt intellecta conspiciuntur*, begründet Hugo den zeichen-

können: Die Stadt Gottes sei ein Bild für die *ecclesia militans uel triumphans*, darüber hinaus stehe die Stadt für die menschliche Seele, in der die guten Bürger die Tugenden und die schlechten Bürger die Laster repräsentierten, die einen ständigen Krieg gegeneinander führten; eine andere Stadt, nämlich Babylon, sei die des Teufels.[84] Gerade die Auswahl des Beispiels deutet an, worauf es an dieser Stelle ankommt: Die Prediger beziehen ihre Bilder aus der Lebenswelt ihrer Zuhörer, nicht nur um verständlich zu sein und Abstraktes zu konkretisieren, sondern auch um das göttliche Wirken in den alltäglichsten menschlichen Verrichtungen zu manifestieren und so gleichsam auf dem Wege des Analogieschlusses eine Identifikation der Zuhörer mit der manifest gewordenen Gottheit zu bewirken. Die Allegorese erlaubte es Theologen in der Nachfolge Hugos von St. Viktor, sich wissenschaftlich auch der natürlichen Welt anzunähern, die zum Geheimnisträger des göttlichen Schöpfungsplans avancierte. Diese Sichtweise förderte die naturwissenschaftlichen Erkenntnisse an den Hohen Schulen wie auch das Interesse der Seelsorger an sozialer Empirie.

## 4. Fazit

Am Ende meiner Ausführungen sei kurz auf die Rolle der Bettelorden hingewiesen. Was die Träger der pastoralen Reform vor und nach 1200 erdacht und punktuell auch erprobt haben, ist erst durch die Mendikanten zu einer Erfolgsgeschichte von europäischer Dimension geworden. Erst die seelsorgerischen Aktivitäten der Dominikaner und Franziskaner, bald auch der Augustiner-Eremiten und Karmeliten, haben nachhaltig die Koordinaten im Verhältnis des einzelnen Laien zu Gott und zur Kirche verändert. Für unser Thema, die städtische Kommunikation, kam es dabei weniger auf die verstärkte Präsenz gelehrter Kirchenleute in der Stadt an, die mit den Bettelorden gewiss europaweit zu verzeichnen war.[85] Gerade das Regensburger Beispiel belehrt uns ja, dass es bereits im frühen Mittelalter städtische Zentren mit enormer kirchlicher und intellektueller Ausstrahlung gab, dies jedoch ohne messbare Wirkung auf die seelsorgerische Praxis. Worauf es mir ankommt und was die städtische Kommunikation auf das Tiefste beeinflusst hat, waren: das Interesse der Mendikanten an ihrer städtischen Umgebung, ihre unablässigen Versuche, die Gruppen der städtischen Gesellschaft auf eine dem Evangelium adäquate Lebensführung einzuschwören und sie zugleich vor den teilweise sehr

haften Verweischarakter naturhafter Ähnlichkeiten: *Aliquando per signa sensibilibus similia invisibilia demonstrata sunt (...). Cum itaque formis et signis, et similitudinibus manifestatur, quod occultum est, vel quod manifestum est, describitur symbolica demonstratio est.*

84 Thomas von Chobham, Summa de arte praedicandi (wie Anm. 74), S. 284: *Secunda pars potest esse de ciuitate, scilicet ut dicatur quot sint ciuitates, scilicet ciuitas Dei que est ecclesia militans uel triumphans, uel beata Virgo que fuit ciuitas et thalamus Dei, uel animus humanus in quo sunt ciues boni ut uirtutes, et ciues mali ut uitia, que continuum faciunt bellum inter se (...). Est iterum alia ciuitas diaboli que dicitur Babilon.* Das Beispiel des Himmlischen Jerusalem findet sich unter anderem bei Hugo von St. Viktor in der Erläuterung der Schriftsinne (Migne PL 175, 11f., 789–799).

85 Vgl. dazu das Forschungsprojekt von Jacques Le Goff, Ordres mendiants et urbanisation dans la France médiévale, in: Annales E.S.C. 25 (1970), S. 924–946.

subtilen Gefahren ihres alltäglichen Handels und Handelns zu warnen, die damit notgedrungen tiefen Einblicke in die Lebens- und Wirtschaftswelt der Laien, und nicht zuletzt das immense Predigtkorpus mendikantischer Volksprediger sowie die systematisierenden Handbücher über all diese Themen, zu denen auch, paradox genug, franziskanische Traktate über die moderne Geldtheorie zählen konnten. Aus pastoralem Impetus haben die Mendikanten und ihre Vorläufer im 12. Jahrhundert einen kommunikativen Zugang zur Welt der Laien geschaffen. Darin liegt nach meiner Auffassung ihre eigentliche Bedeutung für die mittelalterliche Kirche.

# Mendikantenpredigt und Stadt in Oberitalien in der ersten Hälfte des 13. Jahrhunderts: Die Entstehung eines Modells

*Maria Pia Alberzoni**

## 1. Einführung in das Thema

Max Weber sieht in den Stadtkommunen Nord- und Mittelitaliens die Keimzelle der bürgerlichen und kapitalistischen Gesellschaft, die in der Folgezeit charakteristisch für den europäischen Bereich geworden ist.[1] Wir können ergänzen, dass sich in ihnen auch eine neue Regierungskunst entwickelte, die auf dem Gebrauch des Wortes beruhte.[2] De facto konnte sich Machtausübung dort ja nicht auf sakrale oder dynastische Prinzipien stützen. Für die neuen kommunalen Regierungen, die sich seit den letzten Jahrzehnten des 11. Jahrhunderts durchgesetzt hatten, wurde deshalb eine Selbstlegitimation lebenswichtig, die bewusst und explizit auf Modelle zurückgriff, wie sie sich seit der Antike verfestigt hatten. Es mag hier genügen, auf die römische Antike zu verweisen und im Besonderen auf die republikanische Zeit.[3]

Sie ging deshalb einher mit einer Wiederentdeckung der Werke Ciceros, besonders der Schrift „De inventione" und der ihm zugeschriebenen „Rhetorica ad Herennium". Der ‚ciceronianische Mythos' wurde noch verstärkt durch die Kommentare zu seinem Werk,

* Die Übersetzung verdanke ich Frau Dr. hab. Stephanie Haarländer (Mainz).

1 Vgl. Max Weber, Wirtschaft und Gesellschaft. Die Wirtschaft und die gesellschaftlichen Ordnungen und Mächte, in: Wilfried Nippel (Hg.), Nachlaß (Max Weber Gesamtausgabe. Abteilung I: Schriften und Reden 22/5), Tübingen 1999, insbesondere S. 100–145.

2 Vgl. Enrico Artifoni, I podestà professionali e la fondazione retorica della politica comunale, in: Quaderni storici 63 (1986), S. 687–719; Ders., Sull'eloquenza politica nel Duecento italiano, in: Quaderni medievali 35 (1993), S. 57–78; Ders., Gli uomini dell'assemblea. L'oratoria civile, i concionatori e i predicatori nella società comunale, in: La predicazione dei frati dalla metà del '200 alla fine del '300 (Convegni della Società internazionale di studi francescani e del Centro interuniversitario di studi francescani 22), Spoleto 1995, S. 143–188; Ders., Orfeo concionatore. Un passo di Tommaso d'Aquino e l'eloquenza politica nelle città italiane nel secolo XIII, in: Letterio Mauro (Hg.), La musica nel pensiero medievale, Ravenna 2001, S. 137–149.

3 Vgl. Gian Carlo Alessio/Laura Villa, Il nuovo fascino degli autori antichi nei secoli XII e XIV, in: Guglielmo Cavallo/Paolo Fedeli/Andrea Giardina (Hgg.), Lo spazio letterario di Roma antica, Bd. III, La ricezione del testo, Rom 1990, S. 473–511 (insbesondere S. 484–511); Arnold Esch, L'uso dell'antico nell'ideologia papale, imperiale e comunale, in: Roma antica nel Medioevo. Mito, rappresentazioni, sopravvivenze nella ‚Respublica Christiana' dei secoli IX-XIII. Atti della quattordicesima Settimana internazionale di studio (Mendola, 24–28 agosto 1998), Mailand 2001, S. 3–25; Giancarlo Andenna, Eredità di Roma e originalità nelle istituzioni comunali, ebd., S. 399–422; Arnold Esch, Elementi di una nuova dinamica: Le origini dell'Università e il nuovo interesse per l'antico, in: Sandro Carocci (Hg.), Il medioevo (secoli V–XV) (dir. Alessandro Barbero, Storia d'Europa e del Mediterraneo. Sez. IV, Bd. VII: Dal medioevo all'età della globalizzazione), Rom 2006, S. 709–740.

wie etwa eine anonyme „Ars rhetorice", die, wie die neuere Forschung gezeigt hat, im 12. Jahrhundert im lombardischen Raum ausgearbeitet wurde und auf der Grundlage der bekannteren „Rettorica" des Florentiners Brunetto Latini steht.[4] Die Beherrschung der Rhetorik, eines Instruments par excellence für eine Regierung, die auf dem gesprochenen Wort gründete, wurde zu einer unabdingbaren Voraussetzung für denjenigen, der im kommunalen Bereich Leitungsfunktionen übernehmen wollte. Das ging so weit, dass man, und das ist bezeichnend, den *rhetor* und den *rector* einer Stadt semantisch gleichsetzte.[5]

Innerhalb dieses kulturellen Umfeldes, das sich übrigens ziemlich genau auf Nord- und Mittelitalien eingrenzen lässt, möchte ich nun hauptsächlich Oberitalien in der ersten Hälfte des 13. Jahrhunderts in den Blick nehmen, also in jener Zeit, in der Dominikaner und Franziskaner sich endgültig dort niederließen und so die Voraussetzungen für erste Erfahrungen auf dem Gebiet der Predigt schufen.[6]

Die Männer, die in dieser Gegend seit der Mitte des 12. Jahrhunderts an der Regierung waren, haben, so scheint es, einen recht weitschweifigen Gebrauch von den rhetorischen Mitteln gemacht: Johannes von Salisbury erzählt, der englische Papst Hadrian IV. (1154–1159) sei es gewohnt gewesen, die Lombarden zu verlachen – *deridere Lumbardos* – und zwar wegen ihrer Ehrerbietigkeiten, in denen sie sich ausführlich gegenüber jedem Gesprächspartner ergingen.[7] Otto von Freising hält die Formulierung langer und elaborierter Satzperioden für *mos Italicus*. Rahewin definiert die mailändischen Gesandten als gebildete Männer und scharfsinnige, feurige Redner – *viri eruditi et in dicendo acer-*

4 Brunetto Latini, La Rettorica, hg. v. Francesco Maggini, Florenz ²1968; Gian Carlo Alessio, Brunetto Latini e Cicerone (e i dettatori), in: Italia medioevale e umanistica 22 (1979), S. 123–169; Artifoni, Gli uomini dell'assemblea (wie Anm. 2), S. 149–150; Ders., Orfeo concionatore (wie Anm. 2), S. 145 (mit reichen Hinweisen auf die vorhergehende Literatur).

5 Vgl. Artifoni, I podestà professionali (wie Anm. 2), S. 698–705, besonders S. 702: „Alla *civitas* come luogo indipendente dalla forza, alla politica come scienza della «pluralitade», si aggiunge il rettore (diciamolo: il podestà) come rètore: insinuandosi megli involucri dei *verba* l'etimologia agisce in modo creativo e mette a nudo gli schemi mentali che collegavano in modo inatteso ma rivelatore i lemmi del dizionario del governo e della società".

6 Diese Tatbestand wird betont in der Übersetzung des Titels der grundsätzlichen Arbeit von Hagen Keller, Adelsherrschaft und städtische Gesellschaft. 9.–12. Jahrhundert (Bibliothek des Deutschen Historischen Instituts in Rom 52), Tübingen 1979, italienische Übersetzung mit einer neuen Einleitung des Verfassers: Signori e vassalli nell'Italia delle città (secoli IX–XII), Turin 1995. Für die Franziskaner ist hier nur zu verweisen auf Luigi Pellegrini, Insediamenti francescani nell'Italia del Duecento, Rom 1984; für die Dominikaner fehlt noch ein ähnlicher Überblick. Um nur ein Beispiel zu zitieren, vgl. Maria Pia Alberzoni, Le origini dell'Ordine dei Predicatori a Milano, in: Giovanni Bertuzzi (Hg.), L'origine dell'Ordine dei Predicatori e l'Università di Bologna, Bologna 2006, S. 194–229 (mit der entsprechenden Literatur) und Rolando Dondarini, L'insediamento dei Frati Predicatori a Bologna, ebd., S. 230–255. Die Publikationen von Simon Tugwell weisen nur gelegentlich auf die soziale Herkunft der ersten Dominikaner hin: Simon Tugwell, Notes on the Life of St Dominic, in: Archivum Fratrum Praedicatorum 66 (1996), S. 5–200.

7 Ioannis Saresberiensis Episcopi Carnotensi Policratici sive De nugis curialium et vestigiis philosophorum libri VIII, III, 6, ed. Clemens Charles Julian Webb, Bd. I, Oxford 1909, S. 187 (*memini me audisse Romanum pontificem solitum deridere Lumbardos, dicentem eos pilleum omnibus colloquentibus facere, eo quod in exordio dictionis beniuolentiam captent, et eorum cum quibus agitur, capita quodam commendationis demulceant oleo*); Artifoni, I podestà professionali (wie Anm. 2), S. 706–707.

*rimi.*[8] Und auch ein Chronist aus Süditalien, Romuald von Salerno, betont die ungewöhnliche Tüchtigkeit der Lombarden, über die er urteilt, sie seien „im Krieg tapfer und in ihren Reden vor dem Volk erstaunlich gebildet" – *in bello strenui et ad concionandum populo mirabiliter eruditi.*[9] Schließlich erzählt Salimbene von Parma, dass Kaiser Friedrich II. im Kreis seiner Vertrauten Unterhaltung daran fand, die übertriebenen Förmlichkeiten in den Reden der Gesandten von Cremona nachzuahmen – *truphatorie concionabatur.*[10]

## 2. Politik und städtische Religiosität

Seit dem Ende des 12. Jahrhunderts hatte sich in den Stadtkommunen meist schon der Brauch durchgesetzt, ein einziges Stadtoberhaupt auf Zeit zu ernennen, den Podestà, der normalerweise aus einer anderen Stadt in dieses Amt berufen wurde. Auf diese Weise wollte man ihm größere Autonomie und bessere Interventionsmöglichkeiten gegenüber den Parteiungen in der Stadt garantieren.[11] So bildete sich ein Stand von Berufspolitikern heraus, für die – über die unabdingbaren juristischen und militärischen Kenntnisse hinaus – die Redekunst, also die Fähigkeit, mit Worten zu überzeugen, die gefragteste und begehrteste Voraussetzung war.[12]

Der Raum, der Reichsitalien entsprach, verfügte über eine beträchtliche Städtekonzentration. Bedeutende Geschlechter von *milites,* die in der Lage gewesen wären, sich in der Region festzusetzen, gab es nicht; Otto von Freising ist ja erstaunt, dass dort der Adel genötigt ist, sich den politischen Entscheidungen der Städte zu fügen und sich in ihnen niederzulassen.[13] Darüber hinaus entstanden dann dort die Schulen des Rechts,

8 Ottonis episcopi Frisingensis et Rahewini Gesta Friderici seu rectius Cronica, hg. v. Franz Josef Schmale (Ausgewählte Quellen zur deutschen Geschichte des Mittelalters 17), II, 32. III, 33. IV, 27, Darmstadt 1965, S. 346, 464, 576.

9 Romualdi Salernitani Chronicon, ed. Carlo Alberto Garufi (Rerum Italicarum Scriptores² 7/1), Città di Castello 1909–1935, S. 273: die Beobachtung des Chronisten geht dem Bericht der Rede, die die mailändischen Gesandten vor dem Papst Alexander III. hielten, voraus.

10 Cronica fratris Salimbene de Adam ordinis Minorum, hg. v. Oswald Holder-Egger (MGH Scriptores 32), Hannover 1905–1913; die folgenden Zitate stammen aus Salimbene de Adam, Cronica, hg. von Giuseppe Scalia (Scrittori d'Italia 232–233), Bari 1966, S. 515–516: *Iste imperator truphatorie concionabatur aliquando coram domesticis suis in palatio suo, loquendo sicut faciunt Cremonenses ambaxatores, qui mittebantur ad ipsum a concivibus suis, quia primo laudant unus alium, multipliciter commendando quomodo est nobilis dominus iste, sapiens, dives et potens. Et post mutuam commendationem dicebant facta sua.*

11 Vgl. Jean-Claude Maire Vigueur (Hg.), I podestà dell'Italia comunale, Bd. I/1–I/2: Reclutamento e circolazione degli ufficiali forestieri (fine XII sec. – metà XIV sec.), (Nuovi Studi Storici 51/Collection de l'École française de Rome 268), Rom 2000; Mario Ascheri, Le città-stato (L'identità italiana 46), Bologna 2006.

12 Vgl. Enrico Artifoni, Tensioni sociali e istituzioni nel mondo comunale, in: Nicola Tranfaglia/Massimo Firpo (Hgg.), La storia. I grandi problemi dal Medioevo all'Età Contemporanea, Bd. II/2: Il Medioevo. Popoli e strutture politiche, Mailand 1994, S. 459–483, mit der vorigen Literatur; Paolo Cammarosano, Il ricambio e l'evoluzione dei ceti dirigenti nel corso del XIII secolo, in: Magnati e popolani nell'Italia comunale. Atti del quindicesimo convegno di studi (Pistoia, 15–18 maggio 1995), Pistoia 1997, S. 17–40.

13 Ottonis episcopi Frisingensis et Rahewini Gesta Friderici (wie Anm. 8), II, 14, S. 308–309: *Ex quo fit, ut, tota illa terra inter civitates ferme divisa, singule ad commanendum secum diocesanos compulerint, vixque aliquis nobilis vel vir magnus tam magno ambitu inveniri queat, qui civitatis sue non sequatur imperium*; dazu Keller (wie Anm. 6), S. 17–25.

unter denen sich Bologna besonders hervortat. Und in einem solchen Umfeld entfaltete sich allmählich auch die *ars arengandi*, die Kunst der öffentlichen Rede politischen Charakters.[14] Wiederum in derselben Region wurden wichtige Traktate verfasst, etwa die „Rhetorica novissima" des Florentiners Boncompagno da Signa, die im Jahre 1235 in Bologna, wo er lehrte, veröffentlicht wurde.[15] Aber schon um das Jahr 1222 war der *Oculus pastoralis* erschienen, ein Handbuch mit Verhaltensanweisungen und Redebeispielen zum Gebrauch für städtische Podestà und Männer der Regierung.[16] In diesem Werk – wie in der späteren (ca. 1260 entstandenen) „Rettorica" von Brunetto Latini [17]– wird der *rector*, also der Podestà, wahrgenommen als derjenige, der redend Politik macht. Seine Fähigkeit ist zugleich die des *rhetor* und des *rector*. So entsteht ein unlösbarer Zusammenhang zwischen dem Akt des Regierens – *regere* – mit dem des Redens – *rhetorizare* – im *Oculus pastoralis* ausgedrückt in der neuen Wortschöpfung *rectoriçare*.[18]

14 Vgl. Johannes Fried, Die Entstehung des Juristenstandes im 12. Jahrhundert. Zur sozialen Stellung und politischen Bedeutung gelehrter Juristen in Bologna und Modena (Forschungen zur neueren Privatrechtsgeschichte 21), Köln/Wien 1974; Peter von Moos, L'ars arengandi italienne du XIIIe siècle. Une école de la communication, in: Ders., Entre histoire et littérature. Communication et culture au Moyen Âge (Millennium Medievale 58. Strumenti e studi n.s. 1), Florenz 2005, S. 389–415, hier besonders 389–390; Ders., La retorica nel medioevo, in: Guglielmo Cavallo/Claudio Leonardi/Enrico Menestò (Hgg.), Lo spazio letterario del medioevo. Il medioevo latino, Bd. I/2: La produzione del testo, Rom 1993, S. 231–271.

15 Vgl. Raoul Manselli, Boncompagnus (Boncompagno da Signa), in: Lexikon des Mittelalters, Bd. II, München/Zürich 1983, Sp. 408–410; Boncompagni Rethorica Novissima, hg. v. Augusto Gaudenzi, in: Scripta anectoda antiquissimorum glossatorum (Bibliotheca Iuridica Medii Aevii 2), Bononiae 1892, S. 249–297; Ronald Witt, Boncompagno and the Defense of Rhetoric, in: The Journal of Medieval and Renaissance Studies 16 (1986), S. 1–31. Man muss auf jeden Fall betonen, dass das Boncompagnosche Werk keine Regeln der *concio* behandelt, sondern als Hilfsmittel für die juristische Tätigkeit (der Rechtsanwälte) gedacht ist.

16 Vgl. Artifoni, I podestà professionali (wie Anm. 2), S. 698–699 (besonders 694): „Un manuale *de regimine civitatum*? (…) No, se pensiamo a qualche livello di riflessione teorica sulla funzione del vertice podestarile nello sviluppo delle istituzioni comunali. Sì invece (…), se pensiamo a un testo operativo (…). Diremo così: è un testo *de regimine civitatum* in quanto avvertito della qualità oratoria del mestiere podestarile, che vi appare infatti largamente risolto nel linguaggio, in una retorica pratica e concionatoria, di non alto livello culturale ma di immediata utilità". Oculus pastoralis pascens officia et continens radium dulcibus pomis suis, ed. von Dora Franceschi, in: Memorie dell'Accademia delle scienze di Torino. Classe di scienze morali, storiche e filologiche serie 4 Bd. 11 (1966), S. 1–74; Terence O. Tunberg, Speeches from the Oculus pastoralis. Edited from Cleveland, Public Library, MS. Wq 7890921-C 73 (Toronto medieval Latin texts 19), Toronto 1990.

17 Vgl. Ronald Witt, Brunetto Latini and the Italian Tradition of «Ars dictaminis», in: Stanfort Italian Review 3 (1983), S. 5–24 und die oben in Anm. 4 zitierten Studien.

18 Franceschi (wie Anm. 16), S. 23: *In hoc oppusulo quod rogatus quasi invitua agredior, stillo clariori et simplici dictamine fungar, quoniam simplicitas est amica laicis rudibus et modice litteratis, ad utilitatem quorum, si qui quandoque ad locorum regimina sint asumpti, sequenter componuntur, ut ex eis aliqua subtili ingenio et sagaci prelibare valleant, quibus rectoriçent in subiectis et alios cum ocurerit utilitas vel necessitas proponendi*; dieser Text ist neuerdings auch in Tunberg, Speeches from the Oculus pastoralis (wie Anm. 16), S. 23 verfügbar; dazu Artifoni, I podestà professionali (wie Anm. 2), S. 702.

## 3. Von der *predicatio* zur *concio*

Noch bevor die Rhetorik im Hinblick auf die politische Rede zu größerer Wertschätzung gelangte, war das Kommunikationsfeld par excellence der Predigt überlassen.[19] Es war also das kirchliche Modell, das den Bezugsrahmen für die Redekunst im allgemeinen darstellte. Es ist wiederum Salimbene von Parma, der sich erinnert, im Jahre 1239 in Lucca eine Predigt, die die Passion Christi zum Thema hatte, gehört zu haben. Sie wurde von dem dortigen Podestà gehalten, dem Parmenser Manfredi di Cornazzano, und zwar während einer Volksprozession, die gehalten wurde, um die Strafe Gottes abzuwenden und die Stadtbewohner nach einer großen Sonnenfinsternis untereinander versöhnlich zu stimmen.[20]

Die wachsende Spezialisierung der Führungsschicht in der Stadt, im besonderen der Podestà, führte jedoch – und dazu trug auch die *ars arengandi* bei – zu Aussonderung und Verfestigung eines selbständigen Genus der Rede, eines typisch bürgerlich-städtischen nämlich, zur *concio* oder *civilis admonitio*,[21] ohne die charakteristischen Argumentationsformen klassischer Redekunst, dafür aber mit starker paränetischer Zielsetzung. Den Theoretikern zufolge zielte die Predigt auf die Verkündigung der Offenbarung, um bei den Zuhörern ein verdienstvolles Verhalten zu fördern – *ad meritorie operandum* –, während die *concio* als politische Ermahnung zur Erhaltung des Gemeinwesens – *ad reipublicae conservationem* – beitragen sollte.[22]

Der Terminus *concio* mit dem dazugehörigen Verb *concionare* und die Ableitungen daraus (*ad modum concionandi* – im Stil einer Ansprache usw.) bedeuten folglich: vor einer Versammlung über politische Argumente reden, um zu überzeugen, zu ermahnen und die Gemüter versöhnlich zu stimmen.[23] Die *concio* ist also eine charakteristische Form der politischen Redekunst – und daher auch der Regierungskunst im Italien der Stadtkommunen.

19 Vgl. Johannes Baptist Schneyer, Die Laienpredigt im Mittelalter, Ein Überblick, in: Münchener theologische Zeitschrift 18 (1967), S. 205–218; Carlo Delcorno, La predicazione nell'età comunale, Florenz 1974, S. 47–48, 58–59; Jacqueline Hamesse/Xavier Hermand (Hgg.), De l'homélie au sermon. Histoire de la prédication médiévale, Louvain-La-Neuve 1993; Artifoni, Gli uomini dell'assemblea (wie Anm. 2), S. 170–188; Roberto Rusconi, Predicatori e predicazione (secoli IX-XVIII), in: Corrado Vivanti (Hg.), Intellettuali e potere (Annali della Storia d'Italia 4), Turin 1981, S. 949–1035 (besonders S. 977–985: «Sermo modernus». La predicazione degli ordini mendicanti).

20 Salimbene de Adam, Cronica (wie Anm. 10), S. 240: *Et dominus Manfredus de Cornaçano, qui erat potestas Lucensis tunc temporis, accepit crucem in manibus suis et processionaliter ibat per civitatem Lucensem cum fratribus Minoribus er aliis religiosis et clericis, et predicabat ipse potestas de passione Christi et faciebat pacem inter discordes.*

21 Alani de Insulis Summa de arte predicatoria, in: PL, 210, Sp. 112: *Concionatio est civilis admonitio, quae fit ad reipublicae confirmationem.*

22 Roberti de Basevorn Forma praedicandi, I, in: Th.M. Charland, Artes praedicandi. Contribution à l'étude de la rhétorique au moyen âge (Publications de l'Institut d'Études médiévales d'Ottawa 7), Paris/Ottawa 1936, S. 238: *Similiter orator vel narrator qui est vir bonus, dicendi peritus, vel concionator qui publice et pluribus persuadet fortiter pugnare commndans strenuos et vilipendens verecordes, vel faciens aliquid tale, non est proprie praedicator, quia illud est ad reipublicae conservationem, non ad meritorie operandum, sicut modo loquimur de merito quod pertinet ad vitam aeternam …*; zitiert in: Artifoni, Gli uomini dell'assemblea (wie Anm. 2), S. 158.

23 Den Terminus *concio* gab es schon in der klassischen Redekunst, dort aber war er negativ konnotiert, als ob es um "una sorta di degenerazione tribunizia, nella quale la dimensione demagogica

Tatsächlich findet sich unter den positiven Merkmalen, die für die Podestà am häufigsten genannt werden, die *facundia*, die Fähigkeit, in passender Form vor einer großen Öffentlichkeit zu reden, nämlich vor den Ratsversammlungen oder auch vor der ganzen Bürgerschaft.

Die erste Verbreitung der Bettelorden in Oberitalien fand in einem solchen kulturellen Umfeld statt. Wenn Dominikaner und Franziskaner sicher einen unzweifelhaften Erfolg unter den Universitätsstudenten, insbesondere in Bologna und Paris hatten, sollte dabei nicht vergessen werden, dass zahlreiche Brüder unter ihnen waren, die aus den Führungsschichten der Städte kamen, vor allem Kaufleute und Juristen.[24] Allein schon ein flüchtiger Blick auf die erste Gruppe der Anhänger um Franziskus und auf Franziskus selbst kann diese Behauptung begründen.[25] Was Dominikus und die ersten Predigerbrüder betrifft, dürfte die Realität nicht viel anders sein – prosopographische Forschungen könnten diesen Aspekt, der bisher eher am Rande geblieben ist, in Zukunft deutlicher ans Licht heben –, mag auch der von Anfang an „klerikale" Charakter der Predigerbrüder zu einer schnelleren Angleichung an den Klerus überhaupt und daher auch an den Stil dieser Art von Predigt geführt haben.[26]
Jedenfalls begünstigte der Kontakt mit dem Leben in der Stadt die Ausformung neuer Techniken der Kommunikation, die sich an eine überwiegend städtische Bevölkerung richteten.[27] Die Mendikanten trugen in besonderer Weise bei zu der Begegnung zwischen der „Kultur des Wortes, welche jene aufsteigenden Schichten, die aus der städti-

ha forte visibilità; la valenza argomentativa, che pure non è assente in quanto connaturata all'idea stessa di *oratio* suasoria a fini deliberativi, vi risulta in secondo piano rispetto alla *performance* istrionica" ginge: Artifoni, Gli uomini dell'assemblea (wie Anm. 2), S. 156–157; Ders., Orfeo concionatore (wie Anm. 2), S. 143–144.

24 André Vauchez, Les Ordres mendiants et la ville dans l'Italie communale (XII$^{e}$–XV$^{e}$ siècles), in: Ders., Francesco d'Assisi e gli Ordini mendicanti (Medioevo francescano. Saggi 10), Assisi 2005, S. 167–179 sowie die oben in Anm. 6 zitierte Literatur.

25 Luigi Pellegrini, Storia e geografia del «reclutamento» francescano della prima generazione, in: I compagni di Francesco e la prima generazione minoritica (Atti dei Convegni della Società internazionale di studi francescani e del Centro interuniversitario di studi francescani 19), Spoleto 1992, S. 3–29; Antonio Rigon, Frati Minori e società locali, in: Francesco d'Assisi e il primo secolo di storia francescana (Biblioteca Einaudi 1), Turin 1997, S. 259–281; über die Integration der Mendikanten in die mailändische Gesellschaft Maria Pia Alberzoni, Francescanesimo a Milano nel Duecento (Fonti e ricerche 1), Mailand 1991, S. 159–171.

26 Grado Giovanni Merlo, Gli inizi dell'ordine dei frati Predicatori. Spunti per una riconsiderazione, in: Rivista di storia e letteratura religiosa 31 (1995), S. 415–441; Luigi Canetti, Intorno all',idolo' delle origini: la storia dei primi frati Predicatori, in: I frati Predicatori nel Duecento (Quaderni di storia religiosa 3), Verona 1996, S. 9–51; Daniela Rando, «Ad confirmationem sancte et catholice fidei christiane». La prima presenza domenicana, ebd., S. 53–104 (besonders 69–85); unter demselben Titel in der Aufsatzsammlung: Daniela Rando, Religione e politica nella Marca. Studi su Treviso e il suo territorio nei secoli XI–XV, Bd. I: «Religionum diversitas» (Biblioteca dei Quaderni di storia religiosa), Verona 1996, S. 77–131; Simon Tugwell, Schéma chronologique de la vie de Saint Dominique, in: Domenico di Caleruega e la nascita dell'Ordine dei frati Predicatori (Convegni del Centro italiano di studi sul basso medioevo – Accademia Tudertina e del Centro di studi sulla spiritualità medievale 41), Spoleto 2005, S. 1–24.

27 Zelina Zafarana, La predicazione francescana, in: Francescanesimo e vita religiosa dei laici nel '200 (Convegni della Società internazionale di studi francescani 8), Assisi 1981, S. 203–250 und 34 (Intervento bei der Tavola rotonda).

schen Gesellschaft kamen, kennzeichnete" und der „zentralen Bedeutung des Wortes", die für die neuen Orden charakteristisch war. Und diese zentrale Bedeutung des Wortes ließ das Bedürfnis nach einer Spiritualität aufkommen, die ihrerseits wiederum im gesprochenen Wort ihren höchsten Ausdruck fand.[28]

Hier wird nur auf eine wohlbekannte Predigt hingewiesen, die Franziskus in Bologna auf dem Platz gegenüber dem kommunalen Palast am 15. August 1222 gehalten hat: Thomas von Split, damals noch studienhalber in der Stadt, erinnert sich zunächst an das Thema der Predigt (*angeli, homines* und *demones* – Engel, Menschen und Teufel) und lobt dann die gute rhetorische Durchführung, ungeachtet der Tatsache, dass Franziskus ein *homo ydiota* war. Und dann fügt er eine Bemerkung an, die hier von beachtlichem Interesse ist: „Er hat nicht den Stil des Predigers angewandt, sondern gleichsam dessen, der eine Ansprache an das Volk hält. Der ganze Inhalt seiner Worte erging sich darin, Feindseligkeiten zu beenden und Friedensbündnisse wiederherzustellen".[29] Die Rede, so bemerkt Enrico Artifoni, hatte mit Sicherheit eine besondere formale Dignität, so dass sie die Bewunderung der *literati* in dieser Universitätsstadt erregen konnte, aber gleichzeitig erinnerte der Inhalt (die Ermahnung zur Versöhnung) und die Ausdrucksformen der Rede die Zuhörerschaft an den Stil der politisch-städtischen Redekunst. In diesem Fall kamen der Laienstatus des Franziskus und seine Zugehörigkeit zum kulturellen Milieu der Stadt zusammen. Beides brachte seine Zuhörerschaft auf den Gedanken, seine Rede als *concio* zu definieren.[30]

## 4. Die Mendikantenpredigt

Die Technik der *concio,* in der sich die kommunalen Eliten ganz besonders auszeichneten, schien sich zu einem bestimmten Zeitpunkt in einigen Teilen der neuen Orden zu verfestigen, genaugenommen im Zusammenhang mit einem Phänomen der Volksfrömmigkeit von nur kurzer Dauer, aber großer Intensität, genannt „das Alleluja", das in Oberitalien im Jahre 1233 aufkam.[31] In der Fastenzeit des Jahres 1231 hatte sich in Padua

28 Ebd., S. 205.

29 Ex rerum ungaricarum scriptoribus saec. XIII, hg. v. Lothar von Heinemann (MGH SS 29), Hannoverae 1892, S. 580: *nec tamen ipse modum predicantis tenuit, sed quasi concionantis. Tota vero verborum eius discurrebat materies ad extinguendas inimicitias et ad pacis federa reformanda.*

30 Vgl. Artifoni, Gli uomini dell'assemblea (wie Anm. 2), S. 160–163; es ist gut denkbar, dass Franziskus durch seine an den Pariser Schulen tätigen Brüder von der Theologie des Petrus Cantor oder von den Theologen, denen die Predigt besonders am Herzen lag, beeinflusst worden ist: dazu John W. Baldwin, Masters, Princes and Merchants. The Social Views of Peter the Chanter and his Circle, Bd. I, Princeton (N.J.) 1970, S. 3–46; David L. d'Avray, The Preaching of the Friars. Sermons diffused from Paris before 1300, Oxford 1985, S. 13–28.

31 Dazu der grundlegende Beitrag von André Vauchez, Une campagne de pacification en Lombardie autour de 1233. L'action politique des Ordres mendiants d'après la réforme des statuts commuaux et les accords de paix, in: Mélanges d'archéologie et d'histoire 78 (1966), S. 503–549 (italienische Übersetzung: Una campagna di pacificazione intorno al 1233. L'azione politica degli Ordini Mendicanti secondo la riforma degli statuti comunali e gli accordi di pace, in: Ders., Ordini mendicanti e società italiana XIII–XV secolo, Milano 1990, S. 119–161); auch Augustine Thompson, Revival Preachers and Politics in Thirteen-Century Italy. The Great Devotion of 1233, Oxford 1992 (die folgenden Zitate aus der

mit Erfolg die „gelehrte" Predigttätigkeit des Antonius entfaltet: seine berühmten Predigten, die unbezweifelbare Wirkung auf die Gesellschaft der Zeit hatten, verurteilten bereits „öffentliche" Sünden wie den Wucher, aber sie haben nichts mit der *concio* zu tun.[32] Mit ihm verfestigt sich vielmehr die „Moral"-Predigt, die zwangsläufig zur sakramentalen Beichte führt.[33]

Mit dem „Alleluja" sehen wir uns einem völlig anderen und neuen Phänomen gegenüber. Um seine Besonderheiten zu verstehen, ist es zweckmäßig, zuerst einmal auf die Protagonisten einzugehen.[34]

Salimbene erzählt, dass im Frühling des Jahres 1233 in Parma und anderen Orten der Region ein gewisser Bruder Benedickt erschien, ein einfacher und ungebildeter Laie, der die Scharen seiner Zuhörerschaft mit dem Klang eines Horns zusammenrief und auf den Plätzen der Städte das Wort an sie richtete. Er lud sie ein, Buße zu tun, Gott zu loben und dann, sich zu versöhnen.[35] Der Chronist, der sich erinnert, an diesen Veranstaltun-

italienischen Übersetzung: Ders., Predicatori e politica nell'Italia del XIII secolo [Fonti e ricerche 9], trad. it. Milano 1996), und Luigi Canetti, L'invenzione della memoria. Il culto e l'immagine di Domenico nella storia dei primi frati Predicatori (Biblioteca di «Medioevo Latino» 19), Spoleto 1996, S. 66–89 (zu der Stellungnahme des Generalmagisters Jordan von Sachsen zu den neuartigen Unternehmungen der Brüder innerhalb der ‚Alleluja'-Bewegung); dazu jetzt Marco Rainini, Giovanni da Vicenza, Bologna e l'Ordine dei Predicatori, in: Bertuzzi (Hg.) (wie Anm. 6), S. 146–175.

32 Vgl. Antonio Rigon, Dal libro alla folla. Antonio di Padova e il francescanesimo medioevale, Rom 2002, S. 21–88 (besonders 34–35). Die volle Übereinstimmung dieser Predigtinhalte mit den Richtlinien der päpstlichen Schreiben für Oberitalien ist von Antonio Rigon, Religione e politica al tempo dei da Romano. Giordano Forzaté e la tradiziona agiografica antiezzeliniana, in: Giorgio Cracco (Hg.), Nuovi studi studi ezzeliniani (Nuovi studi storici 21), Bd. II, Rom 1992, S. 399–400 und von Rando (wie Anm. 26), S. 57–62 herausgearbeitet worden.

33 Vgl. Zafarana (wie Anm. 27), S. 211–214 (mit Hinweis auf Rolf Zerfaß, Der Streit um die Laienpredigt. Eine pastoralgeschichtliche Untersuchung zum Verständnis des Predigtamtes und zu seiner Entwicklung im 12. und 13. Jahrhundert, Freiburg i.B. 1974, S. 282–298) und 221–222: „Antonio di Padova (...) mostra una consuetudine profonda con la grande tradizione omiletico-patristica (Agostino, Gregorio Magno, Bernardo). Antonio ha caratteristiche sue proprie, come il rapporto costantemente affermato con la liturgia (…). Usa la *divisio* e la *distinctio* (…) e tende a sfruttare le possibilità mnemonico-didattiche dell'enumerazione ad essa inerente; fa ricorso a concordanze più reali che verbali nel tessere l'ordito delle *auctoritates*".

34 Dieter Berg, Gesellschaftspolitische Implikationen der Vita Minorum, insbesondere des franziskanischen Friedensgedankens, im 13. Jahrhundert, in: Manfred Gerwing/Godehard Ruppert (Hgg.), Renovatio et reformatio. Wider das Bild vom „finsteren" Mittelalter. Festschrift für Ludwig Hödl zum 60. Geburtstag überreicht von Freunden sowie Kollegen und Schülern, Münster 1985, S. 181–194 (insbesondere 191–192).

35 Salimbene de Adam, Cronica (wie Anm. 10), S. 99–110: *Fuit autem Alleluia quoddam tempus quod sic in posterum dictum fuit, scilicet tempus quietis et pacis, quoad arma bellica omnino remota, iocumditatis et letitiae, gaudii et exultationis, laudis et iubilationis. Et cantilenas cantabant et laudes divinas milites et pedites cives et rurales, iuvenes et virgines, senes cum iunioribus. In omnibus civitatibus Ytalie ista devotio fuit.* (…) *veniebant de villis ad civitatem cum vexillis et societatibus magnis viri et mulieres, pueri et puelle, ut predicationes audirent et Deum laudarent* (…). *Et habebant ramos arborum et candelas accensas. Et fiebant predicationes vespere et mane et meridie* (S. 99). Eine ganz ähnliche Beschreibung findet sich in der Chronik (im Jahre 1228) des Chronisten Rolandino (Rolandini Patavini Cronica in factis et circa facta Marchie Trivixane [aa. 1200-cc.-1262], hg. v. Antonio Bonardi [Rerum Italicarum Scriptores² 8/1], Città di Castello 1905–1908, S. 40): *Nunc circa unius anni spacium civitates de Marchia tarvisina adeo quieverunt in pace, quod quasi circa finem anni Domini MCCXXVIIII, et circa principium subsequentis nulla fuit terrarum*

gen eines gemeinsamen Gotteslobes teilgenommen zu haben, scheint in einer solchen ganz und gar improvisierten Form der Religiosität die Anfänge der „großen Frömmigkeit des Alleluja" zu erkennen, die in demselben Jahr auch einige Mendikanten als Protagonisten erleben sollten.[36]
Zu ihnen zählt Salimbene drei Dominikaner, Johannes von Vicenza, Jakob von Reggio (nell'Emilia) und Bartholomäus von Vicenza, und zwei Franziskaner, Leo von Mailand und Gerhard von Modena.
Richten wir nun unseren Blick hauptsächlich auf den Dominikaner Johannes von Vicenza und auf den Franziskaner Gerhard von Modena.[37] Beide waren nach der Beschreibung des Chronisten „von geringer Bildung und führten sich durch Wundertätigkeit ein". Bruder Gerhard war schließlich nicht nur einer der ersten Minderbrüder und enger Freund des heiligen Franziskus, sondern auch ein großer Mahner des Volkes, ein hervorragender und begnadeter Prediger: *magnus concionator, optimus et gratiosus predicator.*[38] Beide Brüder gehörten darüber hinaus zu Familien, die zeitweise an der Regierung der genannten Städte beteiligt waren.[39] Der Stil ihrer Reden, zumindest in der Zeit des „Alleluja", war dem der städtischen Volksredner ähnlicher als dem der Kleriker, weshalb beide infolge ihrer Predigt im Jahre 1233 von der begeisterten Bevölkerung geradezu als *rectores* oder sogar als *potestas* einiger Städte – etwa Bologna und Parma – gefeiert wurden, weil sie den Frieden wiederhergestellt und gefestigt hatten.[40]

*predacio, nulla hostium incursio vel insultus (...), set bonorum omnium copia: tantum gaudium et leticia inter gentes, ut a pluribus crederetur quod amodo nulle sediciones esse debeant in Marchia, nulle werre. Imo et religiose persone totum quasi populum in laudabili contemplacione manentem divinis predicacionibus recreabant. Nam et in illo tempore inter ceteros viros religiosos et iustos advenit beatus Antonius (...) et in diversis locis per Marchiam verba Dei voce melliflua predicavit.* Auf die Parallelen zwischem diesem Text und dem von Salimbene verweisen Vauchez (wie Anm. 31), S. 522 und Rando (wie Anm. 26), S. 61.

36 Salimbene de Adam, Cronica (wie Anm. 10), S. 99: *Et vidi quod in civitate mea Parmensi*; S. 100: *Revera ita faciebant ut vidi oculis meis*; dazu Ovidio Capitani, Politica e religiosità nella Cronica di fra Salimbene, in: Salimbene da Parma. Curiosità umana ed esperienza politica in un francescano di sette secoli fa (Zenit. Quaderni; supplemento al n. 4), Bologna 1987, S. 31–38.

37 Vgl. Zelina Zafarana, Boccabadati Gerardo (Gherardo da Modena), in: Dizionario biografico degli Italiani, Bd. X, Rom 1968, S. 822–823; Artifoni, I podestà professionali (wie Anm. 2), S. 697–698; Luigi Canetti, Giovanni da Vicenza, in: Dizionario biografico degli Italiani, Bd. LVI, Rom 2001, S. 263-267; Thompson (wie Anm. 31), S. 51–82; Rainini (wie Anm. 31) mit wichtigen Klarstellungen und neuen Forschungsperspektiven.

38 Salimbene de Adam, Cronica (wie Anm. 10), S. 102: *frater Iohannes iste parve litterature erat et intromittebat se de miraculis faciendis*; S. 106: *frater Girardus de Mutina ex Ordine fratrum Minorum tempore devotionis predicte, qui fuit mirabilium patrator operum et multa bona fecit, ut vidi oculis meis. (...) Amicus et intimus fuit beati Francisci et aliquando socius. Curialis homo fuit valde, liberalis et largum religiosus et honestus et valde morigeratus, temperatus in verbis et in omnibus operibus suis. Parve litterature fuit, magnus concionator, optimus et gratiosus predicator. Totum mundum circuire volebat.*

39 Johannes von Vicenza war der Sohn eines *causidicus* (Gerardi Maurisii Cronica, hg. v. Giovanni Soranzo [Rerum Italicarum Scriptores² 8/4], Città di Castello 1913–1914, S. 31); die Herkunft von Gerhard von Modena wird von Salimbene de Adam, Cronica (wie Anm. 10), S. 106 folgendermaßen beschrieben: *Hic, cum adhuc secularis existeret, dicebatur Girardus Maletta. Ex potentibus et divitibus parentibus natus est, scilicet de Buccabadhatis*; dazu auch Zafarana (wie Anm. 27), S. 215–217.

40 Salimbene de Adam, Cronica (wie Anm. 10), S. 106: *Huic (Girardo), tempore illius devotionis predicte, Parmenses totaliter dominium Parme*

Johannes von Vicenza und Gerhard von Modena kamen, wie gesagt, aus der städtischen Führungsschicht, die gewohnt war, in ihrem Regierungshandeln die Kunst der Rede einzusetzen, genaugenommen die Kunst der *concio,* so dass sich unter diesen Umständen der Inhalt ihrer Botschaft genau im Stil der *concio* ausformte. Um die Effektivität dieser ihrer Botschaft der Versöhnung und des Friedens, die sie vermitteln wollten, zu erhöhen, konnten sie die „Professionalität des gesprochenen Wortes", wie sie im städtischen Umfeld ausgebildet worden war, fruchtbar machen.[41]

Zu ergänzen wäre hier, dass eine derartige Kommunikationsform die Zuhörerschaft nicht nur bloß überzeugte, sondern auch miteinbezog. Sie beschränkte sich nämlich nicht nur auf mündliche Darlegung, sondern war von neuen Ausdrucksformen begleitet, die wir als paraliturgisch definieren könnten – Prozessionen, gemeinsame Gebete und Bußleistungen –, aber auch von Aufsehen erregenden politischen Initiativen.[42]

## 5. Die Kommunikationstechniken

Untersuchen wir nun die charakteristischen Merkmale dieser neuen Art von Kommunikation.

5. 1. Die Predigt fand nicht in den Kirchen, sondern auf den öffentlichen Plätzen oder auf anderen notwendigerweise großen Freiflächen statt, die Scharen von beträchtlicher Größe aufnehmen konnten.[43] Die erste Schwierigkeit bestand darin, die Zuhörerschaft zusammenzurufen, ohne auf Glocken zurückzugreifen – man wollte ja nicht vom Klerus abhängig sein. Der Initiator der Frömmigkeitsbewegung, Bruder Benedickt, trug den Beinamen „de Cornetta" gerade wegen seiner kleinen Kupfertrompete, mit der er seine Zuhörer zusammenrief.[44] Bei dieser Gelegenheit erwähne ich nur das Faktum, dass auch Franziskus und die ersten Brüder wahrscheinlich ähnliche Instrumente benutzten,

*dederunt, ut eorum esset potestas et concordaret eos qui guerras habebant ad pacem. Et sic fecit, quia multos discordes ad pacem reduxit.* Auf die Bedeutung des Amtes des *rector* sollte hier genauer eingegangen werden. Dieses Amt ist in den oberitalienischen Kommunen schon seit den zwanziger Jahren des 13. Jahrhunderts nachweisbar und muss als eine außerordentliche und nur kurzfristig tätige Instanz angesehen werden, die erst bei besonderen Schwierigkeiten eingesetzt wurde. Während der Regierung eines *rector* blieben die anderen kommunalen Behörden im Amt: es ist zu vermuten, dass das Modell für dieses Amt aus den Einrichtungen des Lombardenbundes übernommen wurde. Einige Beispiele: Giovanna Forzatti Golia, Folco Scotti «episcopus et rector communis Papie» (1216–1229), in: Dies., Istituzioni ecclesiastiche pavesi dall'età longobarda alla dominazione visconteo-sforzesca (Italia sacra. Studi e documenti di storia ecclesiastica 68), Rom 2002, S. 227–287; Maria Pia Alberzoni, Le armi del legato: Gregorio da Montelongo nello scontro tra Papato e Impero, in: La propaganda politica nel basso medioevo (Convegni del Centro italiano di studi sul basso medioevo – Accademia Tudertina e del Centro di studi sulla spiritualità medievale 38), Spoleto 2002, S. 190–191.

41 Zafarana (wie Anm. 27), S. 217.

42 Vgl. Hermann Hefele, Die Bettelorden und das religiöse Volksleben Ober- und Mittelitaliens im XIII. Jahrhundert (Beiträge zur Kulturgeschichte des Mittelalters 9), Leipzig/Berlin 1910 (Hildesheim 1972), S. 120ff.; Vito Fumagalli, In margine all'"Alleluia" del 1233, in: Bullettino dell'Istituto storico italiano per il Medio Evo e Archivio Muratoriano 80 (1968), S. 257–272; Thompson (wie Anm. 31), S. 37–50.

43 Vgl. D'Avray (wie Anm. 30), S. 29–43.

44 Salimbene de Adam, Cronica (wie Anm. 10), S. 100: *Nam primo venit Parmam frater Benedic-*

um die Scharen der Zuhörer zusammenzurufen, wie jenes Horn nahelegt, das auch noch heute im Schatz der Basilika von S. Francesco in Assisi aufbewahrt ist und die Aufschrift trägt: „Mit dieser Glocke rief der heilige Franziskus das Volk zu seiner Predigt zusammen".[45]

5. 2. Da man also für die Predigt eine Alternative zur Kirche suchte, musste man andere Orte wählen, die genügend Platz boten und leicht zu erreichen waren. Salimbene erzählt, er sei bei einer Predigt des Bruders Gerhard dabeigewesen, die auf dem Hauptplatz der Stadtkommune von Parma gehalten wurde (*in platea Communis Parme*);[46] er erwähnt eine weitere des Bruders Johannes bei Bologna, die auf dem Kies des Reno-Ufers stattgefunden habe (*apud Bononiam, in glarea fluminis Reni*).[47] Die Wahl ähnlicher Orte – abgesehen davon, dass sie auch denen, die vom Land kamen, die Möglichkeit zur Teilnahme bot – befreite in gewisser Weise auch den Prediger von der Notwendigkeit, über im Grunde liturgische oder auf jeden Fall fromme Themen zu predigen, ein Modell, das beispielsweise auch schon von Kreuzzugspredigern oder von Antonius von Padua praktiziert worden war, der es gewohnt war, seine Zuhörerschaft auf einer breiten, offenen Fläche der Stadt, die Prato della Valle heißt, zu versammeln.[48]

5. 3. Die Predigt im Freien ließ zwar einerseits die Teilnahme großer Menschenmengen zu, andererseits aber stellte sie die reale Kommunikation vor ernstliche Probleme: alle sollten schließlich die Möglichkeit haben, den Prediger zu hören und auch zu sehen. Die Stimme mit ihren verschiedenen Tongebungen, und die Gesten, die sie begleiteten, waren tatsächlich grundlegende Elemente der übermittelten Botschaft.[49] Deshalb waren es die Prediger des „Alleluja" gewohnt, von einer transportierbaren hölzernen Kanzel aus zu sprechen.[50] Wenn ein solches Hilfsmittel nicht zur Verfügung stand, griff man auch zu anderen Lösungen, die freilich immer mit symbolischer Bedeutung besetzt waren, so etwa, als Bruder Johannes, um den Veronesern, die ihn als *dux et rector* feierten, eine Rede zu halten, sich dazu des Fahnenwagens, des *carroccio* der Stadt, bediente, des Symbols par excellence für städtische Herrschaft.[51] Der bekannteste Fall ist beschrieben

*tus, qui dicebatur de Cornetta, homo simplex et illitteratus ... Hic habebat in capite capellam Armenicam et barbam longam et nigram et tubam eneam, sive de oricalco, parvulam, cum qua bucinabat, et terribiliter reboabat tuba sua nec non dulciter.*

45 Francesco d'Assisi. Storia e Arte, Milano 1982, S. 185: *Cum ista campana sanctus Franciscus populum ad predicationem convocabat.*

46 Salimbene de Adam, Cronica (wie Anm. 10), S. 108.

47 Salimbene de Adam, Cronica (wie Anm. 10), S. 108.

48 Vgl. Thompson (wie Anm. 31), S. 86–93; Rigon, Dal libro alla folla (wie Anm. 32), S. 30–37.

49 Vgl. Artifoni, Orfeo concionatore (wie Anm. 2), S. 144; Thompson (wie Anm. 31), S. 93: "Una voce forte e chiara era essenziale, come pure un grande vigore. I sermoni della rinascita di svolgevano all'aperto e, sebbene le cronache fossero senz'altro portate all'esagerazione (...), le platee erano sicuramente numerose. Oltre al volume di voce, la buona riuscita della predicazione comportava anche un'abilità naturale nel veicolare messaggi malgrado le limitazioni legate alla natura del mezzo di comunicazione usato. Ciò comportava un perfetto controllo della gestualità e della mimica".

50 Salimbene de Adam, Cronica (wie Anm. 10), S. 108: *Stabat ergo frate Ghirardus, ut vidi oculis meis, in platea Communis Parme vel alibi, ubi volebat, super gradum ligneum, quem fecerat ad loquendum.*

51 Parisii de Cereta, Annales Veronenses, hg. v. Georg Heinrich Pertz (MGH Script. 19), Hannoverae 1866, S. 8: *Et ob hanc causam Ferrarienses, Paduani, Trivisani, Vincentini, Mantuani et Brixienses post paucos dies de mandato ipsius fratris*

anlässlich der großen Versammlung, die Bruder Johannes für den 28. August 1233 in Paquara am Ufer der Etsch einberief, um dort die Modalitäten für das große Projekt einer Versöhnung zwischen den Städten der Mark Treviso zu verkünden:[52] umständehalber wurde dort ein hölzerner Turm gebaut, der ungefähr 28 Meter hoch war. Dort oben stellte sich der Bruder hin, um seine Rede zu halten, so dass alle, die dort zusammengekommen waren, ihn sehen und hören konnten.[53]

5. 4. Charakteristisch an der Predigt jener Brüder in der Zeit des „Alleluja“ waren außerdem die Themen, die behandelt wurden und der Predigtstil selbst. Die starke soziale und kulturelle Solidarität unter den Mendikanten und die städtische Welt, die sie umgab, schufen Vertrautheit mit dem *modus concionandi*, in dem auch der Ort, wo die Rede gehalten wurde und die Zusammensetzung der Zuhörerschaft zu berücksichtigen war. Was die Inhalte betrifft, können wir sie uns nicht an Hand von geschriebenen Texten oder wörtlichen Wiedergaben – *reportationes* – der Zuhörer rekonstruieren, sondern nur an Hand von einigen Grundzügen, wie sie uns die Chroniken liefern.[54] Sie erlauben uns, den paränetischen Charakter dieser Reden zu erahnen: sie gingen gewöhnlich von Passagen aus der Heiligen Schrift aus, um sie dann in einem moralischen Zusammenhang aufgehen zu lassen und dann vor allem mit der Versöhnung im Inneren der Städte und unter den Städten innerhalb einer Region zu schließen.[55] Die Eindringlichkeit, mit der man diese Themen beibehielt, erklärt auch die Motive, die die Bevölkerung veranlassten, den Brüdern wichtige politische Aufträge in der Stadt zu übertragen. Sie hegten dabei die Hoffnung, mit dem Eingreifen charismatischer Persönlichkeiten die Ideale des Friedens und der Eintracht endlich verwirklicht zu sehen.

*Ioannis dederunt eidem fratri Ioanni carrocium Veronensium, et in eo et super eo carrocio ipse frater Ioannes ascendit in foro Veronae, et de voluntate populi Veronensis ipse frater Ioannes se elegit in ducem et potestatem Veronae*; Thompson (wie Anm. 31), S. 74; zur wichtigen Rolle des *carroccio* siehe Hannelore Zug Tucci, Der Fahnenwagen in der mittelalterlichen italienischen Militäremblematik (11.–13. Jahrhundert), in: Hervé Pinoteau/ Michel Pastoureau/Michel Popoff (Hgg.), Les Originies des Armoiries. Iie Colloque international d'héraldique, Bressanone/Brixen 1981, Paris 1983, S. 163–172; Dies., Il Carroccio nella vita comunale italiana, in: Quellen und Forschungen aus italienischen Archiven und Bibliotheken 65 (1985), S. 1–104 und Ernst Voltmer, Il carroccio (Biblioteca di cultura storica 205), Turin 1994.

52 Vgl. Vauchez (wie Anm. 31), S. 517–520; Thompson (wie Anm. 31), S. 75–79; Rando (wie Anm. 26), S. 65–67.

53 Rolandini Patavini Cronica (wie Anm. 35), S. 45: *[Q]uadam specula, lignaminibus artificiose constructa; et hoc artificium altitudine quasi per cubitus sexaginta*; Parisii de Cereta Annales Veronenses (wie Anm. 51), S. 9: *Et ibidem interfuerunt Brixienses, Mantuani, Paduani, Trevisini et Vicentini cum eorum carrociis et carrettis, et maxima multitudo circumstantium civitatum, videlicet de Bononia, Ferraria, Mutina, Regio et de Parma; et reputatum fuit ibi fore et fuisse quatuor centum milia personarum et ultra. Et etiam ibidem fuerunt omnes epicopi et praelati civitatum omnium praedictarum. Super quo belfredo ipse frater Iohannes ascendit.*

54 Vgl. den Text aus der Cronica von Salimbene, oben in Anm. 38; Thompson (wie Anm. 31), S. 86–93.

55 Ein Beispiel eines *incipit* einer Predigt während der „Alleluja-Bewegung“ wird von Salimbene de Adam, Cronica (wie Anm. 10), S. 108, berichtet: *Beata gens cuius est Dominus Deus eius, populus quem elegit in hereditatem sibi*. Eine starke moralische und paränetische Färbung haben auch die Predigten der Schüler des Petrus Cantor, z. B. von Foulques von Neuilly: John Frederik Hinnebusch, The Historia Occidentalis of Jacques de Vitry. A critical edition (Spicilegium Friburgense 17), Fribourg 1972, S. 94–101; Baldwin (wie Anm. 30), S. 36–39 (The Preachers: Foulques de Neilly and Jacques de Vitry); zur Tätigkeit der Brüder

Vor allem der Stil der Predigt war charakteristisch. Salimbene definiert ihn als bisweilen *truphatorius,* das heißt scharf und ironisch, jedenfalls verschieden von dem der Kleriker und nahe dem der städtischen Kultur.[56] Es musste sich um eine Redeweise handeln, die nicht frei von rhetorischen Tönen war und so viel Scharfsinn haben musste, dass sie die Gefühle der Zuhörer berühren und sie dazu drängen konnte, eifrig und regelmäßig die Predigt zu besuchen. Das treffendste Beispiel wird wieder von Salimbene geliefert, als er sich an eine Episode erinnert, die er persönlich in Parma miterlebte: Gerhard von Modena befindet sich gerade auf seiner hölzernen Kanzel auf dem Hauptplatz der Stadt, da zieht er sich unerwartet, während das versammelte Volk voller Erwartung dasteht, die Kapuze über das Gesicht, als ob er plötzlich in tiefe geistliche Betrachtung versetzt worden sei. Dann, nach einer langen Pause, schiebt er die Kapuze zurück, fängt wieder an zu reden und verkündet, er sei gerade eben wunderbarerweise bei der Predigt gewesen, die Johannes von Vicenza zur gleichen Zeit bei Bologna am Ufer des Reno vor einer großen Menschenmenge halte.[57] Um seiner Behauptung größere Beweiskraft zu verleihen, fügt Gerhard das Thema hinzu, über das Bruder Johannes gerade predige: „Selig das Volk, dessen Gott der Herr ist, das Volk, das er sich zum Erbteil erwählt hat".[58] Die Zuhörer, erstaunt über ein solches Verhalten, wollten herausfinden, wie weit das, was der Prediger behauptet hatte, der Wahrheit entspräche, schickten Boten nach Bologna und erhielten dort die Bestätigung. Schließlich wurde das Staunen und die Verwunderung so groß, dass viele ihre weltlichen Geschäfte verließen und bei den Minderbrüdern und den Predigern eintraten.[59] Der Chronist erklärt jedoch, dass es sich um einen Schwindel gehandelt habe, da sich Bruder Johannes, Bruder Gerhard und Bruder Jakob von Reggio schon vorab über

als Friedensstifter: Berg (wie Anm. 34); Alberto Forni, La «nouvelle prédication» des disciples de Foulques de Neuilly: intentions, techniques et réactions, in: Faire Croire. Modalités de la diffusion et de la réception des messages religieux du XIIe au XVe siècle (Collection de l'École française de Rome 51), Rom 1981, S. 19–37; Francesco Morenzoni, Des Écoles aux paroisses. Thomas de Chobham et la promotion de la prédication au débout du XIIIe siècle (Collection des Études Augustiniennes. Série Moyen Âge et Temps Modernes 30), Paris 1995.

56 Zur Verwendung dieses Terminus vgl. Salimbene de Adam, Cronica (wie Anm. 10), S. 109: *Boncompagnus Florentinus* (es geht um den berühmten Boncompagnus de Signa), *qui magnus magister in gramatica in civitate Bononie fuit et libros de dictamine scripsit. Hic more Florentinorum trufator maximus esset*; S. 111: *frater Deustesalvet de Florentia ex Ordine Minorum, qui more Florentinorum magnus trufator erat*; S. 239: *fratri Hugoni de Regio, qui dictus est Hugo Paucapalea, et fuit magister in gramatica in seculo et magnus truphator et magnus prolocutor et in Ordine fratrum Minorum sollemnis et optimus predicator.*

57 Salimbene de Adam, Cronica (wie Anm. 10), S. 108: *Stabat ergo frater Ghirardus, ut vidi oculis meis, in platea Communis Parme vel alibi, ubi volebat, super gradum ligneum, quem fecerat ad loquendum, et populo expectante a predicatione cessabat et profundabat caputium super caput, quasi aliquid meditaretur de Deo. Deinde post longam moram miranti populo, remoto caputio, loquebatur. Quasi diceret, Apoc. I:* «Fuit in spiritu in Dominica die *et ascultavi dilectum fratrem nostrum Iohannem de Vincentia, qui predicabat apud Bononiam in glarea fluminis Reni et habebat magnum populum coram se».*

58 *Ibidem*: «*...et tale fuit predicationis eius initium*: Beata gens cuius est Dominus Deus eius, populum quem elegit in hereditatem sibi». *Idem dicebat de fratre Iacobino, idem illi de isto.*

59 *Ibidem*: *Mirabantur astantes et curiositate ducti nuntios mittebant nonnulli, ut istorum que dicebantur cognoscerent veritatem. Cumque veraciter hec omnia repperissent, indicibiliter mirabantur, et secularia negotia deserentes Ordinem fratrum Minorum et fratrum Predicatorum multi ingressi sunt.*

Ort und Zeitpunkt ihrer Predigt und auch über die Themen, die sie behandeln wollten, abgesprochen und sich gegenseitig das Versprechen gegeben hätten, von ihren Vereinbarungen nicht abzuweichen.[60]

5. 5. Die Prediger des „Alleluja" gehen also weit über die einfache mündliche Kommunikation hinaus. Sie wussten genau, dass Worte nicht genügen, um zu überzeugen, sondern auch Fakten, genaugenommen (Wunder-)Zeichen gebraucht werden.[61] Das ist das Merkmal, das Salimbene zufolge all diese Prediger kennzeichnet. Im Abstand von vielen Jahren, im Jahre 1285, erinnert sich der Chronist an den Tod eines Mitbruders, der ihm teuer war, Bruder Barnabas von Reggio, und lobt seine großen rednerischen und sprachlichen Fähigkeiten: er war in der Tat fähig, den Stil der alten Prediger zur Zeit des „Alleluja" nachzuahmen, die sich durch Wundertätigkeit einführten – *intromittebant se de miraculis faciendis.*[62] Und um diese Wunder bei der Bevölkerung glaubhaft zu machen, dachten sie sich Listen aus, wie jene, die gerade beschrieben worden ist. Vor allem Salimbene spricht mit großer Ironie von Bruder Johannes von Vicenza, der in puncto Selbstbewusstsein des Wundertäters das höchste Niveau erreicht zu haben scheint.[63] Er erzählt eine Episode, die sich in einem Konvent der Minderbrüder ereignet hat, wo Bruder Johannes als Gast aufgenommen worden war und sich den Bart vom Barbier hatte rasieren lassen, sich aber hinterher wunderte, dass der Bruder seine Barthaare nicht aufbewahrt hätte, um daraus Reliquien zu machen![64]

60 *Ibidem*: *Unum vero pretereundum non est, quia tempore devotionis predicte isti sollemnes predicatores congregabantur interdum in aliquo loco et ordinabant de predicationibus suis, scilicet de loco, de die, de hora et de themate; et dicebant unus alteri: «Teneas quod ordinavimus firmus».*

61 Eine ähnliche Wundertätigkeit ist für Foulques de Neully bezeugt, damit seine Zuhörer seinen Worten glaubten: dazu Hinnebusch (wie Anm. 55), S. 97: *Confluebant autem et concurrebant a remotis regionibua ut audirent ipsum et cernerent que per ipsum dominus operabatur mirabilia. In grabatis autem egrotantium ferebatur multitudo, et ponebantur in uiis et plateis per quas ipse erat ptransiturus, ut ueniente ipso fimbrias uestimenti eius tangerent et sanarentur a languoribus suis. (...) Tanta siquidem infirmorum et eorum qui eos afferebant erat fides et deuotio, quod, non solum serui Dei meritis sed feruore spiritus et fidei non hesitantis magnitudine, plures sanari mererentur. Felices autem se estimabant, qui de uestimentis eius particulam aliquam rumpere et sibi reseruare ualebunt.*

62 Salimbene de Adam, Cronica (wie Anm. 10), S. 863–864: *Item (...) circa festum sancte Lucie* [1285] *mortuus est subito in lecto suo sine aliqua precedente infirmitate Barnabas qui dicebatur de Regina, et de civitate Regio oriundus erat. Hic multum fuit amicus meus. Et fuit solatium clericorum, canonicorum, cardinalium et omnium prelatorum, militum et baronum et omnium qui solatium requirebant, quantum ad verba sua. Nam optime loquebatur Gallice, Tuscice et Lombardice et aliis multis modis, scilicet qualiter pueri cum pueris pueriliter locuntur, qualiter mulieres cum mulieribus et cum commatribus suis familiari colloquio mutuo referunt facta sua. Et sciebat representare modum predicandi antiquorum predicatorum, secundum quod predicabant tempore Alleluie, quando intromittebant se de miraculis faciendis.*

63 Ebd., S. 110: *De fatuitatibus fratris Iohannis de Vincentia, qui erat de Ordine fratrum Predicatorum. Porro frater Iohannes de Vincentia (...) ad tantam dementiam devenerat, propter honorem sibi impensum et quia habebat gratiam predicandi, ut crederet etiam sine Deo se veraciter miracula posse facere.*

64 Ebd.: *Hic, cum quadam die venisset ad domum fratrum Minorum, et barbitonsor ei barbam rasisset, valde habuit pro malo, eo quod fratres pilos barbe sue non colligerant, ut pro relinquiis reservarent.*

## 6. Ein kurzlebiger persönlicher Erfolg

Das Handeln der Brüder in der Zeit des „Alleluja" erweckte Staunen und Interesse. Unter denen, die mit Wohlwollen den Erfolg der „politischen" Predigttätigkeit der Mendikanten in Oberitalien begrüßten, war mit Sicherheit Gregor IX., der bis zum Jahre 1227 zu Predigtkampagnen in der Lombardei aufgefordert hatte, aber nur von Antonius von Padua eine zufriedenstellende Antwort erhalten hatte.[65] Der Papst sah im „Alleluja" eine zweifelsfreie Bestätigung der bemerkenswerten Einflussmöglichkeiten, welche die Mendikanten boten, insbesondere eine Bestätigung ihrer Fähigkeiten, die Bevölkerung in den Städten mitzureißen. Das ging so weit, dass die Brüder deren volles Vertrauen schließlich auch in politischen Angelegenheiten gewannen.[66] Nur eines soll hier erwähnt werden: das Faktum, dass die Brüder in vielen Stadtkommunen erfolgreich die Aufnahme antihäretischer Normen in die städtischen Statuten veranlassten, wie es der Papst seit einiger Zeit wiederholt verlangte, hatte er doch im Jahre 1228 den Kardinal Goffredo Castiglioni zu diesem Zweck in diese Region entsandt.[67]
Lebhaftes Erstaunen wurde auch von den Spitzen des Predigerordens formuliert, insbesondere, weil die erfolgreiche Predigttätigkeit des Bruders Johannes von Vicenza und seine Übereinstimmung mit Gregor IX. in entscheidender Weise dazu beitrugen, den Kanonisationsprozess des Dominikus von Caleruega voranzubringen, schon allein deshalb, weil die Predigttätigkeit der Brüder sich als so effektiv erwiesen und die Bekehrung zahlreicher Ketzer bewirkt hatte. Der Provinzial der Lombardei Stephanus Hispanus schrieb in seiner Zeugenaussage beim Kanonisationsprozess des Dominikus eben der Fürsprache

65 Dazu vgl. Rigon, Dal libro alla folla (wie Anm. 32), S. 30–37 und den Text von Rolandino oben in Anm. 35; Ders., Appunti per lo studio dei rapporti tra Minori e mondo ecclesiastico padovano nel Duecento, in: Il Santo 16 (1976), S. 323–331; Rainini (wie Anm. 31), S. 147–154.

66 Vauchez (wie Anm. 31), S. 519–533; der Papst wurde vom Prior der mailändischen Dominikaner über den Erfolg der Predigtkampagne unterrichtet: siehe BF I, nr. CXX, S. 119–120: *Benedicimus Deum coeli et ei coram cuntis viventibus confitetur, laudes et gratias referentes, quod hujus nostri tempore incolatus evangelicus Paterfamilias per dilectos filios fratres Praedicatores et Minores operarios in vineae suae cultum undecima diei hora conductos, mirabilium suorum memoriam innovat et nobis expressa suae signa misericordiae repraesentat* (S. 119); zur Bedeutung der kaiserlichen ketzerfeindlichen Gesetzgebung siehe Andrea Padovani, L'inquisizione del podestà. Disposizioni antiereticali negli statuti cittadini dell'Italia centro-settentrionale nel secolo XIII, in: Clio 21 (1985), S. 345–393; Helmut G. Walther, Ziele und Mittel päpstlicher Ketzerpolitik in der Lombardei und im Kirchenstaat, 1184–1252, in: Peter Segl (Hg.), Die Anfänge der Inquisition im Mittelalter (Bayreuther historische Kolloquien), Köln 1993, S. 103–130; Thomas Scharff, Häretikerverfolgung und Schriftlichkeit. Die Wirkung der Ketzergesetze auf die oberitalienischen Kommunalstatuten im 13. Jahrhundert (Gesellschaft und Kultur 4), Frankfurt a.M. 1996. Die grundsätzliche Rechtfertigung der Rolle der Mendikanten in der päpstlichen Ketzerpolitik wird mit Nachdruck betont von Marco Rainini, I predicatori dei tempi ultimi. La rielaborazione di un tema escatologico nel costituirsi dell'identità profetica dell'Ordine domenicano, in: Cristianesimo nella storia 23 (2002), S. 307–343, und von Maria Pia Alberzoni, Minori e Predicatori fino alla metà del Duecento (Akten der Tagung: San Pietro Martire, Mailand 2002), im Druck hervorgehoben

67 Vgl. Agostino Paravicini Bagliani, Cardinali di curia e ‚familiae' cardinalizie dal 1227 al 1254 (Italia sacra. Studi e documenti di storia ecclesiastica, 18), Padua 1972, S. 32–40; Ders., Celestino IV, papa, in: Enciclopedia dei papi, Bd. II, Rom 2000, S. 381–382; Rando (wie Anm. 26), S. 55–69.

des Heiligen den Erfolg bei den Eingriffen der Brüder in das städtische Leben zu.[68] Die größte Begeisterung für die Tätigkeit der Mendikanten hat aber Gregor IX. in einem Brief an den Erzbischof und den Klerus von Mailand vom 1. Dezember 1233 ausgedrückt: dieses Dokument lässt eine bezeichnende Entwicklung im Denken des Papstes erkennen. Gregor deutete das, was geschehen war, joachimitisch verschlüsselt und setzte dazu noch die Prediger- und die Minderbrüder mit den Arbeitern der letzten Stunde gleich.[69]
Freilich löste die wirkungsvolle Predigt der Brüder nicht nur Begeisterung aus; es fehlte auch nicht an Stimmen, die unschlüssig waren oder zweifelten. In Padua zeigte sich der Benediktinerabt Giordano Forzatè angesichts der politischen Initiativen des Bruders Johannes und der Prediger des „Alleluja" skeptisch.[70] Kaiser Friedrich II. versäumte es nicht, sich direkt bei Gregor IX. zu beklagen. Er beschuldigte ihn nämlich, jene Initiativen der Brüder unterstützt zu haben, auf die hin viele Städte der Lombardei die kaiserliche Partei verlassen hätten, um jetzt die Anweisungen der römischen Kirche entgegenzunehmen.[71] Es konnte dem Kaiser sicherlich nicht entgehen, dass die Brüder sich im Gewand von Friedensstiftern präsentiert hatten, in einer Aufgabe also, die er für sich allein beanspruchte.[72]
Jedenfalls war der Erfolg des Johannes von Vicenza ausgesprochen kurzlebig: nach der großen Versammlung von Paquara erreichte man nicht die Versöhnung, die feierlich proklamiert worden war, sondern musste vielmehr den raschen Niedergang der Glaubwürdigkeit des Dominikaners erleben, der, auf die Unterstützung des Volkes setzend, widersprüchliche politische Initiativen ergriffen hatte. Er wurde geradewegs ins Gefängnis geworfen; die Situation verschlechterte sich: bald darauf kam es zu neuen politischen Konflikten innerhalb der Städte und der Städte untereinander.[73]

68 Angelo Walz, Acta canonizationis s. Dominici, in: Monumenta historica sancti Patris nostri Dominici (MOPH 16), Rom 1935, S. 158–159: *Item dixit predictus testis quod firmiter credit, quod gratia que his temporibus collata est fratribus predicatoribus in Lombardia et etiam in aliis provinciis, precibus et meritis fratris Dominici sit collata vel etiam augmentata. Interrogatus quare hoc credit, respondit quod ab illo tempore, postquam frater Johannes Vincentinus cepit predicare revelationem sibi de fratre Dominicus divinitus factam et vitam et conversationem et ipsius sanctitatem populo nunciare (...) ex tunc manifeste refulsit et apparuit amplior gratia tam in fratribus, qui eius vitam et sanctitatem predicabant, quam etiam in populis qui eos audiebant, sicut patet per effectum in civitatibus Lombardie.*

69 Rainini (wie Anm. 66), S. 317–322; Grado Giovanni Merlo, «Militare per Cristo» contro gli eretici, in: Ders., Contro gli eretici. La coercizione all'ortodossia prima dell'Inquisizione, Bologna 1996, S. 11–49 (besonders 43).

70 Thompson (wie Anm. 31), S. 79–82.

71 Epistolae saeculi XIII e regestis pontificum Romanorum, selectae per G.H. Pertz, hg. v. Carolus Rodenberg (MGH, Epistolae selectae saec. XIII 1), Berolini 1883, S. 599: (Die Anklage des Kaisers) De frate Iohanne ordinis Predicatorum, qui vocavat se rectorem et ducem Verone quasi auctoritate ecclesie Romane. (Die päpstliche Rechtfertigung) Frater Iohannes ordinis Predicatorum, qui pacem fecit Veronensibus, sine conscientia domini pape pacem fecit, et si vocavit se rectorem vel ducem, dominus papa nescivit.
(Die Anklage des Kaisers) De potestate data Veronensibus ab ecclesia Romana. (Die päpstliche Rechtfertigung) Potestas Veronensibus non fuit data a domino papa, set partes elegerunt eum.
(Die Anklage des Kaisers) De favore dato contra partem imperatoris a potestate Veronensium R[aynerio] Bulgarello. (Die päpstliche Rechtfertigung) Testimonium habet potestas Veronensium ab Azolino et parte sua, quod fideliter se habuit nec cessit in partem.

72 Vgl. Ernst Kantorowicz, Kaiser Friedrich II., Düsseldorf/München 1927 und Ergänzungsband, Berlin 1931 (die bibliographischen Hinweise werden hier der italienischen Ausgabe, die beide Bände enthält, entnommen: Federico II, imperatore, Mailand 1976, S. 401–403).

73 Canetti (wie Anm. 37), S. 266; Thompson (wie Anm. 31), S. 75–82.

## 7. Der Erfolg eines Modells

Auch nachdem der Stern des Bruders Johannes von Vicenza und der anderen „politischen“ Prediger des „Alleluja“ gesunken war, wurde jenes Modell der Predigt, mit dem diese so glückliche Erfahrungen gemacht hatten, weiterhin mit einem gewissen Erfolg angewandt, wenn auch die theologisch gebildeten Brüder mit immer größerem Argwohn auf ähnliche Erscheinungsformen schauten, die so weit von der Predigttätigkeit der Intellektuellen entfernt waren.[74]

Ich beschränke mich hier auf zwei prägnante Beispiele.

Zunächst der Franziskaner Ugo Paucapalea, den Salimbene zu den *magni truphatores* rechnet, das heißt zu denjenigen Predigern, die ihre Formung in einer städtischen Kultur erhalten hatten, und der vor seinem Eintritt in den Orden *magister in gramatica* gewesen, im übrigen mit einer überzeugenden Redegabe ausgestattet war, als ein *sollemnis predicator*, ein Mann, der in der Lage war, die Verleumder des Ordens zu widerlegen. „Er war es gewohnt, sich mit einem großen Reichtum von Sprichwörtern, Fabeln und Exempla auszudrücken, die er in angemessener Weise einzusetzen wußte, weil er alles auf das sittliche Verhalten seiner Zuhörer bezog und mit Einfachheit und Anmut sprach. Das Volk hörte ihn gerne, aber die Minister und Vorgesetzten des Ordens schätzten ihn nicht, weil er in Gleichnissen redete und sie mit dem Zitieren von Sprichwörtern und Exempla zu verwirren vermochte“.[75] Die *facundia,* die gerade der städtischen Kultur eigen und ganz durchwoben war von Bezügen zum Alltäglichen, von Sprichwörtern und Exempla, wurde zwar von den Zuhörern geschätzt, aber von den gelehrten Brüdern und von den hochgebildeten Mitgliedern der städtischen Aristokratie wie auch von den *Magistri* der Universität bekämpft.[76] Man versteht so, warum sich mit der wachsenden Klerikalisierung des Ordens eine Predigt verfestigte, die immer auch moralisierend gewesen war, nun aber theologisch, gelehrt und wenn überhaupt volkstümlich, dann sicher nicht „politisch“ geprägt war. Derselbe Salimbene ist mit einer solchen „klerikalen“ Ausrichtung durchaus einverstanden, auch wenn er sich gut an diese abenteuerlichen Erfahrungen erinnert und über seine Bewunderung nicht schweigen kann.[77]

74 Daraus erklärt sich das Misstrauen der Ordensspitze der Dominikaner; allerdings machten die Prediger des „Alleluja“ tatsächlich von dem neuen Kommunikationsstil Gebrauch, der in Frankreich schon verbreitet war, wie die Lehre von Petrus Cantor und die Beispiele von Foulques von Neully und Jacques von Vitry erkennen lassen (vgl. die Literatur in Anm. 55).

75 Salimbene de Adam, Cronica (wie Anm. 10), S. 239: *totus plenus proverbiis, fabulis et exemplis, et optime sonabat in ore suo, quia hec omnia reducebat ad mores, et habebat linguam disertam et gratiosam, et libenter audiebatur a populo. Ministri vero et prelati Ordinis non diligebant eum, eo quod parabolice loquebatur et confundebat eos proverbiis et exemplis. Sed parum curabat de talibus quia homo optime vite erat*; Zafarana (wie Anm. 27), S. 217–218.

76 Es mag hier genügen, auf die Verleumder des Johannes von Vicenza – innerhalb und außerhalb des Predigerordens – hinzuweisen: der Grund für ihre Feindseligkeit war die Tatsache, dass er sich nicht an den rhetorischen Kanon hielt, der in den Schulen unterrichtet wurde; dazu Thompson (wie Anm. 31), S. 72, 86, 102, Fumagalli (wie Anm. 42), S. 261 und Artifoni, Gli uomini dell’assemblea (wie Anm. 2), S. 149–154; Enrico Artifoni, *Sapientia Salomonis.* Une forme de présentation du savoir rhétorique chez les *dictatores* italiens (première moitié du XIIIe siècle), in: Rosa Maria Dessì/Michel Lauwers (Hgg.), La parole di prédicateur V[e]–XVe siècle (Collection du Centre d’études médiévales de Nice 1), Nice 1997, S. 291–310.

77 Vgl. oben Anm. 38; Zafarana (wie Anm. 27), S. 217: „Più che da specificità francescana (...) l’*Alleluia* mi sembra caratterizzato dalla specificità di una

Wiederum Salimbene bietet uns eine recht lebendige Schilderung jener Predigttätigkeit, wie sie wenig später ein anderer Franziskaner, Berthold von Regensburg, ausgeübt hat, der sich in einigen Aspekten vollkommen auf einer Linie mit den Brüdern des „Alleluja“ befindet, dies ein Zeichen der Verbreitung und der Ausformung eines Modells, das dieser geradezu perfektioniert zu haben scheint:[78] tatsächlich achtete Berthold, der es gewohnt war, einer großen Volksmenge innerhalb wie außerhalb der Städte zu predigen, mit großer Sorgfalt auf die Auswahl der Orte.[79] Einige Predigten fanden an Flussufern statt, wie wir schon bei Johannes von Vicenza gesehen haben. Um von einer großen Zuhörerschaft bequem gehört zu werden, stieg er dann auf einen hölzernen Turm – Salimbene sagt, er sei einem Glockenturm ähnlich gewesen – den er auf dem Land als Kanzel benutzte. Nicht allein das. Auf der Spitze dieses Turmes war ein *pennellus,* eine Flaumfeder, die dem Prediger zur Bestimmung der Windrichtung diente. So konnte er seine Zuhörer einladen, sich dorthin zu setzen, wo sie seine Stimme besser hören könnten.[80] Wenn er dann über das Jüngste Gericht, das *tremendum iuditium* predigte, gelang es ihm, einen so großen Schrecken bei der Menge zu erzeugen, dass alle von Furcht ergriffen waren, so dass sie ihn schließlich baten, das Thema zu wechseln, weil sie einen solchen Schrecken nicht mehr aushalten könnten.[81] Mit rhetorischen Mitteln oder auch

cultura laica legata ad un preciso *background* intellettuale e sociale, che è poi quello in cui lo stesso Salimbene ha le sue radici familiari e culturali, e che proprio all'interno dell'opera di Salimbene mostra la sua parabola: ché il suo giudizio complessivo sull'*Alleluia* è positivo e partcipante, ma il giudizio culturale, di «illitterati» applicato ai protagonisti di quel momento è fatto ormai dall'interno e con il metro della cultura tutta clericale cui Salimbene è approdato e che sente chiaramente come promozione, ed è ormai linea largamente vincente nell'ordine“.

78 Volker Mertens, Berthold v. Regensburg, in: Lexikon des Mittelalters, Bd. I, München/Zürich 1980, Sp. 2035–2036. Zafarana (wie Anm. 27), S. 35 spricht von „una tendenza allo sfruttamento in senso popolare delle strutture del sermone tradizionale e dotto, adattate e semplificate e rese funzionali ad una impostazione morale e catechetica“; ein wichtiger Vergleich zwischen den Predigten Bertholds und denen des Antonius von Padua, ebd., S. 228–230 (mit älteren bibliographischen Hinweisen): „Vale qui la pena di notare che le analogie fra Bertoldo e Antonio non sono solo formali: per tutti e due ci troviamo di fronte a un fenomeno di intenso successo popolare, a una scelta di predicazione all'aperto che coinvolge grandi moltitudini e che stabilisce un contatto fra centro cittadino e masse rurali dei dintorni“; dazu die Darlegung einiger Themen der Predigten Bertholds ebd., S. 238–242.

79 Salimbene de Adam, Cronica (wie Anm. 10), S. 814: *Erat autem consuetudo fratris Bertholdi ut, modo in ista civitate, modo in alia, predicationes quas facere intendebat diversis temporibus ordinare et locis, ut populus, qui conveniebat, sine defectua victualia posset habere*; *ibidem*, S. 817: *Cum autem pervenisset ad civitatem frater Bertholdus, voluit ipsum populus predicantem audire. Et congregati sunt omnes in glarea cuiusdam fluminis.* Das Bild von Salimbene wird durch eine Predigt von Berthold (über das *Pater noster*) bestätigt: *Cum praedicas laicis, sic procede. Si es in civitate dic: ‚Cras veniant rurales...‘* (zitiert von Zafarana [wie Anm. 27], S. 230).

80 Salimbene de Adam, Cronica (wie Anm. 10), S. 813: *Hic ascendebat bettefredum sive turrim ligneam quasi ad modum campanilis factam, qua pro pulpito in campestribus utebatur, quando predicare volebat, in cuius etiam cacumine ponebatur pennellus ab his qui artificium collocabant, ut ex vento flante cognosceret populus in qua parte ad melius audiendum et ad sedendum collocare debere. Et, mirabile dictu, ita audiebatur et intelligebatur a remotis ab eo sicut ab his qui iuxta eum sedebant, nec erat aliquis qui a predicatione sua surgeret et recederet nisi predicatione finita.*

81 Salimbene de Adam, Cronica (wie Anm. 10), S. 813–814: *Et cum de tremendo iuditio predicaret, ita tremebant omnes, sicut iunccus tremit in aqua. Et rogabant eum, amore Dei, ne de tali materia loqueretur, quia eum audire terribiliter et horribiliter gravabantur.*

mit ihrem Stil zielte die Predigt Bertholds darauf ab, die Gläubigen emotional mitzureißen und in ihnen Reue zu wecken.

Das Kommunikationsmodell, das in der Predigtkampagne des „Alleluja“ im Jahre 1233 angewandt wurde, wurde zwar in seiner politischen Färbung bald aufgegeben, beeinflusste jedoch weiterhin die Redetechnik der Mendikanten. Diese Predigtform der alten Prediger – der *modus predicandi antiquorum predicatorum* – hatte sich in der Tat in einem städtischen Umfeld als besonders wirksam erwiesen und, vielleicht zum ersten Mal in dieser Vollständigkeit, dem Papsttum und den Mendikanten selbst die bemerkenswerte Leistungsfähigkeit einer Predigt aufgezeigt, die Motive aus dem Alltagsleben verwendete, also bisweilen recht Innerweltliches zum Thema machte, wie die Verurteilung des Wuchers und die Notwendigkeit, innerhalb der Stadt und in den Beziehungen zwischen den Städten den Frieden zu wahren oder wiederherzustellen.[82] Wenn bereits im 12. Jahrhundert die großen Wanderprediger sich eine gläubige und empfängliche Zuhörerschaft geschaffen hatten, war es vielleicht die Schwerpunktverlagerung – weg von der Kirchenreform und der Erneuerung des Lebens nach dem Evangelium hin zur Befriedung der Gemüter im Inneren der Städte –, die das Interesse der Scharen die zu den Predigten strömten von neuem wachzurufen, ihre Erwartungen zu wecken und gleichzeitig das Ansehen der Brüder zu vergrößern vermochte. Es eröffneten sich so der Kommunikation im Inneren der Stadt neue Wege, Wege, die jedoch in dem Moment, als sich im lokalen und regionalen Umfeld stärkere Mächte behaupteten, ihre Bedeutung nach und nach wieder einbüßten und einer wachsamen Kontrolle unterworfen wurden – was den Stil der politischen Redner und die Inhalte, die von ihnen verbreitet wurden, gleichermaßen betraf.[83]

82 Zur politischen Wirkung dieser Art von Predigt und der Prediger selbst verweise ich auf die Analyse von Thompson (wie Anm. 31), S. 133–197.

83 Große Bedeutung erlangt auf diesem Gebiet die Lehre der Universitätsmagister: es handelt sich um ein Modell, das auch an den weltlichen Höfen bald nachgeahmt wurde: Jacqueline Hamesse, La prédication universitaire, in: La predicazione dei frati (wie Anm. 2), S. 47–79; Nicole Bériou, L'avènement des maîtres de la Parole. La prédication à Paris au XIIIe siècle (Collection des Études Augustiniennes. Série Moyen Âge et Temps Modernes 31), 2 Bde., Paris 1998.

# Städtische Kommunikation aus Sicht der historischen Linguistik*

*Jörg Meier und Arne Ziegler*

## 1. Einleitung

Sprachgeschichte wird in verschiedenen Untersuchungen der letzten Jahre im Sinne einer Sprachverwendungs- und Kommunikationsgeschichte gesehen, da auch historische Texte „nur im Diskurs, in der sozialen Interaktion vollständig zu verstehen" sind.[1] Eine Sprachgeschichtsschreibung, die soziopragmatisch orientiert ist, geht „über bloße historische Linguistik" hinaus und weist „auf historische Zusammenhänge zwischen Sprache und Gesellschaft im Rahmen kommunikativer Praxis" hin.[2] Dabei kommt der Darstellung der Medien- und Bildungsgeschichte sowie der Textsortenentwicklung ein besonderer Stellenwert zu.[3] Der traditionellen sprachgeschichtlichen Beschreibung eines System- und Strukturwandels, anhand einer isolierten Formengeschichte, werden die vielfältigen Aspekte des Funktionswandels von Sprache entgegengestellt.[4]

* Teile des hier abgedruckten Beitrages sind bereits in Ziegler 2003 und Meier 2004 (vgl. Anm. 12) sowie in anderen Aufsätzen der Autoren publiziert worden. Auf ausdrücklichen Wunsch des Herausgebers haben wir uns zu einer erneuten Veröffentlichung entschlossen.

1 Rudolf Große, Überlieferte Texte und erschlossene Sprachnormen – Grundfragen der Sprachgeschichtsforschung, in: Soziolinguistische Aspekte der Sprachgeschichte. Dem Wirken Rudolf Großes gewidmet, hg. von Herbert Hörz, Berlin 1991, S. 16.

2 Peter von Polenz, Deutsche Sprachgeschichte vom Spätmittelalter bis zur Gegenwart. Bd. I: Einführung – Grundbegriffe – 14. bis 16. Jahrhundert, Berlin/New York ²2000, S. 9.

3 Vgl. Gerd Schank, Ansätze zu einer Theorie des Sprachwandels auf der Grundlage von Textsorten, in: Sprachgeschichte. Ein Handbuch zur Geschichte der deutschen Sprache und ihrer Erforschung (Handbücher zur Sprach- und Kommunikationswissenschaft 2/1), hg. von Werner Besch/Oskar Reichmann/Stefan Sonderegger, Berlin/New York 1984, S. 761–768; Hugo Steger, Sprachgeschichte als Geschichte der Textsorten/Texttypen und ihrer kommunikativen Bezugsbereiche, in: Sprachgeschichte. Ein Handbuch zur Geschichte der deutschen Sprache und ihrer Erforschung (Handbücher zur Sprach- und Kommunikationswissenschaft 2/1), hg. von Werner Besch/Oskar Reichmann/Stefan Sonderegger, Berlin/New York 1984, S. 186–204; Peter von Polenz, Mediengeschichte und deutsche Sprachgeschichte, in: Die Erscheinungsformen der deutschen Sprache. Literatursprache, Alltagssprache, Gruppensprache, Fachsprache. Festschrift zum 60. Geburtstag von Hugo Steger, hg. von Jürgen Dittmann/Hannes Kästner/Johannes Schwitalla, Berlin 1991, S. 118; Hugo Steger, Sprachgeschichte als Geschichte der Textsorten, Kommunikationsbereiche und Semantiktypen, in: Sprachgeschichte. Ein Handbuch zur Geschichte der deutschen Sprache und ihrer Erforschung. (Handbücher zur Sprach- und Kommunikationswissenschaft 2/1), hg. von Werner Besch/Anne Betten/Oskar Reichmann/Stefan Sonderegger, Berlin/New York ²1998, S. 284–300; von Polenz (wie Anm. 2), S. 114–116.

4 Vgl. u.a. Hans Moser/Hans Wellmann/Norbert Richard Wolf, Geschichte der deutschen Sprache. Bd. 1: Althochdeutsch – Mittelhochdeutsch, Heidelberg 1981; Peter von Polenz, Deutsche Sprachgeschichte vom Spätmittelalter bis zur Gegenwart. Bd. II.: 17. und 18. Jahrhundert, Berlin/New York 1994; Peter von Polenz, Deutsche Sprachgeschichte vom Spätmittelalter bis zur Gegenwart. Bd. III: 19. und 20. Jahrhundert, Berlin/New York 1999; von Polenz (wie Anm. 2).

In den vergangenen Jahren rückten zunehmend die Bedingungen, unter denen Texte entstehen in den Blickpunkt der Betrachtungen, die Organisation und Zielsetzungen der historisch, kulturell und sozial geprägten Domäne, in der und für die Texte entstehen, Parameter der unmittelbaren Textproduktion sowie Größen, die an die Person des Textproduzenten gebunden sind.[5] Textproduzieren wird verstärkt aus der Sicht der am Schreibprozess Beteiligten und ihrer Interaktionsbeziehungen gesehen.[6] Bisher vernachlässigte Aspekte, wie die sozialen Kontexte von Schreibaufgaben und ihre Auswirkungen auf die Ziele, Motivationen und Vorgehensweisen der Textproduzenten,[7] rücken mit der Orientierung auf domänen- und kulturspezifische Formen der Texterzeugung ins Blickfeld.[8]

Textsorten sind aufgrund ihrer Vielschichtigkeit für eine kommunikativ orientierte Linguistik von hohem Interesse, denn gerade im Wandel der Textsorten wird Sprachwandel sowohl als Veränderung „zeichenlinguistischer Elemente wie auch pragmatischer Muster greifbar".[9] Die bereits für das Mittelalter häufig problematischen Textsorten- bzw. Gattungseinordnungen, sind für das Spätmittelalter – und auch für die Frühe Neuzeit – noch erheblich schwieriger, zum einen, weil die Fülle der Texte noch nicht annähernd erfasst und ausgewertet wurde, zum anderen, weil sich viele Texte weder inhaltlich noch formal eindeutig eingrenzen lassen. Die konkreten historischen Bedingungen von Texten lassen sich in einem integrativ orientierten Textmodell, in dem die Herausbildungs- und Entwicklungsprozesse der verschiedenen schriftlichen Textsorten in ihrer lebensweltlichen Praxis untersucht werden, am besten beschreiben. Dabei sollten Typologisierungsversuche sich – wie in zahlreichen neueren Ansätzen der Sprachgeschichtsschreibung üblich – von der traditionellen Trennung in „interne" und „externe" Sprachgeschichte distanzieren und den Sprachwandel in seinen pragmatischen Verwendungskontexten situieren.[10]

Eine Aufgabe der modernen historischen Linguistik besteht darin, „die alltäglichen Kommunikationsnetze, ihre Entstehung, Veränderung und Frequentierung und deren grundsätzliche Bedeutung für die Entwicklung der Sprache aufzuzeigen, ohne den

5 Vgl. Eva-Maria Jakobs, Vom Umgang mit den Texten anderer. Beziehungen zwischen Texten im Spannungsfeld von Produktions-, Rezeptions- und Reproduktionsbeziehungen, Tübingen 1999.

6 Vgl. z.B. Katrin Lehnen/Elisabeth Gülich, Mündliche Verfahren der Verschriftlichung: Zur interaktiven Erarbeitung schriftlicher Formulierungen, in: Zeitschrift für Literaturwissenschaft und Linguistik 108 (1997), S. 108–136.

7 Karl-Heinz Pogner, Schreiben im Beruf als Handeln im Fach (Forum für Fachsprachenforschung 46), Tübingen 1999.

8 Kirsten Adamzik/Gerd Antos/Eva-Maria Jakobs (Hg.), Domänen- und kulturspezifisches Textproduzieren (Textproduktion und Medium 3), Frankfurt am Main/Berlin/Bern/New York/Paris/Wien 1997.

9 Schank (wie Anm. 3), S. 762.

10 Jörg Meier, Kommunikation im Spätmittelalter und in der Frühen Neuzeit. Zur Textsortenklassifikation des Frühneuhochdeutschen, in: Akten des X. Internationalen Germanistenkongresses Wien 2000. „Zeitenwende – Die Germanistik auf dem Weg vom 20. ins 21. Jahrhundert" (Jahrbuch für Internationale Germanistik. Reihe A: Kongreßberichte 55), hg. von Peter Wiesinger, Bern/Berlin/Bruxelles/Frankfurt am Main/New York/Oxford/Wien 2002a, S. 107–112; Jörg Meier, Zwischen Textphilologie, Kulturwissenschaft und „neuen Medien". Interdisziplinäre Anmerkungen und Fragestellungen zum Textbegriff, in: Brauchen wir einen neuen Textbegriff? (Forum Angewandte Linguistik 40), hg. von Ulla Fix/Gerd Antos/Kirsten Adamzik/Michael Klemm, Frankfurt am Main/Berlin/Bern/Bruxelles/New York/Oxford/Wien 2002b, S. 83–92.

direkten Einfluß auf die Sprache in jedem einzelnen Fall immer beweisen und beziffern zu können".[11] Damit wird die Beschreibung der Kommunikationspraxis einer Sprachgemeinschaft, also auch der alltäglichen Kommunikation samt ihrer Netzwerke und der aus diesen Zusammenhängen resultierenden und in diesen Diskursen wirkenden Texten und Textsorten, zu einem zentralen Bestandteil der Sprachgeschichte.

## 2. Städtische Kommunikationspraxis im ausgehenden Mittelalter

Im ausgehenden Mittelalter waren Stadt und Staat – als Konkurrenten oder Antagonisten, aber auch als Partner, die sich gegenseitig unterstützten und förderten – eng aufeinander bezogen. Staatsbildung und Urbanisierung waren von Anfang an in Europa eng miteinander verbunden, doch verschob sich allmählich das Verhältnis zwischen den Partnern.[12] In manchem, was später den Staat ausmachte, hatten die Städte zu Beginn einen deutlichen Vorsprung, denn den Staat im neuzeitlichen Sinne gab es erst, nachdem „die rechtliche, politische, ökonomische und gesellschaftliche Formierung in den Städten bereits weit vorangeschritten war. Die europäische Stadt, die [...] sich abgesehen von der städtischen Siedlungsweise durch eigene Rechts-, Verwaltungs- und Wirtschaftsträgerschaft sowie durch eine je nach den konkreten Umständen mehr oder weniger große politische Autonomie auszeichnete, war im späten Mittelalter in vielfacher Hinsicht Kristallisationskern für Innovationen und modernisierenden Wandel".[13]

11 Klaus-Peter Wegera, Deutsche Sprachgeschichte und Geschichte des Alltags, in: Sprachgeschichte. Ein Handbuch zur Geschichte der deutschen Sprache und ihrer Erforschung (Handbücher zur Sprach- und Kommunikationswissenschaft 2/1), hg. von Werner Besch/Anne Betten/Oskar Reichmann/Stefan Sonderegger, Berlin/New York ²1998, S. 141.

12 Vgl. zur Stadt im Spätmittelalter und der Frühen Neuzeit u.a. Wilhelm Rausch (Hg.), Die Stadt am Ausgang des Mittelalters (Beiträge zur Geschichte der Städte Mitteleuropas 3), Linz 1974; Wilhelm Rausch (Hg.), Die Stadt an der Schwelle zur Neuzeit (Beiträge zur Geschichte der Städte Mitteleuropas 4), Linz 1980; Wilhelm Rausch (Hg.), Das Städtewesen Mitteleuropas im 17. und 18. Jahrhundert (Beiträge zur Geschichte der Städte Mitteleuropas 5), Linz 1981; Heinz Stoob, Die Stadt. Gestalt und Wandel bis zum industriellen Zeitalter, Köln/Wien ²1985; Edith Ennen, Die europäische Stadt des Mittelalters, Göttingen ⁴1987; Richard van Dülmen, Kultur und Alltag in der Frühen Neuzeit. Bd. 2: Dorf und Stadt 16.–18. Jahrhundert, München 1992; Evamaria Engel, Die deutsche Stadt des Mittelalters, München 1993; Heinz Schilling, Die Stadt in der Frühen Neuzeit (Enzyklopädie deutscher Geschichte 24), München 1993; Hartmut Boockmann, Die Stadt im späten Mittelalter, München ³1994; Evamaria Engel/Karen Lambrecht/Hanna Nogossek (Hgg.), Metropolen im Wandel. Zentralität in Ostmitteleuropa an der Wende vom Mittelalter zur Neuzeit (Forschungen zur Geschichte und Kultur des östlichen Mitteleuropa), Berlin 1995; Herbert Knittler, Die europäische Stadt in der frühen Neuzeit. Institutionen, Strukturen, Entwicklungen (Querschnitte. Enführungstexte zur Sozial-, Wirtschafts- und Kulturgeschichte 4), Wien/München 2000; Arne Ziegler, Städtische Kommunikationspraxis im Spätmittelalter. Historische Soziopragmatik und Historische Textlinguistik (Germanistische Arbeiten zur Sprachgeschichte 2). Berlin 2003; Jörg Meier, Städtische Kommunikation in der Frühen Neuzeit (Deutsche Sprachgeschichte – Texte und Untersuchungen 2), Frankfurt am Main/Berlin/Bern/Bruxelles/New York/Oxford/Wien 2004.

13 Heinz Schilling, Die neue Zeit. Vom Christenheitseuropa zum Europa der Staaten. 1250 bis 1750 (Siedler Geschichte Europas 3), Berlin 1999.

Obwohl die Städte des Spätmittelalters viele Strukturelemente der mittelalterlichen Städte bewahrten, gab es wichtige neue Einflüsse auf die Stadtentwicklung und den Städtebau, und im 15. Jahrhundert erreichten viele Städte den vorläufigen Höhepunkt ihrer Prosperität.[14] Zahlreiche Städte wurden zu sozialen, politischen, kulturellen und wirtschaftlichen Zentren größerer Einzugsgebiete und gewannen dadurch einen immer bedeutsameren Einfluss auf Sprache und Kommunikationsverhalten ganzer Regionen. Die wirtschaftliche Attraktivität vor allem größerer Städte führte in der Folge zu einer gesteigerten Mobilität, die sich durch einen ständigen Zuzug von Menschen unterschiedlicher Herkunft und sozialer Schichten äußerte. Der Disparität der Stadt in sozialer Hinsicht entsprach eine Heterogenität in sprachlicher Hinsicht. Es gab sowohl verschiedene sozial distribuierte Varietäten, aber auch das Nebeneinander ganz verschiedener Sprachen.[15]

Das Bild der Einwohnerschaft einer Stadt im Spätmittelalter ist vor diesem Hintergrund so komplex, dass es nahezu unmöglich erscheint, eine als „typisch“ zu charakterisierende Sozialstruktur anzunehmen. Die traditionelle Dreiteilung der spätmittelalterlichen Stadtbevölkerung in Patrizier und Mittelschicht mit Bürgerrechten und eine Unterschicht ohne Bürgerrechte täuscht eine Übersichtlichkeit vor, die es vermutlich weder rechtlich noch sozial in dieser Form gegeben hat. Selbst der Versuch einen Typus des Stadtbürgers, der mehr verkörpert als einen bloßen Rechtsbegriff, zu beschreiben, ist in vielen Fällen nicht möglich.[16] Da Stände und Ständeordnungen „gedachte“ Wirklichkeiten sind, beruht gerade darin ihre konstitutive Wirkung. „Jeder Stand repräsentiert eine spezifische Kultur und Wert-Welt, und alle Stände-Ordnungen stellen Ordnungen solcher jeweils verschiedener Wert-Welten dar. Diese Vielzahl der Wert-Welten in der mittelalterlichen Gesellschaft vermehrt sich, sobald wir nicht nur Stände, sondern auch soziale Gruppen in unsere Überlegungen einbeziehen“.[17] In der städtischen Struktur bewegten sich nicht nur eine Vielfalt „gemeindlich“ verfasster Gruppen z.T. in Konkurrenz, wie Gilden, Zünfte und Bruderschaften, sondern auch andere Gruppen, wie Familien, „Geschlechter“, Verwandtengruppen, monastische und klerikale Gruppen, die jeweils unterschiedlichen Wertevorstellungen und Formen des sozialen Handelns folgten.[18]

14 Vgl. Leonardo Benevolo, Die Stadt in der europäischen Geschichte. [Aus dem Italienischen übers. von Peter Schiller], München 1993; Leonardo Benevolo, Die Geschichte der Stadt. [Aus dem Italienischen übers. von Jürgen Humburg], Frankfurt am Main/New York [8]2000.

15 Vgl. Meier 2002a (wie Anm. 10); Meier 2002b (wie Anm. 10); Ziegler (wie Anm. 12).

16 Vgl. u.a. Bernd Roeck, Lebenswelt und Kultur des Bürgertums in der frühen Neuzeit (Enzyklopädie deutscher Geschichte 9), München 1991; Paul Münch, Lebensformen in der Frühen Neuzeit 1500 bis 1800. Frankfurt am Main/Berlin 1996; vgl. hierzu auch Thomas Cramer, Geschichte der deutschen Literatur im späten Mittelalter (Geschichte der deutschen Literatur im Mittelalter 3), München [2]1995, S. 236–238; von Polenz (wie Anm. 2), S. 107f.

17 Otto Gerhard Oexle, Stände und Gruppen. Über das Europäische in der europäischen Geschichte, in: Das europäische Mittelalter im Spannungsbogen des Vergleichs. Zwanzig internationale Beiträge zu Praxis, Problemen und Perspektiven der historischen Komparatistik (Europa im Mittelalter 1), hg. von Michael Borgolte, Berlin 2001, S. 45; vgl. auch Otto Gerhard Oexle, Soziale Gruppen in der Ständegesellschaft: Lebensformen des Mittelalters und ihre historischen Wirkungen, in: Die Repräsentation der Gruppen. Texte – Bilder – Objekte (Veröffentlichungen des Max-Planck-Instituts für Geschichte 141), hg. von Otto Gerhard Oexle/Andrea von Hülsen-Esch, Göttingen 1998, S. 9–44.

18 Vgl. Gerhard Dilcher, Die Rechtsgeschichte der Stadt, in: Deutsche Rechtsgeschichte. Land und Stadt – Bürger und Bauer im Alten Europa, hg.

Für die historische Linguistik bieten sich hier – eine gute Quellenlage vorausgesetzt – Möglichkeiten, einerseits unter Berücksichtigung verschiedener sprachexterner Faktoren (z.B. Absender, Adressat, Schreiber etc.) sozial distribuierte Varietäten als subsystemische Varianten im Diasystem *Stadtsprache* zu ermitteln und andererseits im Sinne einer äußeren Sprachgeschichte über das Quellenstudium zumindest die gehobenen gesellschaftlichen Schichten einer Stadt zu charakterisieren. Nur selten erlaubt es die Überlieferungssituation ein genaueres Bild von unteren sozialen Schichten der Stadt im Spätmittelalter und in der Frühen Neuzeit zu entwerfen, da sie häufig in den unmittelbaren Quellen, d.h. den Grundbüchern, den Steuer- und Rentenbüchern nicht auftauchen.[19]

Seit der zweiten Hälfte des 13. Jahrhunderts begann sich im schriftlichen Bereich allmählich die Rechtsfähigkeit der deutschen Sprache gegen die Dominanz des Lateinischen durchzusetzen. Immer komplexere Kommunikationsabläufe, die nicht mehr ausschließlich mündlich zu bewältigen waren und nun auch in größerem Maße des Lateinischen Unkundige betrafen, führten im Spätmittelalter – und stärker noch in der Frühen Neuzeit – zu einer Verbreitung des Deutschen als Geschäfts-, Verwaltungs- und Rechtssprache.[20]

Einem äußeren Wachstum zahlreicher Städte entsprach häufig eine im Innern vollzogene Gewinnung kommunaler Freiheitsrechte und deren Ausgestaltung. Dabei erscheint ein expandierendes städtisches Verwaltungswesen und insbesondere der teilweise bereits im 12. Jahrhundert, zumeist aber im 13. Jahrhundert urkundlich bezeugte Rat als ein wichtiger Faktor. Mit wachsender Bedeutung der Administration wurde in den größeren Städten das Rathaus – in dem Bürgermeister, Richter und Rat der Stadt residierten und bereits früh Textsammlungen zur juristischen Sicherung ihrer Angelegenheiten anlegten – zum organisatorischen Mittelpunkt städtischer Verwaltung und damit verbunden auch zum kommunikationstechnischen Mittelpunkt der Stadt.[21]

Auch in breiteren Kreisen der städtischen Öffentlichkeit wurde allmählich das Bedürfnis nach juristischer Absicherung persönlicher Angelegenheiten spürbar, so dass ein

von Karl S. Bader/Gerhard Dilcher, Berlin/Heidelberg/New York 1999, S. 485; Ziegler (wie Anm. 12); Meier (wie Anm. 12).

19 Vgl. Ziegler (wie Anm. 12); Meier (wie Anm. 12).

20 Joachim Schildt, Deutsche Sprachgeschichte und Geschichte von Institutionen, in: Sprachgeschichte. Ein Handbuch zur Geschichte der deutschen Sprache und ihrer Erforschung (Handbücher zur Sprach- und Kommunikationswissenschaft 2/1), hg. von Werner Besch/Anne Betten/Oskar Reichmann/Stefan Sonderegger, Berlin/New York ²1998, S. 55–63; Ruth Schmidt-Wiegand, Deutsche Sprachgeschichte und Rechtsgeschichte bis zum Ende des Mittelalters, in: Sprachgeschichte. Ein Handbuch zur Geschichte der deutschen Sprache und ihrer Erforschung (Handbücher zur Sprach- und Kommunikationswissenschaft 2/1), hg. von Werner Besch/Anne Betten/Oskar Reichmann/Stefan Sonderegger, Berlin/New York ²1998a, S. 72–87; Ruth Schmidt-Wiegand, Deutsche Sprachgeschichte und Rechtsgeschichte seit dem Ausgang des Mittelalters, in: Sprachgeschichte. Ein Handbuch zur Geschichte der deutschen Sprache und ihrer Erforschung (Handbücher zur Sprach- und Kommunikationswissenschaft 2/1), hg. von Werner Besch/Anne Betten/Oskar Reichmann/Stefan Sonderegger, Berlin/New York ²1998b, S. 87–98; Jörg Meier/Ilpo Tapani Piirainen, Der Schwabenspiegel aus Kaschau (Beiträge zur Editionsphilologie. Editionen und Materialien 1), Berlin 2000, S. 13–15.

21 Vgl. u.a. Karl Kroeschell, Deutsche Rechtsgeschichte. Bd. 2: 1250 bis 1650, Opladen/Wiesbaden ⁸1992; Schilling (wie Anm. 12), S. 72–74; Ziegler (wie Anm. 12); Meier (wie Anm. 12).

„von einem größeren Personenkreis ausgehendes Sicherheitsbedürfnis im Rechtsverkehr auch andere Formen des Rechtswesens (eine verstärkte Schriftlichkeit)" forderte,[22] was in der Folge nicht nur zu einer Expansion rechtssprachlicher Texte, sondern städtischer Schriftlichkeit insgesamt führte. Neben kirchliche und fürstliche traten städtische Kanzleien, und die Ausweitung des öffentlichen Schriftverkehrs, die allgemein wachsende schriftliche Fixierung sowie die Zunahme der geschäftlichen Korrespondenz führten in der Folge zu einer deutlichen Vermehrung und Differenzierung der städtischen Textsorten. Es wurden in den städtischen Kanzleien Geschäfts- und Pachtverträge sowie Schuldverschreibungen fixiert, Mietangelegenheiten wurden schriftlich verhandelt, umfangreiche Korrespondenzen geführt, sowie Bücher über Einnahmen und Ausgaben der Stadt. „Die Verschriftlichung des Prozeßwesens führte zu einer Vermehrung der Quellen, indem nun mehr oder weniger regelmäßig auch Akten wie Gerichtsprotokolle geführt wurden".[23] Die zunehmende Bedeutung der Schriftlichkeit war selbstverständlich nicht ausschließlich auf den städtischen Raum beschränkt, aber nirgendwo war der schriftliche Text so sehr in alltägliche Lebensumstände einbezogen wie in der Stadt.[24]

Wenngleich sich die „Bedeutung der Städte für Entstehung und Ausdehnung einer volkssprachlichen Schriftlichkeit" selbstverständlich nicht einheitlich darstellen lässt, da sie „wesentlich durch die ökonomische Basis, die Sozialstruktur und den Rechtsstatus der jeweiligen Stadt bestimmt" war und „starken zeitlichen und regionalen Variationen" unterlag,[25] kann festgehalten werden, dass die Städte der soziale Ort waren, in denen Menschen verschiedener Herkunft und unterschiedlichen sozialen Ranges miteinander lebten und kommunizierten, und die als kommunikativer Kulminationspunkt einer Kulturlandschaft und Entstehungsort bedeutender außersprachlicher Institutionen, wie Kanzleien, Schulen, Universitäten, Druckereien, Behörden etc. bewirkten, dass diese Institutionen auf die Entwicklung der Sprache und des kommunikativen Verhaltens in der Stadt, der Region, und bisweilen weit über diese hinaus, Einfluss nahmen.[26]

Ausgehend von der Annahme, dass die Stadt als gesellschaftlich vielschichtiges Gebilde zu charakterisieren ist, das zu einer soziokommunikativen Ausdifferenzierung und „insgesamt zu einer gesellschaftlichen Dynamisierung" tendiert(e),[27] wirkte sich dieser Einfluss in mindestens vierfacher Weise aus:[28]

22 Ursula Schulze, Lateinisch-deutsche Parallelurkunden des 13. Jahrhunderts, München 1975, S. 13.

23 Schmidt-Wiegand 1998b, (wie Anm. 20), S. 90.

24 Vgl. Meier (wie Anm. 12), Kap. 3.4.

25 Frédéric Hartweg/Klaus-Peter Wegera, Frühneuhochdeutsch. Eine Einführung in die deutsche Sprache des Spätmittelalters und der frühen Neuzeit (Germanistische Arbeitshefte 33), Tübingen 1989, S. 49.

26 Meier (wie Anm. 12).

27 Vgl. Walter Hoffmann/Klaus J. Mattheier, Stadt und Sprache in der neueren Sprachgeschichte: eine Pilotstudie am Beispiel von Köln, in: Sprachgeschichte. Ein Handbuch zur Geschichte der deutschen Sprache und ihrer Erforschung (Handbücher zur Sprach- und Kommunikationswissenschaft 2/2), hg. von Werner Besch/Oskar Reichmann/Stefan Sonderegger, Berlin/New York 1985, S. 1338f.

28 Vgl. Werner Besch, Dialekt, Schreibdialekt, Schriftsprache, Standardsprache. Exemplarische Skizze ihrer historischen Ausprägung im Deutschen, in: Dialektologie. Ein Handbuch zur deutschen und allgemeinen Dialektforschung (Handbücher zur Sprach- und Kommunikationswissenschaft 1/2), hg. von Werner Besch/Ulrich Knoop/Wolfgang Putschke/Herbert Ernst Wiegand, Berlin/New York 1983, S. 961–990; Peter Ernst, Die Wiener Stadtsprache im Spätmittel-

(1) Die Stadt war ein Ort des sprachlichen Ausgleichs der unterschiedlichen neben- und miteinander existierenden Varietäten, der durch die Koexistenz verschiedener sozialer Gruppen gefördert wurde. Dieser zweifelsohne vorhandene Sprachausgleich darf allerdings nicht aus heutiger Sicht und Erfahrung mit Stadtsprachen überbewertet werden.
(2) Die Stadt wirkte als sprachliches Ausgleichszentrum ihrer Region. Vor allem größere Städte übten einen prägenden Einfluss auf die Gebiete des gemeinsamen Wirtschaftsraumes aus.
(3) Die Stadt stellte einen wesentlichen Faktor bei der Ausbildung einer überregionalen Einheitssprache dar.
(4) Die Stadt entwickelte sowohl in sozialer als auch in sprachlicher Hinsicht ihre Eigengesetzmäßigkeiten, zu denen die verschiedenen Varietäten ebenso gehörten wie das Nebeneinander verschiedener Sprachen, wobei die jeweiligen Sprachen – in der Regel – auf bestimmte Textsorten beschränkt waren.

Für die historische Stadtsprachenforschung haben sich daraus u.a. die Aufgaben ergeben, möglichst viele Texte (bzw. Textsorten) aus unterschiedlichen Schreibsituationen, Dialekt- und Zeiträumen, auf den verschiedenen sprachlichen Ebenen, nach ihren Sprachformen zu untersuchen und dabei sowohl nach sprachlichen als auch außersprachlichen Bedingungen – unter Berücksichtigung der sozialgeschichtlichen Dimensionen von Texten und ihren Produzenten – zu fragen.

## 3. Kanzleien als kommunikativer Kulminationspunkt der spätmittelalterlichen Stadt

Die exemplarische Untersuchung der Kommunikationspraxis einer Stadt und ihrer Kanzlei unter Berücksichtigung der vorhandenen Textsorten, mit einer Textdokumentation und Interpretation, die Möglichkeiten bietet, neben der Erfassung sprachlicher Charakteristika und ihren Veränderungen auch die Entwicklung einzelner Textsorten nachzuvollziehen, ist ein Ansatz zur Aufarbeitung bestehender Desiderate der germanistischen Sprachgeschichtsschreibung.[29]

alter und in der frühen Neuzeit, in: Deutsche Sprache in Europa. Geschichte und Gegenwart, hg. von Jörg Meier/Arne Ziegler, Wien 2001, S. 88; Ziegler (wie Anm. 12); Meier (wie Anm. 12).

29 Jörg Meier, Städtische Textsorten des Frühneuhochdeutschen. Die Leutschauer Kanzlei im 16. Jahrhundert, in: Beiträge zur historischen Stadtsprachenforschung (Schriften zur diachronen Sprachwissenschaft 8), hg. von Helga Bister-Broosen, Wien 1999, S. 131–157; Arne Ziegler, Orte des Frühneuhochdeutschen. Die Kanzlei, in: Deutsche Sprache in Europa. Geschichte und Gegenwart, hg. von Jörg Meier/Arne Ziegler, Wien 2001, S. 69–85; Jörg Meier, Kanzleisprachenforschung im Kontext Historischer Stadtsprachenforschung und Historischer Soziopragmatik, in: Aufgaben einer künftigen Kanzleisprachenforschung (Beiträge zur Kanzleisprachenforschung 3), hg. von Jörg Meier/Arne Ziegler, Wien 2003, S. 9–21; Arne Ziegler, Historische Textlinguistik und Kanzleisprachenforschung, in: Aufgaben einer künftigen Kanzleisprachenforschung (Beiträge zur Kanzleisprachenforschung 3), hg. von Jörg Meier/Arne Ziegler, Wien 2003, S. 23–36.

Für die einzelnen städtischen Kanzleien des ausgehenden Mittelalters sind selbstverständlich sehr unterschiedliche kommunikative Reichweiten anzunehmen, und ihr Einfluss auf eine Entwicklung des Frühneuhochdeutschen differierte, je nach kommunikativen Funktionen, die wiederum verschiedene Textsortenspektra erforderten, erheblich. Ebenso wie die Städte stellten auch die Kanzleien hinsichtlich ihrer Bedeutung für die Entstehung, Expansion und Distribution deutschsprachiger Textsorten kein einheitliches Phänomen dar. Je nach Größe und Bedeutung der Stadt waren der Aufbau und der Organisationsgrad der einzelnen Kanzleien im deutschsprachigen Raum sehr unterschiedlich. Sicher scheint aber, dass die in der Regel hauptamtlichen Stadtschreiber zumeist Bürger waren und in vielen Fällen auch Mitglied des Stadtrates. In den Kanzleien der mittelalterlichen Städte war der Stadtschreiber zudem oft lange Zeit der einzige rechtskundige kommunale Beamte.[30]

Selbstverständlich differierte auch der jeweilige kanzleisprachliche Schreibusus erheblich. Die verschiedenen ökonomischen, strukturellen, politischen und sprachlichen Voraussetzungen führten auch zu unterschiedlichen kommunikativen Anforderungen und somit zu spezifischen Formen der Kommunikation, die für jede Stadt und Kanzlei eine gesonderte Betrachtung und Untersuchung erfordern und nur selten eine Allgemeingültigkeit beanspruchen können. Obwohl im Rahmen von Untersuchungen zur städtischen Kommunikationspraxis im Spätmittelalter und in der Frühen Neuzeit immer wieder betont wird, wie stark normiert und vereinheitlicht Kanzleisprache(n) sei(en),[31] zeigen Analysen zu verschiedenen kanzleisprachlichen Texten bzw. Textsorten innerhalb einer Kanzlei, dass diese Annahme nicht vorbehaltlos übernommen werden kann, sondern dass sehr wohl eine äußerst heterogene sprachliche Gestaltung in den Texten wirksam wird.[32]

Die kommunikativen Funktionen der städtischen Kanzleien waren äußerst vielfältig, denn sie fungierten als *Sprachrohr* der Stadt, als Bürgerforum, Steuerbehörde, Verwaltungsamt, juristische Institution, als Mittler zwischen Adel, Klerus, Bürgern, Handwerkerschaft,

30 Vgl. Jörg Meier/Arne Ziegler, Textsorten und Textallianzen in städtischen Kanzleien, in: Textsortentypologien und Textallianzen von der Mitte des 15. bis zur Mitte des 16. Jahrhunderts. Akten zum Internationalen Kongress in Berlin 21. bis 25. Mai 2003 (Berliner Sprachwissenschaftliche Studien 6), hg. von Franz Simmler, Berlin 2004, S. 129–166.

31 Vgl. u.a. Marita Gesenhoff/Margarete Reck, Die mittelniederdeutsche Kanzleisprache und die Rolle des Buchdrucks in der mittelniederdeutschen Sprachgeschichte, in: Sprachgeschichte. Ein Handbuch zur Geschichte der deutschen Sprache und ihrer Erforschung (Handbücher zur Sprach- und Kommunikationswissenschaft 2/2), hg. von Werner Besch/Oskar Reichmann/Stefan Sonderegger, Berlin/New York 1985, S. 1279–1289; Hans Moser, Die Kanzleisprachen, in: Sprachgeschichte. Ein Handbuch zur Geschichte der deutschen Sprache und ihrer Erforschung (Handbücher zur Sprach- und Kommunikationswissenschaft 2/2), hg. von Werner Besch/Oskar Reichmann/Stefan Sonderegger, Berlin/New York 1985, S. 1398–1408; Christian Fischer, Die Stadtsprache von Soest im 16. und 17. Jahrhundert. Variationslinguistische Untersuchungen zum Schreibsprachenwechsel vom Niederdeutschen zum Hochdeutschen (Niederdeutsche Studien 43), Köln/Weimar/Wien 1998.

32 Vgl. u.a. Libuše Spáčilová, Deutsche Testamente von Olmützer Bürgern. Entwicklung einer Textsorte in der Olmützer Stadtkanzlei in den Jahren 1416–1566 (Schriften zur diachronen Sprachwissenschaft 9), Wien 2000a; Libuše Spáčilová, Das Frühneuhochdeutsche in der Olmützer Stadtkanzlei. Eine textsortengeschichtliche Untersuchung unter linguistischem Aspekt (Germanistische Arbeiten zur Sprachgeschichte 1), Berlin 2000b; Meier (wie Anm. 29); Ziegler (wie Anm. 29); Meier (wie Anm. 12).

Kaufleuten etc. Sie waren „Zentralstellen der Landes- und Stadtverwaltung für das gesamte Schreibwesen".[33] Als *ein* zentraler Ort deutscher Schriftlichkeit im Spätmittelalter sind Kanzleien sozialgeschichtlich eng mit der Entstehung neuer städtischer Lebensformen verbunden. Die kanzleisprachliche Schriftlichkeit ist daher primär soziopragmatisch zu charakterisieren, insofern durch sie neue Gebrauchsfunktionen in einer neu entstandenen städtischen Öffentlichkeit wahrgenommen wurden.[34] Die städtische Schreibpraxis erscheint als Ergebnis gesellschaftlicher Kommunikationsbedürfnisse, der nur eine professionelle und institutionalisierte Textproduktionsstätte gerecht werden konnte.[35]
Spätmittelalterliche Kanzleien sind als wesentliche Orte des Frühneuhochdeutschen zu untersuchen; und dies im Rahmen einer Beschreibungsperspektive, bei der die Entstehung der neuhochdeutschen Schriftsprache als ein Prozess gesehen wird, in dem sich Sprachformen verschiedener Sprachlandschaften in unterschiedlichem Ausmaß durchsetzen, da einerseits die areale Gültigkeit sowie die Häufigkeit bestimmter sprachlicher Merkmale als regulierende Prinzipien wirken,[36] andererseits aber auch die Bedeutung des sozialen Prestiges für eine Durchsetzung sprachlicher Formen verantwortlich scheint.[37]
Kanzleien schufen den institutionellen Rahmen, der einen spezifischen sprachlichen Schreibusus überhaupt erst ermöglichte und der dann die jeweiligen Kanzleitexte prägte, die wiederum einen kanzleisprachlichen Diskurs bewirkten, der seinerseits Rückwirkungen auf verschiedene Einflussfaktoren hatte und damit auch den konkreten historisch-gesellschaftlichen Diskurs, der die städtische Kommunikationspraxis ermöglichte, mitgestaltete. Der noch im 14. Jahrhundert recht große individuelle Spielraum der Schreiber wurde im Spätmittelalter zunehmend durch den „Zwang des Schreibusus der Institution oder des Schreibortes" eingeschränkt.[38]
Wenn die Kommunikationspraxis einer Stadt im Spätmittelalter beschrieben werden soll, begegnen weniger Stadtsprachen im Sinne sozial distribuierter Varietäten, die sich über eine städtische Gesellschaft verteilen, sondern in erheblich größerem Ausmaße kanzleisprachliche Äußerungen bzw. Kanzleisprachen. Aufgrund der immer noch geringen Lese- und Schreibfähigkeit sind – trotz aller quantitativen und qualitativen Expansion, besonders seit der Mitte des 15. Jahrhunderts – z. B. Zeugnisse unterer sozialer Schichten, wie erwähnt, selten belegt.

## 4. Soziopragmatische Parameter und ihre textuelle Relevanz

Dass städtische Kommunikation aus Sicht der historischen Linguistik zunächst mit einer genaue Analyse der verwendeten sprachlichen Formen der überlieferten Texte im Sinne einer historischen Grammatik einhergeht, dass also die Texte im Hinblick auf

33 Hans Eggers, Deutsche Sprachgeschichte. Bd. 2.: Das Frühneuhochdeutsche und das Neuhochdeutsche, Reinbek bei Hamburg 1986, S. 23.

34 Vgl. Hugo Kuhn, Entwürfe zu einer Literatursystematik des Spätmittelalters, Tübingen 1980, S. 21f.

35 Vgl. Meier/Ziegler (wie Anm. 30).

36 Vgl. Werner Besch, Sprachlandschaften und Sprachausgleich im 15. Jahrhundert. Studien zur Erforschung der spätmittelalterlichen Schreibdialekte und zur Entstehung der neuhochdeutschen Schriftsprache (Bibliotheca Germanica 11), München 1967.

37 Vgl. Moser (wie Anm. 31); Ziegler (wie Anm. 29).

38 Hartweg/Wegera (wie Anm. 25), S. 50.

Morphologie, Morphosyntax, Syntax, Textgrammatik etc. untersucht werden, erscheint selbstverständlich. Weniger selbstverständlich ist es aber, dass die historische Linguistik pragmatische und soziale Bedingungen der Kommunikation als Determinanten sprachlicher Muster zu erfassen sucht und diese in möglichst eindeutige, d.h. signifikante Korrelation mit den sprachlichen Formen bringt. Im Weiteren sollen daher auch nicht die sprachlichen Analysen der Texte im Vordergrund der Darstellung stehen, sondern vielmehr die Möglichkeiten der Erfassung soziopragmatischer Parameter städtischer Kommunikation fokussiert werden.

Da sich eine Kommunikationspraxis mit einer zugrunde liegenden kommunikativen Funktion selbstverständlich stets nur im Spannungsfeld zwischen Absender und Adressat entwickeln kann, ist das Verhältnis der interagierenden Personen oder Gruppen für die textuelle und sprachliche Ausgestaltung der konkreten Texte besonders relevant. Koch und Oesterreicher machen ausdrücklich auf diese Bedingungen aufmerksam, indem sie ein Profil kommunikativer Varianz entwickeln, das wesentlich auf den Kategorien kommunikative Distanz und kommunikative Nähe basiert.[39] Unter diese Kategorien fassen sie eine Vielzahl von Parametern, wie z.B. Vertrautheit vs. Fremdheit der Partner, Privatheit vs. Öffentlichkeit etc., deren konkrete Abstufungen letztlich für eine kommunikative Variation verantwortlich sind. Auf diese Weise entsteht ein „konzeptionelles Kontinuum“ mit den Extrempolen Distanz und Nähe, zwischen denen sich jeder konkrete Text einordnen lässt.[40] Nicht immer ist dabei der genaue Punkt, den ein Text einnimmt, zu bestimmen, sondern lediglich, welchem der Pole der Text näher steht.

Da Texte „sprachlich-kommunikative Phänomene“ sind, „die sowohl Einzelsprachliches als auch Universelles in sich vereinen“,[41] ist die Frage nach ihrem Geltungsbereich in einer Kommunikationsgemeinschaft von erheblicher Bedeutung. Dabei sind zunächst die funktionalen Geltungsbereiche, die in Öffentlichkeiten, Kommunikations-, Handlungs- und Funktionsbereiche differenziert sowie als soziopragmatische Parameter der textlinguistischen Analyse zusammengefasst werden können, aber auch der areale Geltungsbereich als kommunikativer Radius zu erfassen. Außerdem muss zwischen einem primären und einem sekundären Kommunikationsradius städtischer Kommunikation differenziert werden. Während im primären Kommunikationsradius die Ortschaften erfasst werden können, die in häufigem oder kontinuierlichem Kontakt zu einer Stadt oder Kanzlei standen, sind die restlichen Texte fremder Provenienz dem sekundären Kommunikationsradius zuzuordnen.[42]

39 Vgl. hierzu Peter Koch/Wulf Oesterreicher, Sprache der Nähe – Sprache der Distanz. Mündlichkeit und Schriftlichkeit im Spannungsfeld von Sprachtheorie und Sprachgeschichte, in: Romanistisches Jahrbuch 34 (1985), S. 15–43; Peter Koch/Wulf Oesterreicher, Gesprochene Sprache in der Romania: Französisch, Italienisch, Spanisch (Romanistische Arbeitshefte 31), Tübingen 1990; Peter Koch/Wulf Oesterreicher, Schriftlichkeit und Sprache, in: Schrift und Schriftlichkeit. Writing and Its Use. Ein interdisziplinäres Handbuch internationaler Forschung. An Interdisciplinary Handbook of International Research. (Handbücher zur Sprach- und Kommunikationswissenschaft 10/1), hg. von Hartmut Günther/Otto Ludwig, Berlin/New York 1994, S. 587–604; Wulf Oesterreicher, Zur Fundierung von Diskurstraditionen, in: Barbara Frank/Thomas Haye/Doris Tophinke (Hgg.): Gattungen mittelalterlicher Schriftlichkeit. (ScriptOralia 99). Tübingen 1997, S. 19–41.

40 Vgl. Oesterreicher (wie Anm. 39), S. 22.

41 Wolf-Dieter Krause, Text, Textsorte, Textvergleich, in: Textsorten. Reflexionen und Analysen (Textsorten 1), hg. von Kirsten Adamzik, Tübingen 2000, S. 60.

42 Vgl. Ziegler (wie Anm. 12); Meier (wie Anm. 12).

Eine städtische Kommunikationspraxis – die immer das Ergebnis historischer und sozialer Prozesse ist – lässt sich hinsichtlich ihrer situativen Bedingtheit und unter Berücksichtigung einer Reihe von soziopragmatischen Parametern einer historiolinguistischen Analyse – stark vereinfacht und in den Relationen nicht gewichtet – wie folgt darstellen.

Von den beschriebenen Analyseparametern kann angenommen werden, dass sie – in unterschiedlicher Art und Weise – deterministisch auf die textuelle Gestaltung wirken und insbesondere die verwendeten Textmuster als kognitive Repräsentationsschemata prägen. Vorliegende umfangreiche korpusbasierte Analysen zur städtischen Kommunikationspraxis im Spätmittelalter und der Frühen Neuzeit haben diese Zusammenhänge in einem ersten Schritt eindeutig nachgewiesen und zeigen, dass eine Analyse sprachlicher Musterbildungen in Texten nur vor dem Hintergrund einer zuvor geleisteten Analyse der soziopragmatischen Zusammenhänge sinnvoll ist.[43]

Der Begriff der *Kommunikationspraxis* ist hier gewählt, um eine bewusste Abgrenzung zum Begriff der *Sprachpraxis*, als einem eher systemlinguistisch fundierten Begriff, vorzunehmen. Ausgehend von der Annahme, dass die Grundlage jeglichen sprachlichen Handelns durch den Bereich der *sprachlichen Möglichkeiten* determiniert wird, innerhalb derer zwischen *sprachlichen Mitteln* und *sprachlichen Mustern* zu unterscheiden ist, konstituieren die in einer Stadt, zu einer bestimmten Zeit zur Verfügung stehenden sprachlichen Mittel eine bestimmte Sprachpraxis, die sprachlichen Muster hingegen eine spezifische Kommunikationspraxis.[44] Sprachliche Muster dienen zur Bewältigung bestimmter typisierter Situationen und kommunikativer Aufgaben und sind somit als Sprach-handlungstypen, Funktionalstile, Textsorten, Diskurstraditionen etc. zu beschreiben. Besonders Textmuster sind dabei nicht ausschließlich einzelsprachlich, *langue*-gebunden, sondern vielmehr im kollektiven Gedächtnis einer Kommunikationsgemeinschaft verankert.[45]

Textmuster existieren aufgrund ihrer Intertextualität, dennoch konnotiert der Text als sprachliche Einheit mit einer konkreten Form und einem spezifischen Kontext immer eine bestimmte Situation und in der Regel sogar eine bestimmte Klasse von Situationen.[46] Die Rekonstruktion einer städtischen Kommunikationspraxis ist somit gleichzeitig eine Rekonstruktion der kulturellen Determinanten, die die Auswahl kultureller Formen – in diesem Fall der textuellen Formen – steuern.

43 Vgl. Ziegler (wie Anm. 12); Meier (wie Anm. 12).

44 Vgl. bereits Dieter Cherubim, Mehrsprachigkeit in der Stadt der frühen Neuzeit. Am Beispiel Braunschweigs und Hermen Botes, in: Hermen Bote. Braunschweiger Autor zwischen Mittelalter und Neuzeit. (Wolfenbütteler Forschungen 37), hg. von Detlev Schöttker/Werner Wunderlich, Wiesbaden 1987, S. 97–118; vgl. auch Peter Ernst, Sprachexterne Grundlagen einer historischen Stadtsprachenvarietät am Beispiel Wiens im Spätmittelalter, in: Regionalsprachen, Stadtsprachen und Institutionssprachen im historischen Prozess (Schriften zur diachronen Sprachwissenschaft 10), hg. von Michael Elmentaler, Wien 2000, S. 158

45 Vgl. Roger Gaberell, Probleme einer deutschen Textsortengeschichte – die „Anfänge“, in: Textsorten. Reflexionen und Analysen (Textsorten 1), hg. von Kirsten Adamzik, Tübingen 2000, S. 164.

46 Vgl. auch Christoph Grolimund, Die Briefe der Stadt Basel im 15. Jahrhundert. Ein textlinguistischer Beitrag zur historischen Stadtsprache Basels (Basler Studien zur deutschen Sprache und Literatur 69), Tübingen/Basel 1995.

Unter kommunikationstheoretischen Aspekten sind die Fragen, welche *(Teil-)Öffentlichkeiten* an der schriftlichen Kommunikationspraxis beteiligt waren, wie die konkreten *Textproduktions-* und *Textrezeptionsbedingungen* waren, wie das für die Kommunikationspraxis relevante *Textwissen* beschrieben werden kann und welche diskursbeeinflussenden Faktoren tradierten Textwissens evtl. eine Rolle spielten, welche *Kommunikationsbereiche* zu differenzieren sind, in welche *Handlungsbereiche* die städtische Schriftlichkeit eingreift und welche *Funktionen* sie übernimmt, von besonderem Interesse.

*Adel, Rat* bzw. *Stadt, Bürger, Klerus, Handwerk* und *Handel* waren für die städtische Schriftlichkeit in unterschiedlichem Maße relevant, wobei die Teilöffentlichkeit der *Bürger* (verstanden als Rechtsbegriff) nicht eindeutig von der Teilöffentlichkeit des Rates oder der des Handels und Handwerks zu separieren ist, da sämtliche Angehörige des Stadtrates sowie die ansässigen Kaufleute und Handwerker in der Regel das Bürgerrecht besaßen, weshalb eine Bestimmung der Teilöffentlichkeit der Bürger oft nur im Kontext des konkreten *Handlungsbereichs* möglich ist.

Unter dem Begriff *Kommunikationsbereiche* wurden die von der volkssprachlichen Schriftlichkeit erfassten Domänen in ihrer Relevanz für die Beschreibung einer städtischen Kommunikationspraxis dokumentiert. *Textsorten* sind für die Sprachgeschichte als sekundäre Phänomene zu charakterisieren, da ihnen immer Kommunikationsbereiche vorausgehen. Unter Domänen wird nicht nur der soziale Raum als Konglomerat spezifischer Rollenmuster, sondern auch der geographische Raum gefasst, so dass sich eine *städtische* Kommunikationspraxis grundsätzlich in eine *innerstädtische* und eine *außerstädtische Kommunikation* differenzieren lässt.

Mit dem Begriff *Handlungsbereich* wird versucht, diese gesellschaftlichen Bereiche in einem Beschreibungsschema zu erfassen, indem die Textproduzenten, bzw. Absender, und die Textrezipienten, bzw. Adressaten, als relevante Faktoren der konkreten kommunikativen Situation begriffen werden. Handlungsbereiche rekurrieren dabei wesentlich auf das Verhältnis der Kommunizierenden zueinander und sind insofern als eine Art Rollenverhältnis zwischen den Kommunikationspartnern zu charakterisieren.[47] Auf der Textebene erschließt sich der Handlungsbereich analytisch somit über eine Einordnung der Absender und Adressaten in bestimmte gesellschaftliche Bereiche sowie mit den damit korrelierenden sprachlichen Mustern. Die gesellschaftlichen Handlungsbereiche der Kommunikation werden dabei in der Textlinguistik üblicherweise in die Kategorien, *privat*, *offiziell* und *öffentlich*, teilweise unter Berücksichtigung weiterer Subkategorien wie *halboffiziell* etc., klassifiziert.[48] Mit der Differenzierung in Handlungsbereiche werden die sozialen Rollen, d.h. die Komplexe von Verhaltenserwartungen, erfasst, in denen sich die an der Kommunikation beteiligten Personen bewegen.

Bei einer Beschreibung von *Funktionsbereichen* deutschsprachiger städtischer Schriftlichkeit, wird implizit von einer funktionalen Binnendifferenzierung des Deutschen in der Kommunikationspraxis sozialer Organisationsdomänen ausgegangen. Dabei rückt

47 Vgl. Karl Ermert, Briefsorten. Untersuchungen zu Theorie und Empirie der Textklassifikation (Reihe Germanistische Linguistik 20), Tübingen 1979, S. 75.

48 Vgl. u.a. Ermert (wie Anm. 47); Spačilová 2000a; 2000b (wie Anm. 32).

der Text als Schnittstelle zwischen den gesellschaftlichen Handlungsbereichen und den über ihn vermittelten Funktionen innerhalb dieser Handlungsbereiche stärker ins Zentrum der Betrachtung. Der Begriff der *Funktion* ist dabei systemtheoretisch im Sinne des Beitrags eines Elements zur Gesamtfunktion des vollständigen Systems – in diesem Falle des Systems der Kommunikationspraxis einer Stadt – definiert. Die Zielgerichtetheit von Tätigkeiten und die Zweckbestimmtheit der Texte bzw. der über den Text wahrnehmbaren Textmuster, kann als ihre Funktion bestimmt werden.[49]
Ausgehend von der Frage, was Texte in Interaktionsakten einer schriftbasierten urbanen Kommunikation im Spätmittelalter bewirken können, lassen sich die folgenden primären Funktionsbereiche der städtischen Kommunikationspraxis konstatieren: *Dokumentation* (mit den dominanten Funktionen *erinnern* und *bewahren*), *Information* (mit der dominanten Funktion *informieren*), *Appellation* (mit der dominanten Funktion *kontaktieren*), *Legitimation* (mit der dominant deklarativen Funktion *in Kraft setzen* und *bestätigen*), *Instruktion* (mit der dominant direktiven Funktion *steuern* und *gebieten*).
Bei den angeführten Primärfunktionen städtischer Kommunikationspraxis ist grundsätzlich von einem Inklusionsverhältnis auszugehen, das die Polyfunktionalität des konkreten Textes begründet. So vermitteln legitimierende Texte selbstverständlich auch Informationen und informierende Texte nehmen auch eine Kontaktfunktion wahr, die, verstanden als Bereitschaft zur und Realisierung von Kommunikation als Grundvoraussetzung des Kommunizierens angesehen werden kann. Die Übergänge zwischen den angeführten Typen sind fließend und lediglich das Dominanzkriterium scheint geeignet – wenn auch nicht zweifelsfrei und intersubjektiv gültig – die Funktionsbereiche voneinander zu trennen.[50]

## 5. Städtische Kommunikation aus Sicht der historischen Linguistik

Eine historische Linguistik, die Formen städtischer Kommunikation ins Auge fasst, darf nicht nur formal beschreiben, sondern muss auch nach gesellschaftlichen und kommunikativen Zusammenhängen fragen. Eine Ambition dabei ist es, Sprachgeschichte nicht als ein Kompendium von Elementen, Formen und Strukturen sowie ihrer Entwicklung zu sehen, sondern sie als Destillation aller sprachlichen Erscheinungsformen in dem sozialen, gesellschaftlichen, literarischen und medialen Gebrauch zu erkennen. Aussagen und Äußerungen sollen in ihren Gesamtkontexten erschlossen, das geschichtlich und gesellschaftlich Bedingte verstanden, das Mitverstandene, das Textsorten-, Kommunikationsformen- und Textmuster-Bezogene in der Gesamtheit von Zusammenhängen ermittelt werden.
Es ist eine der zentralen Aufgaben, mit der Erfassung, Beschreibung und Analyse der Textmuster die Interdependenz zwischen soziokultureller Identität historischer Sozial-

49 Vgl. Robert-A. de Beaugrande/Wolfgang U. Dressler, Einführung in die Textlinguistik (Konzepte der Linguistik 28), Tübingen 1981, S. 190; Georg Michel (Hg.), Grundfragen einer Kommunikationsbefähigung. (Von einem Autorenkollektiv unter Leitung von Georg Michel), Leipzig 1985; Wolfgang Heinemann/Dieter Viehweger, Textlinguistik. Eine Einführung. (Reihe Germanistische Linguistik 115), Tübingen 1991, S. 148.

50 Vgl. Heinemann/Viehweger (wie Anm. 49), S. 149.

formationen und ihren kommunikativen Routinen herauszuarbeiten und der Sprachgeschichtsforschung dadurch einen eigenständigen Teilbereich im Rahmen von Sozial- und Kulturgeschichte zu erschließen.[51]
Wenn nach relevanten Textmustern einer Kommunikationsgemeinschaft gesucht wird, dann sind vor allem die institutionalisierten Lebensbereiche einer Gesellschaft zu betrachten, denn eine Institutionalisierung ist ohne kommunikative Musterbildung nicht denkbar. Dabei wird deutlich, dass die immer wieder attestierte große Vielfalt spätmittelalterlicher Kommunikation eher eine *scheinbare* ist, da sich – zumindest unter bestimmten Prämissen – die untersuchten Texte, auf wenige fundamentale Textmuster, bzw. makrostrukturelle Prototypen – wie z.B. narrative, registrative und protokollierende Typen – zurückführen lassen. Doch erst die Kombination der Textmuster und ihrer zahlreichen Modifikationen führt zu der wahrgenommenen Komplexität einer städtischen Kommunikationspraxis.
Die Textmuster müssen dabei nicht den traditionellen Einteilungen bestimmter Textsorten und auch nicht vorliegenden Klassifikationen der historischen und archivalischen Wissenschaften entsprechen, sondern sind vielmehr textliche Einheiten auf einer anderen – textstrukturellen – Ebene und als solche auch von dieser aus zu beschreiben. Nicht erst seit Steger ist es im Rahmen sprachhistorischer Forschung üblich geworden, Textsorten und ihre Entwicklungen als Periodisierungskriterium in der Sprachgeschichte einzusetzen.[52] Dabei werden die mit einem solchen Vorgehen verbundenen Probleme – welche Merkmale konstituieren eine Textsorte, wo liegen die Grenzen zu benachbarten, aber dennoch verschiedenen Textsorten etc. – weitgehend ignoriert, obwohl diese in der Vergangenheit immer wieder Anlass zu durchaus kontroversen Diskussionen gaben.[53] Daher sollte sich eine historische Linguistik von dem Begriff der Textsorte als Kriterium für eine Textgeschichte des Deutschen weitgehend lösen und vielmehr den Blick auf die die Texte konstituierenden *Textmuster* in einem gegebenen kommunikativen Raum richten.

51 Vgl. Peter von Polenz, Deutsche Sprache und Gesellschaft in historischer Sicht, in: Sprachgeschichte. Ein Handbuch zur Geschichte der deutschen Sprache und ihrer Erforschung (Handbücher zur Sprach- und Kommunikationswissenschaft 2/1), hg. von Werner Besch/Anne Betten/Oskar Reichmann/Stefan Sonderegger, Berlin/New York [2]1998, S. 43f.; Angerlika Linke, „Wer sprach warum wie zu einer bestimmten Zeit?“ Überlegungen zur Gretchenfrage der Historischen Textlinguistik am Beispiel des Kommunikationsmusters ‚Scherzen‘ im 18. Jahrhundert, in: Historische Soziolinguistik (Sociolinguistica 13), Ulrich Ammon/Klaus J. Mattheier/Peter H. Nelde, Tübingen 1999, S. 183.

52 Steger 1984; 1998.

53 Vgl. Brigitte Uhlig, Die Rezension – Eine Textsorte des 18. Jahrhunderts in Deutschland, in: Sprachgeschichte als Textsortengeschichte. Festschrift zum 65. Geburtstag von Gotthard Lerchner, hg. von Irmhild Barz/Ulla Fix/Marianne Schröder/Georg Schuppener, Frankfurt am Main/Berlin/Bern/Bruxelles/New York/Oxford/Wien 2000, S. 337.

# Sakralbau als Kommunikationsform in italienischen Kommunen

*Bruno Klein*

Die Deutung des präzisen semantischen Gehalts mittelalterlicher Sakralarchitektur stößt trotz aller Bemühungen zwangsläufig sehr rasch an ihre Grenzen. Deshalb soll sich der folgende Beitrag auch nur am Rande mit solchen Interpretationen von Architektur befassen, sondern vielmehr der Frage nachgehen, warum und auf welchem Wege Sakralarchitektur in der Zeit der frühen italienischen Kommunen des 11. und 12. Jahrhunderts kommunikativ nutzbar gemacht wurde und wie hierbei kommuniziert wurde. Konzentrieren möchte ich mich dabei zunächst auf die Bauten selbst und dann auf die daran häufig angebrachten Inschriften.

Warum und auf welche Weise konnten Sakralbauten überhaupt in den Kommunen und für diese zeichenhafte Funktionen übernehmen? Selbstverständlich war dies nicht, denn in anderen Ländern und Epochen waren Kirchen oft Schutzwälle gegen jedwede kommunale Flut. Dafür, dass dies im hohen Mittelalter in Italien anders war, könnte es zwei vorrangige Gründe gegeben haben. So war es zunächst für die oberitalienischen Kommunen im 11. und 12. Jahrhundert aus rechtlichen Gründen wichtig, über die Reliquien des Lokalheiligen zu verfügen, weil dieser ganz praktisch im Besitz der städtischen Rechte war.[1] Da der Lokalheilige meist in der Kathedrale bestattet war, mussten die Kommunen sich in der Regel während des Autonomisierungsprozesses der Institution Kathedrale bemächtigen. Lagen die Reliquien des Heiligen nicht in der Kathedrale, wie z.B. in Mailand oder Venedig, dann rückten eben andere Kirchen ins Zentrum, wie S. Ambrogio oder San Marco in den genannten Städten. Wenn es keinen wirklich individuierbaren Lokalheiligen gab oder die Kathedrale der Gottesmutter geweiht war, konzentrierte sich das Interesse der Kommune ausschließlich auf die Kathedrale. Denn neben den genannten Gründen waren es die Kirchen der Bischöfe gewesen, an denen sich in den Städten über das frühe Mittelalter hinweg eine funktionierende Administration erhalten hatte, derer sich die jungen Kommunen bedienten.

Die Kirche des Stadtpatrons oder die Kathedrale, die Bischofsburg und die dazugehörigen Bauten und Plätze waren deshalb sakral und rechtlich, aber auch institutionell wie topographisch Fixpunkte der Kommunen. Dies manifestierte sich darin, dass in den Bischofsresidenzen zahlreiche Urkunden ausgestellt wurden oder größere städtische Versammlungen vor der Kathedrale stattfanden. In Städten wie Cremona und Modena sowie in gewisser Weise auch Venedig ist dies noch immer gut nachzuvollziehen, da Kathedrale und Kommunalpalast jeweils an den Seiten ein und desselben Platzes stehen.

1 Grundlegend noch immer: Hans Conrad Peyer, Stadt und Stadtpatron im mittelalterlichen Italien, Zürich 1955; Albert Dietl, Defensor civitatis. Der Stadtpatron in romanischen Reliefzyklen Oberitaliens, München 1997.

Die Kathedrale, die Kirche des Stadtheiligen und die Bischofsburg wurden jedoch nicht nur deshalb kommunal genutzt, weil sie als hinreichend große Räume, gut funktionierende Schreibstuben samt Archiven und darüber hinaus noch sakral legitimierte Orte zur Verfügung gestanden hätten. Vielmehr, so jedenfalls meine These, boten sie sich zunächst als diejenigen Orte an, an denen sich die Probleme einer neuen Rechts- und Gesellschaftsordnung am besten verhandeln und Lösungen sich in ein allgemein akzeptiertes Regelwerk überführen ließen, weil diese Kirchen so etwas wie materialisierte Schnittflächen an der Grenze zwischen dem traditionell Gesicherten und dem Neuen waren.
Eine wichtige Voraussetzung dafür bestand darin, dass der italienische Kirchenbau sich während des ganzen frühen und hohen Mittelalters nur sehr wenig verändert hatte.[2] Die durchschnittliche Kirche des 12. Jahrhunderts sah noch immer so aus wie eine des 9. Jahrhunderts, und diese wiederum wie eine aus dem 4. oder 5. Jahrhundert, weil das Schema der frühchristlichen Säulenbasilika kaum variiert wurde. Eine flexible Anpassung der baulichen Disposition an modernere liturgische Bedürfnisse von Klerus und Laien, wie dies beispielsweise seit dem 11. Jahrhundert im übrigen Europa durch die Anlage des Umgangschores mit Kapellenkranz zum Ausdruck kam, fand nicht statt – wenn doch, dann mittels der Anlage einer Gruppe von Bauten, die unterschiedliche Funktionen übernahmen. Die Kombination Basilika – Campanile – Baptisterium ist hierfür charakteristisch. Die Kirchen selbst präsentierten sich dabei nicht als diejenige innovative Baugattung, welche durch architektonische Ausdifferenzierung zum Ausdruck bringen sollte, dass sich dort neue Möglichkeiten der Inszenierung oder der Liturgie durchgesetzt hätten oder gar erprobt würden. Vielmehr deuten die geringen typologischen und formalen Varianzen eine inszenierte Stabilität an. Bei einem der wichtigsten Sakralbauten der Kirchenreform in Italien, der Abteikirche von Montecassino, wurde vorrangig versucht, einen frühchristlichen Kirchentyp möglichst authentisch wiederzugewinnen, obwohl dieser eigentlich niemals wirklich vergessen worden war. Jenem konservativen Modell war dann großer Erfolg beschieden, denn die Abteikirche von Montecassino, die nicht mehr erhalten ist, wurde an zahlreichen Orten imitiert.[3] Doch der Rekurs auf das frühchristliche Modell ging noch weiter: Denn im hohen Mittelalter wurden aus der Palette der existenten Vorbilder frühchristlicher Zeit die meisten Typen gestrichen. Jedenfalls kannten das 4. und das 5. Jahrhundert im Kirchenbau deutlich mehr Varianten als das 10. und 11. Jahrhundert, wo es, von ganz wenigen Ausnahmen abgesehen, fast nur noch die einschiffige Saalkirche oder die dreischiffige Basilika gab. Möglich war die Kombination mehrerer Bautypen, allerdings zumeist nicht innerhalb eines einzelnen Gebäudes, sondern durch die Addition mehrerer Gebäudetypen nebeneinander.

2 Grundlegend für Oberitalien, das hier im Zentrum steht, immer noch Arthur Kingsley Porter, Lombard Architecture, 3 Bde., New Haven/London/Oxford 1917; Literatur zur romanischen Architektur in Oberitalien. Hilfreich auch die folgenden Bände: Sandro Chierici, Romanische Lombardei, Würzburg 1978; Sergio Stocchi, Romanische Emilia-Romagna, Würzburg 1986; weiterführend zuletzt: Arturo Carlo Quintavalle (Hg.), Medioevo – arte lombarda. Atti del convegno internazionale di studi, Parma, 26–29 settembre 2001, Mailand 2004.

3 Zuletzt mit weiterführender Bibliographie: Michela Cigola, L'abbazia benedettina di Montecassino: la storia attraverso le testimonianze grafiche di rilievo e di progetto, Cassino 2005; Mariano Dell'Omo, Montecassino. Un'abbazia nella storia, Cinisello Balsamo 1999.

Zudem erreichten die italienischen Kathedralen der Zeit kaum die Dimensionen von Bauten wie Cluny, Speyer oder Santiago, ganz zu schweigen von den nur wenig jüngeren gotischen Kathedralen. Alleine Pisa bildet hier eine Ausnahme. Hingegen kam es häufiger zur erwähnten baulichen Ausdifferenzierung zwischen eigentlicher Kathedrale, Baptisterium und Bischofsburg. Solche parzellierten Bautengruppen waren eher in der Lage, in eine modulierte Beziehung zur übrigen städtischen Bebauung zu treten als ausgesprochene Monumentalbauten, die in Italien, zum Beispiel mit dem Florentiner Dom, im allgemeinen erst ab dem ausgehenden 13. Jahrhundert entstanden sind. Dafür war es aber möglich, alle Kirchen, von der Kathedrale über die Abtei- oder Pfarrkirche bis hin zur Kapelle in ein wohl ponderiertes Gefüge von Sakralarchitektur zu integrieren, in das sich im Laufe des 13. Jahrhunderts dann auch noch die neuen Bettelordenskirchen einpassen ließen.[4]

Diese Möglichkeit, simple und traditionelle architektonische Stereotypen in ein bewährtes urbanistisch-architektonisches Hierarchisierungssystem einzubinden, war eine wesentliche Voraussetzung dafür, dass die Sakralbauten zu Fixpunkten auf dem unsicheren Feld der symbolischen Kommunikation in den jungen Kommunen werden konnten. Diese Kommunikation vollzog sich vor allem an den Grenzflächen zwischen dem Sakralraum und seiner Umgebung, also an den Mauern der Kirchen. Deren Außenwände begannen seit dem letzten Drittel des 11. Jahrhunderts an vielen Orten geradezu zu glühen, da sie auf bisher ungekannte, äußerst reiche Weise mit plastischem und farblichem Dekor überzogen wurden. Die Fassade des Pisaner Doms[5] ist hierfür das vielleicht markanteste Beispiel, dem die Kathedrale von Modena mit ihrer einfarbigen Marmordekoration kaum nachsteht.[6] Eines der wichtigsten Motive war dabei die Säule, zumeist in antikennahen Proportionen, welche an diesen Fassaden in großer Menge vorkommt. Den Gipfelpunkt stellt diesbezüglich San Marco in Venedig dar, dessen Vorhalle nach der Eroberung von Byzanz geradezu mit Säulenvorhängen bedeckt wurde.

Einen ernsthaften statischen Zweck erfüllen diese Säulen an jenen Fassaden nirgends, denn hätte man die Wände geschlossen gemauert, hätte dies weder Stabilität noch Funktion der Kirchen beeinträchtigt. Bei den Marmor- und Säulenverkleidungen handelt es sich also um Schmuck, der auf einen darunter liegenden Kern aufgebracht ist. Und geschmückt ist selbstverständlich die Kirche, sei damit der Raum über dem Heiligengrab, der Ort der Sakramente und die liturgischen Handlungen oder auch Ecclesia als sakrale Institution gemeint. So sind diese steinernen Dekorationen Medien, um einen Bedeutungsgehalt aus dem Inneren des Gebäudes nach außen zu transportieren. Hingegen haben sie nicht die Funktion, den offenen Platz, der oft vor oder neben einer Kirche liegt, als eine ästhetische Einheit zu begreifen, dessen Randbebauung für den Blick desjenigen geschmückt werden muss, der in der Mitte des Platzes stehend dessen Wände betrachtet. Damit soll nicht ausgeschlossen werden, dass sich diese Beziehung in

4 Grundsätzliche Überlegungen zum absichtsvoll gestalteten Verhältnis der Kirchen innerhalb einer Diözese zueinander bei: Dany Sandron, Picardie gothique, Paris 2001.

5 Adriano Peroni, Il Duomo di Pisa, Modena 1995.

6 Zu Modena zuletzt: Roberto Cassanelli, Der Dom zu Modena. Von Lanfrancus zu den Campionesi, in: Liana Castelfranchi Vegas (Hg.), Die Baukunst im Mittelalter, Solothurn 1995, S. 145–168; Enrico Castelnuovo / Adriano Peroni / Salvatore Settis (Hg.), Wiligelmo e Lanfranco nell'Europa romanica, Modena 1989.

späterer Zeit einmal umkehren konnte, doch dürfte die zuvor beschriebene Richtung von innen nach außen für das Verständnis der gesamten Kirchenfassaden wie einzelner auf sie aufgebrachter Elemente von entscheidender Bedeutung sein.
Zu diesen Elementen zählten auch Inschriften. Beim Blick auf die städtischen Sakralbauten vom 12. Jahrhundert bis zum Ausgang des Mittelalters in Ober- und Mittelitalien fällt auf, dass diese zahlreiche Inschriften tragen – jedenfalls mehr Inschriften als die vergleichbaren Bauten im übrigen Europa.[7] Diese können emphatisch-pathetisch sein, wie viele von denjenigen am 1063 begonnenen Dom zu Pisa, oder den Leser gelegentlich auch vor eine kleine Rechenaufgabe stellen und so an seine Bildung appellieren: So beginnt eine der zahlreichen Inschriften am Baptisterium der Kathedrale von Parma mit den Worten: „zwei mal zwei von 1200 abgezogen" um uns über das Datum des Baubeginns zu informieren und im Abschluss auch darüber, dass der Bau von dem Bildhauer Benedictus begonnen wurde. An den Fassaden der Kathedralen von Modena, Cremona und Piacenza informieren Inschriften ebenfalls über den Bauvorgang, die in Modena noch durch eine weitere, sehr ausführliche an der Apsis ergänzt werden. Auch an der Kathedrale von Ferrara wurden mehrere Inschriften eingemeißelt bzw. in der Form gravierter Platten an die Fassaden angedübelt, z.B. eine aus dem Jahr 1173, welche ein Dekret des „Consiglio dei Sapenti" wiedergibt, oder eine andere von 1391, die zusammen mit der Statue von Marchese Alberto d'Este an der Domfassade angebracht an die Verleihung und päpstliche Bestätigung bestimmter Rechte der Stadt sowie die Gründung ihrer Universität erinnert.
Inschriften können aus der Bauzeit selbst stammen oder Kopien älterer Inschriften sein. Es war möglich, sie als authentische Spolien von dem Vorgängerbau an den Neubau zu übernehmen, doch wurden sie meistens erst nachträglich – allerdings zeitnah – auf schon bestehende Kirchenwände aufgebracht. Inhaltlich vermochten sie Statuten wiederzugeben, Baunachrichten zu überliefern, die Namen von Stiftern, Künstlern und Handwerkern festzuhalten, aber auch biblische oder profane Szenen zu deuten oder zu kommentieren. Auf den Mauern der oberitalienischen Kirchen wurde somit Vieles und Unterschiedliches geschrieben, gerade so als seien sie die Litfasssäulen oder Plakatwände ihrer Epoche gewesen. Dabei entsteht leicht der Eindruck, als ob wir an den Kirchenwänden noch heute die Zeugnisse einer intern rege schriftlich kommunizierenden Gesellschaft lesen könnten.
Dies wäre allerdings ein Missverständnis. Nicht dass in den Städten nicht tatsächlich intensiv schriftlich kommuniziert wurde;[8] der Einwand zielt vielmehr darauf ab, diese Inschriften für direkte Zeugnisse pragmatischer Kommunikation zu halten. Denn ganz abgesehen davon, dass zahlreiche Einwohner leseunkundig waren oder zumindest das Latein, die bei Inschriften häufigste Sprache, nicht beherrschten, so war es damals wie heute schon rein physisch schwer, die kleinen und oft weit oben angebrachten Buchstaben zu entziffern. Denn – so banal es auch klingen mag – Ferngläser und Brillen waren noch nicht erfunden. Wirklich lesen konnte diese zahlreichen Inschriften also höchstens ein sehr kleiner Prozentsatz der Bevölkerung, so dass zu fragen ist, was sie wirklich

7 Den vollständigsten Überblick über die Inschriften an den oberitalienischen Bauten bietet noch immer: Arthur Kingsley Porter (wie Anm. 2).

8 Vgl. hierzu die zahlreichen Publikationen des Münsteraner SFB „Träger, Felder, Formen pragmatischer Schriftlichkeit im Mittelalter".

bezwecken sollten, da die Diskrepanz zwischen der von den Inschriften deklamatorisch angesprochenen vollständigen und der tatsächlichen Öffentlichkeit augenfällig ist.
Von den zahlreichen möglichen Funktionen der Schrift dürfte hier jedenfalls nur ein kleiner Teil zum Tragen gekommen sein. Von Bedeutung wird gewesen sein, dass die Inschriften gerade an den Kirchen über den für die Kommunen so wichtigen Heiligengräbern noch einen magischen Gehalt geerbt hatten.[9] Von hier aus führt ein breiter fließender Übergang zur repräsentativ-symbolischen Funktion, aber nur ein ganz schmaler zur pragmatischen öffentlichen Kommunikation.
Besonders deutlich wird dies an einem Beispiel an der Fassade des Pisaner Doms (Abb. 12 bis 14): Dort findet sich links vom Hauptportal eine der zahlreichen Inschriften, welche das Format einer Marmorplatte so geschickt ausnutzt, als sei die Platte nur für diese Inschrift gemacht – was jedoch keineswegs der Fall ist, da sich Disposition und Format der Platte alleine aus dem übergeordneten Dekorationsschema ableiten. Gemäß der oben eingeführten Metapher bringt diese Dekoration die Kirche quasi von innen heraus zum Glühen. Diese Ausstrahlung lässt auf eine transzendentale und universelle Bedeutung schließen, in deren Diensten an erster Stelle die Fassadendekoration steht, während die Inschrift sich diese Bedeutung erst in einem zweiten Schritt zu Nutzen macht. Der Betrachter muss die Bedeutung der Inschrift anerkennen, egal ob er sie lesen kann oder nicht. Und so findet an dieser Stelle beinahe unabhängig vom Inhalt des Textes hinaus eine einseitig gerichtete, symbolische Kommunikation statt.
Eine Bedingung dafür, dass die jungen Kommunen an den Fassaden bestimmter Kirchen quasi kondensierten, war, dass diese Mauern die Grenze zwischen dem Raum der Ordnung und dem Raum der Unordnung waren. Die Kirche war dabei der Raum der Ordnung, wie wir nicht nur aus Ordinarien wissen, sondern an verschiedenartigen Arrangements bis heute visuell ablesen können: So finden wir in der Kathedrale von Modena oder S. Zeno in Verona, um nur zwei besonders prominente Beispiele herauszugreifen, bis heute eine räumliche Differenzierung zwischen einer Krypta, welche das Heiligengrab beherbergt, einem darüber gelegenen Kanoniker- oder Mönchschor. Westlich davon erstreckt sich der Laienraum des Langhauses, und an der Grenze der Teilräume erheben sich ein Lettner bzw. eine Chorschranke. Durch verschiedene Portale mit differenter Dekoration können die unterschiedlichen Benutzergruppen die Bauten betreten. Auch wenn wir gerne mehr darüber wüssten, welches Portal wann und für wen geöffnet wurde, so können wir doch davon ausgehen, dass solche im Allgemeinen zahlreich vorhandenen Portale nicht alleine dazu dienten, die jeweiligen Bauten möglichst leicht zugänglich oder im Sinne des Brandschutzes evakuierbar zu machen, sondern dass sie vor allem die Funktion hatten, den Einlass hierarchisch zu kanalisieren. Sie filterten die ungeordnete äußere Gemeinschaft und passten sie der inhärenten Ordnung der Bauten an, wobei es um die Ordnung des Raumes (= Kirche) und der Zeit (= Kirchenjahr) gehen konnte. Dieses Ordnungsarrangement strahlte wiederum auf die Inschriften aus, die von seiner Autorität profitieren konnten.
Besonders interessant sind die Fälle, in denen die Ordnung der Kirchen von innen heraus gestört war: In S. Ambrogio in Mailand (Abb. 15), wo es an ein und derselben

9 Arnold Angenendt, Grab und Schrift, in: Hagen Keller (Hg.), Schriftlichkeit und Lebenspraxis im Mittelalter (Münstersche Mittelalter-Schriften 76), München 1999, S. 9–23.

Kirche ein Kanonikerkapitel gab und ein Benediktinerkloster, die im permanenten Streit lagen, war es deshalb notwendig, die liturgischen Handlungen der beiden sakralen Gemeinschaften vertraglich festzulegen, um gegenseitige Störungen zu vermeiden. Als ein architektonisches Resultat solcher Konfliktlösung kann die Existenz zweier Glockentürme an S. Ambrogio gelten: Die Doppelung war notwendig, da sich die beiden Gemeinschaften nicht einigen konnten, wer wann welche Glocken läuten durfte. Das Mailänder Beispiel zeigt, dass für die beiden als Institutionen unhinterfragbaren klerikalen Gemeinschaften beim Kirchenbau Lösungen zur Konfliktbewältigung gefunden werden mussten, so teuer und aufwändig sie auch sein mochten. Vor allem aber steht Mailand geradezu exemplarisch dafür, dass eine Konfliktlösung ein visuell erfahrbares Ordnungsarrangement hervorbrachte. S. Ambrogio war aber nicht nur eine Kirche mit zwei religiösen Gemeinschaften, sondern als Grablege des Stadtpatrons auch die Kirche der Kommune, die konsequenterweise dort in Friedenszeiten ihren Fahnenwagen geparkt hatte. Was liegt deshalb näher als die Annahme, dass das seit Jahrhunderten erprobte und immer wieder neu ausgehandelte ekklesiastische Ordnungsarrangement auch für die profane Institution der Kommune nachahmenswert gewesen wäre?

Ein besonders beredtes Beispiel dafür, wie eine Liturgie, die sich im Innern des Kirchengebäudes konkret abspielte, symbolisch nach außen in den öffentlichen Raum getragen wurde, bietet S. Zeno in Verona (Abb. 16): Im Tympanon des dortigen Hauptportals ist der Heilige Zeno abgebildet, wie er, so die Inschrift, die Fahne an die Milizen der Kommune überreicht.[10] Diese Milizen sind zweigeteilt: Auf der einen Seite sind die adligen Milites zu sehen, die sich dadurch auszeichneten, dass sie beritten in die Schlacht ziehen durften, während gegenüber die nichtadligen Fußsoldaten gezeigt werden – Repräsentanten jener Bevölkerungsgruppe also, welche der eigentliche Träger der kommunalen Bewegung gewesen sein dürfte. Es scheint evident, dass der Heilige Zeno hier eine Gemeinschaft untergliedernd teilt und deren Teilgruppen eine spezifische Funktion zuweist, wobei er – durch seine bischöfliche Bekleidung als Amtsträger identifiziert – dank seiner sakralen Kompetenz handelt. Gestus, Kleidung und Insignien sind diejenigen eines Veroneser Bischofs: So ist er im Verlauf der Messe zu sehen, so hebt er sich von den übrigen Mitgliedern der Gemeinde ab und so ist er als Oberhaupt der „ecclesia veronensis" ausgewiesen. In der bildlichen Inszenierung werden also Mittel eingesetzt, die aus der Lebenswirklichkeit stammen und welche im realen Ablauf der Liturgie für jedermann sichtbar und verständlich sind. Dies geschieht mit dem Ziel, die symbolische, gefestigte und vor allem historisch bewährte sakrale Ordnung, die im Innern des Kirchengebäudes in stetiger Wiederholung erfahrbar war und die sich auf eine ausdifferenzierte Gemeinde von Klerikern und Laien erstreckte, auf die noch instabile Kommune affirmierend zu übertragen.

So groß die Evidenz der bildlichen Darstellung auch sein mag, so muss sie dennoch für sich alleine als defizitär empfunden worden sein, denn sonst fänden sich nicht rings um das Tympanon Inschriften, in denen das Ereignis der Fahnenübergabe nacherzählt und die Personen benannt würden. Die Aussage des Bildes wird somit durch den Text auf

10 Andrea von Hülsen-Esch, Romanische Skulptur in Oberitalien als Reflex der kommunalen Entwicklung im 12. Jahrhundert. Untersuchungen zu Mailand und Verona, Berlin 1994.

redundante Weise unterstützt, wobei dieser Text aber wiederum jener Teil der Inszenierung ist, dessen Inhalt sich einem großen Teil der Adressaten entzogen hat, weil sie ihn nicht lesen konnten.

Beim Tympanon von S. Zeno in Verona wird eine mediale Technik angewandt, die schwer zu durchschauen bzw. historisch zu analysieren ist: Denn auf der einen Seite steht eine sehr klare und einleuchtende bildliche Darstellung, die auf der anderen Seite durch die textliche Ergänzung keine wesentliche inhaltliche Erweiterung mehr erfährt – abgesehen davon, dass hier auch der Künstler genannt wird. So dürfte die Intention beim Verfassen und Anbringen des Textes darin bestanden haben, ein eventuell gegenwärtig oder zukünftig nicht vollkommen verständliches Bild auf Dauer eindeutig interpretierbar zu machen, d.h. zu kodifizieren.

Bei der Szene im Tympanon von S. Zeno handelt es sich um eine symbolische und damit vielfältig auslegungsfähige Visualisierung der städtischen Verfassung. Dieser Hintergrund eröffnet dem dort angebrachten Text eine neue Bedeutungsdimension. Denn egal, ob er überhaupt in jedem Augenblick von jedem lesbar ist: Alleine in seiner visuellen Existenz vermag er zu suggerieren, dass das Bild, dem er zugeordnet ist, nicht zur beliebigen Interpretation freigegeben ist. Und, um noch einen Schritt weiterzugehen: Der für die überwiegende Mehrheit des Publikums nicht lesbare Text, welcher nur wenig relevante Zusatzinformation zum Bild liefert, findet seine Hauptfunktion darin, dass er das allgemeinverständliche Relief im Tympanon von S. Zeno in Verona habituell interpretationsbedürftig macht. An S. Zeno wird ein konstituierender Augenblick der Kommune metaphorisch visualisiert und der kommunalen Gemeinschaft durch die Hinzufügung des Textes zugleich mindestens partiell wieder entzogen.

Von dieser knappen Einzelfallanalyse ausgehend verstärkt sich der Verdacht, dass die eingangs erwähnten, an den italienischen Stadtkirchen zahlreich vorhandenen Inschriften weniger die Funktion hatten, zur direkten Kommunikation beizutragen, sondern dass es vielmehr ihre Aufgabe war, der theoretisch nicht oder nur schwer kontrollierbaren kommunalen Versammlung ein Modell für geordnete Kommunikation gegenüberzustellen. Je länger und komplizierter die Inschrift war, desto besser erfüllte sie ihre Funktion, auf etwas hinter ihr liegendes zu verweisen. Dabei spielt es zumindest theoretisch überhaupt keine Rolle, ob diese Inschriften alleine der Erläuterung von Bildern dienten, ob sie, wie beispielsweise die Künstlersignaturen,[11] in der Nähe der Bilder angebracht oder wie die chronikalischen oder juristischen Texte räumlich freigestellt waren: Das verbindende Kriterium sämtlicher Inschriften dürfte gewesen sein, dass sie behaupteten, dass es noch etwas gäbe, das jenseits der vorhandenen Architektur, der wahrnehmbaren Reliefs, Raumarrangements etc. existierte, und das der Interpretation – was bedeutete, der „autorisierten" Interpretation – bedürfe. Die zahlreichen Inschriften an den Bauten sind deshalb nicht Zeugnisse direkter Kommunikation, sondern dokumentieren vielmehr die Bedeutung von repräsentativ-symbolischer und sozial eingeschränkter, distinguierender „Nicht"-Kommunikation.

Betrachtet man, dass das theoretisch wie praktisch sehr große Potenzial an chaotischen Handlungsmöglichkeiten, welches im 11. Jahrhundert bestand, als eine traditionelle, im

11 Albert Dietl, In arte peritus. Zur Topik mittelalterlicher Künstlerinschriften in Italien bis zur Zeit Giovanni Pisanos, in: Römische historische Mitteilungen 29 (1987), S. 75–125.

allgemeinen nicht hinterfragte Ordnung durch eine neue diskursiv begründete abgelöst wurde, so wird schnell klar, dass damals ein großer Stabilisierungsbedarf bestand. Dabei waren die Kommunen bzw. die kommunalen Institutionen selbst zumeist nicht in der Lage, die Stabilisierungsleistungen „sui generis" zu erbringen, sondern mussten sich historisch bewährter Modelle und Strukturen bedienen. Der nur gering organisierte und strukturierte Ort der allgemeinen Volksversammlung wie zahlreiche andere städtische Räume auch waren deshalb durch einen liturgisch besser gefassten Ort zu ergänzen, wobei es sich unter den damaligen Bedingungen nur um eine Kirche handeln konnte. Die Kirchen wurden inmitten dieser langfristig instabilen Verhältnisse nicht nur auf symbolische Weise zur Produktion von Stabilität nutzbar gemacht, sondern letzten Endes haben sie auch real Stabilität produziert.

Vor allem die neuen Medien der sich entwickelnden Schriftkultur wurden in diesem Prozess zunächst wie Bilder behandelt und zugleich mit der bewährten Autorität der Sakralbauten ausgestattet, an denen sie angebracht waren. Das Speichermedium Schrift wurde den traditionellen Medien der symbolischen Kommunikation gleichsam aufgepfropft, um davon zu profitieren. Als ein Medium, das in den Prozess der symbolischen Kommunikation eingebunden war, konnte Schrift aber auch einer ihrer hervorragendsten Funktionen, zur Information beizutragen, verlustig gehen, so dass sie eher verrätselte als erklärte. Gleichwohl handelte es sich hierbei um zielgerichteten Schriftgebrauch. Ob er im Einzelfall erfolgreich war, wäre zu überprüfen, doch spricht zumindest die Menge der Inschriften dafür, dass das Verfahren als Erfolg versprechend angesehen wurde.

# „*Cruzgang*“ und „*umblauf*“ – Symbolische Kommunikation im Stadtraum am Beispiel von Prozessionen

*Sabine von Heusinger*

Bei der Fronleichnamsprozession in Colmar hatte die Bruderschaft der Bäckergesellen traditionell den prestigereichsten Platz direkt beim Sakrament inne, denn sie waren mit besonders prächtigen Kerzen ausgestattet. Als die Colmarer Stiftsherren im Jahr 1495 anderen Gesellenbruderschaften, vor allem den Badern, ebenfalls erlaubten, direkt beim Sakrament mitzuziehen, da diese Handwerksgesellen noch kostbarere Kerzen angeschafft hatten, fühlten sich die Bäckergesellen (auch -knechte genannt) von ihrer herausgehobenen Position verdrängt und beschlossen, überhaupt nicht mehr an der Prozession teilzunehmen.[1] Die geänderte Prozessionsaufstellung führte zu einem zehnjährigen Streit zwischen den Bäckerknechten und der Stadt Colmar, der weitreichende Folgen mit sich brachte. Zuerst verließen einige Gesellen die Stadt, andere wurden gewaltsam zurückgehalten. Der Streit wurde aus Anlass der Fronleichnamsprozession im Folgejahr weitergeführt; Verhandlungen zwischen dem Rat der Stadt, dem Stift und den Bäckergesellen führten zu keinem Ergebnis. Nun verließen so gut wie alle Knechte heimlich Colmar und flohen nach Bergheim, wo sie Aufnahme fanden. Colmar klagte die Knechte an, durch die heimliche Flucht aus der Stadt und vor ihren Meistern gegen ihre geschworenen Eide verstoßen zu haben. Der Fall wurde zuerst vor dem städtischen Gericht in Bergheim verhandelt; die Gesellen forderten ihren alten Platz bei der Fronleichnamsprozession zurück und klagten über ihren Ehrverlust. Als der Urteilsspruch

1 Immer noch grundlegend ist Paul Alfred Merklen, Les boulangers de Colmar 1495–1513. Episode inédit de l’histoire des coalitions ouvrières en Alsace au moyen âge, Colmar 1871; auf neues Archivmaterial konnte Georg Schanz, Zur Geschichte der deutschen Gesellen-Verbände mit 55 bisher unveröffentlichten Documenten aus der Zeit des 14.–17. Jahrhunderts, Leipzig 1877, Nachdruck Glashütten 1973, S. 78–92, zurückgreifen; ergänzend auch Franz Joseph Mone, Zunftorganisation vom 13. bis 16. Jahrhundert in der Schweiz, Baden, Elsaß, Bayern und Hessen, in: ZGO (hier) 17, S. 48f.; einen Überblick bietet auch Knut Schulz, Handwerksgesellen und Lohnarbeiter. Untersuchungen zur oberrheinischen und oberdeutschen Stadtgeschichte des 14. bis 17. Jahrhunderts, Sigmaringen 1985, S. 110–112 und 170f.; und Francis Rapp, Les confreries d’artisans dans le diocèse de Strasbourg à la fin du moyen âge, in: Société academique du Bas-Rhin 93–94 (1971–1972), S. 10–28. Den Colmarer Streit behandelte jüngst, mit einer allgemeinen Einbettung des Geschehens in die Auseinandersetzungen um Handwerksgesellen Monique Debus-Kehr, Contestation et société: la révolte des compagnons boulangers de Colmar 1495–1505, in: Chantiers historiques en Alsace 5 (2002), S. 33–44. Zur schrittweisen Politisierung der Fronleichnamsprozessionen, die sich überall in Europa nachweisen lässt, siehe Miri Rubin, Corpus Christi. The Eucharist in Late Medieval Culture, Cambridge 1991, bes. S. 243–271, hier S. 255–259; vgl. auch Björn Christlieb, Heilssuche, Andacht und Politik: Formen stadtbürgerlicher Laienfrömmigkeit, in: Dietmar Lüdke/Jürgen Krüger/Sönke Lorenz (Hg.): Große Landesausstellung Baden-Württemberg. Spätmittelalter am Oberrhein, 3 Bde., Stuttgart 2001, hier Bd. 2,2, S. 453–463.

die Gesellen zu einer hohen Strafe verurteilte, wandten sie sich zuerst an das königliche Hofgericht in Ensisheim und schließlich an das kurz zuvor gegründete Reichskammergericht in Frankfurt. Sie weigerten sich in den folgenden zehn Jahren, von 1495 bis 1505, einzulenken und boykottierten in dieser Zeit Colmar als Arbeitsort. Inzwischen hatten sie auch die Unterstützung der benachbarten Gesellenbruderschaften erlangt, und alle ‚fremden‘ Bäckerknechte wurden von Colmar fern gehalten, sodass die Meister wieder selbst backen mussten. Die Bäckermeister gaben dem Rat zu Protokoll, „*sie kunden noch welten one die knechte nit brot backen*;“ ob die kontinuierliche Versorgung der Bevölkerung mit Brot tatsächlich bedroht war, ist unklar.[2] Weder die Räte von Colmar und Bergheim, noch die Zunftmeister, noch die Urteilssprüche der angerufenen Gerichte konnten die Gesellen dazu bewegen, ihren Boykott aufzugeben. Der Konflikt wurde erst gelöst, als alle beteiligten Parteien den Herren von Rappoltstein als Schiedsrichter anerkannten. Im Urteilsspruch wurde die Gesellenorganisation als rechtmäßig anerkannt und alle Repressionen gegen Knechte wurden aufgehoben. Die Urteilsbegründung ging aber auch auf den Auslöser des Streites ein: Der Rang der Bäckerknechte bei der Fronleichnamsprozession habe zu keinem Zeitpunkt in der Verantwortung der Stadt gelegen, die deshalb schuldlos sei. Damit war der Streit beendet und die Gesellen gingen gestärkt aus der Konfrontation hervor.

Der Streit der Colmarer Bäckerknechte um ihren Platz im Fronleichnamszug führt mitten ins Thema der symbolischen Kommunikation: Die räumliche Entfernung der Teilnehmer zum Sakrament kommunizierte für die gesamte Stadtbevölkerung sichtbar ihre soziale Stellung innerhalb der Gesellschaft. Eine Veränderung der Prozessionsordnung bedeutete automatisch eine veränderte soziale Rangfolge der beteiligten Gruppen.

## 1. Einführung

Die Colmarer Bäckergesellen fanden in den Städten im Umland breite Unterstützung, so auch in Straßburg, das im Zentrum der folgenden Ausführungen steht.[3] Straßburg war im Mittelalter eine der bedeutendsten Städte des deutschen Reiches als bedeutender Handels-, Umschlag- und Finanzplatz, aber auch als ein religiöses und geistiges Zentrum, von dem aus Mystik, Humanismus und Reformation entscheidende Einflüsse erfuhren. Auch wenn keine überbordende Überlieferung zu den Prozessionen, die in den Straßburger Quellen „*cruzgang*“ oder „*umblauf*“ genannt werden, vorliegt, so können doch grundsätzliche Fragen zur symbolischen Kommunikation behandelt werden.

Bei der Annäherung an das gewählte Thema fällt auf, dass es noch keine allgemeingültige Theorie der mittelalterlichen Kommunikation gibt; immer noch bestehen Unschärfen und Forschungsdesiderate.[4] Barbara Stollberg-Rilinger definierte griffig als Kom-

2 Schanz (wie Anm. 1), S. 89.

3 Die folgenden Ausführung basieren auf Quellenmaterial, das ich für meine Habilitationsschrift zu den Zünften in Straßburg gesammelt habe, vgl. Sabine von Heusinger, Soziale Gruppen in der Stadt: Das Beispiel der Zünfte in Straßburg (Habilitationsschrift), Universität Mannheim, 2006.

4 Jüngere Sammelbände belegen eindrücklich die vielfältigen Definitionen von Kommunikation, z.B. Romy Günthart / Michael Jucker (Hg.), Kommunikation im Spätmittelalter. Spielarten – Wahrnehmungen – Deutungen, Zürich 2005, bes. die Einleitung S. 7–11; Hedwig Röckelein (Hg.), Kommunikation, München 2001 (Das Mittelalter

munikation, „wenn erstens eine Information vorliegt, die zweitens mitgeteilt und drittens als Mitteilung verstanden wird.“[5] Kommunikation wird dann als symbolischer Akt verstanden, wenn sie mithilfe von Zeichen im weitesten Sinne stattfindet. Symbolisches Handeln stiftet Sinn, während instrumentelles Handeln einen bestimmten Zweck verfolgt. Symbole oder Zeichen können beispielsweise Bilder, Artefakte, Gebärden oder komplexe Handlungsfolgen sein.

Im Folgenden gilt es, den Symbolgehalt von Sakrament, Baldachin und Kerzen, zu ergründen, die zentrale Elemente einer Prozession sind. Weihrauch als göttlicher Duft und weiteres wichtiges Element einer Prozession findet in den Straßburger Quellen keine Erwähnung. Vor allem der konsekrierten Hostie als demjenigen Teil des Sakraments, dem die höchste Gottespräsenz und damit die wirksamste Heilsmaterie zu Eigen war, kam im Spätmittelalter eine stetig wachsende Bedeutung zu.[6] Seit dem 12. Jahrhundert wurde das Emporheben der Hostie, die Elevation, der Höhepunkt der Messfeier. Dies spiegelte ein gewandeltes Eucharistieverständnis wieder, das die Formulierung der Transsubstantiationslehre mit sich gebracht hatte. Der direkte Anblick der Hostie versprach nun Gnade und die Erhörung der Bitten; um ein möglichst langes Anschauen der Hostie zu ermöglichen, wurde sie ab dem 15. Jahrhundert in der Monstranz den Blicken der Gläubigen ausgesetzt. Davor waren die Hostien meist in bereits vorhandenen Reliquiaren transportiert und auf einen einfachen Halter gesetzt worden. Die gesteigerte Bedeutung des Sakraments ging mit einer vermehrten Marienfrömmigkeit und einer größeren Verbreitung des Fronleichnamsfestes einher. Dieses Fest war im Zuge einer veränderten eucharistischen Frömmigkeit im 13. Jahrhundert lokal in Lüttich entstanden und breitete sich anschließend nach Frankreich, Deutschland und Spanien aus.[7] Die

6,1), siehe hier vor allem den Beitrag der Herausgeberin mit Auswahlbibliographie auf S. 5–18; schwerpunktmäßig Schriftlichkeit behandelt der Sammelband von Marco Mostert (Hg.), New Approaches to Medieval Communication, Turnhout 1999; ebd., S. 193–297 eine umfangreiche Bibliographie zur mittelalterlichen Kommunikation. Eine Einbettung der Begriffe „Medien“ und „Kommunikation“ in verschiedene theoretische Ansätze unternimmt Volker Depkat, Kommunikationsgeschichte zwischen Mediengeschichte und der Geschichte sozialer Kommunikation. Versuch einer konzeptionellen Klärung, in: Karl-Heinz Spieß (Hg.): Medien der Kommunikation im Mittelalter, Stuttgart 2003, S. 9–48.

5 Barbara Stollberg-Rilinger, Symbolische Kommunikation in der Vormoderne. Begriffe - Thesen - Forschungsperspektiven, in: Zeitschrift für Historische Forschung 31 (2004), S. 489–527. Stollberg-Rilinger führt aus, dass der Münsteraner SFB „symbolische Kommunikation“ diesen programmatischen Begriff gegenüber instrumentellem Handeln ebenso abgegrenzte wie gegenüber begrifflich-abstrakter, diskursiver Kommunikation. Begrifflich-abstrakte Kommunikation vollzieht sich in zeitlich aufeinanderfolgenden Aussagesequenzen; symbolische Kommunikation ist „momenthaft-verdichtet und sinnfällig“, und ermöglicht Bedeutungszuschreibungen (ebd., S. 499).

6 Zum Folgenden siehe Arnold Angenendt, Geschichte der Religiosität im Mittelalter. 2. überarb. Aufl., Darmstadt 2000, S. 505f.; Sabine Felbecker, Die Prozession: historische und systematische Untersuchungen zu einer liturgischen Ausdruckshandlung, Altenberge 1995 (Münsteraner theologische Abhandlungen 39), S. 176–335, bes. S. 176f. und 243. Bei der Papstprozession erhielt im Spätmittelalter der so genannte Hostienschimmel eine herausgehobene Position im Festumzug, dazu Achim Thomas Hack, Nähe und Distanz im Zeremoniell – eine Frage des Vertrauens? Bemerkungen zur mittelalterlichen Ritualpragmatik, in: Frühmittelalterliche Studien 39 (2005), S. 431–479, hier S. 443.

7 Felbecker (wie Anm. 6), S. 176–180. Vgl. auch den Überblick bei Johannes Grabmayer, Volksglauben und Volksfrömmigkeit im spätmittelalterlichen Kärnten, Wien 1994, bes. S. 166–173. Von einem völlig anderen Typus von Prozession berichtet Benjamin McRee aus England; in

Schau der wundertätigen Heiltümer in Form des Sakraments während der Prozession konnte eine Wallfahrt ersetzen und somit die Stadt für begrenzte Zeit in einen überregionalen Wallfahrtsort verwandeln; so verdrängte etwa die Fronleichnamsprozession in Wittlaer (heute Düsseldorf) die Pilgerfahrt nach Aachen.[8]
Prozessionen hatten aber nicht nur einen religiös-kultischen Auftrag, sondern sie dienten auch dazu, Herrschaftsansprüche und die Legitimität von Herrschaft zu vermitteln. An Prozessionen waren meist alle städtischen Gruppen beteiligt, also Rat, Gemeinde und Klerus. Die Prozession als rituelle Handlung war in ihrer äußeren Form normiert und wurde keineswegs zufällig vollzogen, sondern sie wurde sorgfältig inszeniert und öffentlich, demonstrativ und feierlich begangen.[9] Dabei spielt es methodisch keine Rolle, ob die überlieferten Beschreibungen von Prozessionen ‚tatsächlich so passiert sind‘. Wie Gerd Althoff in Bezug auf Aufführungen und Rituale zeigte, orientiert sich jede einzelne „Szene (...) an gängigen Regeln und Gewohnheiten der Kommunikation“, auch wenn sie ‚nur‘ erfunden sein sollten.[10]

## 2. Anlässe für Prozessionen

Prozessionen zählten, wie auch das Totengedenken, zu den konstitutiven Elementen der religiös-rituellen Praxis im Mittelalter.[11] Es gab Prozessionen aus aktuellem Anlass und regelmäßig stattfindende Umläufe. So konnte in Straßburg die Bitte um Frieden in

Norwich war die St. Georgs-Prozession von zentraler Bedeutung und die gleichnamige Zunft-Bruderschaft stellte jedes Jahr einen Reiter, der den Heiligen hoch zu Pferde verkörperte, dazu Benjamin R. McRee, Unity or Division? The Social Meaning of Guild Ceremony in Urban Communities, in: Barbara A. Hanawalt / Kathryn L. Reyerson, (Hg.): City and Spectacle in Medieval Europe, Minneapolis 1994, S. 189–207, bes. S. 195–197.

8 Dieter Scheler, Inszenierte Wirklichkeit, Spätmittelalterliche Prozessionen zwischen Obrigkeit und „Volk“, in: Bea Lundt / Helma Reimöller (Hgg.): Von Aufbruch und Utopie. Perspektiven einer neuen Gesellschaftsgeschichte des Mittelalters, Köln 1992, S. 119–129, hier S. 125.

9 Damit zählt sie eindeutig zu Ritualen, wie sie von Stollberg-Rilinger (wie Anm. 5), S. 503, definiert werden. Vgl. auch das Vorwort von Heinz Duchhardt und Gert Melville in dem von ihnen herausgegebenen Sammelband: „Rituale (...) garantieren geregelte Kommunikationsabläufe, weil sie diese einer Reflexion über Zulässigkeit entziehen (...) Rechtssatzungen hingegen regeln Kommunikation durch bewußte Akte gewillkürter Normierungen sozialen Verhaltens. Da diese Normierungen nur selektiv eine Reduzierung von Kontingenz erreichen, verweisen sie potentiell immer auch auf ihre Alternative, so daß sie eben auch Reflexionen über Zulässigkeit und Geltungsanspruch veranlassen“, aus: Dies. (Hg.), Im Spannungsfeld von Recht und Ritual: Soziale Kommunikation in Mittelalter und Früher Neuzeit, Köln 1997.

10 Gerd Althoff, Zum Inszenierungscharakter öffentlicher Kommunikation im Mittelalter, in: Laudage, Johannes (Hg.): Von Fakten und Fiktionen. Mittelalterliche Geschichtsdarstellungen und ihre kritische Aufarbeitung, Köln 2003, S. 79–94, hier S. 82.

11 Vgl. zum Folgenden Dieter J. Weiß: Prozessionsforschung und Geschichtswissenschaft, in: Jahrbuch für Volkskunde 27 (2004), S. 63–79; zur Entstehung der Fronleichnamsprozessionen siehe Rubin (wie Anm. 1), bes. S. 243–271; für Straßburg immer noch Luzian Pfleger, Die Stadt- und Ratsgottesdienste im Strassburger Münster, in: Archiv für elsässische Kirchengeschichte 12 (1937), S. 1–56; sowie zu den Jahren der Burgunderkriege besonders Gabriela Signori, Ritual und Ereignis. Die Straßburger Bittgänge zur Zeit der Burgunderkriege (1474–1477), in: HZ 264 (1997), S. 281–328, die sich weniger für rituelle Ausdrucksformen interessiert, sondern „der engen semantischen Verschachtelung von ‚Ritual‘ und ‚Ereignis‘, dem kontextgebundenen Wandel des scheinbar immer Gleichen“ (ebd., S. 327) nachgeht. Mit dem Schwerpunkt Nürnberg und Er-

Kriegszeiten Anlass für einen „*cruzgang*“ oder „*umblauf*“ sein, verstärkt während der Armagnaken-Einfälle im Jahr 1444 und während der Burgunderkriege 1474–1477, aber auch die Abwendung von Epidemien und Krankheiten im Allgemeinen und die Pest im Besonderen konnten ein Beweggrund sein.[12] Ein Beispiel für eine Prozession aus aktuellem Anlass ist ein überlieferter Aufruf aus der Zeit der Burgunderkriege.[13] Als Karl der Kühne von Burgund im Jahr 1475 das Herzogtum Lothringen erobert hatte, wollte er die lothringische Hauptstadt Nancy zu seiner Residenz machen, da die lothringischen Gebiete zwischen seinen Territorien in Burgund und den Niederlanden lagen. Im folgenden Jahr wurde in Straßburg zu einer Prozession gegen den Herzog von Burgund und für den Herzog von Lothringen aufgerufen. Dabei wurde Gott um den Sieg und um Glück für die auf lothringischer Seite Kämpfenden gebeten, die Leib und Leben wagten. Alle Stifte und Klöster sollten am Tag der Prozession ihre Morgenmesse schon früher anfangen, damit Prozessions-Teilnehmer, wenn die Münsterglocke sieben Uhr schlug, zum Münster ziehen konnten. Wer gegen das Gebot verstoße, sollte fünf Schilling Strafe bezahlen, die anteilig an das Frauenwerk, die Stadt und den städtischen Wachdienst, *der huot*, verteilt wurden.

Ein weiterer Themenkreis für Prozessionen war das Wetter, das in einer agrarisch geprägten Gesellschaft konkrete Bedeutung für das Überleben hatte; und so gab es Prozessionen für eine gute Ernte und genügend Regen, aber auch gegen zu heftigen Regen und Überschwemmungen.[14] Verbreitet waren auch Bittprozessionen für weltliche und geistliche Herrscher, beispielsweise für Kaiser Maximilian, den Herzog von Lothringen, das Basler Konzil im Streit mit dem Papst und allgemein zur Umkehr von Ungläubigen. Die Aufforderungen zum Kreuzgang („*crutz gang gebott*“) nennen in der Regel als „Adressaten“ des Umzugs den allmächtigen Gott, seine Mutter Maria, d.h. die Stadtpatronin Straßburgs, und alle Heiligen. Für die Genannten wird die Prozession „*zu lobe und zu eren*“ sowie allen frommen Christenleuten „*zu trost und zu hilff*“ durchgeführt.[15] Seit dem 14. Jahrhundert nahm der Rat vermehrt Einfluss auf Prozessionen und hielt in

furt siehe Andrea Löther, Prozessionen in spätmittelalterlichen Städten. Politische Partizipation, obrigkeitliche Inszenierung, städtische Einheit, Köln 1999, bes. S. 330–337; aus liturgiewissenschaftlicher Sicht Felbecker (wie Anm. 6).

12 Besonders die Sammlung „Mandate und Ordnungen“ bietet zahlreiche Stücke zu Prozessionen in Straßburg, hier die Bände 1MR 1, 2, 13, 20. Dieter J. Weiß, Prozessionsforschung und Geschichtswissenschaft, in: Jahrbuch für Volkskunde 27 (2004), S. 63–79, hier S. 68f., weist darauf hin, dass erst nach dem Tridentinum „die Umgänge in den Kategorien Lob-, Bitt-, Preis-, Dank- und Bußprozession normiert“ wurden.

13 Überliefert in AMS (Archives Municipales de Strasbourg) 1MR 2, S. 187 (alt fol. 95r), ediert als Anlage 2; vgl. zum Folgenden auch Signori (wie Anm. 11); Claudius Sieber-Lehmann, Spätmittelalterlicher Nationalismus. Die Burgunderkriege am Oberrhein und in der Eidgenossenschaft, Göttingen 1995.

14 Die häufige Kritik von Seiten des Klerus an Wetterprozessionen zeigte eindrücklich Robert W. Scribner, Ritual and Reformation, Ritual and Popular Religion in Catholic Germany at the Time of the Reformation, in: Journal of Ecclesiastical History 35 (1984), S. 47–77, bes. S. 65.

15 Als paradigmatisch kann eine Anordnung von Klerus und Rat aus dem Jahr 1466 gelten, überliefert in AMS 1MR 2, S. 128 (alt fol. 67r), ediert als Anlage 1. Der in der Quelle erwähnte Johannes Hüffel war 1466 einer der vier Stettmeister. Mit fast identischen Worten auch 1MR 13, S. 525f. (= fol. 291); und 1MR 2, S. 189 (= fol. 96r); nicht so ausführlich, aber dem gleichen Muster folgend ist bereits aus dem Jahr 1389 ein Ratsbeschluss zur Abhaltung einer Prozession überliefert, ediert in UBS (= Urkundenbuch der Stadt Strassburg, hg. v. Wilhelm Wiegand, 7 Bde., Strasbourg 1879–1900), Bd. VI, Nr. 549 (S. 287).

Prozessionsordnungen zum Teil sehr detaillierte Vorschriften zum Ablauf fest. Dies lässt sich auch in anderen Städten feststellen; so setzte etwa Erfurt einen festen Ausgabenposten für Prozessionen in den Stadtrechnungen fest und regelte den genauen Ablauf der Adolar- und Eoban-Prozession in den Statutenbüchern.[16]
Im Spätmittelalter fanden in Straßburg regelmäßig die Fronleichnamsprozession sowie die Lukasprozession statt. Im Jahr 1356, am Tag des Heiligen Lukas, dem 18. Oktober, war das benachbarte Basel bei einem Erdbeben fast vollständig zerstört worden.[17] In Straßburg war wenig davon zu spüren, aber am 15. Mai 1357 verursachte ein zweites Erdbeben dort größere Schäden. Der Rat beschloss im folgenden Jahr, von nun an jährlich am St. Lukas-Tag eine Prozession abzuhalten, den so genannten *„sant lux crutzgang“*, der für das Selbstverständnis Straßburgs zentrale Bedeutung erlangte.[18] Deshalb wurde genau festgelegt, wie sich das Leitungsgremium der Stadt bei diesem offiziellen Anlass präsentieren sollte: Alle Räte waren zur Teilnahme verpflichtet und sollten barfuß und in grauen Mänteln und Hüten mitziehen und Kerzen in den Händen halten. Die Kleidung der Räte erinnerte vermutlich gewollt an den Ordenshabit der Barfüßer. Bescheidenheit und Demut sollten nicht nur durch die Kleidung der Räte, sondern auch durch die Almosengabe am Ende des Umgangs kommuniziert werden, wenn die Kerzen der Gottesmutter und die grauen Mäntel den Armen gespendet werden sollten. Der Chronist Jakob Twinger von Königshofen fügte einige Jahrzehnte später hinzu, außerdem sollten zu diesem Anlass zwanzig Viertel Korn in Form von Brot an die Armen verteilt werden.[19] Eine Anordnung des Rates aus dem 15. Jahrhundert legte fest, dass das *„lux brot“* nur an die wahrhaft bedürftigen Armen verteilt werden sollte und drohte allen unbefugten Nutznießern mit 30 Schilling Strafe.[20] Eine Almosenvergabe am Ende der Prozession lässt sich auch in anderen Städten finden; so wurden in Münster nach der bedeutenden „Großen Prozession“ durch die Armenprovisorien der sechs städtischen Kirchspiele Almosen verteilt.[21] Fremde Bedürftige wurden auch in Münster explizit von der Armenspeisung ausgenommen.

16 Andrea Löther, Städtische Prozessionen zwischen repräsentativer Öffentlichkeit, Teilhabe und Publikum, in: Gert Melville / Peter von Moos (Hg.), Das Öffentliche und das Private in der Vormoderne, Köln 1998, S. 435–459, hier S. 436.

17 In den Chroniken von Straßburg wurde das Basler Erdbeben von 1356 ausführlich geschildert, siehe Fritsche Closener und ihm folgend Jakob Twinger von Königshofen, ediert von Carl Hegel (Ed.), Die Chroniken der deutschen Städte vom 14. bis ins 16. Jahrhundert, Bd. 8, Straßburg 1870, S. 136f. (Closener); Bd. 9, Straßburg 1870, S. 862f. (Twinger von Königshofen). Vgl. auch Rudolf Wackernagel, Geschichte der Stadt Basel, 3 Bde., Basel 1907–1924, hier Bd. 1, S. 270–273; sowie die Edition von Ders., Erneuerung der St. Lucasbruderschaft zu Basel, 21. September 1437, in: BZGA 12 (1913), S. 391–394; Pfleger (wie Anm. 11), S. 50f.; und Gerhard Fouquet, Das Erdbeben in Basel 1356 – für eine Kulturgeschichte der Katastrophen, in: BZGA 103 (2003), S. 31–49; noch nicht einsehen konnte ich den jüngsten Beitrag von Werner Meyer, Da verfiele Basel überall: das Basler Erdbeben von 1356, Basel 2006 (Neujahrsblatt 148).

18 Vgl. z. B. Fritsche Closener († zwischen 1372 und 1396) (wie Anm. 17), S. 137; Jakob Twinger von Königshofen (1346-1420) (wie Anm. 17), S. 863f.

19 Eine Beschreibung der Lukas-Prozession aus dem Jahr 1471 enthält den Hinweis auf so genannte *„lux mentel“*, siehe AMS 1MR 2, S. 156f. (fol. 80).

20 AMS 1MR 2, S. 33bis.

21 Vgl. Ludwig Remling, Die „Große Prozession“ in Münster als städtisches und kirchliches Ereignis im Spätmittelalter und in der frühen Neuzeit, in: Quellen und Forschungen zur Geschichte der Stadt Münster N.F. 11 (1984), S. 197–233, hier S. 215–222; er betont immer wieder die schlechte Überlieferungslage für das Spätmittelalter.

In den Anordnungen zum Umzug werden immer eigens die Kerzen erwähnt: so trugen die Ratsherren bei der Lukasprozession die Kerzen selbst in Händen und opfern sie anschließend; bei der Fronleichnamsprozession sollten die obersten Ratsherren und Stettmeister neben den Kerzen gehen;[22] die Brotbäcker in Colmar waren von den prächtigeren Kerzen der Konkurrenz-Bruderschaften von ihrem Ehrenplatz vertrieben worden. Dies zeigt, dass auch die Kerze ein Symbol war, das auf die Bedeutung der jeweiligen ‚Begleiter' und deren hervorgehobenen Platz rekurrierte.
Im Jahr 1439 fanden am gesamten Hoch- und Oberrhein verstärkt Prozessionen statt: Zum einen gab es eine erneute Pestwelle, zum anderen zog das Basler Konzil mit seiner Abwahl von Papst Eugen IV. und der Wahl des Gegenpapstes Felix V. die Aufmerksamkeit auf sich. So sind aus Basel in diesem Jahr mehrere Kreuzgänge überliefert, ebenso veranlasste der Rat von Freiburg mehrere Prozessionen innerhalb der Stadt und zu den Wallfahrtsorten Todtmoos und Maria Einsiedeln.[23] In Straßburg wurde 1439 ebenfalls ein Kreuzgang für das Basler Konzil gehalten, angeordnet vom Erzbischof von Mainz.[24] Alle Stifte, Klöster und Parochialkirchen nahmen teil; die Männer folgten während der Prozession dem Heiligen Sakrament, die Frauen dem Heiligen Lamm (*„das heilige lembelin“*). Auch in anderen Städten lässt sich nachweisen, dass die Frauen am Ende des Zuges mitliefen, so auch in Eichstätt.[25] Dies lässt sich wohl auf ihre nachgeordnete Stellung in der Gesellschaft zurückführen.
Die genannten Beispiele zeigen, dass Prozessionen bei ganz unterschiedlichen religiösen, politischen und sozialen Anliegen sowie bei Naturkatastrophen von Klerus und/oder Rat veranlasst wurden. Sie erfüllten nicht nur einen religiös-spirituellen Auftrag, in dem sie Gott um Hilfe baten oder milde stimmen wollten (*„und daz er sines zornes gegen uns vergesse“*)[26], sondern wurden gleichzeitig häufig auch mit politisch-sozialen Aufgaben verbunden wie bei der anschließenden Almosenvergabe.

## 3. Die Inszenierung im Stadtraum

Neben der öffentlichen Zelebrierung von Frömmigkeit waren Prozessionen auch eine Inszenierung im Stadtraum. So war die Aufstellung der Prozessionsteilnehmer keineswegs zufällig, sondern sollte eine ideale politische und soziale Ordnung widerspiegeln. Welche enorme soziale Sprengkraft eine Änderung dieser Ordnung haben konnte, hatte der eingangs zitierte Colmarer Bäckerstreit gezeigt. Der Colmarer Bäckerstreit steht für die An- und Aberkennung einer herausragenden sozialen Position, die mit dem Medium der Prozessionsordnung öffentlich kommuniziert wurde. Prozessionen wohnte, wie den meisten Formen von symbolischer Kommunikation, eine stark ordnungsstabilisierende Leistung inne.

22 Zur Lukasprozession z.B. AMS 1MR 2, 157; zur Fronleichnamsprozession AMS 1MR 20, S. 10 (undatiertes Fragment).
23 Christlieb (wie Anm. 1), S. 458–460.
24 AMS 1MR2, S. 156 (= fol. 80r), mit falscher Jahreszahl am linken Rand.
25 Mit weiterführender Literatur siehe Sonja Dünnebeil, Öffentliche Selbstdarstellung sozialer Gruppen in der Stadt, in: Hanno Brand / Pierre Monnet / Martial Staub (Hg.): Memoria, Communitas, Civitas. Mémoire et conscience urbaines en occident à la fin du moyen âge, Ostfildern 2003 (Beihefte der Francia 55), S. 73–86, hier S. 76.
26 UBS VI, Nr. 549 (S. 287).

Die Rangordnung innerhalb einer Prozession gibt ein Bericht wieder, der einen Umgang für Regen und eine gute Ernte im Juni 1438 in Straßburg beschreibt.[27] Diese Prozession sollte wie die jährliche Fronleichnamsprozession ablaufen: zuerst traf man sich zur Messe im Münster. Beim Auszug wurden als erstes die Kerzen der Zünfte getragen. Seltsamerweise folgten diesmal nicht die Zünfte, wie sonst üblich, der Text bleibt aber eine Erklärung schuldig. Anschließend folgten die Domschüler, dann kamen die ‚Herren‘, in Straßburg zählten gewiss der Ammeister und die vier Stettmeister dazu, vielleicht auch Mitglieder der einflussreichen Kommissionen. Diesen Herren folgte das Sakrament, das von vier Stadtknechten begleitet wurde. Die zentralen religiös-kultischen Elemente jeder Prozession waren das Sakrament mit den bedeutendsten Reliquien, denen in Straßburg mit räumlichem Abstand ein ebenfalls kultisch wichtiges Kreuz sowie eine ausgewählte Madonnenstatue folgten.[28] Über das Sakrament wurde ein Baldachin gehalten, den prominente Persönlichkeiten tragen durften, die sogar namentlich genannt werden. Es handelt sich um Angehörige der Elite der Stadt, die alle nachweislich mehrfach Führungsämter inne gehabt hatten.[29] Diesen vier prestigereichen Baldachinträgern folgten die Ratsherren und „*die besten*“, d.h. weitere amtierende und ehemalige Amtsinhaber. Nach den Honoratioren kam das Kreuz, getragen von den Barfüßern und begleitet von vier Ratsdienern mit Kerzen, denen die restliche männliche Bevölkerung folgte. Den Abschluss bildete die bereits erwähnte Madonnenstatue vom Altar der Marienkapelle, die gewöhnlich von den Dominikanern getragen wurde.[30] Am

27 AMS 1MR 2, fol. 79ᵛ (= S. 155); vgl. auch Pfleger (wie Anm. 11), S. 29.

28 Felbecker (wie Anm. 6), S. 197–199, zeigt, dass die jüngeren eucharistischen Prozessionen nicht die älteren Reliquienprozessionen ablösen, sondern bei Umzügen häufig sowohl das Sakrament als auch andere „heilige“ Gegenstände mitgetragen wurden; das Sakrament wurde schlussendlich „die kostbarste Reliquie“ (ebd., S. 199). In Würzburg wurde bereits 1381 vom Domkapitel für Fronleichnam eine Prozessionsordnung festgelegt; danach führten die Minoriten den Zug an, denen die übrigen Mendikanten, die anderen Ordens- und Weltgeistlichen folgten; der Rat schritt dann vor dem Sakrament einher, diesem folgten die Zünfte und die restliche Gemeinde, dazu Karl Trüdinger, Stadt und Kirche im spätmittelalterlichen Würzburg, Stuttgart 1978, S. 131–135. Eine umfassende Untersuchung des Prozessionswesens steht für Würzburg noch aus, so Enno Bünz, „... mehr Grüße, als Pfaffen in Würzburg leben ...“: Klerus und geistliche Institutionen im Spätmittelalter, in: Würzburger Diözesangeschichtsblätter 67 (2005), S. 25–62, hier S. 60.

29 Bei den vier Baldachinträgern handelt es sich um (1) Ritter Johans Zorn von Eckerich, der zwischen 1395 und 1439 achtmal Stettmeister war sowie Lehnsmann des Bischofs (2) Ritter Claus Bernhart Zorn von Bulach, ein Lehnsmann von König Sigismund und des Markgrafen von Baden (3) Claus Schanlit, erster Ammeister von Küfern im Jahr 1423 und als Diplomat der Stadt auf Reisen (4) Claus Melbrü, erster Ammeister von Kornleuten, zwischen 1403–1450 hatten er oder sein Bruder Michel neunzehnmal das Ratsherren- und fünfmal das Ammeisteramt inne; vgl. hierzu von Heusinger (wie Anm. 3), Kap. III.2, S. 101; sowie Martin Alioth, Gruppen an der Macht. Zünfte und Patriziat in Straßburg im 14. und 15. Jahrhundert. Untersuchungen zu Verfassung, Wirtschaftsgefüge und Sozialstruktur, 2 Bde., Basel 1988., Bd. 1, S. 89–91, 139–150, 166–232, 460–479.

30 Regelmäßig wird die Abfolge von Barfüßern mit Kreuz und männlicher Bevölkerung, gefolgt von den Predigern mit Marienstatue und weiblicher Bevölkerung, genannt, z.B. in AMS 1MR 2, fol. 52ʳ (= S. 98) von 1440: „*alle ander mannes personen dem heiligen crutze noch [gon], das die geistlichen bruder, die Barfussen, tragen werden und alle frowen personen unser lieben frowen noch, die die geistlichen bruoder, die Brediger, tragen werden*“; inhaltsgleich in AMS 1MR 2, fol. 67ʳ (= S. 128) von 1466, ediert als Anlage 1; oder AMS 1MR 2, fol. 77ᵛ (= S. 151) von 1471. Sakrament, Kreuz und Madonnenstatue werden auch bei der Prozession gegen den burgundischen Herzog im Jahr 1476 mitgetragen, vgl. Anlage 2.

Ende des Zuges folgte die weibliche Bevölkerung. Wieder am Münster angelangt, ging der Priester mit dem Sakrament vor den so genannten Stadtaltar.[31] Der Altar war das kultische Zentrum am Ende einer Prozession. Hier wurden die wichtigsten dinghaften Symbole des Umzugs für alle sichtbar ausgestellt: Auf dem Altar wurde das Sakrament als zentrales sakrales Zeichen deponiert, an die eine Seite das mitgetragene Kreuz gelehnt, auf die andere Seite die Madonnenstatue gestellt. Während des Zuges war dem Baldachin eine zentrale Bedeutung als ein Symbol zugekommen, das den Platz des Sakraments weithin sichtbar markierte, gleichzeitig aber auch die Ehre seiner Träger kommunizierte.[32] Ob der Baldachin am Ende des Zuges ebenfalls ins Münster getragen wurde, bleibt unklar.

Wie die Aufstellung der weltlichen Würdenträger gezeigt hat, lässt sich vom Platz innerhalb des Umzugs auf die soziale Stellung einer Person oder Gruppe innerhalb der Stadt schließen. Im Jahr 1449 wurde anlässlich des feierlichen Einzugs des Straßburger Bischofs Ruprecht von Bayern die Aufstellung der einzelnen Zünfte genau festgehalten.[33] Wie bereits der Colmarer Bäckerstreit und die Nennung der Baldachinträger gezeigt hatten, befand sich der prestigereichste Platz direkt beim Sakrament. Diejenige Gruppe, die den Prozessionszug anführte, war somit am weitesten vom zentralen kultischen Symbol entfernt. Im Jahr 1449 führten die Zunft der Maurer, die Sammelzunft der Ölleute, Müller und Tuchscherer sowie die Zunft der Weber den Zug an. Vergleicht man den Platz im Zug mit dem sozialen Rang innerhalb der Stadt, den die genannten Zünfte inne hatten, so spiegelt die Aufstellung die soziale Hierarchie ziemlich genau wieder. Als Indikator für Macht und Ansehen einer Zunft kann die Häufigkeit gelten, in der sie das höchste Führungsamt innerhalb Straßburgs, das Ammeistertum, inne hatten.[34] Die hier genannten Zünfte hatten dieses Amt überhaupt nie inne und standen somit in der Hierarchie der Zünfte unten. Die einflussreichsten Zünfte, die im Jahr 1449 laut Prozessionsordnung nahe am Sakrament gehen durften, waren hier die Metzger, Krämer und Schiffleute. Überraschenderweise deckt sich dies nicht mit der Ratsliste desselben Jahres, in der Krämer, Bäcker und Metzger an erster Stelle genannt werden. Vergleicht man aber die Prozessionsordnung von 1449 mit der Sitzordnung der Zünfte im Rat von 1470, so sind die drei wichtigsten Zünfte identisch.[35] In der Aufstellung der Prozessionsteilnehmer von 1449 wird somit schon gut zwanzig Jahre früher fassbar, dass die Hierarchie der Zünfte nicht starr, sondern in Bewegung war. Die Schiffleute stiegen auf und erlangten den ersten Führungsplatz, den traditionell die

31 Dazu Pfleger (wie Anm. 11), S. 7.

32 Felbecker (wie Anm. 6), S. 262f. gibt darüber hinaus theologische Deutungen für den Traghimmel, die auf S. 263 zusammengefasst werden. „Das endgültige Ineinanderaufgehen des Außen und Innen, des Weltlichen und Sakralen, des Irdischen und Himmlischen bleibt der Liturgie des zukünftigen himmlischen Jerusalem vorbehalten.“

33 AMS AA 66, fol. 222r–224v; vgl. Alioth (wie Anm. 29), Bd. 1, S. 318–329, bes. S. 319.

34 Von Heusinger (wie Anm. 3), Kap. III 3.3, besonders eindrücklich Tabelle 2.

35 Von Heusinger (wie Anm. 3), Kap. III 2; die Reihenfolge „Metzger, Krämer, Schiffleute“ beim Sakrament findet sich auch in einer undatierten Ordnung zur Lukas-Prozession aus dem 15. Jahrhundert in AMS, 1MR 20, S. 7; vgl. auch Karl Theodor Eheberg, Verfassungs-, Verwaltungs- und Wirtschaftsgeschichte der Stadt Strassburg bis 1681. Bd. 1: Urkunden und Akten, Strassburg 1899, Nr. 85: „Sitzordnung der Handwerker im grossen und kleinen Rath, 1470“; und Alioth (wie Anm. 29), S. 321.

Krämer innehatten. Wichtiger war aber, dass sie die Brotbäcker von ihrer Führungsposition verdrängen konnten. Dieser Wechsel spiegelt sich im Rat erst ab 1470 wider; die Bäcker hatten nun auch hier ihren ursprünglich zweiten gegen den neunten Platz eingetauscht. Die Liste aus dem Jahr 1449 nennt aber nicht nur die Reihenfolge der Zünfte bei der Prozession, sondern auch die Anzahl ihrer Teilnehmer beim Einzug des Bischofs: So wurden die armen Fasszieher nur von sechs Mann vertreten, die reichen Schiffleute aber von 72 Mann; insgesamt nahmen 846 Zunftgenossen am feierlichen Empfang des Bischofs im Jahr 1449 teil.[36]

Aus dem Jahr 1472 ist eine „*Änderung des crützganges*“ bei der Fronleichnamsprozession überliefert. Auch diesmal steht die geänderte Prozessionsordnung für Umbrüche in der Stadt. Seit 1462 wurde schrittweise die Zahl der Zünfte reduziert, die im Rat saßen; im Jahr 1470 wurde eine neue Ratsordnung beschlossen und 1482, mit dem endgültigen Abschluss der Verfassung, war die Zahl von ursprünglich 28 Zünften (1349–1461) nach und nach auf 20 herabgesetzt worden, die noch an der Ratsherrschaft beteiligt waren.[37] Zudem hatte sich im Laufe des 15. Jahrhunderts die politische Macht immer mehr vom Rat weg, hin zu den Kommissionen oder ‚Geheimen Stuben‘ verschoben, vor allem zu den so genannten Fünfzehnern und Einundzwanzigern. Die neue Ordnung aus dem Jahr 1472 trug dieser neuen Machtkonstellation Rechnung.

Sie führt aus, dass zuvor als erstes die Zunftgenossen mit ihren Kerzen aus dem Münster gezogen waren – damit hatten sie den am weitesten entfernten Platz vom Sakrament inne.[38] Ihnen waren die (Dom-) Schüler, die Stifts- und Domherren, der weitere Klerus „*in gezierten cledungen*“ mit dem Heiltum und Sakrament gefolgt. Diesem waren die vier Stettmeister und der Ammeister, der Lohnherr und weitere führende städtische Beamte gefolgt. Nach der geänderten Ordnung sollten nun aber die Räte und die Einundzwanziger dem heiligen Sakrament folgen und nur noch Männer, die den Räten und den Einundzwanzigern angehörten, sollte die Ehre zu Teil werden, den Baldachin über dem Sakrament zu tragen. So spiegelte auch hier eine Prozessionsordnung die soziale Hierarchie wieder; änderte sich diese, so musste auch die Aufstellung des Umzuges angepasst werden.

Von Interesse sind aber nicht nur die Symbole und Zeichen, die kommuniziert werden, sondern auch der städtische Raum, der im Laufe eines Umzugs umschritten wird. Eine detaillierte Schilderung des Prozessionsweges ist für das Jahr 1439 überliefert.[39] Als Bittprozession für das Basler Konzil und den Papst veranstaltet, zogen die Teilnehmer nach der Messe zum Hauptportal des Münsters hinaus und zur Parochialkirche St. Martin.[40] Danach ging es zum reichsten Stift der Stadt St. Thomas, anschließend durch die

36 AMS AA 66, fol. 222r: Der Schreiber zählt nur 844 Mann, offensichtlich ein Additionsfehler.

37 Siehe von Heusinger (wie Anm. 3), Kap. IV, 7. Einen Vergleich zwischen dieser Straßburger und einer Nürnberger Fronleichnamsprozession führt Löther durch (wie Anm. 16), bes. S. 440–444.

38 AMS 1MR 2, S. 139 (ediert bei Pfleger [wie Anm. 11], S. 46–50).

39 AMS 1MR 2, S. 156 (= S. fol. 80r).

40 Eine Abbildung der Straßburger Prozession, die mit der Beschreibung in der Quelle übereinstimmt, findet sich in Conrad Pfettisheims Burgunder-Chronik aus dem Jahr 1477, vgl. Christlieb (wie Anm. 1), S. 460. Eine theologische Deutung des Prozessionsweges gibt Felbecker (wie Anm. 6), S. 219–231, hier S. 291: „Der Prozessionsweg ist in der Tat ein Exodus, ein Auszug. Verlassen wird der geschützte Raum, die Kirche, und zwar durch das Tor.“

Parochialkirche Alt-St.-Peter auf den Weinmarkt, am Pfennigturm entlang über den Kirchhof des Stiftes Jung-St.-Peter und in einem Bogen zurück über den Fronhof ins Münster. Innerhalb der Stadt definierte der Prozessionsweg denjenigen Raum, der, unter der Leitung von Klerus und Ratsregiment, von der christlichen Bevölkerung umschritten wurde. Betont werden muss auch, dass nicht alle städtischen Gruppen an der Prozession teilnehmen konnten; so waren Juden von diesem wichtigen, öffentlich zelebrierten Kult prinzipiell ausgeschlossen. Innerhalb des umschrittenen Gebietes lagen die wichtigsten und reichsten kirchlichen Fixpunkte, zu denen sowohl der Dominikaner- als auch der Franziskanerkonvent zählten. Weitere Stifte und Klöster lagen außerhalb dieses Bereiches, der immer wieder neu definiert werden konnte.

## 4. Konfliktfälle

In der mittelalterlichen Stadt waren Prozessionen Kristallisationspunkte des sozialen Lebens. Sie boten die Möglichkeiten zur öffentlichen Konfliktaustragung, der sich vor allem die männlichen Teilnehmer immer wieder bedienten. Die Zunftgenossen organisierten sich in Bruderschaften, um an den Prozessionen teilzunehmen. Jede Bruderschaft wählte einen Vorstand, der auch während der Prozession Aufsichtsfunktionen über die Bruderschaftsmitglieder wahrnahm.[41] Aber auch die Kontrolle der Prozessions-Teilnehmer von Seiten der Bruderschaft konnte keinen konfliktfreien Ablauf des Umzugs garantieren. Einen Einblick in Konfliktfälle gewährt die geänderte Prozessions-Ordnung von 1472.[42] Hier wird ausgeführt, dass Männer und Frauen strikt nach Geschlecht getrennt am Umzug teilnehmen sollten. Zudem werden sehr ausführlich Drängeln, Schubsen und Stoßen sowie provozierende Worte verboten. Alle sollten andächtig ins Gebet vertieft der Prozession folgen, wie es sich für Christenmenschen gebühre. Außerdem sei es bei früheren Prozessionen vorgekommen, dass Männer in der Gasse mit Frauen in „*schimpfflichem gespreche*“ verwickelt gewesen seien und zudem die Prozessionsteilnehmer verspottet oder mit sichtbarer Verachtung betrachtet hätten. Solche Personen sollten von nun an von den aufsichtsführenden Ratsknechten zurechtgewiesen und notfalls weggeschickt werden. Wer dennoch am Rand stehen bleibe, müsse eine Buße bezahlen, die zur Hälfte seiner Zunft, zur anderen Hälfte der Stadt zustehe. Aber auch Mönche, Säkulargeistliche und Lateinschüler, die nur am Rand als Zuschauer herumstanden, sollten den Zug nicht behindern – wenn sie schon nicht partizipierten. Zudem sollten die Ratsknechte darauf achten, dass niemand Wein in Gläsern oder Flaschen mit sich führe oder andere Dinge, die eben nicht zu einer Prozession gehörten. Die Konflikte zwischen Prozessionsteilnehmern und Zuschauern hatte auch schon die Ordnung von 1466 einzudämmen versucht: Sie sah vor, dass niemand am Weg stehen noch zum Fenster hinausschauen sollte, vielmehr sollten die Anwohner ihre Haustüren

41 Der Büchsenmeister der Leinenweberbruderschaft wurde beispielsweise beauftragt, für untadeliges Verhalten der Gesellen an der Fronleichnamsprozession zu sorgen, vgl. Schanz (wie Anm. 1), Nr. 72, hier S. 220 (ebenfalls ediert von Gustav Schmoller, Die Straßburger Tucher- und Weberzunft. Urkunden und Darstellung nebst Regesten und Glossar, Straßburg 1879, hier S. 93f.).

42 AMS 1MR 2, fol. 82f. (= S. 160ff.)

geschlossen halten.[43] Ziel war es, alle Einwohner zur Teilnahme zu bewegen; wer dennoch gegen die Anordnung verstieß, hatte mit 30 Schilling Buße zu rechnen.[44] Symbolische Kommunikation konnte auch zur Vermittlung von Normen und Werten dienen – so zählen auch Prozessionsordnungen zu den normativen Texten. Besonders aussagekräftig sind Konflikte um diese Normen und Werte.[45] Eine Auseinandersetzung um eine Prozession am Morgen von Pfingsten in Straßburg macht dies deutlich.[46] Traditionell veranstaltete die Bevölkerung der umliegenden Dörfer fromme Umzüge durch die Stadt. Die Quelle nennt namentlich die Einwohner von Illkirch, einem südlich von Straßburg gelegenen Dorf, dessen Einwohner häufig Fischer waren. Im Jahr 1466 wurde der so genannte Tanz der Fischer am Pfingstsonntag verboten, dessen unzweideutiges Ziel die Verspottung der Prozessionsteilnehmer war. Während der Prozession zogen die Straßburger Fischer singend und pfeifend durch die Stadt und schwenkten Palmwedel, „als ob sie mit solchem Tanzen und Palmentragen die Prozession der Landbevölkerung verspotten wollten.“[47] Meister und Rat verhängten die drastische Strafe von 5 Pfund Pfennig bei erneuter Störung – jedoch nur, wenn die Spötter vor dem Mittagessen aktiv wurden. Die Prozession als städtisches Ereignis bot also die Möglichkeit, schwelende Konflikte – etwa zwischen städtischer und ländlicher Bevölkerung – öffentlich auszutragen und Werte und Normen in Frage zu stellen.

## 5. Kurzes Fazit

Am Beispiel der Prozessionen von Straßburger Handwerkern wurden verschiedene Ebenen symbolischer Kommunikation fassbar. Die Umzüge dienten dazu, Herrschaftsansprüche und Legitimität von Herrschaft zu vermitteln und soziale Hierarchien zu kommunizieren. Die Straßburger Räte zelebrierten öffentlich Demut, wenn sie barfuß an der Lukas-Prozession teilnahmen und versuchten damit, ihren Herrschaftsanspruch

43 Vgl. S. 153f., Anlage 1. Ich schließe mich hier nicht der Interpretation von Löther an (wie Anm. 16), S. 446, dass die Stadtbevölkerung ausgeschlossen wurde, vielmehr sollte sie zur Teilnahme gezwungen werden; vgl. dazu auch Felbecker (wie Anm. 6), bes. S. 276f.: „(...) eine Prozession ohne Zuschauer blieb die Ausnahme. (...) Zuschauer sind also erwünscht, da sie eventuell eine innere Umkehr erfahren – und zwar allein durch das Anschauen der Prozession.“ Ebenfalls von einer Teilnahmepflicht geht Scheler (wie Anm. 8), S. 123, aus: „Deshalb war die Zeit während der Prozession arbeitsfrei und deshalb bestand die Pflicht zur Teilnahme.“

44 Auch die Aufforderung zum Kreuzzug während der Burgunderkriege verpflichtete die Bewohner zur Teilnahme, siehe Anlage 2, S. 154f. „*und sol nyeman zu wege und stege stille ston, sonder in der kirchen oder in dem crútzgange sin*“.

45 AMS 1MR 2, fol. 66ᵛ (= S. 127) (ediert bei Jean-Charles Brucker, Strassburger Zunft- und Polizeiverordnungen des 14. und 15. Jahrhunderts, Straßburg 1889, S. 207f.).

46 In Frankfurt wurde an Pfingsten vermutlich seit Mitte des 15. Jahrhunderts ein Passionsspiel aufgeführt, das im Jahr 1498 fünf Tage lang dauerte und täglich sechs bis acht Stunden lang war, siehe dazu Dorothea Freise, „Got, dem barmherczigen, zu lobe und czu eren und allen andechtigen, fromen christenmenschen czu reyßunge und besserunge wes lebens“ – Die Frankfurter Passionsspiele im ausgehenden Mittelalter, in: Archiv für Frankfurts Geschichte und Kunst 66 (2000), S. 228–247.

47 AMS 1MR 2, fol. 66ᵛ (= S. 127): „(...) als obe sie mit solichem dantzen und salmen tragen des lantvolcks crützgenge spottetent (...).“

zu legitimieren. Die Colmarer Bäckerknechte sahen ihre Überordnung über die Baderknechte in Frage gestellt, als ihnen ein neuer Platz im Prozessionszug zugewiesen worden war, was für sie auch eine Ehrverletzung darstellte. Die detaillierte Nennung der Zünfte innerhalb des Zuges hatte gezeigt, dass Prozessionsordnungen sehr differenziert die Stellung einer sozialen Gruppe innerhalb der städtischen Gemeinschaft widerspiegeln konnten.
Die Prozession kommunizierte ein „Innen“ und „Außen“ des Stadtraums, und damit Inklusion und Exklusion. Nicht alle sozialen Gruppen waren eingeschlossen – Juden wurden sogar als Zuschauer verbannt, da schon ihr Blick auf das Sakrament dieses geschändet hätte. Der gewählte Weg eines Umzuges gab zudem wichtige Informationen über die Sakraltopographie einer Stadt preis. So lagen nur ausgewählte kirchliche und städtische Einrichtungen innerhalb der Route des Zuges, andere wurden ausgeschlossen. Zentral ist dabei die Beobachtung, dass im Mittelalter politisch-soziale Ordnungen durch symbolische Kommunikation geprägt und stabilisiert, aber auch angegriffen und neu austariert werden konnten.[48] Diese verschiedenen Funktionen zeigt auch das Beispiel der städtischen Prozessionen. In der Frühen Neuzeit wurde Fronleichnam zum typischen katholischen Fest, an dem sich die Konfessionen schieden.[49] Besonders der Gedanke, dass Christus in der öffentlich zur Schau gestellten Hostie gegenwärtig sei, wurde von den Protestanten abgelehnt und sie versuchten immer wieder, Prozessionen zu stören oder zum Abbruch zu zwingen.

## Anlage 1

*Überliefert in AMS (Archives Municipales de Strasbourg) 1MR 2, S. 128 (alt fol. 67ʳ) (28. Dez. 1466):*
Ein crutz gang gebott:
Menglich sol wissen, das unser gnedige herren zur hohenstifft auch die herren von den andern stifften mit Rat unser herren meister und Rats uffgesetzet haben einen lobelichen crützgang, den man uff moren mentag begon sol dem almehtigen got, siner würdigen múter Marien und allen lieben heiligen zu lobe und zu eren, uns und allen andern frommen cristen lúten zu trost und zu hilff, umb das der Almehtige got dis sterben, so in stat und in lande ist, gnediglich wende und sich durch siner grundelosen barmhertzigkeit willen gnediglich uber uns erbarm, und umb das solicher löbelicher crützgang deste andehtiger geschee. So sint unser herren meister und rat uber ein kummen, das der Stettmeister und der Ammeister und auch die Rete und die zu inen gehören, dem heiligen Sacrament noch gon söllent und sunst alle ander mannes personen dem heiligen crütze nach, das die geistlichen brüder, die Barfüssen tragen werden und alle frowen personen unser lieben frowen noch die, die geistlichen Brüder, die Brediger tragen werden. Und sol nyemans, es sint manne oder frowen, zu wege noch zu venster ston. Es sol ouch yedermann sin thüre beslossen haben. So sol ouch jedermann sin gadem zu geton

48 Siehe auch Stollberg-Rilinger (wie Anm. 5), S. 490.

49 Zum Folgenden siehe Felbecker (wie Anm. 6), S. 208–217.

han. So sol ouch nieman, weder mit karrichen noch mit wagen faren, sonder jederman sol morn den morgen vor imbs viren[50] zu kirchen gon, dem crutzgange züchtlich nach volgen, mit andacht sin gebett sprechen, den Almehtigen got siner gnaden demútiglich bitten und als ein frommer Cristen mensch aller Cristenlicher demútikeit gehorsamelich pflegen. Dann wer so frevel were und frevenlich hie wider tete, der oder die bessern jeglichs xxx ß d, die man auch nyeman faren lossen wil. Actum die domenica Innocentum anno etc. LXVI^to proclamatum in praesentia Johannis Hüffel, magistri, domenica Innocentum anno praedicto.

## Anlage 2

*Überliefert in AMS 1MR 2, S. 187 (alt fol. 95^r) (1476):*
*(1. Hand)* Aber ein grosser crützgang anno etc. Lxxvj verkündet domenicam (?) ipsam (?) Michaelis[51] den ix kirchspeln und drien (*sic !*) clostern, do man brediget, nemlich brediger, bar füssen, auguster und frowen brüd(e)r[52]
*(2. Hand)* Diser sörglichen sweren loiff halp, als unser gendiger herre von Strasburg, ouch unser herren der stat Strasburg mit sampt andern fúrsten und stetten, iren löbelichen vereynunge ettwie vil frommer lúte ritterschafft, burgerschafft und lantschafft durch der gerehtikeit willen, dem frommen Fúrsten von Lothringen zu helffen, sin eigen und erb, nemlich die stat Nanse, wider zu sinen handen zü bringen. Des dann der Hertzog von Burgunde sich vermessen hat, durch sin grosße mehtigen freveln gewalt wider satz zu duon, als des manigfaltig treffenlich warnunge kummen sint und tegelich kummen, do mol zuverston ist, solt im sin freveler gewalt in Lothringen volle gon, das er es daby nit liesse bliben. Er zúge fúrbass in dis lant und under stunde darinne sinen gewalt und muot willen auch zú vollebringen, das aller menglich bede geistlichen und weltlichen personen zü gantzer verderplicher armüt, jomer und not langen würde. Aber dem mit gotts húlff vor zü sin, so ist in dem nammen gots vor handes inen zü bestriten, (*folgt gestrichen*: und sich sunst gewaltz mit gewalt) und aller meist mit gnediger húlff göttlicher gewaltz sich des burgundeschen gewaltz zu erweren. Dar umb heischet unser aller groß notdurfft, den almehtigen gott demútiglich anzú rúffen, und zu bitten umb gendigen gesig und glúcksam wolgon aller der, die hie oder anderswo usgezogen sint, ir lib und leben zu wagen fúr alle menglich in stat und zu lande, und für alle ir zú genanten gevrewelich (?) zú striten und zú vehten, und do durch mit gots krafft, fride (?) und gnade zu erobern, und uff das sólich demütig anrüffen und bitten deste andehtlicher und ernstlicher geschee. So ist des halp aber geordent zú tún ein grosser lóbelicher crutzgang in aller mossen, wie der vor Sungihten nehst vergangen gescheen ist. Des glich sol man uff Mitwoch nehstkünfftig in allen stifften und clostern deste frúger anheben alle ampt mit singen und lesen, das die gescheen sint des morgens, so es süben sleht, das man dann zum múnster mit den grossen glocken lúten sol, und alle stifften und

50 imbîz vîren – die Morgenmahlzeit einnehmen.
51 29. September.
52 Die Transkription dieser Überschrift ist an einigen Stellen unklar; ich möchte aber dennoch Bernhard Metz, Archives de la ville et de la communauté urbaine de Strasbourg, für seine Vorschläge und Hilfe danken.

clöster und menglich zum múnster kummen und donoch den crutzgang tún noch alter gewonheit mit tragen des heiligen (*am Rand eingefügt:* sacraments ouch des grossen) crútzes und unser lieben frowen, und sol nyeman zu wege und stege stille ston, sonder in der kirchen oder in dem crútzgange sin und den morgen aller dinge viren, und den allmehtigen gott, ouch die müter aller barmhertzigkeit in hertzlicher begirde gröslich anrüffen uns allen, die ir gnoden notdurfftig sint, deste gnediger und barmhertziger zü sin, dann wer hie wider frevelich dete, der sol bessern v ß d und wil man cristlich huot darúber setzten und die besserung tun, geben ii ß unser frowen werck, ii ß der stat und i ß d der huot, die es fürbringet.

# Heiltumsschau und Reliquienkult im spätmittelalterlichen Regensburg

*Paul Mai*

Der Reliquienkult, also die Verehrung von Heiligen mittels ihrer äußerlichen Überreste, besonders Gebeine und Kleidungsstücke, ist fast so alt wie das Christentum selbst. Schon die frühen Christen versammelten sich an den Gräbern der Märtyrer, um derselben zu gedenken.[1] Nach den Zeiten der Verfolgung ging man allmählich dazu über, die Gebeine der Märtyrer aus den Gräbern zu erheben und an bestimmte andere Orte zu übertragen.[2] Während ursprünglich die heiligen Leiber im Hinblick auf die kommende Auferstehung, von für diese entbehrlichen Körperteilen wie Haaren, Nägeln und Zähnen abgesehen, ungeteilt erhalten werden sollten, setzte sich im Verlauf des Mittelalters nach und nach die Gewohnheit durch, die Gebeine zu teilen.[3] Dies ermöglichte natürlich eine noch größere Verbreitung von Reliquien und der Reliquienverehrung. Könige und Kaiser legten im Mittelalter Wert darauf, an der feierlichen Übertragung von Reliquien teilzunehmen, womit sie den betreffenden Heiligen ehren und ihm gegenüber ihre Demut als Herrscher, zugleich aber die besondere Weihe ihres Herrscheramtes demonstrieren wollten.[4] Im 12. Jahrhundert kam es häufig zu gezielten Reliquiengrabungen, vor allem zur Suche nach Gründergräbern im Zuge von Kirchenumbauten oder in dem Bestreben, die Gründer aus dem Grab zu erheben.[5] Der Heiligenkult wird durch Auffindung und Erhebung neuer Heiliger beträchtlich vermehrt. Das Ansehen und die Attraktivität einer Stadt hingen nicht zuletzt davon ab, wie viele und welche Reliquien sie in ihren Mauern barg. So wurde Köln durch seinen Reliquienreichtum „zur Heiligen Stadt und nordalpinen Wallfahrtskonkurrentin Roms".

Der Begriff Reliquien beschränkt sich nicht auf die direkten Überreste wie den Leichnam, den Gebeinen bzw. einzelnen Körperteilen, sondern umfasst auch Kleidung, eventuell Bücher, die der Verstorbene verfasst hat, und andere von ihm hinterlassene Gegenstände.[6] Reliquien dienten als Gedächtnisstützen bei der Abwehr des religiösen Vergessens. Die radikalste Form, *memoria* für alle Zukunft auszulöschen, ist nach

1 Vgl. Anton Legner, Reliquien in Kunst und Kult zwischen Antike und Aufklärung, Darmstadt 1995, S. 9.

2 Vgl. Legner (wie Anm. 1), S. 11–26.

3 Vgl. Arnold Angenendt, Heilige und Reliquien. Die Geschichte ihres Kultes vom frühen Christentum bis zur Gegenwart, München 1994, S. 152–155.

4 Vgl. Susanne Wittekind, Heiligen- und Reliquienverehrung in staufischer Zeit, in: Heiliges Römisches Reich Deutscher Nation 962–1806. Von Otto dem Großen bis zum Ausgang des Mittelalters. Essays, Dresden (2006), S. 211–221, hier S. 212.

5 Vgl. Wittekind (wie Anm. 4), S. 214 f., auch für das Folgende.

6 Vgl. Edith Feistner, *Imitatio* als Funktion der *Memoria*. Zur Selbstreferentialität des religiösen Gedächtnisses in der Hagiographie des Mittelalters, in: Ulrich Ernst/Klaus Ridder (Hgg.): Kunst und Erinnerung. Memoriale Konzepte in der Erzählliteratur des Mittelalters, Köln/Weimar/Wien 2003, S. 259–276, hier S. 268 f., auch für das Folgende.

Ausweis der Legenden die Vernichtung der Leiche. Bei einem solchen Vorgang sah man den Teufel am Werk. Ein Beispiel hierzu liefert uns die Legende des heiligen Johannes des Täufers. Die Handlanger des Satans, die Heiden, zerteilen zunächst die Leiche des Heiligen in kleine Stücke, um die *memoria* zu dezentrieren und ihre Wirksamkeit durch eine zweite ‚Tötung' des Toten zu schwächen. Der Teufel gibt ihnen dann eine noch gründlichere Methode ein. Sie sammeln die Gebeine wieder ein, um sie zu verbrennen und die Asche in der Luft zu zerstreuen. Nur weil einige mutige Gläubige sich heimlich unter die Gebeinesammler mischen und Teile der Gebeine wegschmuggeln, kann dem Heiligen überhaupt der Gedächtnisort einer Grabeskapelle zuteil werden. Andernorts greift Gott selbst ein, um es nicht zu einer Zerstörung des Gedächtnisses kommen zu lassen. Er lässt gewaltigen Regen über die zum Verbrennen aufgeschichteten heiligen Gebeine herabkommen.

Aufbewahrt wurden die Überreste der Heiligen meist in Reliquienkapseln oder -gläsern.[7] Besonders im hohen Mittelalter wurden zu diesem Zweck aber auch große, oft kostbar ausgestattete und mit enormem künstlerischem Geschick gestaltete Schreine verwendet.[8] Da Kopf- und Armreliquien seit dem 11. Jahrhundert besondere Wertschätzung erfuhren, entstanden seit dieser Zeit Arm- und Kopfreliquiare, die mit ihrer äußeren Form auf die in ihnen geborgenen Reliquien schließen lassen.[9] Auch Kreuzreliquiare werden im Verlauf des Mittelalters immer beliebter.[10] Zunächst war es noch üblich, die Reliquien aus Schreinen und Reliquiaren zu entnehmen, zu berühren und zu küssen, oder aber mit Wasser zu übergießen, das dann zur Heilung von Kranken verwendet wurde. Auf dem IV. Laterankonzil 1215 setzte Papst Innozenz III. (1198–1216) jedoch Beschlüsse durch, welche die Entnahme von Reliquien aus ihren Behältern untersagten, um Reliquienteilungen einzuschränken und Reliquienfälschungen zu unterbinden. Den Reliquien werden nun Echtheitszertifikate, sogenannte Authentiken, beigegeben, die den Namen des jeweiligen Heiligen angeben. Die Echtheitsfrage beschäftigte die Menschen also sehr früh. Der heilige Markus muss nach der Übertragung seiner Gebeine nach Venedig in einem längeren zeitlichen Abstand zweimal ein Wunder wirken, um die Frage nach der Identität der Gebeine endgültig zu klären.[11] In der Legende von Gervasius und Prothasius ergreift ein gewisser Philippus eine zusätzliche gedächtnissichernde Maßnahme, nachdem er die Leichname der heiligen Märtyrer vor dem Zugriff von Heiden gerettet hat. Er hält die Lebensgeschichte der beiden schriftlich fest und legt das Dokument als Echtheitsbeweis zu den sterblichen Überresten. In ähnlicher Weise führt etwa in der Legende von den Siebenschläfern ein in einer Mauerritze verstecktes Dokument dazu, dass die Heiligen Jahrhunderte nach ihrer Einmauerung erkannt werden und man, da sie selbst zu Staub zerfallen sind, ihr Grab zu einem prächtigen Memorialort umbauen kann.

Seit dem 14. Jahrhundert begann man, die Reliquien oder Heiltümer, die ursprünglich verhüllt und eingeschlossen gewesen waren, sichtbar zu machen, indem man sie aus den Altären herausholte, den Schreinen ein Sichtfenster gab oder eine Seite aufklappbar

7 Vgl. Lexikon für Theologie und Kirche, Bd. 8, Freiburg im Breisgau [3]1999, Sp. 1088–1091.

8 Vgl. Legner (wie Anm. 1), S. 135.

9 Vgl. Wittekind (wie Anm. 4), S. 215.

10 Vgl. ebd., S. 216, auch für das Folgende.

11 Vgl. Feistner (wie Anm. 6), S. 269, auch für das Folgende.

machte, einzelne Teile in gläsernen Behältern zeigte oder sie auf eigens in oder außerhalb der Kirchen errichteten Bühnen und Balustraden ausstellte; am bekanntesten wurde die Aachener Heiltumsschau, die 1322 erstmals stattfand, danach alle sieben Jahre wiederholt wurde und stets zahlreiche Pilger aus nah und fern anzog.[12] In Regensburg führte König Ludwig der Baier 1324 eine Heiltumsweisung mit den Reichskleinodien durch.[13] In Nürnberg wurden die Reliquien seit 1424 gezeigt, was zu einem enormen Zustrom von Fremden führte.[14]

Auch in Regensburg hatte natürlich mit dem Grad der Etablierung und Verwurzelung des Christentums auch die Reliquienverehrung Eingang gefunden. Wie alle Kirchen und Klöster suchten auch die von Regensburg ihr Ansehen durch möglichst viele und bedeutende Reliquien zu vermehren, wobei teilweise illegale Methoden nicht gescheut wurden. Das Kloster St. Emmeram täuschte im 11. Jahrhundert den Erwerb der Reliquien des hl. Dionysius vor, die Kaiser Arnulf († 899) bei einem Feldzug ins Westfrankenreich durch eine List an sich gebracht und an seinem Lieblingssitz Regensburg dem dortigen, vorgenannten Kloster geschenkt habe.[15] Das angebliche Vorhandensein dieser Reliquien in St. Emmeram löste zunächst in Regensburg und dann im ganzen Bistum eine derart große Dionysius-Verehrung aus, dass dieser Heilige lange Zeit auch als Nebenpatron des Bistums Regensburg verehrt wurde. Der Altar des hl. Benedikt in diesem Kloster enthielt laut einem hochmittelalterlichen Verzeichnis Reliquien der heiligen Benedikt und seiner Schwester Scholastika, des hl. Märtyrers Vitus, von den Leibern der heiligen Bekenner Gallus und Othmar, von den Gebeinen der heiligen Märtyrerinnen Afra, Digna, Hilaria, Eunomia und Eutropia sowie des hl. Papstes Pelagius, von der Rippe des hl. Papstes Calixtus, schließlich von den heiligen Drillingen Speusippus, Eleusippus und Meleusippus und den heiligen Märtyrern Sulpicius und Servilianus.[16] Ebenfalls schon sehr früh besaß das Kloster Reliquien vom Feldzeichen des hl. Mauritius, vom hl. Alexius und von den heiligen 11 000 Jungfrauen.[17] Von den Relikten der letzteren schenkte Dr. Hermann von Wesel, kaiserlicher Hofpfalzgraf sowie Kanonikus der Stifte St. Marien in Aachen und St. Severin in Köln, der Abtei St. Emmeram 1477 erneut drei Teilstücke.[18] Die bedeutendsten Heiligtümer des Klosters und darüber hinaus der Stadt Regensburg und des ganzen Bistums waren aber natürlich neben den Reliquien des hl. Dionysius insbesondere die Gräber der hll. Emmeram und Wolfgang.[19]

Ebenso war das Kollegiatstift bei der Alten Kapelle mit reichen Reliquienschätzen ausgestattet.[20] Aus dem Jahr 1532 ist im Stiftsarchiv ein Verzeichnis solcher Heiltümer

12 Vgl. Angenendt (wie Anm. 3), S. 160 f.

13 Vgl. Alois Schmid, Regensburg. Reichsstadt – Fürstbischof – Reichsstifte – Herzogshof (Historischer Atlas von Bayern, Teil Altbayern, Heft 60), München 1995, S. 178.

14 Vgl. Leonhard Theobald, Die Regensburger Heiltumweisung und das Regensburger Heiltumverzeichnis von 1496, in: Zeitschrift für bayerische Kirchengeschichte VII (1932), S. 17–27, hier S. 18.

15 Vgl. Werner Chrobak, Dionysius Areopagita. Zeitweiliger Nebenpatron des Bistums Regensburg, in: Beiträge zur Geschichte des Bistums Regensburg 23/24 (1989/90), S. 15–24, auch für das Folgende.

16 Bischöfliches Zentralarchiv Regensburg (künftig: BZAR), Pfarrarchiv St. Emmeram 2525.

17 BZAR, Pfarrarchiv St. Emmeram 2526.

18 BZAR, Pfarrarchiv St. Emmeram 2528.

19 Vgl. Georg Schwaiger/Paul Mai (Hgg.), Regensburger Bistumspatrone, München/Zürich 1988, S. 44–62, 85–105.

20 Vgl. Joseph Schmid, Die Urkunden-Regesten des Kollegiatstiftes U. L. Frau zur Alten Kapelle in Regensburg, Bd. 1, Regensburg 1911, S. 15 Nr. 53.

überliefert.[21] Vom Kollegiatstift St. Johann ist ein ausführliches Reliquienverzeichnis bereits in der 2. Hälfte des 15. Jahrhunderts erstellt worden.[22] Das Stift besaß demnach in verschiedenen Bildern, Monstranzen, Kreuzen, Ringen sowie in einem *almario* enthaltene Reliquien vom Obergewand der seligen Jungfrau Maria, von der seligen Maria Magdalena, von der Stelle, von der Jesus in den Himmel auffuhr, von einem Finger sowie von einem Arm der 11 000 Jungfrauen, vom Öl beim Grabmal des hl. Nikolaus sowie von seinen Gliedern, einen großen Teil vom Arm des hl. Märtyrers Georg, Überreste von dessen Untergewand, Reliquien von den Gliedern des hl. Märtyrers Sebastian, von den Gebeinen des hl. Märtyrers Mauritius, vom hl. Märtyrer Emmeram, vom hl. Apostel Bartholomäus, vom Korporale des hl. Bischofs Ulrich, vom hl. Thomas von Canterbury, vom Öl beim Grab der hl. Katharina, ein unversehrtes Glied vom Finger dieser Heiligen, Reliquien vom Arm der hl. Jungfrau Barbara, vom Finger eines der Unschuldigen Kinder, vom Gehirn und von den Knochen des hl. Vitus, von den Kinnbacken des hl. Dionysios, Erzbischofs von Korinth, von den Kleidern des hl. Bischofs Ulrich sowie der hl. Elisabeth, vom hl. Märtyrer Laurentius, vom Holz des Kreuzes des hl. Andreas, einen weiteren „magna pars" von den 11 000 Jungfrauen, vom Grab und von der Krippe Jesu, vom Daumen des hl. Christophorus, vom hl. Bischof Otto, von der hl. Kunigunde, vom hl. Maxentius, der hl. Margarethe, vom hl. Benedikt, dem hl. Märtyrer Blasius, den heiligen Jungfrauen Agnes und Christina, den hll. Simon und Judas, vom Holz des hl. Kreuzes, vom hl. Märtyrer Clemens, von der hl. Mutter Anna, von der hl. Dorothea, der hl. Serena, dem hl. Erasmus, der hl. Sabina, von [einem] Haupt der 11 000 Jungfrauen, von der hl. Jungfrau Lucia, von der hl. Cordula, vom Untergewand der hl. Ursula, vom hl. Aurelian, vom hl. Johannes dem Täufer, vom Birett und von der Albe des hl. Wolfgang, vom Tempel des Salomon, vom Grabmal der Ada (Gattin Esaus), ein Korporale mit von Christus vergossenem Blut, Reliquien von Kaiser Heinrich, vom Apostel Andreas, vom Untergewand eines Mitbruders des hl. Franziskus, von der hl. Vinzenzia, der hl. Ursula, von einem Stein vom Kalvarienberg, vom härenen Gewand des hl. Johannes des Täufers, von der Kleidung des hl. Johannes des Evangelisten, vom Gewand der hl. Jungfrau, von den Haaren der hl. Katharina, vom hl. Bekenner Hieronymus, von den hll. Petrus und Paulus, vom Öl [beim Grab] des hl. Christophorus und der hl. Jungfrau Katharina, von den heiligen Märtyrern Ciriacus und Gereon sowie vom hl. Protomärtyrer Stephanus, von den heiligen Agatha und Cäcilia, vom hl. Abt Maurus, vom hl. Bischof Medardus, von den Unschuldigen Kindern, von den heiligen Johannes und Paulus, vom hl. Bernhard, von einem Stein beim Kreuz Christi, vom Blut Christi, von der Milch der hl. Jungfrau, vom hl. Apostel Philipp, vom hl. Johannes dem Evangelisten, von den heiligen Erhard, Ägidius, Pankratius und Augustinus, vom hl. Bekenner Jodokus, vom hl. Bischof Rupert, vom hl. Apostel Thomas, vom hl. König Oswald, den heiligen Viktor und Melchiades, von den heiligen Märtyrern Valentin und Chrysanth, von den Vier Gekrönten, vom gerechten Simeon, vom hl. König Richard, vom hl. Abt Othmar, vom hl. Märtyrer Hermes, von den hll. Willibrord, Brandan und Gordian, vom Weihrauch der heiligen Drei Könige, von der

21 BZAR, Alte Kapelle 1429, S. 823–828.

22 BZAR, St. Johann 2245, auch für das Folgende; Heilige, von denen in mehreren Objekten Reliquien enthalten waren, ohne dass diese in ihrer Art unterschieden wurden, sind hier nur einmal aufgeführt.

hl. Juliana, der hl. Walburgis, der hl. Jungfrau Sophia, vom hl. Felix, der hl. Habunda, der hl. Elisabeth, der hl. Clara, von einem Stein mit den Fußstapfen des Herrn, vom Tisch des Herrn, von den hll. Martin und Wolfgang, vom hl. Märtyrer Klemens, vom hl. Bischof Korbinian, von den hll. Virgilius und Appollinaris, vom hl. Märtyrer Julian, vom hl. Fabian, vom hl. Märtyrer Vitalis, von den hll. Sabinus und Ulrich, vom hl. Bischof Maximilian, von der hl. Hildegard, vom hl. Sigismund, vom hl. Märtyrer Kosmas, ein Haupt der Gefährten des hl. Achatius sowie ein [weiteres] Haupt der 11 000 Jungfrauen, zwei Kinnladen von Gefährten des hl. Achatius, ein unversehrtes Glied vom Finger des hl. Vitus, einen Zahn vom Vorläufer Christi Johannes dem Täufer, des Patrons des Stiftes St. Johann, den laut dem Reliquieninventar Bischof Kuno (Konrad II. 1167–1185) von Papst Lucius III. (1181–1185) für ein großes Geschenk und besondere Ehrerbietung in Rom aus der Kirche St. Silvester erhielt, ferner von den Gebeinen des hl. Laurentius, vom Stein, bei dem Christus fastete, vom Manna des Herrn, vom Schilfrohr (*harundo;* vgl. Mk 15,19) des Herrn, von einem Stein vom Grabmal der Maria Magdalena, vom hl. Papst und Märtyrer Stephan, von der hl. Witwe Elisabeth (Elisabeth von Thüringen), vom hl. Joseph, dem Nährvater des Herrn, von den Haaren des hl. Wolfgang und von den Haaren der hl. Elisabeth. Insgesamt findet sich hier also fast die ganze Reliquienskala.[23]

Was oben schon von Städten gesagt wurde, lässt sich auch auf deren Klöster und Stifte übertragen. Deren Geltung hing im Mittelalter nicht zuletzt davon ab, welche Reliquien sie besaßen. St. Johann war unter den Regensburger Klöstern und Stiften längst nicht das bedeutendste, hatte eher nur einen mittleren Rang. So ist anzunehmen, dass eine Reihe von ihnen noch mehr Reliquien besaßen als St. Johann, andere nicht viel weniger. Es muss nicht besonders erwähnt werden, dass ein großer Teil davon wohl kaum echt war. Den meisten Menschen des Mittelalters mit ihrem oft übersteigerten Reliquienkult lag es fern, die Echtheit der Reliquien in Frage zu stellen, wenngleich laut Susanne Wittekind „die Kritik an einer unreflektierten Reliquienverehrung und am Reliquienhandel" schon im 12. Jahrhundert weite Kreise gezogen hatte, weshalb man „durch rationale Argumente den neuen Ansprüchen an einen Heiligkeits-, Alters- und Echtheitsnachweis für die Reliquien nachzukommen und gerecht zu werden"[24] strebte.

Viele und gewichtige Reliquien waren natürlich im Dom vorhanden. In den Quellen werden sie teilweise greifbar, nachdem Herzog Albrecht IV. von Bayern (1465–1508), der ab 1486 für kurze Zeit Stadtherr in Regensburg war, im darauf folgenden Jahr dort eine sogenannte Heiltumsweisung, nämlich eine Zurschaustellung von Reliquien, initiierte.[25] Er erwirkte dazu eine Bulle Papst Innozenz VIII., mit der dieser mit Datum vom 19. Mai 1487 die Heiltumsweisung gestattete und jedem Teilnehmer 20 Jahre Ablass gewährte. In dem päpstlichen Privileg wird darauf hingewiesen, dass in Regensburg die Kathedrale und die verschiedenen Stifte und Klöster viele, aufs reichste mit Gold und

23 Vgl. dazu Feistner (wie Anm. 6), S. 268.

24 Wittekind (wie Anm. 4), S. 215.

25 BZAR, OA-Gen. 2027, auch für das Folgende; Vgl. Achim Hubel, Der Regensburger Domschatz, München/Zürich (1976) (Kirchliche Schatzkammern und Museen, hrsg. von Hugo Schnell und Paul Mai, Bd. 1), S. 20 f., auch für das Folgende; das Ausstellungsdatum der päpstlichen Urkunde (*quartodecimo kalendas iunii*) lösen Hubel und Gemeiner (s. die nächste Anm.) versehentlich mit 1497 Juni 18 auf; A. Schmid (wie Anm. 13), S. 182.

Silber geschmückte Heiligen-Reliquien besäßen, die größte Verehrung finden könnten, wenn man sie einmal im Jahr zusammenbringen und den Gläubigen zeigen würde, am besten während des im September abgehaltenen Marktes, zu dem zahlreiche Besucher herbeiströmten; dadurch könne die Andacht der Gläubigen sehr gefördert werden. Die Bulle verschweigt nicht den Hintergedanken, dass dabei auch mit umfangreichen Almosen für den Dom gerechnet werden könne, welche die Fertigstellung dieses überaus teuren Baus beschleunigen könnten. Mit diesem Hinweis sollte der Klerus besänftigt werden, dem die verfügten Heiltumsweisungen nicht behagten, weil sie vor allem der Reichsstadt zu neuen Einnahmen verhelfen sollten und weil er befürchtete, dass die Kirchen, in denen die Reliquien aufbewahrt wurden, weniger aufgesucht würden. Die Urkunde Innozenz VIII. bestimmte nämlich ausdrücklich und zwar für alle Zukunft, dass alljährlich an einem vom Bischof im Einvernehmen mit dem Herzog festgelegten geeigneten Tag die Reliquien aller Heiligen zur Kathedrale gebracht und dem Volk gezeigt werden müssten und dass der Bischof alle geistlichen Institutionen der Stadt, auch die exempten, zur Herausgabe ihrer Reliquien unter Androhung kirchlicher Strafen zwingen könne. Der Bischof wollte zunächst die Annahme der Bulle verweigern und zwar mit dem Argument, sie erwähne allein den Herzog als Landesfürsten, während er doch gleichfalls Territorialherr in Regensburg sei.[26] Schließlich ließ er sich jedoch dazu bewegen, den Klöstern und Stiften durch den Kapitelboten aufzutragen, ihre Heiltümer an dem bestimmten Tag zur Verehrung aussetzen zu lassen. Einige Vorsteher von Klöstern und Stiften sowie Pfarrer brachten auch, begleitet von Prozessionszügen, ihre Reliquienschätze zum Regensburger Dom und vertrauten sie der Mutterkirche an. Der überwiegende Teil der Heiltümer blieb allerdings bei dieser ersten Heiltumsschau von 1487 aus. Die Reserve der Eigentümer bleibt nicht recht verständlich, denn das päpstliche Privileg legte ausdrücklich fest, dass der Bischof einen Teil der Almosen, die bei der Heiltumsschau für den Dombau gespendet würden, den anderen Kirchen und Klöstern, die zu ihr beitrugen, zuweisen könne, wenn dies für sie nützlich erscheine.[27] Als Termin für dieselbe hatten Bischof und Herzog sich auf den 24. September, das Fest des hl. Rupert, geeinigt.[28] Am Vorabend dieses Tages wurde vor dem Dom ein Gerüst aufgestellt und die Reliquien darin gesetzt.[29] Am Festtag des genannten Heiligen selbst zeigten nach Beendigung des Hochamts „zwei Gesellen vom Dom“ (Hilfsgeistliche des Dompfarrers) den Bürgern, die mit ihren Waffen angetan waren, sowie dem übrigen, in großer Zahl hinzu drängenden Volk jedes Stück einzeln vor und stellten es zur Verehrung aus. Den Anfang und das Ende bildeten dabei Partikel des Heiligen Kreuzes, mit denen das Volk abschließend gesegnet wurde. Ausdrücklich vermeldete einer der beiden „Gesellen des Dompfarrers“, dass „die drei heiligen Leiber“ (gemeint sind offenbar Reliquien der heiligen Emmeram, Erhard und Wolfgang), die im Kloster St. Emmeram bzw. im Stift Niedermünster lägen, nicht für die Heiltumsschau zur Verfügung gestellt worden seien. Sie könnten jedoch, wie auch Reliquien anderer Heiliger, in den Kirchen, in denen sie aufbewahrt würden, aufgesucht werden.

26 Carl Theodor Gemeiner, Regensburgische Chronik, Bd. 3, S. 755 f., auch für das Folgende.

27 BZAR, OA-Gen 2027.

28 BZAR, OA-Gen 990 (Urkunde von 1488 August 22).

29 Vgl. Gemeiner (wie Anm. 26), Bd. 3, S. 756, auch für das Folgende.

In den folgenden Jahren fand die Heiltumsweisung größere Unterstützung bei den Eigentümern der Reliquien. Offenbar um die feierliche Atmosphäre zu erhöhen und die Ausstrahlung der Heiltumsschau auf das ganze Bistum auszudehnen, ermahnte Bischof Heinrich IV. von Absberg (1465–1492) in einem Mandat vom 22. August 1488 die Äbte aller Benediktiner-, Zisterzienser- und Prämonstratenserklöster seiner Diözese, zu der wiederum für den Tag des hl. Rupert angesetzten Feierlichkeit frühmorgens persönlich, angetan mit den Insignien ihrer Abtswürde, in seiner Kathedralkirche und bei dem zur Aussetzung der Reliquien bestimmten Gerüst oder Tabernakel zu erscheinen und sich an deren Verehrung zu beteiligen.[30]
Die Heiltumsweisung wurde dann alljährlich in der gleichen Art durchgeführt. Lange vorher wurde im gesamten Bistum und auch in den benachbarten Diözesen Freising, Eichstätt und Passau die Einladung zur Teilnahme verkündet.[31] Von allen Kirchen der Stadt brachte man in langen, feierlichen Prozessionen die Reliquien zum Dom. Nachdem am Vorabend vor dem Dom eine Bühne errichtet worden war, wurden am Festtag selbst die Heiltümer dort ausgestellt, unter Beteiligung des Bischofs und zahlreicher Prälaten, alle in vollem Ornat. Nach einem feierlichen Hochamt auf der Bühne verkündete ein Priester die päpstliche Bulle und den mit dieser gewährten Ablass und ermahnte das Volk, sich durch eine Beichte würdig zu machen, die Heiltümer zu sehen. Danach erfolgte deren Vorstellung in der oben angegebenen Weise.[32]
1492 musste Herzog Albrecht IV. Regensburg wieder an den Kaiser bzw. das Reich herausgeben.[33] Dies hatte auch Folgen für die Heiltumsweisungen, an denen der Stadt aus wirtschaftlichen Gründen sehr gelegen war.[34] Der Rat hatte nun große Mühe, ein päpstliches Privileg zu erwirken, welches die Weiterführung gebot. Es war dazu die Intervention des Königs erforderlich sowie die von Franz Piccolomini, Erzbischof und Kardinal von Siena, eines besonderen Freunds der deutschen Nation, später, 1503, wenige Tage lang Papst. Um die Unterstützung des letzteren zu erlangen hatte der Rat die Äbtissin von Obermünster Sibylla von Paulsdorf eingeschaltet, die mit dem Kardinal seit dessen Aufenthalt in Regensburg bei einem Reichstag in einem freundschaftlichen Briefwechsel stand.[35] Andererseits scheint die Geistlichkeit gegenüber dem Heiligen Stuhl die Befürchtung geäußert zu haben, Rat und Bürgerschaft würden ihr die für die Heiltumsschau zur Verfügung gestellten Reliquien nicht mehr zurückgeben.[36] Die Bulle, mit der Papst Alexander VI. (1492–1503) am 31. März 1495 die Fortsetzung der Heiltumsweisungen in Regensburg erlaubte, enthielt nämlich ausdrücklich den Zusatz,

30 BZAR, OA-Gen 990 (Urkunde von 1488 August 22).
31 Vgl. Hubel (wie Anm. 25), S. 21, auch für das Folgende.
32 Vgl. Anm. 25.
33 Vgl. Peter Schmid, Ratispona metropolis Baioariae. Die bayerischen Herzöge und Regensburg, in: Peter Schmid (Hg.), Geschichte der Stadt Regensburg, Bd. 1, Regensburg 2000, S. 51–101, hier S. 78.
34 Vgl. Theobald (wie Anm. 14), S. 18, auch für das Folgende.
35 Vgl. Ferdinand Janner, Geschichte der Bischöfe von Regensburg, Bd. 3, Regensburg 1886, S. 619; Joseph Schlecht, Pius III. und die deutsche Nation, in: Festschrift Georg von Hertling zum siebzigsten Geburtstage am 31. Aug. 1913 dargebracht von der Görres-Gesellschaft zur Pflege der Wissenschaft in Deutschland, Kempten/München 1913, S. 305–328, hier S. 308–311.
36 Vgl. Gemeiner (wie Anm. 26), Bd. 3, S. 853, auch für das Folgende.

dass die Reliquien nach Beendigung der Weisungen unverzüglich an die Eigentümer zurückzustellen seien. An die benachbarten Bistümer wandte man sich in den folgenden Jahren nicht mehr, sondern beschränkte sich auf die Regensburger Diözese.[37] Der Bischof ließ die Einladungsschreiben an die Klöster ausfertigen, wofür seine Kanzlei vom Rat ein Trinkgeld bekam. Einer der Boten der Stadt überbrachte die Schreiben den im Süden und Westen des Bistums gelegenen Klöstern Prüfening, Weltenburg, Münchsmünster, Biburg und Mallersdorf, ein anderer den Klöstern und Stiften im Norden und Osten, nämlich Ensdorf, Walderbach, Reichenbach, Frauenzell, Gotteszell, Metten, Windberg und Oberalteich. Vor und während der Heiltumsschau mussten die Stadttore insgesamt acht Tage lang besonders stark bewacht werden. Während der Weisung mussten vor die Häuser mit Wasser gefüllte Bottiche gesetzt werden, damit bei Ausbruch eines Feuers das Löschen erleichtert werde. Die alljährlichen Heiltumsweisungen in Regensburg zogen offenbar ungeheure Menschenmengen an.[38] 1506 wallfahrtete das Volk in so großer Zahl vom Land herbei, dass auf den öffentlichen Plätzen der Stadt Bottiche mit Wasser aufgestellt werden mussten, „damit der große Haufen, gleich grossen Viehherden, seinen Durst stillen konnte".[39]

Bei der Heiltumsweisung waren etwa 90 bis 100 Reliquiare zu sehen, wobei ein Reliquienkasten oder eine Monstranz oft mehrere Heiltümer enthielt.[40] Es sind verschiedene Verzeichnisse über die präsentierten Reliquien erhalten, davon eines aus dem Jahre 1496.[41] Diese Zusammenstellung von 1496 fußt auf einem Konzept, das früher in die Regierungszeit des Regensburger Bistumsadministrators Johann III. (1507–1538) datiert wurde, jedoch zwischen 1487 und 1496 entstanden sein muss und dem möglicherweise eine andere, nicht mehr erhaltene Aufstellung zugrunde liegt.[42] Mit dem letzteren Verzeichnis wiederum stimmt weitgehend ein weiteres, gleichfalls ein Konzept, überein, das offenbar kurze Zeit später erstellt wurde.[43] Naturgemäß sind die Verzeichnisse nicht ganz identisch, es kamen nicht immer die genau gleichen Heiltümer zur Ausstellung. Begonnen wurde, wie erwähnt, mit Reliquien vom Heiligen Kreuz als dem kostbarsten Besitz.[44] Sie waren laut dem Verzeichnis von 1496 in sieben Reliquienkreuzen und zwei Monstranzen enthalten. Im fünften Kreuz befanden sich daneben je ein Zahn des hl. Stefan und der hl. Agnes und „mer wirdigs Heyligtum, das der heylig Keyser Heinrich von Rome hergebracht vnd bey der keyserlichen Stifft Allten capellen gelassen hat". Auch das sechste Kreuz enthielt mehrere Zähne, nämlich von St. Clemens, St. Erhard und von „der heiligen puesserin Maria Magdalena", während das siebte Kreuz auch „ettlich gepain von dem leichnam" des hl. Papstes und Märtyrers Stephan barg. Die beiden Monstranzen umschlossen je einen Dorn von der Dornenkrone Christi. In weiteren Ostensorien waren Teile des „tuechlein, darein Cristus als ein kindlein gewickelt ist worden", von seiner Krippe, von dem Tuch, mit dem „das angesicht Cristi

37 Vgl. Theobald (wie Anm. 14), S. 18 f., auch für das Folgende.
38 Vgl. Hubel (wie Anm. 25), S. 22.
39 Gemeiner (wie Anm. 26), Bd. 4, S. 115 f.
40 Vgl. Hubel (wie Anm. 25), S. 21, auch für das Folgende.
41 BZAR, OA-Gen 405 (Kopie von *Bayerisches Hauptstaatsarchiv, Reichsstadt Regensburg, Lit 471*); Druck: Theobald (wie Anm. 14), S. 20–27.
42 BZAR, BDK 4890; dazu Renate Baumgärtel-Fleischmann, Die Regensburger Heinrichsgewänder, in: Werner Schiedermair (Hg.), Die Alte Kapelle in Regensburg, Regensburg 2002, S. 264, mit Anm. 702.
43 BZAR, OA-Gen 2027.
44 BZAR, OA-Gen 405, auch für das Folgende.

in seiner marter verpunden ward", vom Tisch „des Abendessen Christi des herren" (Letztes Abendmahl), von dem Purpurkleid, (in das ihn seine Peiniger steckten, um ihn zu verhöhnen), von der Säule, an der er gemartert wurde, vom Tuch, mit dem er sich bei der Fußwaschung seiner Apostel beim Letzten Abendmahl umgürtete, vom Erdreich des Hl. Grabes, vom Erdreich, auf dem Christus auf dem Ölberg kniete und Blut schwitzte, von einem Stein auf dem Berg, auf dem er „die acht seligkait gelernt und predigt hat" (Bergpredigt), von den Kleidern, den Haaren, dem Schleier und dem Grab der hl. Jungfrau Maria.

Außerdem wurden Heiligenreliquien in immensem Umfang gezeigt. Aus dem Stift Niedermünster etwa wurde das Haupt, insbesondere die gesamte Hirnschale des hl. Erhard herbeigebracht, vom Kloster St. Emmeram Reliquien der gleichfalls in Regensburg besonders verehrten hll. Wolfgang und Emmeram. Ferner werden beispielsweise genannt ein Glied vom Gürtel des heiligen Ulrich, Teile vom Bart, den Haaren und von den Kleidern des hl. Johannes des Täufers, vom Öl aus dem „grab und leichnam" der hl. Katharina, vom härenen Kleid der hl. Elisabeth (von Thüringen), von den Kleidern des hl. Bischofs Wolfgang und des hl. Kaisers Heinrich, die ihre große Bescheidenheit offenbarten („darinn ir grosse Diemutigkait wol erscheinet"), ein Bischofsstab, ein Messgewand und ein Kelch des hl. Wolfgang, ein Bischofsstab des hl. Patricius (Patrick), Teile vom Hemd des hl. Königs und Märtyrers Wenzeslaus, von der Fahne, unter welcher der Soldat und Märtyrer Mauritius kämpfte. Gezeigt wurde auch das angeblich vom hl. Evangelisten Lukas gemalte Gnadenbild der Alten Kapelle, die „Schöne Maria". „Von dem heyligen Keyser sand Heinrich weist man hie ein Casel vnd zwen Leviten Rock". Dabei handelte es sich offenbar um einen der beiden Ornate der sogenannten Heinrichsgewänder der Alten Kapelle, die allerdings in Wirklichkeit aus dem 14. Jahrhundert stammen.[45] Ebenso wurden der Altarstein, der Kelch und die Patene vorgezeigt, die normalerweise bei der Messfeier, an welcher der heilige Herrscher teilnahm, Verwendung fanden, sowie eine Kasel und zwei Levitenröcke, die seine Gemahlin, die hl. Kunigunde aus ihren Kleidern verfertigen ließ.[46] Der letztere Ornat war noch in einem Inventarverzeichnis der Alten Kapelle von 1469 unter dem Namen Kaiser Heinrichs aufgeführt worden.[47] Dass er nun mit dessen Gattin Kunigunde in Verbindung gebracht wird, zeugt von der gestiegenen Verehrung des heiligen Kaiserpaares. Kunigunde steht jetzt gleichrangig an der Seite ihres Gemahls. Durch ihre Erhebung in den Rang von Reliquien erhielten die beiden Ornate einen viel höheren Stellenwert als andere liturgische Gewänder, weswegen ihre ursprüngliche Funktion später gar nicht mehr erwähnt wurde. Ansonsten sind in dem Heiltumsverzeichnis fast alle bedeutenden, im Mittelalter verehrten Heiligen vertreten,[48] nämlich die Apostel Petrus, Patron des Regensburger Domes, Paulus, Johannes Evangelist, Andreas, Jakobus d. Ältere, Jakobus d. Jüngere, Philippus, Simon und Bartholomäus, sowie die heiligen Sixtus, Theodor, Alban, Brictius, Nikolaus von Myra, Christina, Leonhard, Martin, Vitus, Sebastian, Thomas von *Kandelberg* (Canterbury), Valentin, Georg, Laurentius, Dionysius, Nikolaus von Tolentino, Christophorus, Augustinus, Blasius, Dominikus, Barbara, Anna, Antonius, Macharius, Kaiser Karl, Panthaleon,

45 Vgl. Baumgärtel-Fleischmann (wie Anm. 42), S. 257–265, hier S. 257.

46 BZAR, OA-Gen 405.

47 Vgl. Baumgärtel-Fleischmann (wie Anm. 42), S. 263 f., auch für das Folgende.

48 Vgl. Hubel (wie Anm. 25), S. 21.

Martha, Dorothea, Afra, Thomas von Aquin, einer von der „gesellschaft" des hl. Achatius sowie weitere Überreste von schon genannten Heiligen.[49] Besonders zahlreich waren die Reliquien von heiligen Jungfrauen aus der „gesellschaft" der hl. Ursula. Diese hatte wahrscheinlich Ende des 3. Jahrhunderts in Köln das Martyrium erlitten.[50] Die zahlreichen Gebeine, die später bei Bauarbeiten an und bei der Kirche, die über ihrem Grab in Köln errichtet worden war, gefunden wurden, wurden für Reliquien ihrer Gefährtinnen angesehen. Es entstand die Legende, Ursula habe das Martyrium zusammen mit 11 000 Jungfrauen durch die Hunnen erlitten. Mitte des 12. Jahrhunderts war im Auftrag des Kölner Erzbischofs Arnold vom Wied (1151–1156) gezielt nach den Reliquien der jungfräulichen Begleiterinnen der hl. Ursula gegraben und die Funde waren dokumentiert worden.[51] Reliquien der auf Befehl des Königs Herodes hingeschlachteten Unschuldigen Kinder waren in Regensburg ebenfalls mehrfach vertreten.[52] Von einem dieser Kinder wurde das Hemd aufbewahrt, in dem noch das Loch zu sehen war, durch das es erstochen wurde. Nicht immer war bekannt, von wem die Gebeine stammten. Gelegentlich ist nur von Häuptern die Rede, die keinem Heiligen zugeordnet wurden, oder aber nur von „grossen Heyligen".

Fast am Ende des Verzeichnisses der vorgezeigten Heiltümer wird darauf hingewiesen, dass es in Regensburg noch viel mehr Heiltümer gäbe. So könnten die (überwiegenden Teile der) Leichname der hll. Emmeram, Erhard, Dionysius und Wolfgang, die im Kloster St. Emmeram bzw. im Stift Niedermünster lägen, (wiederum) nicht präsentiert werden, da sie „nit geschickt oder gefast sind das man sie weysen müg"; sie könnten aber in den genannten Gotteshäusern aufgesucht und angerufen werden. Auch diese Weisung von 1496 wurde mit Reliquien Jesu Christi nicht nur begonnen, sondern auch beendet, nämlich mit einem Reliquienkreuz, das in der Mitte und an den vier Enden je einen Partikel vom Heiligen Kreuz, außerdem drei Dornen aus der Dornenkrone Christi und einen Teil von dessen Schweißtuch enthielt.[53] Mit diesem allerkostbarsten Heiltum gab der Bischof abschließend den Gläubigen den bischöflichen Segen, der ihnen zu besonderer „gnad und ablas" gereichte. Deswegen sollten sie „gewartten und still steen, biß ir den empfahet".

Aus zwei der genannten Verzeichnisse ist zu ersehen, dass die Heiltumsweisung in sechs bzw. sieben „Gänge" eingeteilt war.[54] Anscheinend wurden also die Heiltümer nicht auf einmal, sondern in Abschnitten dargeboten. In einer dieser beiden Aufstellungen sind teilweise auch die Klöster bzw. Kirchen genannt, aus denen die Reliquien stammten.[55] St. Johann ist sehr stark vertreten, was vielleicht schlichtweg damit zu tun hat, dass dieses Stift unmittelbar beim Dom lag, was die Zulieferung der Reliquien erleichterte. Aus dem Kloster St. Jakob, das damals noch von Iren besetzt war, stammte ein angeblicher Bischofsstab des hl. Patrick, des Nationalheiligen Irlands. Welche Heiltümer dem Dom selbst zugehörten, ist nicht mehr genau festzustellen.[56] Jedenfalls waren eine Wolfgangs-

49 BZAR, OA-Gen 405, auch für das Folgende.
50 Vgl. Jakob Torsy, Lexikon der deutschen Heiligen, Seligen, Ehrwürdigen und Gottseligen, Köln 1959, Sp. 538 f., auch für das Folgende.
51 Vgl. Wittekind (wie Anm. 4), S. 214 f.
52 BZAR, OA-Gen 405, auch für das Folgende.
53 BZAR, OA-Gen 405, auch für das Folgende; Hubel (wie Anm. 25), S. 22, auch für das Folgende.
54 BZAR, BDK 4890; BZAR; OA-Gen 2027.
55 BZAR, OA-Gen 2027, auch für das Folgende.
56 Vgl. Hubel (wie Anm. 25), S. 22, auch für das Folgende.

kasel, eine Wolfgangsschale und ein Wolfgangskelch dabei, die heute noch zum Domschatz gehören.
Der Bischof förderte die Heiltumsschau nicht unbedingt; 1517 etwa weigerte sich Bistumsadministrator Johann III. (1507–1538), Reliquien aus den Regensburger Schottenklöstern St. Jakob und Weih St. Peter bei ihr zuzulassen, da er mit deren Leitern nicht einverstanden war.[57] Die Heiltumsweisung wurde aber bis 1524 fortgesetzt, unterbrochen nur von Kriegsjahren wie 1504 und 1505.[58] Leonhard Widmann hat sich offenbar im Jahr geirrt, wenn er in seiner *Chronik von Regensburg* angibt, die Heiltumsschau habe 1521 zum letzten Mal stattgefunden. Er schreibt: „Den 4. Aprilis, montag nach quasi modo geniti, hat man nach altem löblichen brauch das heiltumb gewisen, und so es auch was, von stund an fiel man in den heiltumbstul, warf in über ein haufen und hat es darnach nit mer gewisen".[59] Die Reichsstadt Regensburg, die noch 1517 Albrecht Altdorfer den Auftrag erteilt hatte, einen Vorhang für den Heiltumsstuhl, auf dem die Reliquien gezeigt wurden, zu bemalen, wandte sich früh den Ideen der Reformation zu, in denen für Heiligen- und Reliquienverehrung kein Platz war.[60] Der Klerus, welcher der von der Stadt in ihrem Interesse betriebenen Veranstaltung immer reserviert gegenübergestanden hatte, ergriff keine Initiativen, sie in eigener Regie weiterzuführen.
Erst Bischof Albert IV. von Törring (1613–1649) bemühte sich, an den alten Brauch anzuknüpfen.[61] Im Jahre 1616, in der Oktav der Weihe der Domkirche, also am 7. Juli, wurde das Reliquienfest mit großer Feierlichkeit und einer Prozession begangen. Im Dreißigjährigen Krieg wurde ein nicht genau bestimmbarer, aber sicher beträchtlicher Teil der ehemals in Regensburg vorhandenen Reliquien wegen ihrer kostbaren Fassungen zum Objekt feindlicher Begierden und ging der Stadt verloren.[62] Der Reliquienkult erlebte dann im Zeitalter des Barock eine Renaissance.[63] Wie das Mittelalter hatte diese Epoche einen besonderen Sinn für sinnliche Greifbarkeit, für Schönheit und Prunk; dies und das Bewusstsein der Endlichkeit des irdischen Lebens, waren dem Reliquienkult noch einmal förderlich. In Regensburg war es in erster Linie Bischof Franz Wilhelm von Wartenberg (1649–1661), der die Reliquienverehrung wiederaufleben ließ.[64] Erst die Aufklärung mit ihrem abstrakten, empirischen und säkularen Denken, das im Innerweltlichen verblieb und für das Übernatürliche nicht viel übrig hatte, drängte den Reliquienkult stark zurück.

57 Vgl. Johann Gruber, Das Schottenkloster St. Jakob in Regensburg vom 16. Jahrhundert bis zu seiner Aufhebung 1862, in: Beiträge zur Geschichte des Bistums Regensburg 40 (2006), S. 133–188, hier S. 137.
58 Vgl. Theobald (wie Anm. 14), S. 19, auch für das Folgende; Janner (wie Anm. 35), Bd. 3, S. 619; Janner nennt zwar wie Widmann (dazu die folgende Anm.) und Wassenberg (vgl. Hubel [wie Anm. 25], S. 22) 1521 als letztes Jahr der Heiltumsschau, doch hat Theobald schlüssige Argumente dagegen vorgebracht.
59 Leonhard Widmanns Chronik von Regensburg, 1511–1543, 1552–1555, in: Die Chroniken der baierischen Städte. Regensburg, Landshut, Mühldorf, München (Deutsche Städtechroniken XV), Leipzig 1878, S. 1–244, hier S. 37.
60 Vgl. Hubel (wie Anm. 25), S. 22.
61 Vgl. ebd., auch für das Folgende.
62 Vgl. ebd., S. 26–29.
63 Vgl. ebd., S. 30.
64 Vgl. ebd., S. 30ff.

# Intertextualität als liturgische Legitimationsstrategie? Zu den kommunikativen Aspekten mittelalterlicher liturgischer Einstimmigkeit am Beispiel der Olavshistoria (Nidaros, 1161–1188)

*Roman Hankeln*

Der norwegische König Olav Haraldsson starb am 29. Juli 1030 in der Schlacht von Stiklestad bei Trondheim, dem mittelalterlichen Nidaros, in Mittelnorwegen. Schon 1031 begann mit der feierlichen Translation seiner Gebeine durch den Trondheimer Bischof Grimkell die offizielle liturgische Verehrung des Königs.[1] Diese liturgische Verehrung äußerte sich in der Hauptsache darin, dass Olavs Andenken an seinem Todestag mit einem eigenen Stundengebet („Offizium") und einer Messe feierlich begangen wurde.[2] Wie üblich haben in der Folgezeit mehrere Generationen an der Gestaltung dieser liturgischen Feiern mitgeschrieben. Der vorliegende Beitrag behandelt einen Gesangszyklus, der wahrscheinlich in der zweiten Hälfte des 12. Jahrhunderts entstanden ist. Er war Teil des Offiziums am Olavsfesttag und trug im Mittelalter die Bezeichnung „Historia", denn er erzählte in seinen Lesetexten und Gesängen vom Leben und Sterben des gefeierten Heiligen.[3]

Der Nachtgottesdienst dieser Historia – kurz Matutin genannt – folgte der dafür vorgesehenen europäischen Standardform. Im hochmittelalterlichen Kathedralritus bestand die Matutin in der Hauptsache aus 9 Psalmen und 9 Lesungen. In Verbindung mit jedem Psalm sang man einen kürzeren Gesang, die sog. „Antiphon". Nach jeder Lesung folgte ein längeres und musikstilistisch avancierteres „Responsorium". 2001 zeigte Eyolf Østrem, dass die Musik einiger Antiphonen der Olavshistoria aus den Liturgien anderer

1 Vgl. dazu Claus Krag, Viktingtid og rikssamling (Aschehougs Norges historie, Bd. 2), Oslo 1995, S. 163.

2 Der früheste Beleg für ein Olavsoffizium findet sich im sogenannten Leofric Collectar, hergestellt unter Bischof Leofric von Exeter († 1072), vgl. ‚In natale sancti Olavi martiris', in: E. S. Dewick (Hg.), The Leofric collectar (Harl. MS. 2961) with an appendix containing a litany and prayers from Harl. MS. 863, Bd. I (Text), (Henry Bradshaw Society, vol. 45), London 1914, col. 209–214. Abgesehen von einigen wenigen Ausnahmen besteht dieses Offizium zumeist aus Antiphonen aus dem Commune-Repertoire, s. Eyolf Østrem, The Office of Saint Olav: A Study in Chant Transmission (Acta Universitatis Upsaliensis. Studia Musicologica Upsaliensia, Nova Series, 18), Uppsala 2001, S. 281–284.

3 „historia" war der gebräuchliche mittelalterliche Terminus, um Heiligenoffizien zu bezeichnen, vgl. Joachim Knape, Zur Benennung der Offizien im Mittelalter. Das Wort „historia" als liturgischer Begriff, in: Archiv für Liturgiewissenschaft 26 (1984), S. 305–320 und Robert Folz, Les saints rois du moyen âge en occident (VI$^{e}$–XIII$^{e}$ siécles), Bruxelles 1984, S. 206. Ich verwende den Terminus „Historia", um den Olavszyklus des 12. Jahrhunderts von den früheren Offiziumsformen zu unterscheiden, die in der Hauptsache auf Communegesängen basierten. Dass in der Tat die Bezeichnung „historia" in Quellen der mittelalterlichen Olavliturgie verwendet wird, erwähnt Østrem (wie Anm. 2), S. 247.

Heiliger entliehen worden ist.[4] Die Herkunft der Melodien der neun Matutinresponsorien untersuchte Østrem damals nicht. Kürzlich konnte ich feststellen, dass die Melodien der ersten sieben Olavsresponsorien der hochmittelalterlichen Historia für den hl. Augustinus entstammen.[5] Die Gesänge dieser Augustinushistoria tauchen erstmals in Quellen des beginnenden 12. Jahrhunderts auf. Als Autor ihres Textes vermutet Janka Szendrei Rupert von Deutz († 1135).[6]

Sieben Responsorien der Olavsmatutin setzen also neuen Text unter Responsoriumsmelodien der Augustinushistoria. Diese Textierung bestehender Melodien ist ein im Mittelalter weit verbreitetes Phänomen. Wir kennen es unter dem Terminus „Kontrafaktur“.[7] Das Verfahren hat sich bis in unsere Zeiten gehalten und ist uns etwa aus dem

4 2001 edierte Østrem die Olavshistoria auf der Basis praktisch aller damals bekannten skandinavischen Quellen und zeigte, dass acht Antiphonmelodien und die Invitatoriumsantiphon aus den Augustinus- und Vincentiushistoriae übernommen wurden, s. Østrem (wie Anm. 2), S. 117f. Die erste Ausgabe der Olavshistoria unternahm Georg Reiss bereits 1912, s. ders. (Hg.), Musiken ved den middelalderlige Olavsdyrkelse i Norden (Videnskabsselskabets skrifter. II. Hist.-filos. Klasse, 1911. No. 5), Kristiania 1912.

5 Vgl. meinen Beitrag Texting techniques in St Olav's Augustine-responsories, in: Festschrift David Hiley (im Druck, erscheint 2007). Die Musik des achten Olavsresponsoriums, ‚Egregius martyr Olavus‘ stammt aus dem Vincentiusoffizium. Die Versmelodie wird auf eine klassische Versformel des ersten Modus gesungen (vgl. Paris, Bibliothèque Nationale, fonds latin 12044, f. 50v; fonds latin 15181, f. 431v; fonds latin 17296 f. 60 und Worcester Cathedral, Chapter Library F.160, Faks. Paléographie Musicale Bd. 12, Tournai 1922, Repr. Solesmes 1997, S. 260). Das neunte Olavsresponsorium verwendet eine weitverbreitete Formelmelodie, vgl. John Bergsagel, Liturgical Relations Between England and Scandinavia: As Seen in Selected Musical Fragments from the 12th and 13th Centuries, in: Nordiskt Kollokvium III i Latinsk liturgiforskning, Hanaholmens kulturcentrum, Esbo 22.–24.5.1975, S. 11–26, bes. S. 15. Die Melodie gehört zu Freres Familie „Ia“, vgl. Walter Howard Frere (Hg.), Antiphonale Sarisburiense: A Reproduction in Facsimile of a Manuscript of the Thirteenth Century, London 1901–1924, S. 18.

6 Vgl. Janka Szendrei, On the Prose Historia of St. Augustine, in: The Divine Office in the Latin Middle Ages. Methodology and Source Studies, Regional Developments, Hagiography. Written in honor of Professor Ruth Steiner, hg. v. Margot E. Fassler/Rebecca A. Baltzer, Oxford 2000, S. 430–443, hier S. 434.

7 Vgl. einführend zum Phänomen der Kontrafaktur Hinrich Siuts, Zur Bedeutung der Kontrafaktur als wesentlicher Gestaltungsmöglichkeit, in: Günther Noll/Marianne Bröcker (Hg.), Festschrift für Ernst Klusen zum 75. Geburtstag, Bonn, Wegener 1984, S. 465–474 sowie Andrew Hughes, Style and Symbol: Medieval Music: 800–1453 (Musicological Studies, 51), Ottawa 1989, no. 402. Erstmals systematisch beschrieb Friedrich Gennrich das Kontrafakturverfahren anhand weltlicher Gesänge: Die Kontrafaktur im Liedschaffen des Mittelalters (Summa musicae medii aevi, 12, Fundamenta 2), Frankfurt 1965. Entsprechende Studien im Bereich der Heiligenoffizien erschienen ab den 90er Jahren, vgl. etwa: Owain Tudor Edwards, Matins, Lauds and Vespers for St David's Day: The Medieval Office of the Welsh Patron Saint in National Library of Wales MS 20541 E, Cambridge, Brewer 1990; John James Boyce, The Carmelite Feast of the Presentation of the Virgin: A Study in Musical Adaptation, in: The Divine Office in the Latin Middle Ages. Methodology and Source Studies, Regional Developments, Hagiography. Written in Honor of Professor Ruth Steiner, hg. v. Margot E. Fassler/Rebecca A. Baltzer, Oxford 2000, S. 485–518; Roman Hankeln (Hg.), Konrad von Megenberg (1309–1374), Historia Sancti Erhardi (Musicological Studies, LXV/4), Ottawa 2000; Andrew Hughes, Chants in the Rhymed Office of St Thomas of Canterbury, in: Early Music 16 (1988), S. 185-201, hier S. 185; Ann-Marie Nilsson, Some Remarks on Melodic Influences in Swedish Rhymed Offices, IMS Study Group Cantus Planus, Papers read at the Sixth Meeting, Eger, Hungary 1993, Budapest 1995, S. 635–651. Eine systematische Untersuchung der Kontrafaktur im Bereich der Historiae fehlt.

Kirchenlied vertraut. Kontrafaktur lässt sich unter dem Blickwinkel der Intertextualität betrachten. Die Neutextierung einer bestehenden Melodie setzt eine Auseinandersetzung mit dem Original voraus. Zudem kann eine neu textierte Melodie Verweisqualitäten übernehmen. Musik ist ja in der Lage, auf die ursprünglich mit ihr verbundenen Textinhalte und Kontexte zu verweisen, wenn ihr alter Text durch einen neuen ersetzt wird.[8]

Die mittelalterlichen Historiae sind noch nicht allzu lange Themengebiet der Musikwissenschaft, ihre intertextuellen Perspektiven sind praktisch unerforscht. Hier muss es daher genügen, unter den Vorzeichen des Kommunikationsaspekts eine pragmatische Annäherung zu versuchen. Dabei gehe ich von den folgenden einfachen Fragen aus: Wer kommuniziert? Was wird kommuniziert? Wie wird kommuniziert?

## Wer kommuniziert?

Die Tatsache, dass der umfangreiche Block von sieben Olavsresponsoriumsmelodien der Augustinushistoria entnommen wurde, unterstützt die Annahme, dass die Kompilation und Einführung der Olavshistoria im kulturellen Kontext um den Trondheimer Erzbischof von 1161 bis 1188, Øystein Erlendsson, geschehen ist. Øystein, oder Augustinus, wie er sich selbst nannte, ist nämlich bekannt für seine Unterstützung der Augustinerchorherren in Norwegen: Der Erzbischof erhöhte den Rang des Augustinusfestes an der Kathedrale von Trondheim und installierte zwei Augustinerklöster.[9] Øystein zählt zu den einflussreichsten Figuren in der Geschichte des mittelalterlichen Norwegen. Wie sein Zeitgenosse auf dem Bischofsstuhl von Canterbury, Thomas Becket, erhielt Øystein sein Amt durch königliche Gunst.[10] Dies allerdings hielt Øystein nicht

8 Dieser Verweischarakter zeichnet aber auch das Konzept mittelalterlicher Liturgie aus. Darauf hat etwa Margot Fassler in einer Studie zum Sequenzrepertoire von St. Victor hingewiesen, vgl. Margot Fassler, Gothic Song: Victorine Sequences and Augustinian Reform in Twelfth-Century Paris, Cambridge 1993, S. 13.

9 Vgl. Lilli Gjerløw (Hg.), Antiphonarium Nidrosiensis Ecclesiae (Libri Liturgici Proviciae Nidrosiensis Medii Aevi, III), Oslo 1979, S. 222 sowie dies. (Hg.), Ordo Nidrosiensis ecclesiae (Libri Liturgici Provinciae Nidrosiensis Medii Aevi, II), Oslo 1968, S. 30. Vgl. auch den Eintrag über die Erhöhung des Feststatus im Brevier der Diözese Nidaros bei Gjerløw, Ordo, S. 387, l. 16–18. Die Einträge der Antiphona ad Benedictus ‚In diebus Augustini' (wohl die Antiphon ‚In diebus illis'?) und die Antiphona ad Magnificat ‚Adest dies celebris' deuten an, dass wenigstens Teile der Augustinushistoria während dieser Liturgie gesungen wurden. Zu Øysteins Gründung der Augustinerkonvente Kastelle (Konghelle) und (H)Elgeseter sowie weiteren Institutionen in Norwegen und Island vgl. Tore Nyberg, Monasticism in North-Western Europe, 800–1200, Aldershot/Burlington/Singapore/Sydney 2000, S. 222–226.

10 Zu Øysteins Einsetzung durch König Inge vgl. Knut Helle, Norge blir en stat 1130–1319 (Handbok 1, Norges Historie, I, 3), Oslo 1964, S. 37. Owain Edwards nimmt an, dass die Passio Olavi möglicherweise die Funktion hatte, den Widerstand des Erzbischofs gegen König Sverre zu stützen, der zu Øysteins Exil in England führte. Øystein dürfte Thomas Beckets Schicksal in gewisser Parallele zu seiner eigenen Situation gesehen haben, vgl. Owain Edwards, Betraktninger om legendene til Olav den hellige og David den hellige av Menevia, særlig med henblikk på bruk av symboler, in: Olavslegenden og den latinske historieskrivning i 1100-tallets Norge, hg. v. Inger Ekrem/Lars Boje Mortensen/Karen Skovgaard-Petersen, Kopenhagen 2000, S. 225–249, hier S. 245–246.

davon ab, die Unabhängigkeit der Kirche in den Nachwehen der Gregorianischen Reformen zu unterstreichen.[11]

Von 1160 bis Anfang des 13. Jahrhunderts sind übrigens Trondheimer Kontakte zu einem berühmten Zentrum augustinischer Reform in Frankreich bekannt: Drei norwegische Erzbischöfe in Folge verbringen einige Zeit am Konvent von St. Victor in Paris, Øystein selbst (1160–1188), Eirik (1189–1205) und Tore (1206–1214).[12] Es ist anzunehmen, dass zu dieser Zeit auch die Augustinushistoria verstärkt in Norwegen rezipiert wurde. Wie die Vermittlung der Melodien allerdings im Einzelnen vor sich ging, ist derzeit unklar und eine Frage künftiger Forschungsarbeit. Die Quellenlage wäre hier aufgrund der im Norden grundsätzlich fragmentarisch überlieferten Originaldokumente Stoff für eine eigene umfangreiche Studie. Für meine Beispiele verwende ich nur eine kleine Auswahl: Zwei französische Handschriften repräsentieren die Melodietradition der Augustinushistoria: Paris, Bibliothèque Nationale, fonds latin 9425 (Auxerre, 1150/1200, Prämonstratenser) sowie fonds latin 14816 (13. Jh., wahrscheinlich St. Victor, Paris). Die Olavstradition wird hier durch zwei Fragmente des 12. und 13. Jahrhunderts vertreten, die Bezüge zum Nidaros-Usus aufweisen: Kopenhagen, Det kongelige Bibliotek MS Add. 47 und Oslo, Riksarkivet, Lat. Fragm. 1018.[13]

Das Latein der Gesangstexte der Olavshistoria war sicherlich nur den feiernden Klerikern zugänglich. Die Kenntnis der Augustinusmelodien setzt fortgeschrittene Vertrautheit mit dem kirchenmusikalischen Repertoire voraus, eine Vertrautheit, die ebenfalls nur dem Klerus vorbehalten war. Es ist möglich, dass man das Volk etwa durch Predigten an den Inhalten der Historia teilhaben ließ, doch war das natürlich eine sehr indirekte Teilhabe.[14] Die Olavshistoria dürfte damit im urbanen Umfeld Trondheims oder anderer nordischer Städte, in denen das Olavsfest gefeiert wurde, höchstens eine vermittelte „öffentliche" Wirkung gehabt haben. Die Olavshistoria konnte also nur im Kreis des lokalen Klerus symbolische Wirkung entfalten. Für die Trondheimer Geist-

11 Vgl. Sverre Bagge, Theodoricus Monachus - Clerical Historiography in 12th century Norway, in: Scandinavian Journal of History 14 (1989), S. 113–133, hier S. 114. Der Investiturstreit bildet in der Tat den Hintergrund der Abtrennung der skandinavischen Kirchenprovinz vom Erzbistum Hamburg-Bremen (1102/04), der 1152/53 zur Einrichtung des Nidaros-Erzbistums führte. Vgl. Erik Gunnes, Erkebiskop Øystein. Statsmann og kirkebygger, Oslo 1996, S. 56. Øystein unterstützte die Partei Papst Alexanders III. während des Schismas (vgl. Gunnes, ebd., S. 86).

12 1160–1161, auf seiner Palliumreise nach Rom, machte Øystein in St. Victor Station (vgl. Helle, wie Anm. 10, S. 37). Trotz Gjerløws Bemerkung, dass der Ordo Nidrosiensis tief von augustinischem Geist beseelt sei (vgl. dies., Ordo, wie Anm. 9, S. 110) ist die genaue Beschreibung augustinischer und weiterer europäischer Kontakte zum Norden ein Forschungsdesiderat, nicht zuletzt im Bereich der liturgischen Musik. Gisela Attingers Studie stellt in dieser Hinsicht einen ersten wichtigen Beitrag dar: Gisela Attinger, A Comparative Study of Chant Melodies from Fragments of the Lost Nidaros Antiphoner, Oslo 1998. Zu den skandinavischen Kontakten mit St. Victor vgl. auch Lars Boie Mortensen, The Anchin Manuscript of Passio Olavi (Douai 295), William of Jumièges, and Theodoricus Monachus, in: Symbolae Osloensis 75 (2000), 165–189, S. 171 und Østrem (wie Anm. 2), S. 182–183.

13 Zu den Nidaros-Quellen vgl. Østrem (wie Anm. 2), S. 240–241. Zu Paris lat. 14816 vgl. Léopold Victor Delisle, Inventaire des manuscrits latins conservés à la Bibliothèque nationale sous les numéros 8823-18613, Paris 1863–1871, repr. Hildesheim, New York 1974, S. 50. Zu Paris lat. 9452 vgl. Dietmar von Huebner, Frühe Zeugnisse prämonstratensischer Choraltradition (1126–1331). Studie zu Offiziumsantiphonen des Prämonstratenserordens, 3 Bde., München 2001, Bd. 1, S. 218.

lichkeit zumindest stand aber die Olavshistoria sehr wahrscheinlich im Mittelpunkt ihrer spirituellen Identität und ist daher aus dem Kontext städtischer Kommunikation nicht wegzudiskutieren.

## Was wird kommuniziert?

Die meisten Texte der Olavshistoria, Gesänge wie Lesungen, basieren auf der sog. ‚Passio sancti Olavi', einem Bericht über Leben, Martyrium und Wunder des hl. Olav. Diese Vita dürfte im Kontext des erzbischöflichen Hofes in Trondheim entstanden sein. Von Erzbischof Øystein selbst stammen einige Trondheimer Wunder des Heiligen im Mirakel-Anhang der Passio.[15] Die Responsorientexte der Olavshistoria lassen sich als eine eigene, gekürzte Passio lesen: Responsorium 1 beginnt mit der vornehmen Abkunft und den persönlichen Vorzügen des Königs, die Responsorien 2 bis 6 behandeln Olavs Missionswirken trotz heftigen Widerstandes. Der Märtyrertod Olavs ist schließlich Gegenstand der Responsorien 7–9.[16]

Die Gesangstexte der Olavshistoria sind – wie die ‚Passio Olavi' auf der sie basieren – charakterisiert durch das mittelalterliche Ideal des „rex iustus“, der sein Königtum von Gott als Amt erhält und ihm als sein Repräsentant dient, um Gerechtigkeit und Frieden auf Erden herzustellen.[17] Dieses Image hat seine Modelle in der Hagiographie anderer europäischer, insbesondere englischer königlicher Heiliger. Demut ist ein wichtiges Charakteristikum dieser Könige, die aktiv an der Missionsarbeit in ihren Reichen teilhaben.[18] Nur sehr marginal wird über Militäraktionen des Heiligen berichtet.[19] Olav durchwandert sein Reich „angetan mit dem Brustpanzer des Glaubens und dem Helm des Heils”, wie Responsorium 4 offenbar Isaja zitiert:

14 Gegenwärtige liturgische Handbücher beschreiben den Charakter des Stundengebets im Hochmittelalter als durch die prinzipielle Abgeschiedenheit des feiernden Klerus von den Laien gekennzeichnet. Vgl. etwa Robert Tafts Zeichnung eines liturgischen Tages im Hochmittelalter in: The Liturgy of the Hours in East and West: The Origins of the Divine Office and Its Meaning for Today, Second revised Edition, Collegeville 1993, S. 603. Craig Wright erwähnt, dass die Kathedrale von Paris, Notre Dame, nachts für die Laienöffentlichkeit versperrt und nur dem Klerus zugänglich war; vgl. ders., Music and Ceremony at Notre Dame of Paris, 500-1550, Cambridge, 1989, S. 267.

15 Zum Anteil Øysteins an der Passio vgl. Inger Ekrem, Om *Passio Olavis* tilblivelse og eventuelle forbindelse med *Historia Norwegie*, in: Olavslegenden og den latinske historieskrivning i 1100-tallets Norge, hg. v. Inger Ekrem/Lars Boje Mortensen/Karen Skovgaard-Petersen, København 2000, S. 108–156 und Lars Boje Mortensen, Olav den helliges mirakler i det 12. årh.: streng tekstkontrol eller fri fabuleren?, ebd., S. 89–107, hier S. 101.

16 Vgl. die Diskussion der Responsorien zusammen mit den Lesungen des späteren Nidaros-Breviers bei Gunilla Iversen, Transforming a Viking into a Saint. The Divine Office of St. Olav, in: The Divine Office in the Latin Middle Ages. Methodology and Source Studies, Regional Developments, Hagiography. Written in Honor of Professor Ruth Steiner, hg. v. Margot E. Fassler/Rebecca A. Baltzer, Oxford 2000, S. 401–429, hier S. 413–419. Vgl. auch die Inhaltsbeschreibung bei Folz (wie Anm. 3), S. 209.

17 Zum Thema Königtum als „ministerium“ vgl. Folz (wie Anm. 3), S. 57; zum „rex iustus“-Ideal vgl. Gunnes, Øystein (wie Anm. 11), S. 105–106.

18 Vgl. Olavsresponsorium 1: „In regali fastigio constitutus spiritu pauper erat rex Olavus...“ Zur Demut vgl. weiterhin die Belege bei Erich Hoffmann, Die heiligen Könige bei den Angelsachsen und den skandinavischen Völkern. Königsheiliger

„R. Itaque deuotissime perficiens officium ewangelice [evangeliste], *indutus lorica fidei et galea salutis,* circuibat ciuitates, uicos et uillas, salutarem doctrinam ubique disseminans. V. Ihesu bone, quantos labores sustinuit, antequam populum incredulum conuertere posset!"[20]

Dieses Königsbild erscheint keineswegs „realpolitisch" in dem spezifischen Sinne, den wir heute erwarten würden. Erich Hoffmann hat allerdings plausibel gemacht, dass die Olavsverehrung nicht ohne realpolitische Perspektiven für seine königlichen Nachfolger war. Die enge Anbindung an den Olavskult sollte offenbar die Ansprüche jener Thronprätendenten unterstützen, deren Verbindungen zur königlichen Linie nicht unumstritten waren. Das trifft insbesondere auf die Regentschaft König Magnus Erlingssons zu. Er wurde, als fünfjähriger Knabe, wohl 1163 in Bergen gekrönt. Dahinter stand die enge politische Zusammenarbeit zwischen Magnus' Vater, dem Kreuzfahrer Erling Skakke und dem Trondheimer Erzbischof, eben Øystein. In einem berühmten Privilegienbrief nimmt Magnus Norwegen vom hl. Olav zu Lehen. Diese ostentative Inanspruchnahme des hl. Olav zielte offenbar darauf ab, Magnus' Königtum mithilfe der Kirche zu legitimieren. Magnus stammte nämlich nur über seine Mutter von Olavs Geschlecht ab.[21]

## Wie wird kommuniziert?

Generell ist davon auszugehen, dass der Inhalt der Olavshistoria nicht vermittelt, sondern zelebriert wurde. Während der Feier des Stundengebets geht es ja nicht um die Mitteilung neuer Information, sondern um die Wiederholung bekannter Ideale, Figuren und Begebenheiten in einem Kreis Eingeweihter. Diese gleichsam „interne" Kommunikation kommt einem gemeinsamen Memorieren, vielleicht einer Gruppenmeditation gleich.

und Königshaus (Quellen und Forschungen zur Geschichte Schleswig-Holsteins 69), Neumünster 1975, S. 26 und Folz (wie Anm. 3), S. 56 mit Beispielen zur „humilitas" aus den Vitae der Könige Canutus und Oswin. – Zum Missionswirken vgl. Hoffmann, ebd. am Beispiel Oswald. Das friedfertige Image verbindet Olav auch mit den heiligen englischen Königen Ethelbert und Edward. Beide starben als unschuldige Gewaltopfer, vgl. Hoffmann, S. 18 und 20.

19 Olav erscheint als Schlachtenhelfer in zwei Laudesantiphonen, die die militärische Hilfe des königlichen Heiligen nach seinem Tod feiern (vgl. Antiphon 2 ‚Implorata ope' und die Benedictusantiphon ‚Imperator grecus', bei Østrem (wie Anm. 2), S. 374/382–384). Folz (wie Anm. 3), S. 133 und 161, begreift Olavs Image in der Tat als das eines Militärheiligen. Freilich ist dieser Aspekt kein Widerspruch zur Heiligmäßigkeit der Figur, er lässt sich ja im Zusammenhang mit der mittelalterlichen Interpretation des Königs als Schutzherr des wahren christlichen Glaubens sehen (s. Folz, wie Anm. 3, S. 58). Ich halte es dennoch für erwähnenswert, dass kein Gesang der Historia eine Militäraktion zu Olavs Lebzeiten zum Thema hat.

20 Vgl. Isaia 59:17, ggf. stammt die Phrase aber auch aus Reflexionen darüber in den Paulusbriefen, vgl. Østrem (wie Anm. 2), S. 78 und Iversen (wie Anm. 16), S. 414.

21 Hoffmann (wie Anm. 18), S. 211. Hoffmann gebraucht den Begriff „Spitzenahn", um die herrschaftslegitimierende Funktion eines königlichen heiligen Vorfahren zu bezeichnen. Zu dieser Funktion vgl. auch Folz (wie Anm. 3), S. 137 und 142.

Bei den Kontrafakturen der sieben Augustinusresponsorien ist wie gesagt, von intertextuellen Kommunikationsebenen auszugehen. Eine besteht zwischen Kompilator und den Vorlagen. Wie geht der Kompilator mit den Vorlagen um? Die Möglichkeiten reichen hier prinzipiell von einer sehr strengen Übernahme der präexistenten melodisch-sprachlichen Strukturen bis zu ihrer vollständigen Durchkreuzung durch den neuen Text. Tatsächlich zeigt sich auf allen Ebenen der Adaption ein überaus behutsames Umgehen mit dem Ausgangsmaterial, d.h. der ‚Passio Olavi' als Textgrundlage einerseits und den Augustinusmelodien als Melodiegrundlage andererseits. Der Olavskompilator, wohl ein Trondheimer Kleriker im Umkreis Øysteins, versuchte offenbar grundsätzlich, sowohl die ursprünglichen Augustinusmelodien als auch ausgewählte Abschnitte aus der ‚Passio Olavi' so weit wie möglich unverändert miteinander zu verbinden, eine kombinatorische tour de force. Ihr Ergebnis sind kleine „Libretti". Dieses textliche cut and paste-Verfahren setzt durchaus Einfühlungsvermögen voraus, das die präexistenten musikalischen Strukturen berücksichtigt. Hier ein Beispiel. Der Vers des vierten Olavsresponsoriums hat folgenden Text:

„V. **Ihesu bone, quantos labores sustinuit,**
**antequam populum incredulum** conuertere **posset.**"
(Olav, Historia, R. 4, Vers, RA 1018.)

Der entsprechende Abschnitt in der Passio:
**„Ihesu bone, quantos labores,** quantas persecuciones **sustinuit,**
**antequam populum incredulum** et sibi contradicentem a sua **posset** peruersitate deflectere!" (S. Østrem, wie Anm. 2, S. 268, 5. a)

Der Gesangstext konzentriert die originale Passio-Passage. Diese Konzentration wird erreicht durch die Verkürzung der ersten Zeile und die Substitution des originalen Verbums in der zweiten. Resultat sind zwei sich entsprechende, ungefähr gleichlange Zeilen. Diese Bearbeitung passt einerseits den ursprünglichen Text der formelhaften musikalischen Struktur des Responsorienverses an, die zwei sich entsprechende Melodiehälften vorsieht, verleiht dem Text andererseits aber auch eine stärkere Prägnanz. Das kommt der vokalen Aufführung entgegen und ist Qualitätsmerkmal jedes guten Librettos.

Die Herstellung dieser kleinen Libretti verlangte vom Olavskompilator enge Vertrautheit mit der ‚Passio Olavi' einerseits und mit den strukturellen Regeln der Augustinusmelodien andererseits. Die Auseinandersetzung des Kompilators mit der Augustinusmusik endet aber nicht auf der Ebene der Oberflächenstruktur. Generell zeigt es sich, dass die Augstinusresponsorien wie Melodieformeln der traditionellen Gregorianik behandelt wurden. Wort- und musikalische Phrasenakzente sowie die Gestalt der präexistenten melodischen Untereinheiten scheinen die Hauptrollen im Adaptionsprozess gespielt zu haben. [22]

22 Vgl. dazu detaillierter meine Studie Texting techniques in St Olav's Augustine-responsories (wie Anm. 5).

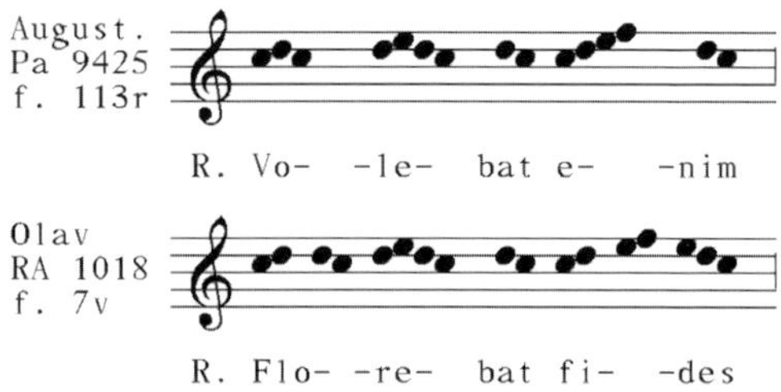


Musikbeispiel 1 zeigt das Incipit aus dem sechsten Olavsresponsorium (unten) im Vergleich mit der Vorlage, dem sechsten Augustinusresponsorium (obere Zeile). Das Olavsresponsorium übernimmt nicht nur die Anzahl der Silben und die Position der Akzente aus dem Augustinusgesang, sondern auch alle Vokale – in fast identischer Reihenfolge. So weitgehende Übernahmen sind selten, doch steht das Beispiel durchaus repräsentativ für das prinzipielle Bestreben des Kompilators, Einzelsilben des neuen Textes auf die ursprünglichen Silbenpositionen zu setzen.

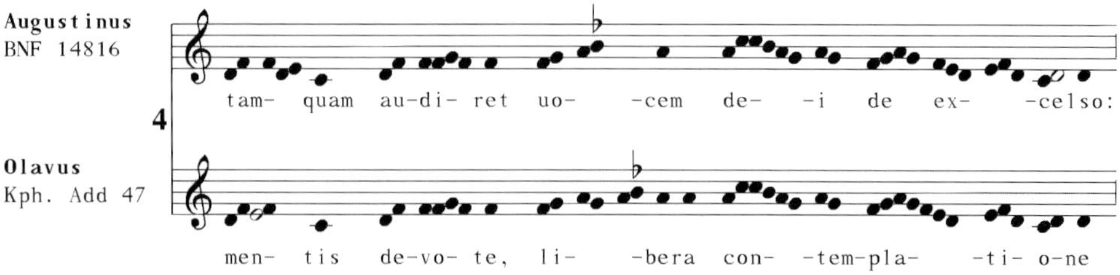


Musikbeispiel 2 diene zur weiteren Verdeutlichung und Differenzierung dieser Beobachtung. Hier fallen zwölf von 14 neuen Silben mit jenen melodischen Einheiten zusammen, die schon im Augustinusgesang Silbenträger gewesen waren. Es gehört zudem zu den Hauptprinzipien der Adaption, die Position wenigstens eines der originalen Phrasenakzente beizubehalten. Oft ist diese Bezugnahme auf die Akzentstruktur der Vorlage noch um Einiges deutlicher. In Musikbeispiel 2 werden *alle* neuen Akzentsilben auf musikalische Segmente gesungen, die schon in der Vorlage mit Akzentsilben verbunden waren. Schließlich ist offensichtlich, dass die Neutextierung auch den ursprünglichen Zusammenhang zwischen den einzelnen Worten und ihren melodischen Phrasenabschnitten respektiert. Ich nenne diese Abschnitte „melodische Worteinheiten". Das Wort „contemplatione" verbindet in Musikbeispiel 2 zwei Worteinheiten der Vorlage („dei de excelso", Einsilbler ziehe ich zum Nachbarwort), während „mentis", „devote" und „libera" die Grenzen der alten Worteinheiten „tamquam", „audiret" und „vocem" einhalten. Das Olav-Wort „libera" fügt die unbetonte Einzelsilbe „li-BE-ra" auf dem Ton „a" neu ein. Das ist ein häufig zu beobachtendes Verfahren. Es führt eine notwendige Justierung nicht durch die Trennung eines bestehenden Kleinmelismas herbei (s. Augustinus: der melodische Abschnitt über „UO-cem" bleibt intakt), sondern durch die unauffällige Einfügung eines Einzeltones dort, wo dieser Ton bereits in der Vorlage wiederholt wird (s. Augustinus: Anschluss „uo-CEM – DE-i").

Diese Textierungstechnik mit ihrer Bewahrung der ursprünglichen melodischen Worteinheiten ist das auffälligste technische Charakteristikum der Olavsresponsorien.

Das Verfahren verfolgt wohl eine Absicht, die über eine zufallsgesteuerte Textierungsstrategie hinausgeht. Es geht um ein Phänomen, das David Hiley „tonal polarization" genannt hat.[23] Melodien mit tonal polarization basieren auf einer Auswahl einiger weniger Zentraltöne. Dazu gehören die Finalis, ihre Oberquint und Oberoktav. Diese tonale Organisation ist auch in den Augustinusgesängen hörbar.

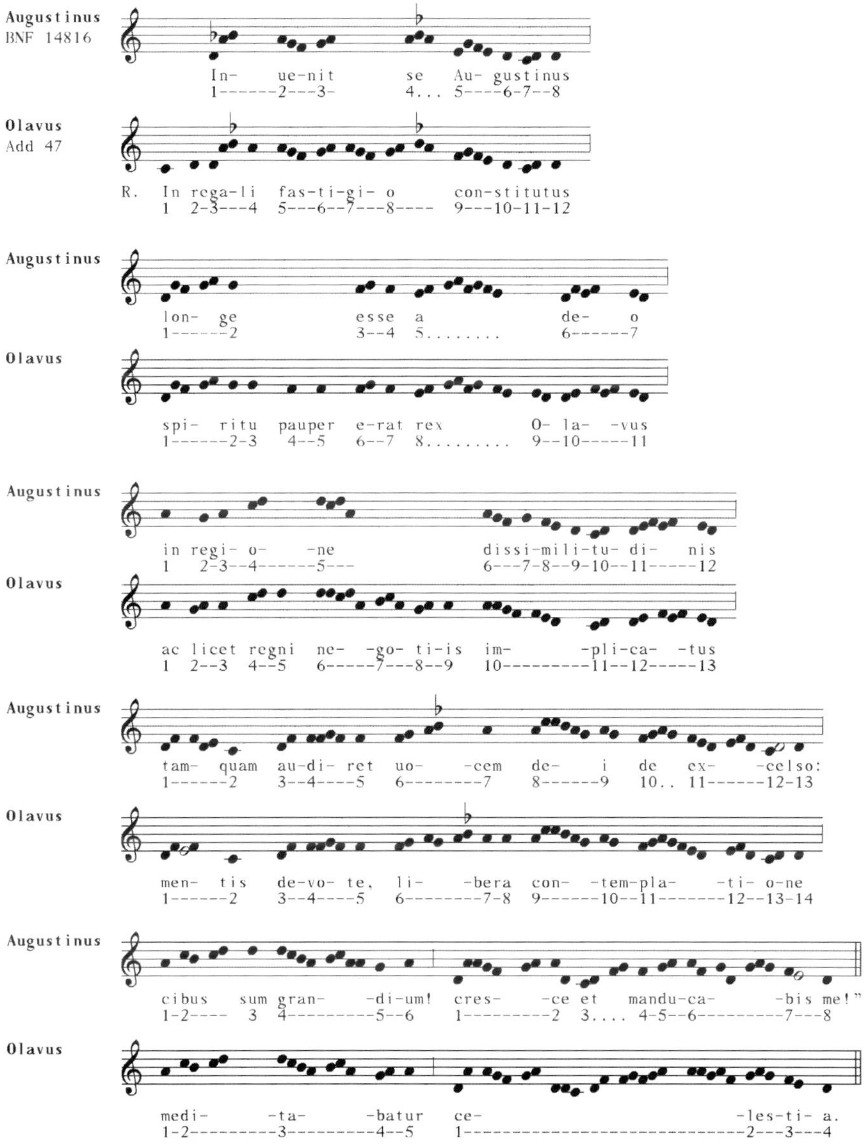


Musikbeispiel 3: Responsorium 1 aus der Augustinus- bzw. Olavhistoria

23 Vgl. David Hiley, The Music of Prose Offices in Honour of English Saints, in: Plainsong and Medieval Music 10,1 (2001), 23–37, hier S. 27.

Musikbeispiel 3 zeigt in Parallelübertragung das erste Responsorium der Augustinus- bzw. Olavshistoria. Im tonalen Vordergrund von Vorlage und Adaption stehen die Finalis D, ihre Oberquint a und die Oberoktav d (s. Phrasen 3 und 5). Die meisten Kadenzen führen zur Finalis D. Fast alle Einzelwörter berühren wenigstens einen dieser Töne, einige am Beginn und am Ende. Ewald Jammers beschrieb diesen formal-tonalen Fokus auf Zentraltönen unter emphatischen Vorzeichen.[24] Jedes Einzelwort, so Jammers, erhält in Gesängen dieser Art gleichsam sein individuelles musikalisches Design und so eine gegenüber der klassischen Gregorianik beträchtlich intensivierte musikalische Gestaltung:

„... das Wort, das eher noch stärker als früher Mittelpunkt des Schaffens ist, [wird] nicht so sehr gebetet als verkündet [...]: es taucht nicht unter im melodischen Fluss einer typischen Melodie, sondern es wird gewissermassen e i n z e l n gläubig erfasst und musikalisch gestaltet."[25]

Hier lässt sich resümierend zunächst festhalten, dass die musikalische Darstellung glorreicher Herrschaft oder gar militärischer Machtausübung nicht im Zentrum der Olavsgesänge stand, ein wohl zu erwartendes Ergebnis. Die sieben Responsoriumskontrafakta nehmen dagegen Teil an der textlichen und musikalischen Ausformulierung eines Königsideals, wie es die Trondheimer Geistlichkeit gesehen haben mag. Das angewandte Textierungsverfahren ist auffallend konservativ. Das deklamatorische Gewicht liegt dabei auf dem Einzelwort. Das erbte der Olavskompilator von den Gesängen der Augustinushistoria. Er sorgte dafür, dass es im Kontrafakt erhalten blieb.
Es fragt sich, warum dieses konservative Verhältnis, warum ausgerechnet Augustinusmelodien als Grundlage für die sieben Olavsresponsorien gewählt wurden. Verweist diese Wahl auf eine verborgene Bedeutungsschicht? Eine Antwort darauf bedarf sorgfältiger Untersuchung der historischen Hintergründe. Eine historisch-theologische Interpretation der Vita und der Gesangstexte könnte hier gegebenenfalls Gemeinsamkeiten zwischen den Heiligenfiguren Augustinus und Olav herauspräparieren. Vielleicht stand aber auch eine Art Legitimationsstrategie hier im Hintergrund. Ein Parallelfall ist uns aus der oberschwäbischen Benediktinerabtei Weingarten bekannt. Hier entstand im 13. Jahrhundert eine Historia zur Feier einer dort verehrten Heilig-Blut-Reliquie. Einige Melodien dieser Historia stammen aus der Historia zur Ehre Gregors des Großen. Felix Heinzer hat diese Übernahmen interpretiert als Teil einer „Beglau-

24 Zur Polarisierung von Finalis und Oberquint vgl. Ewald Jammers, Die Antiphonen der rheinischen Reimoffizien, in: Ephemerides liturgicae 43 (1929), S. 199–219 [I], S. 425–451 [II] / Ephemerides liturgicae 44 (1930), S. 342–368 [III], hier II, S. 444–445. Vgl. auch seine Beschreibung der Antiphonen aus dem Gertrud-Offizium (III, S. 349–350) sowie seine Passage über das Verhältnis von Melodie und Syntax in: Das Karlsoffizium ‚Regali natus'. Einführung, Text und Übertragung in moderne Notenschrift (Sammlung musikwissenschaftlicher Abhandlungen, 14), Strassburg 1934, Repr. Baden-Baden 1984, S. 48–49. Vgl. ebenfalls Bruno Stäbleins Beschreibung eines Responsoriums aus der Historia für Thomas von Canterbury bei Hiley (wie Anm. 23, S. 26). Wie Stäblein, so vermutete auch Jammers in der Technik jedes einzelne Wort mit einem eigenen Melodieabschnitt zu verbinden den Einfluss der Scholastik (vgl. Jammers, Karlsoffizium, S. 89).

25 Vgl. Jammers, Karlsoffizium (wie Anm. 24), S. 89.

bigungsstrategie zur Affirmierung des Wertes und der Authentizität der hauseigenen Heiligblut-Tradition".[26]
Eine solche affirmierende Qualität kommt auch den Commune-Repertoires zu, wie sie die mittelalterlichen liturgischen Quellen für verschiedene Heiligentypen des Kirchenjahres zusammenstellen. Die Gesänge dieser Repertoires sind aus traditionellen, formelhaften Melodien der klassischen Gregorianik gebildet. Ihre Texte verwenden oft Psalmvokabular und sind so formuliert, dass sie auf verschiedene Heilige desselben Typus passen. Vgl. etwa folgende dem frühen Olavsoffizium im Leofric Collectar (1050–60; London, BL, Harley 2961) entnommenen Vesperantiphonen:[27]

„A. Hic est, qui non est derelictus a deo in die certaminis sui et ipse conculcavit caput serpentis antiqui modo coronatur, quia fideliter vicit in mandatis domini alleluia."

„A. Iste sanctus pro lege dei sui certavit usque ad mortem et a verbis impiorum non timuit; fundatus enim erat supra firmam petram."

Texte dieser Art wurden während des 11. Jahrhunderts zum Olavsfesttag gesungen, aber nicht nur dort. Im Verlauf des Kirchenjahres waren diese Gesänge praktisch omnipräsent, da sie Teil des „Commune Martyrum" waren. Neu eingeführte Heilige konnten musikalisch nicht besser in die Gemeinschaft der Heiligen aufgenommen werden als gerade durch diese Texte und ihre traditionellen Melodien, denn sie feiern den neuen Heiligen mit demselben Vokabular wie es für andere, oft langverehrte Heilige der Christenheit im Gebrauch war. Setzt sich ein Heiligenoffizium aus Communegesängen zusammen, liegt der Akzent auf einer Anbindung des Heiligen an die Universalkirche. Nur die Lesungen aus der Vita knüpfen ein solches Offizium unter Umständen an einen bestimmten Ort, dann nämlich, wenn sie das Wirken des Heiligen am Ort und seine Bedeutung für ihn erwähnen.
Die Geschichte vieler Offizien für jüngere Heilige des Mittelalters beginnt mit einem solchen Communerepertoire. Nach einigen Generationen wird dieses Commune oft durch spezifischere Texte und auch Melodien abgelöst. Die Liturgie des Heiligen erhält ein Eigenrepertoire. An die Stelle der Anciennität der Commune-Melodien tritt dann die Attraktivität spezifischer maßgeschneiderter Texte und Melodien, manchmal ein nicht unumstrittener Vorgang.[28] Unter dem Aspekt symbolischer Kommunikation in der Stadt bedeutet der Übergang vom Commune- zum Eigenrepertoire das Absetzen von einem universalen (damit aber auch austauschbaren) liturgischen Zusammenhang. Im Eigenrepertoire formuliert eine geistliche Kommunität das Bild des Heiligen mit eigenen Worten/eigener Musik. Das Eigenrepertoire macht ein Offizium unverwechselbar, macht es zu einer„historia".

26 Felix Heinzer, Zum Text des Offiziums, in: Gisela Attinger/Andreas Haug (Hg.), The Nidaros Office of the Holy Blood. Liturgical Music in Medieval Norway (Senter for middelalderstudier, Skrifter, 16), Trondheim 2004, S. 83–95, hier S. 93.

27 Vgl. Dewick (wie Anm. 2), col. 209. Vgl. auch die Besprechung der Texte bei Iversen (wie Anm. 16), S. 408f.

28 Vgl. dazu etwa Roman Hankeln, „Properization" and Formal Changes in High Medieval Saints' Offices: The Offices for Saints Henry and Kunigunde of Bamberg, in: Journal of the Plainsong and Medieval Music Society 10,1 (2001), S. 3–21.

Die frühesten Quellen der Olavsliturgie zeigen, dass auch hier am Beginn das Communerepertoire stand.[29] So vermute ich, dass man, als es in Trondheim dann im 12. Jahrhundert darum ging, eine „Nova Historia" zusammenzustellen, einen Kompromiss suchte: An die Stelle der universalkirchlichen Commune-Gesänge traten keine komplett neukomponierten Stücke, sondern die Autorität des hl. Augustinus, vertreten u. a. durch sieben Responsoriumsmelodien seiner Liturgie. Diese Musik, verbunden mit Augustinus, dem berühmten Philosophen und Kirchenvater, warf so auch wohl ihren Glanz auf den gefeierten Missionskönig Olav und war so zugleich Manifestation und Legitimation eines Geltungsanspruchs, Beginn aber auch einer Entwicklung, die ihren Gipfel- und Endpunkt schließlich darin fand, dass der hl. Olav im Hoch- und Spätmittelalter nicht nur zum Schutzpatron Norwegens, sondern auch zum prominentesten Heiligen ganz Nordeuropas avancierte.

29 Vgl. Eyolf Østrem, The Early Liturgy of St. Olav, in: Gregorian Chant and Medieval Music: Proceedings from The Nordic Festval and Conference of Gregorian Chant. Trondheim, St. Olavs Wake 1997, hg. v. Audun Dybdahl/Ola Kai Ledang/Nils Holger Petersen, S. 43–58 sowie Iversen (wie Anm. 16), S. 406–411.

# Der Prototyp der Sakralstadt: Römische Heiligenoffizien

*Andreas Pfisterer*

Cum deus dextram quatiens coruscam
nube subnixus ueniet rubente
gentibus iustam positurus aequo
pondere libram,

orbe de magno caput excitata
obuiam Christo properanter ibit
ciuitas quaeque pretiosa portans
dona canistris.

(Prud. perist. 4, 9–16)[1]

Wenn Gott, die blitzende Rechte schüttelnd,
auf eine rötliche Wolke gestützt, kommen wird,
den Völkern die gerechte Waage aufzustellen
mit gleichem Gewicht,

wird vom großen Erdkreis, das Haupt erhoben,
Christus entgegen eilend laufen
jede Stadt, kostbare Gaben
in Körben tragend.

Die Städte, die nun mit den Reliquien ihrer Märtyrer aufziehen, heißen allerdings nicht Paris, Köln oder Regensburg, sondern Karthago, Cordoba, Narbonne, Arles ... Wir befinden uns in der lateinischen Spätantike. Obwohl das Ziel der Reihe die Stadt Saragossa mit ihren stolzen 18 Märtyrern ist, kann der Dichter, Aurelius Prudentius, doch nicht umhin zuzugeben, dass zwei Städte noch mehr Märtyrer beherbergen: Karthago und Rom.

Steht die Sakralstadt Rom in der Spätantike als vornehmste neben vielen anderen, so wird sie mit der karolingischen Liturgiereform des 8. Jahrhunderts und deren allmählicher Verbreitung im Abendland zum ideellen Zentrum des lateinischen Liturgiegebietes. Von wenigen Ausnahmen wie Mailand abgesehen, ist hinfort richtige Liturgie römische Liturgie. Auch wer nie in Rom war, bemüht sich, im eigenen Bischofssitz oder Kloster Rom zu spielen, und das heißt zugleich auch Stadt zu spielen.

Die liturgische Geographie Roms ist bestimmt einerseits durch die Vielzahl kleinerer und größerer Kirchen innerhalb der Stadtmauern, die die Geschichte der römischen Christenheit in der Antike widerspiegeln, andererseits durch die teilweise mit Basiliken überbauten Märtyrergräber entlang den Ausfallstraßen rund um die Stadt. Zum Ausdruck kam diese Geographie vor allem im so genannten Stationsgottesdienst.[2] Der

1 Aurelius Prudentius Clemens, Carmina (Corpus scriptorum ecclesiasticorum latinorum 61), ed. Johan Bergman, Wien/Leipzig 1926.

2 Zum Stationsgottesdients vgl.: Angelus Albert Häußling, Mönchskonvent und Eucharistiefeier. Eine Studie über die Messe in der abendländischen Klosterliturgie des frühen Mittelalters und zur Geschichte der Meßhäufigkeit, Münster i.W. 1973, S. 181–198; John F. Baldovin, The Urban Character of Christian Worship. The Origins, Development, and Meaning of Stational Liturgy (Orientalia Christiana Analecta 228), Rom 1987; Antoine Chavasse, La liturgie de la ville de Rome du Ve au VIIIe siècle. Une liturgie conditionnée par l'organisation de la vie *in Urbe* et *extra muros* (Studia Anselmia 112, Analecta Liturgica 18), Rom 1993.

Bischofsgottesdienst, an dem Vertreter von Klerus und Volk der ganzen Stadt teilnahmen, fand nicht in der eigentlichen Kathedrale, der Lateranbasilika statt, sondern wanderte nach einem festgelegten Plan im Lauf des Kirchenjahres durch fast alle Kirchen der Stadt. An den Werktagen der Fastenzeit kommen die kleinen Kirchen des Stadtgebietes, die so genannten Tituli, an die Reihe, an den Sonn- und Feiertagen die großen Basiliken, neben dem Lateran v.a. Maria Maggiore und die Apostelbasilika auf dem Marsfeld sowie außerhalb der Mauern St. Peter, St. Paul und St. Lorenz; die über 80 Heiligenfeste werden, soweit möglich, am Grab der Betreffenden gefeiert.
Dieses Stationssystem ist in der Spätantike kein Einzelfall; den jeweils anderen Gegebenheiten entsprechend findet man vergleichbare Systeme in Jerusalem und Konstantinopel, auch in Tours und anderen Städten. Im Frühmittelalter sind uns Nachahmungen des römischen Systems z.B. aus Metz belegt; und es ist auch vorgeschlagen worden, die mittelalterliche Kirchenarchitektur mit zahlreichen Altären und Teilkirchen unter einem Dach als eine Art Stadt im Kleinen zu interpretieren, die eine solche Nachahmung ermöglicht.[3]
Mit dem Umzug der Päpste nach Avignon im 14. Jahrhundert kam der römische Stationsgottesdienst zum Erliegen und wurde nie wiederbelebt, obwohl die Stationsangaben bis ins 20. Jahrhundert in allen Missalien stehen. Gegen eine Weiterführung sprach wohl die für das Mittelalter typische Ausbildung von Klerikergemeinschaften, die an der jeweils eigenen Kirche das volle Gottesdienstprogramm zu absolvieren hatten, sowie die Ausbildung der Parochialgliederung auch innerhalb der Städte. Für einen wandernden Stationsgottesdienst war dann weder Bedarf noch Platz.
Das Erbe der römischen Lokalliturgie für das lateinische Mittelalter lag aber hauptsächlich in dem in den liturgischen Büchern zusammengefassten und geordneten Repertoire von Texten und Gesängen.

Vergleicht man die Gesangstexte für die Messe einerseits, das Offizium andererseits,[4] dann wird schnell deutlich, dass hier unterschiedliche Maßstäbe gelten. In der Messe finden sich für die Heiligenfeste mit einer Ausnahme[5] nur biblische Texte, im Offizium dagegen spielen neben biblischen auch hagiographische Texte eine Rolle, insbesondere Auszüge aus der Vita des betreffenden Heiligen. Der Unterschied geht jedoch noch weiter, wie ich an einem besonderen Beispiel zeigen will.
Im Fall des Erzmärtyrers Stephanus (26.12.) steht die Vita in der biblischen Apostelgeschichte, hat also die notwendige formale Dignität für die Verwendung in der Messe. Dennoch verwenden die meisten Propriumsstücke der Messe – wie bei anderen Heiligen auch – Psalmtexte.

3 Häußling (wie Anm. 2), S. 206–225 und S. 299–307.

4 Vgl. Antiphonale Missarum Sextuplex, ed. René-Jean Hesbert, Brüssel 1935; Corpus Antiphonalium Officii, 6 Bde. (Rerum ecclesiasticarum documenta, Series maior, Fontes 7–12), ed. René-Jean Hesbert, Rom 1963–1979. Für die Texte des Offiziums folge ich weitgehend Hesberts kritischer Textkonstitution, die zitierten Messtexte haben keine signifikanten Varianten. Ich übergehe die Psalmverse von Introitus und Communio, die wenig charakteristisch sind, sowie die Verse der Responsorien, die zum Teil uneinheitlich überliefert sind und meist Texte wiederholen, die auch schon an anderer Stelle stehen.

5 Introitus *Gaudeamus omnes* und Communio *Qui me dignatus* für Agatha (5.2.).

**Introitus** Etenim sederunt principes et aduersum me loquebantur et iniqui persecuti sunt me. adiuua me Domine Deus meus quia seruus tuus exercebatur in tuis iustificationibus.
Ps 118,23+86

**Graduale** Sederunt principes et aduersum me loquebantur et iniqui persecuti sunt me. V. Adiuua me Domine Deus meus saluum me fac propter misericordiam tuam.
Ps 118,23+86 + Ps 108,26

**Alleluia** Video caelos apertos et Iesum stantem a dextris uirtutis Dei.
Act 7,56

**Offertorium** In uirtute tua Domine laetabitur iustus et super salutare tuum exsultabit uehementer desiderium animae eius tribuisti ei. V. 1 Vitam petiit et tribuisti ei longitudinem dierum in saeculum saeculi. V. 2 Magna est gloria eius in salutari tuo gloriam et magnum decorem impones super eum.
Ps 20,2–6

**Communio** Video caelos apertos et Iesum stantem a dextris uirtutis Dei. Domine Iesu accipe spiritum meum et ne statuas illis hoc peccatum quia nesciunt quid faciunt.
Act 7,56–60

[**Offertorium** Elegerunt apostoli Stephanum leuitam plenum fide et spiritu sancto. quem lapidauerunt Iudaei orantem et dicentem: *Domine Iesu accipe spiritum meum* alleluia.
Act 6,5+7,58]

Es handelt sich um Gebetstexte, die man Stephanus in den Mund legen, aber auch selbst in den Mund nehmen kann. Die fast identischen Texte von Introitus und Graduale sind mit der Anspielung auf Stephanus' Rede vor dem Hohen Rat speziell für dieses Fest ausgesucht; das Offertorium wird auch an anderen Festen gesungen und ist weniger spezifisch. Für die Communio ist es weitgehend üblich, einen Text aus dem Evangelium der Messe oder, wie hier, aus der Epistel zu verwenden. Aber auch in diesem Fall handelt es sich nicht um einen erzählenden Text, sondern um direkte Rede des Stephanus, die in ein Gebet mündet. Das Alleluia hängt sich dann mit der Textwahl an die Communio an. Dass eine solche Einschränkung der Textauswahl nicht selbstverständlich ist, zeigt das offenbar aus einem verschollenen gallikanischen Repertoire stammende Offertorium *Elegerunt apostoli*, das vielerorts das römische Offertorium ersetzt hat. Auch hier bildet das Gebet des Stephanus den Zielpunkt, voran geht aber eine kurzgefasste Lebensgeschichte.
In den Gesangsstücken von Vigil und Laudes finden sich auch vergleichbare Texte – zur besseren Übersicht habe ich die direkte Rede kursiv gesetzt – v.a. erscheinen aber nun die erzählenden Teile der Epistellesung und frei formulierte Aussagen über den Heiligen.

**Responsorien der Vigil**[6]
Lapidabant Stephanum inuocantem et dicentem *Domine Iesu Christe accipe spiritum meum et ne statuas illis hoc peccatum.*
Act 7,58

6 Zur Überlieferung der Stephanus-Responsorien vgl. Andreas Pfisterer, Hesbert, Amalar und die fränkische Responsorienkomposition, in: Cantus Planus Tagungsbericht 2006 (in Druck).

Videbant omnes Stephanum qui erant in concilio et intuebantur uultum eius tamquam uultum angeli stantis inter illos.
Act 6,15

Stephanus autem plenus gratia et ueritate faciebat signa magna et prodigia in populo.
Act 6,8

Stephanus seruus Dei quem lapidabant Iudaei uidit caelos apertos uidit et introiuit beatus homo cui caeli patebunt.
cf. Act 7,55–56

Hesterna die Dominus natus est in terris ut Stephanus nasceretur in caelis ingressus est Dominus mundum ut Stephanus ingrederetur in caelum.
frei

Intuens in caelum beatus Stephanus uidit gloriam Dei et ait *Ecce uideo caelos apertos et filium hominis stantem a dextris uirtutis Dei.*
Act 7,55–56

Impii super iustum iacturam fecerunt ut eum morti traderent at ille gaudens suscepit lapides ut mereretur accipere coronam gloriae.
cf. Act 7,58

Impetum fecerunt unanimes in eum et eiecerunt eum extra ciuitatem inuocantem et dicentem *Domine accipe spiritum meum.*
Act 7,56–58

Patefactae sunt ianuae caeli Christi martyri beato Stephano qui in numero sanctorum inuentus est primus et ideo triumphat in caelis coronatus.
frei

**Antiphonen der Laudes**

Lapidauerunt Stephanum et ipse inuocabat Dominum dicens *Ne statuas illis hoc peccatum.*
Act 7,58–59

Lapides torrentes illi dulces fuerunt ipsum sequuntur omnes animae iustae.
frei

*Adhaesit anima mea post te quia caro mea lapidata est pro te Deus meus.*
Ps 62,9 + frei

Stephanus uidit caelos apertos uidit et introiuit beatus homo cui caeli patebunt.
cf. Act 7,55

*Ecce uideo caelos apertos et Iesum stantem a dextris Dei.*
Act 7,55

Man wird also präziser formulieren müssen, dass die Gesänge der Messe vorzugsweise biblische Gebetstexte heranziehen, während die erzählenden Texte – biblische wie nichtbiblische – auf das Offizium beschränkt bleiben. Eine Besonderheit, die noch erwähnt werden sollte, ist die mangelnde Ordnung vieler römischer Heiligenoffizien. Die erzählenden Texte stehen hier nicht in der Reihenfolge des Textes, sie bilden also keinen

fortlaufenden Zusammenhang, sondern eine anscheinend planlose, d.h. vermutlich nach und nach gewachsene Zusammenstellung von unabhängigen Einzelstücken. Das wird anders, sobald Offizien als zusammenhängende Zyklen neu komponiert werden, wie dies im Mittelalter den Normalfall darstellt.
Die lokalen Ergänzungen, die vom 9. Jahrhundert an vielerorts dem gemeinsamen römischen Repertoire angefügt wurden, halten sich nicht immer an die vorgezeichneten Bahnen. So überliefern etwa manche Handschriften ein Messformular für den heiligen Martin, das durchgehend hagiographische Texte verwendet. Solche Formulare bleiben jedoch die Ausnahme, während die Komposition neuer Heiligenoffizien – dem römischen Beispiel folgend – keinen textlichen Einschränkungen unterliegt. Da die Heiligenfeste jedoch den Bereich darstellen, wo regelmäßig Ergänzungen möglich und erwünscht waren, brachte diese textliche Vorgabe mit sich, dass auch musikalische Neuerungen sich in erster Linie im Offizium niederschlugen. In der Messe wurde fast nur am Alleluia-Repertoire weiterkomponiert, außerdem an den neuen Gattungen der Tropen und Sequenzen, die gattungsbedingt freie Texte besitzen und daher auch hagiographisches Material zulassen.

Kehren wir noch einmal nach Rom zurück. Als Stadtpatrone fungieren an erster Stelle die Apostel Petrus und Paulus, an zweiter Stelle der Diakon Laurentius. Der schon zitierte Spanier Prudenz schreibt in seinem Laurentius-Hymnus:

O ter quaterque et septies
Beatus urbis incola
Qui te ac tuorum comminus
Sedem celebrat ossuum
(Prud. perist. 2,529–532)

O dreifach, vierfach und siebenfach
seliger Bewohner der Stadt (Rom),
der dich (Laurentius) und den Wohnsitz
deiner Knochen aus der Nähe feiert

Ein vielleicht von Paulinus von Aquileia stammender Peter und Paul-Hymnus sagt noch direkter:

O Roma felix quae tantorum principium
Es purpurata pretioso sanguine
Excellis omnem mundi pulchritudinem
Non laude tua sed sanctorum meritis
Quos cruentatis iugulasti gladiis
(AH 50, S. 142)[7]

O glückliches Rom, das du purpurgefärbt bist
mit dem kostbaren Blut so großer Fürsten.
Du überragst alle Schönheit der Welt,
nicht durch eigenen Ruhm, sondern
die Verdienste der Heiligen,
die du mit blutigen Schwertern
erwürgt hast

7 Analecta Hymnica Medii Aevi 50. Lateinische Hymnendichter des Mittelalters II, ed. Guido Maria Dreves, Leipzig 1907.

Eine derartige Seligpreisung der Stadt, die diesen oder jenen Heiligen beherbergt, gehört zum fast unvermeidlichen Bestand der Feier eines Stadtpatrons. Im Falle Roms stammen diese Dichtungen aber von Ausländern.
Die literarischen Hymnen des Prudenz sind nur in schmalen Auszügen in die Liturgie eingegangen; von dem Laurentius-Hymnus findet man in einzelnen italienischen und deutschen Handschriften eine fünfstrophige Kurzfassung (AH 50, S. 33), wo die zitierte 133. Strophe verständlicherweise nicht erscheint. Der angeführte achtstrophige Peter und Paul-Hymnus findet sich an manchen Orten im liturgischen Gebrauch, in Rom aber nur in Bruchstücken. Dort hat man den liturgischen Hymnengesang überhaupt erst vom 12. Jahrhundert an rezipiert – im Zuge der Internationalisierung der römischen Kurie. Für die Feste Cathedra Petri und Vincula Petri wurde in der Kurienliturgie des 13. Jahrhunderts je eine passende Strophe ausgewählt. Am eigentlichen Fest (29.6.) finden wir jedoch einen anderen Hymnus, *Aurea luce*.[8] Das tridentinische Brevier von 1568 hat dann die Strophe *O felix Roma* in diesen Hymnus interpoliert, wo sie bis heute steht.[9] Die mittelalterliche römische Liturgie dagegen hatte für einen geistlichen Lokalpatriotismus dieser Art offenbar keinen Platz.
Damit sind wir bei dem zu Beginn schon angedeuteten Paradox einer lokalen Liturgie, die in schwer zu beschreibender Weise international ist. Eine Liturgiegeschichte der Stadt Rom ist notwendigerweise eine Geschichte der wechselnden Gewichtsverteilung zwischen Ausstrahlung und Fremdeinflüssen. Von lokalen Eigenheiten kann man vor allem dort sprechen, wo die stadtrömische Tradition sich gegen von außen kommende Neuerungen sperrt, wie im angesprochenen Fall des aus Mailand stammenden Hymnengesangs. Dagegen ist die Verehrung der Lokalheiligen in Rom vielleicht noch mehr als anderswo auch eine Sache der Pilger und der internationalen römischen Kirche.

8 Ich benutze das franziskanische Brevier München, St. Anna aus dem 13. Jahrhundert.

9 Vgl. Blumes Kommentar zum Hymnus *Aurea luce* in: Analecta Hymnica Medii Aevi 51. Die Hymnen des Thesaurus Hymnologicus H. A. Daniels und anderer Hymnen-Ausgaben I. Die Hymnen des 5.–11. Jahrhunderts und die Irisch-Keltische Hymnodie, ed. Clemens Blume, Leipzig 1908, S. 216–219. Er bringt die Interpolation in Verbindung mit der humanistischen Verschlimmbesserung der Hymnentexte im 17. Jahrhundert. Dabei hat er offenbar übersehen, dass sie schon 1568 vorliegt. Dasjenige vortridentinische Breviarium Romanum, das ich bislang kontrollieren konnte (Venedig: Franciscus Renner de Hailbrun, 1479), hat sie noch nicht, ebensowenig das Reformbrevier des Kardinals Quiñones (benutzte Ausgabe: Köln 1536).

# Abbildungen

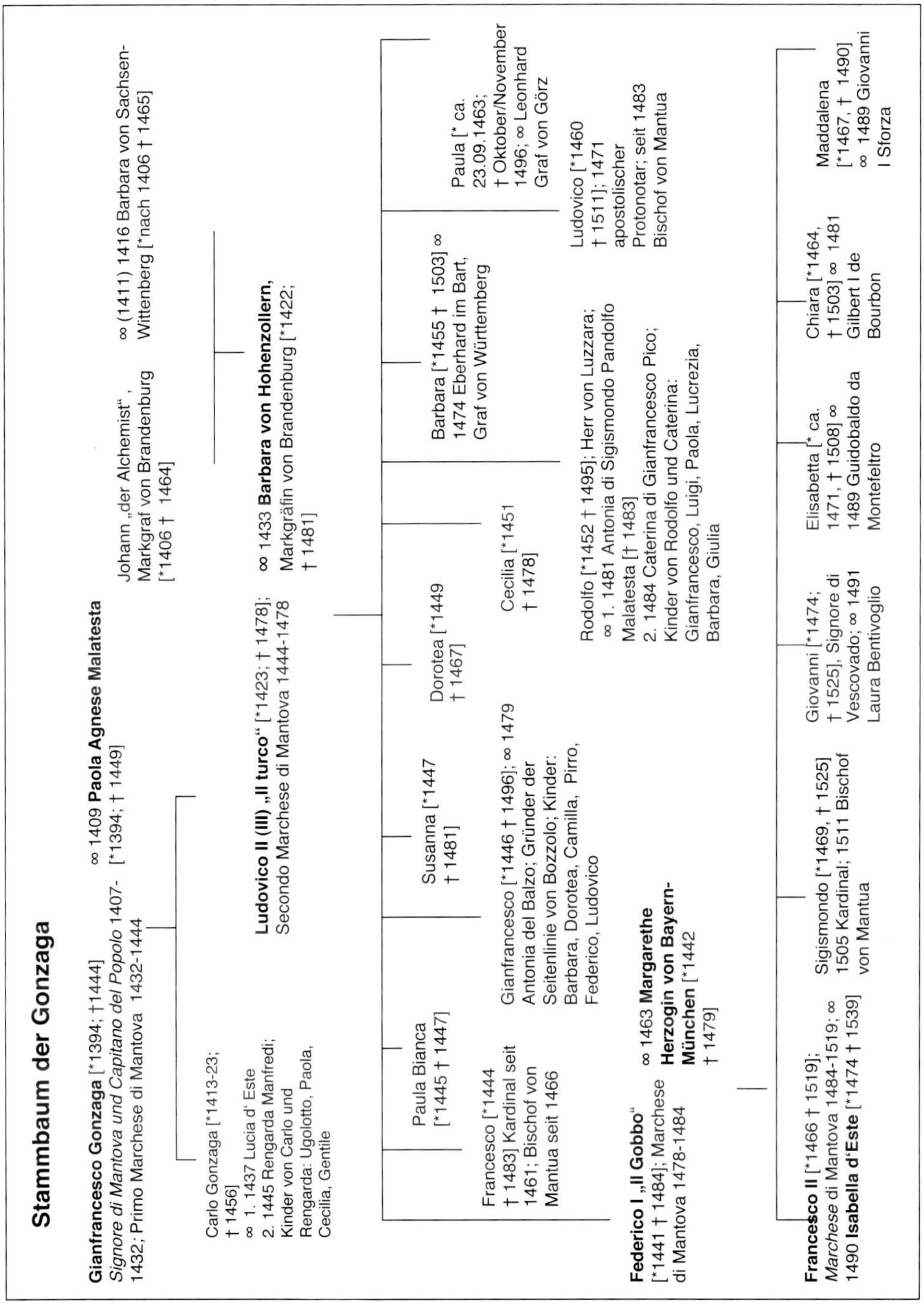


*Abb. 1 (Antenhofer):* Stammbaum der Gonzaga

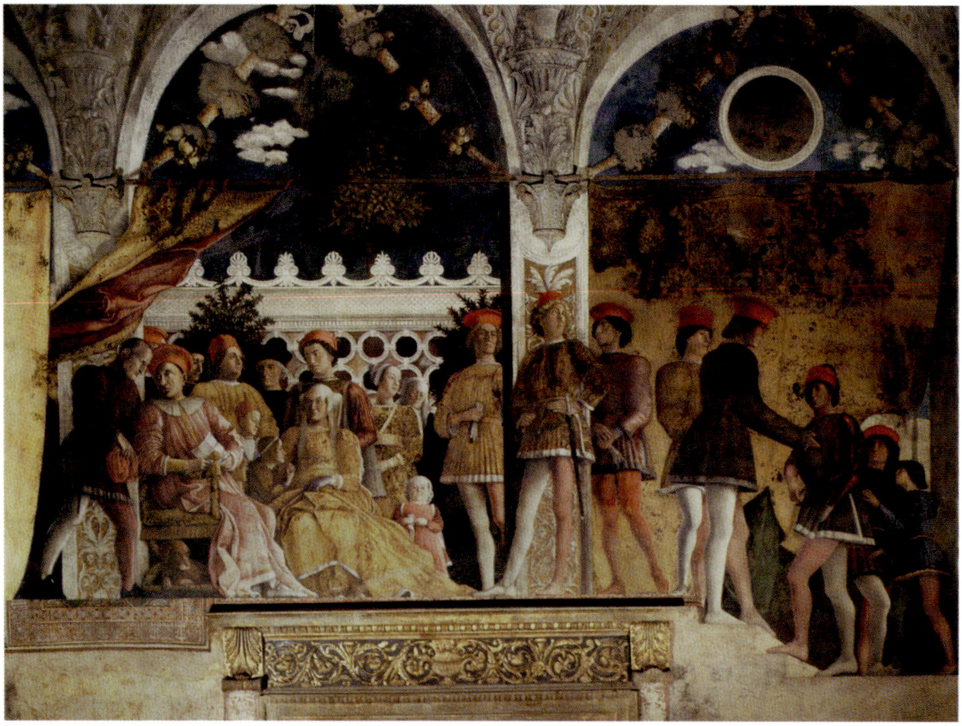

*Abb. 2 (Antenhofer):* Mantua, Castello San Giorgio, Camera degli sposi, Fresco von Andrea Mantenga, La corte, Nordwand

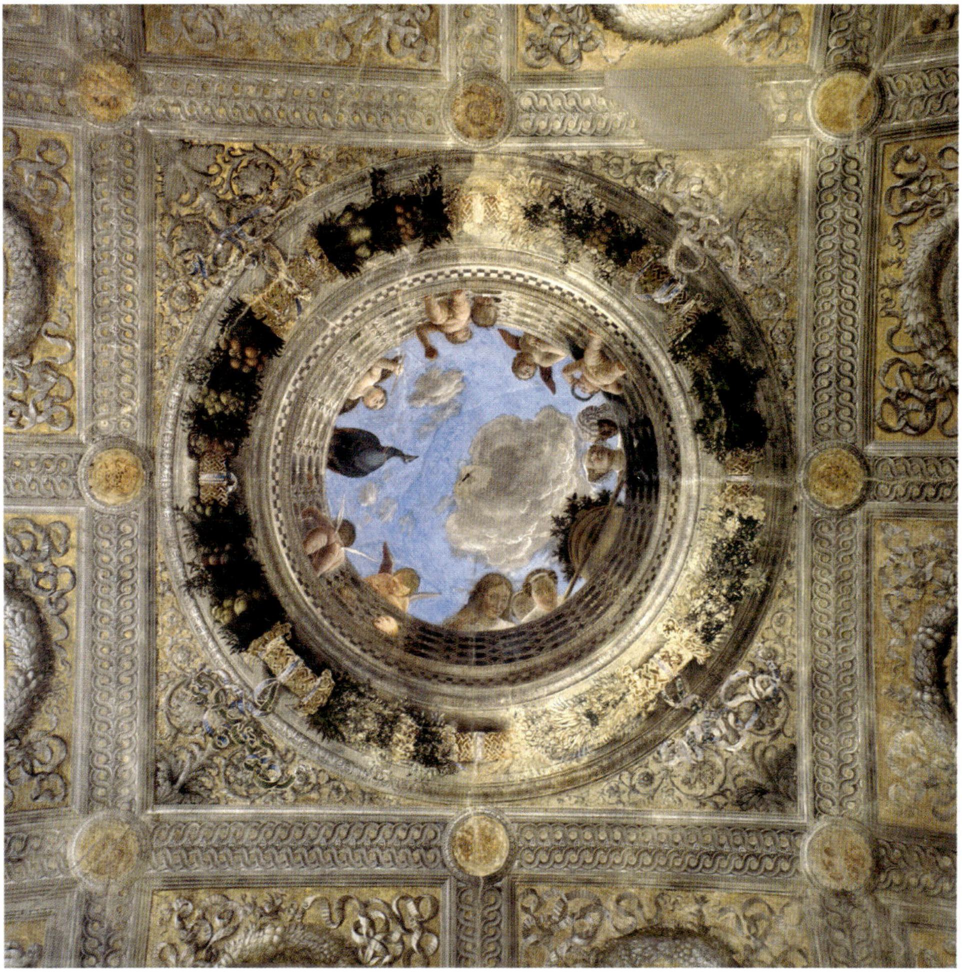

*Abb. 3 (Antenhofer):* Mantua, Castello San Giorgio, Camera degli sposi, Fresco von Andrea Mantenga, Oculo della volta, Nordwand

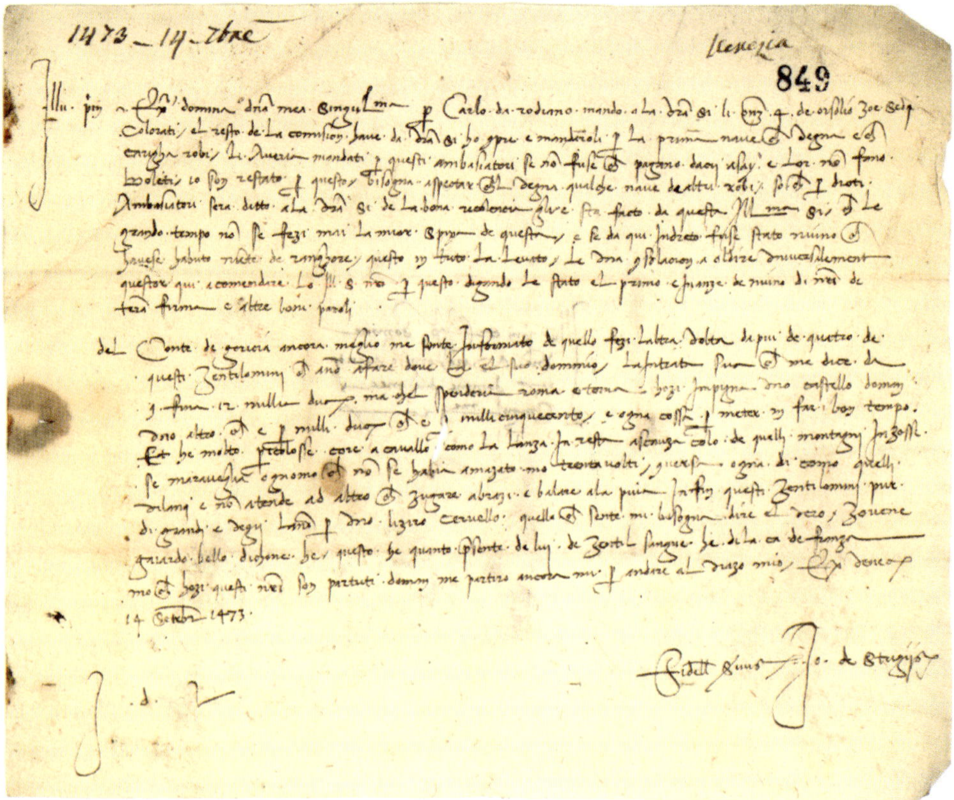


*Abb. 4 (Antenhofer):* Brief des Johannes de Strigiis aus Venedig vom 14. September 1473; Beschreibung des Grafen von Görz durch venezianische Gewährspersonen

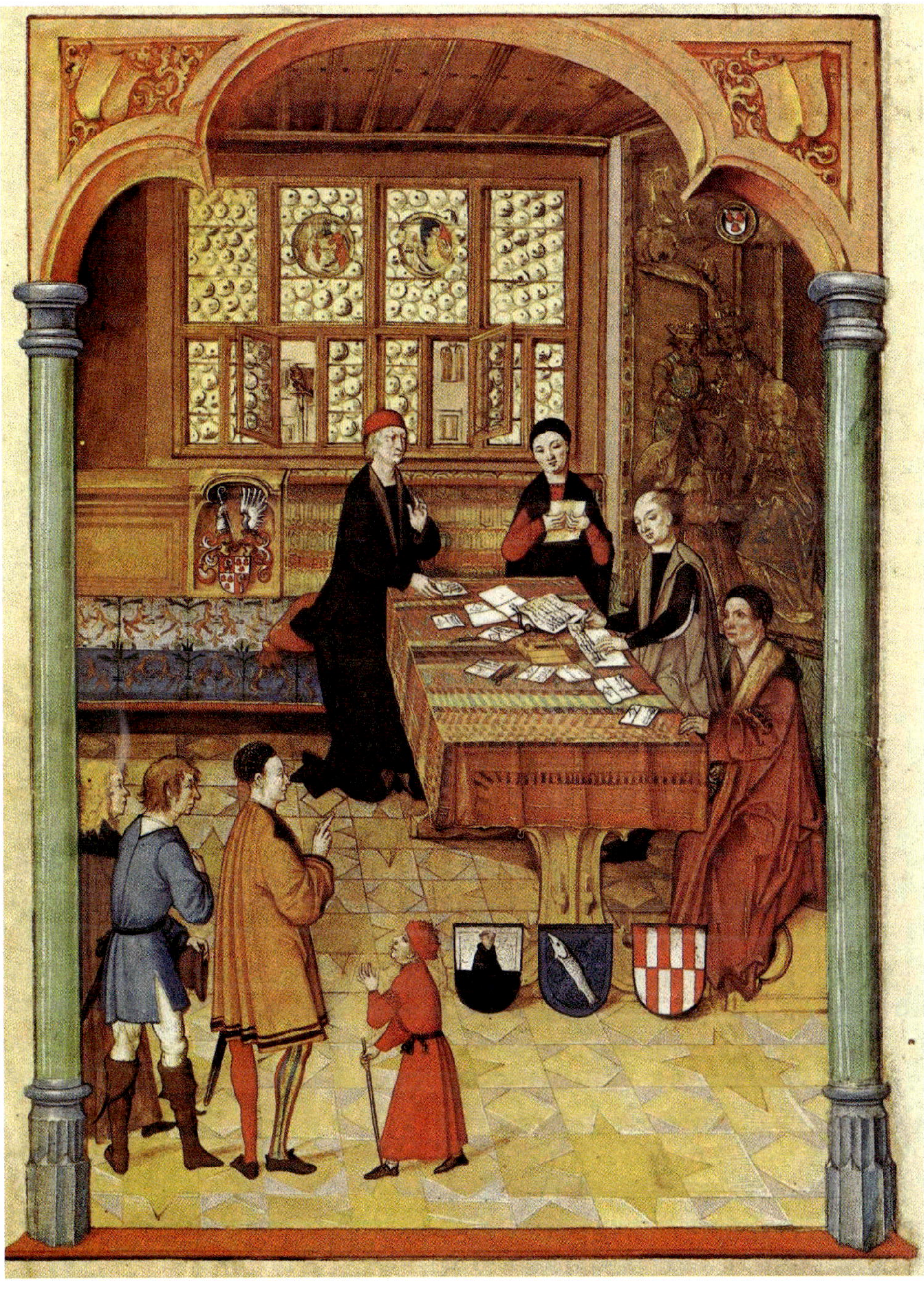

*Abb. 5 (Dirmeier):* Lehenskanzlei des Bischofs von Eichstätt, 1408–1503

## Hofmarken und Propsteien der Regensburger Stifte und Klöster

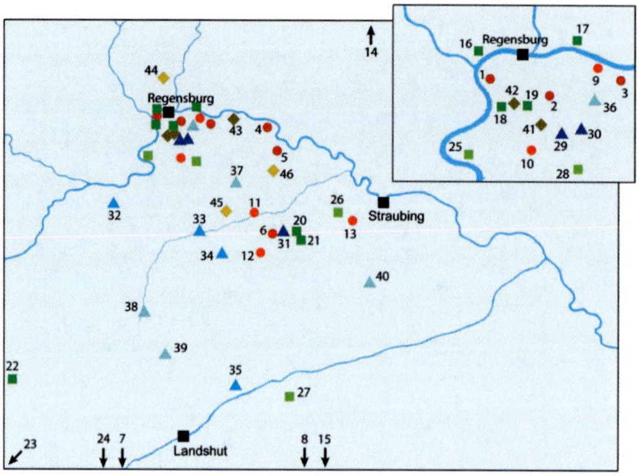


nach Heinz Lieberich: Die bayerischen Landstände 1313/40 - 1807, München 1990

**Hochstift Regensburg**

1 Dechbetten
2 Burgweinting
3 Ober- und Unterbarbing
4 Auburg-Illkofen
5 Geisling
6 Eitting
7 Hohenburg am Inn
8 Niedernaich

**Domkapitel Regensburg**

9 Irl
10 Hinkofen
11 Aufhausen
12 Hofkirchen
13 Oberharthausen
14 Albersdorf
15 Irl bei Mühldorf am Inn

**Sankt Emmeram**

16 Kager
17 Schwabelweis
18 Pentling
19 Oberisling
20 Haindling
21 Gingkofen
22 Ober- und Niederlauterbach
23 Moosinning
24 Vogtareuth

**Prüfening**

25 Oberndorf
26 Buch
27 Mairhof

**Prüll**

28 Kumpfmühle

**Obermünster**

29 Piesenkofen
30 Obertraubling-Tegernheim
31 Sallach-Hadersbach

**Niedermünster**

32 Peterfecking
33 Schierling
34 Oberlindhart
35 Mettenbach

**St. Paul (Mittelmünster)**

36 Harting
37 Moosham
38 Gisseltshausen
39 Unterdörnbach
40 Hailing

**Hl. Kreuz (Bettelorden)**

41 Höfling

**St. Egidien (Deutsch-Ordens-Kommende)**

42 Graß
43 Sarching

**St. Katharinenspital**

44 Aschach
45 Höhenberg
46 Amhof

*Abb. 6 (Dirmeier):* Hofmarken und Propsteien der Regensburger Stifte und Klöster

## Hofmarken des Hochstifts und des Domkapitels

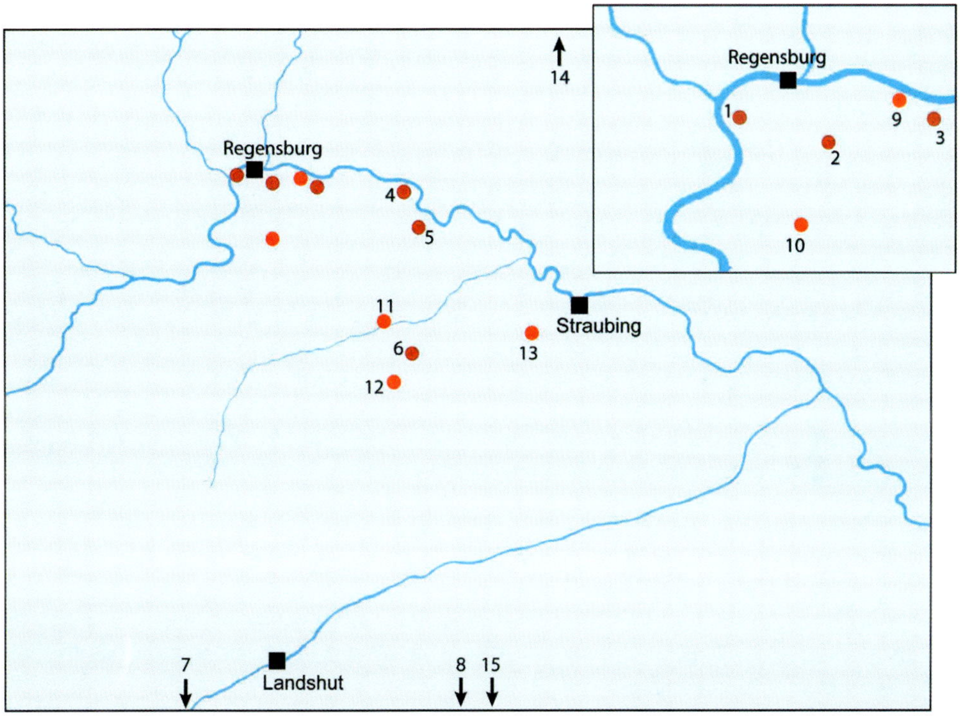


nach Heinz Lieberich: Die bayerischen Landstände 1313/40 - 1807, München 1990

● Hochstift Regensburg

1 Dechbetten
2 Burgweinting
3 Ober- und Unterbarbing
4 Auburg-Illkofen
5 Geisling
6 Eitting
7 Hohenburg am Inn
8 Niedernaich

● Domkapitel Regensburg

9 Irl
10 Hinkofen
11 Aufhausen
12 Hofkirchen
13 Oberharthausen
14 Albersdorf
15 Irl bei Mühldorf am Inn

*Abb. 7 (Dirmeier):* Hofmarken des Bischofs und des Domkapitels von Regensburg

## Hofmarken der Regensburger Benediktiner

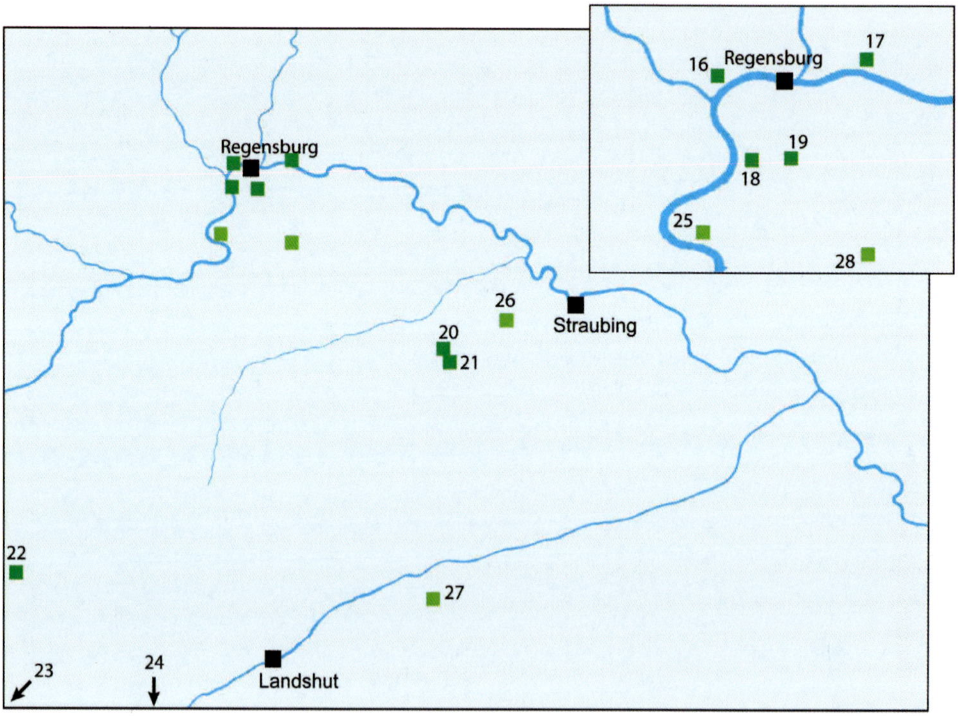


nach Heinz Lieberich: Die bayerischen Landstände 1313/40 - 1807, München 1990

■ Sankt Emmeram

16 Kager
17 Schwabelweis
18 Pentling
19 Oberisling
20 Haindling
21 Gingkofen
22 Ober- und Niederlauterbach
23 Moosinning
24 Vogtareuth

■ Prüfening

25 Oberndorf
26 Buch
27 Mairhof

■ Prüll

28 Kumpfmühle

*Abb. 8 (Dirmeier):* Hofmarken der Regensburger Benediktinerklöster

## Hofmarken der Regensburger Damenstifte

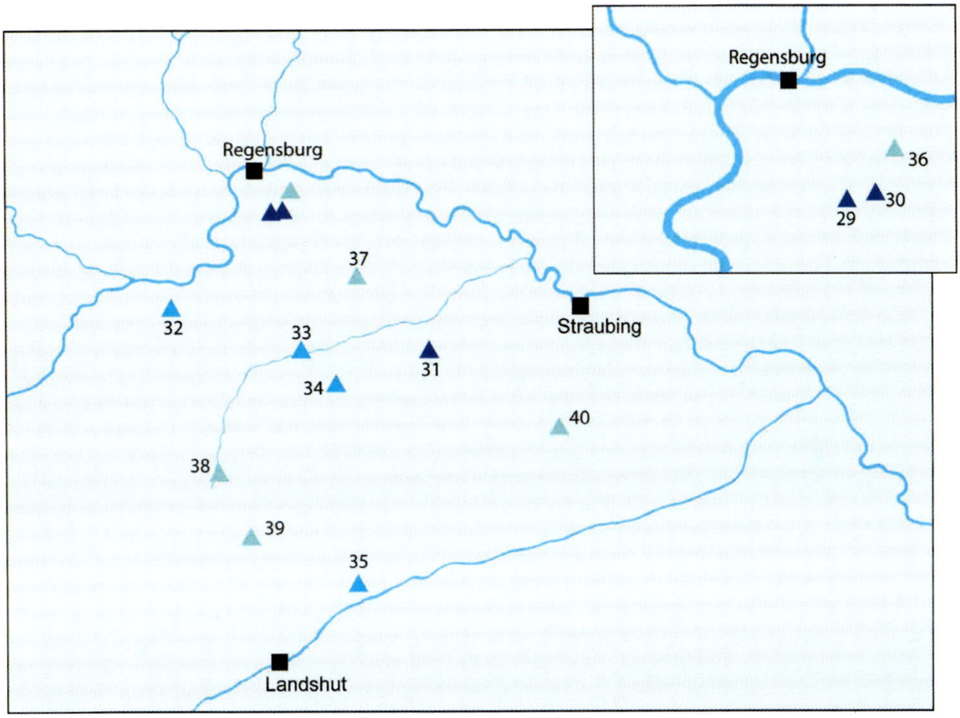


nach Heinz Lieberich: Die bayerischen Landstände 1313/40 - 1807, München 1990

▲ Obermünster

29 Piesenkofen
30 Obertraubling-Tegernheim
31 Sallach-Hadersbach

▲ Niedermünster

32 Peterfecking
33 Schierling
34 Oberlindhart
35 Mettenbach

▲ St. Paul (Mittelmünster)

36 Harting
37 Moosham
38 Gisseltshausen
39 Unterdörnbach
40 Hailing

*Abb. 9 (Dirmeier):* Hofmarken der Regensburger Damenstifte

# Hofmarken der Regensburger Ritterorden, Bettelorden und Hospitäler

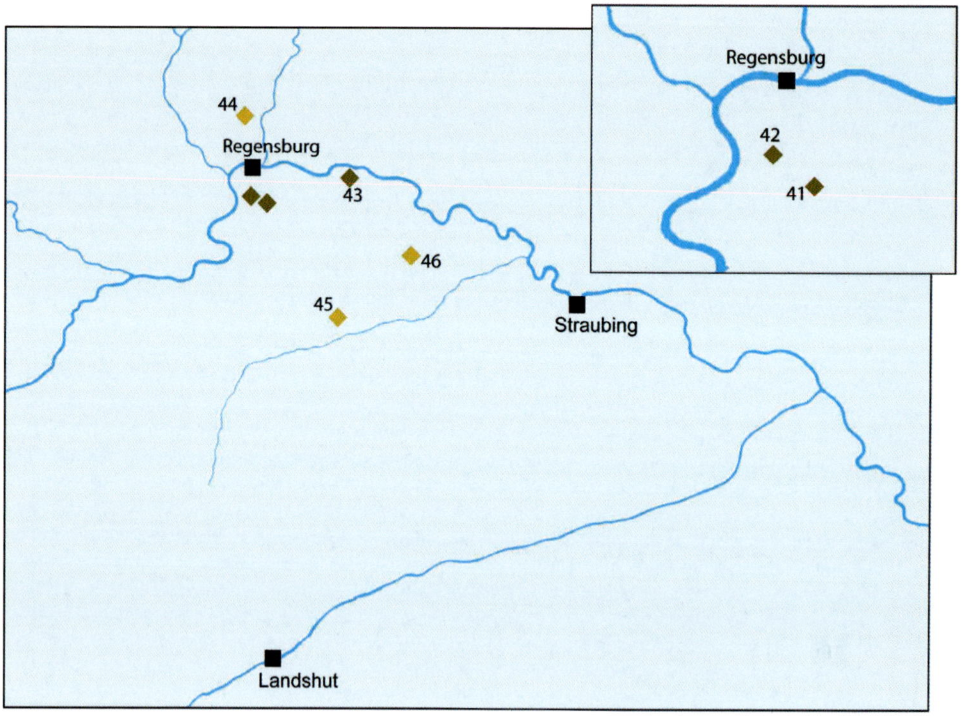


nach Heinz Lieberich: Die bayerischen Landstände 1313/40 - 1807, München 1990

◆ Hl. Kreuz (Bettelorden)

41 Höfling

◆ St. Egidien (Deutsch-Ordens-Kommende)

42 Graß
43 Sarching

◆ St. Katharinenspital

44 Aschach
45 Höhenberg
46 Amhof

*Abb. 10 (Dirmeier):* Hofmarken der Regensburger Ritterorden, Bettelorden und Hospitäler

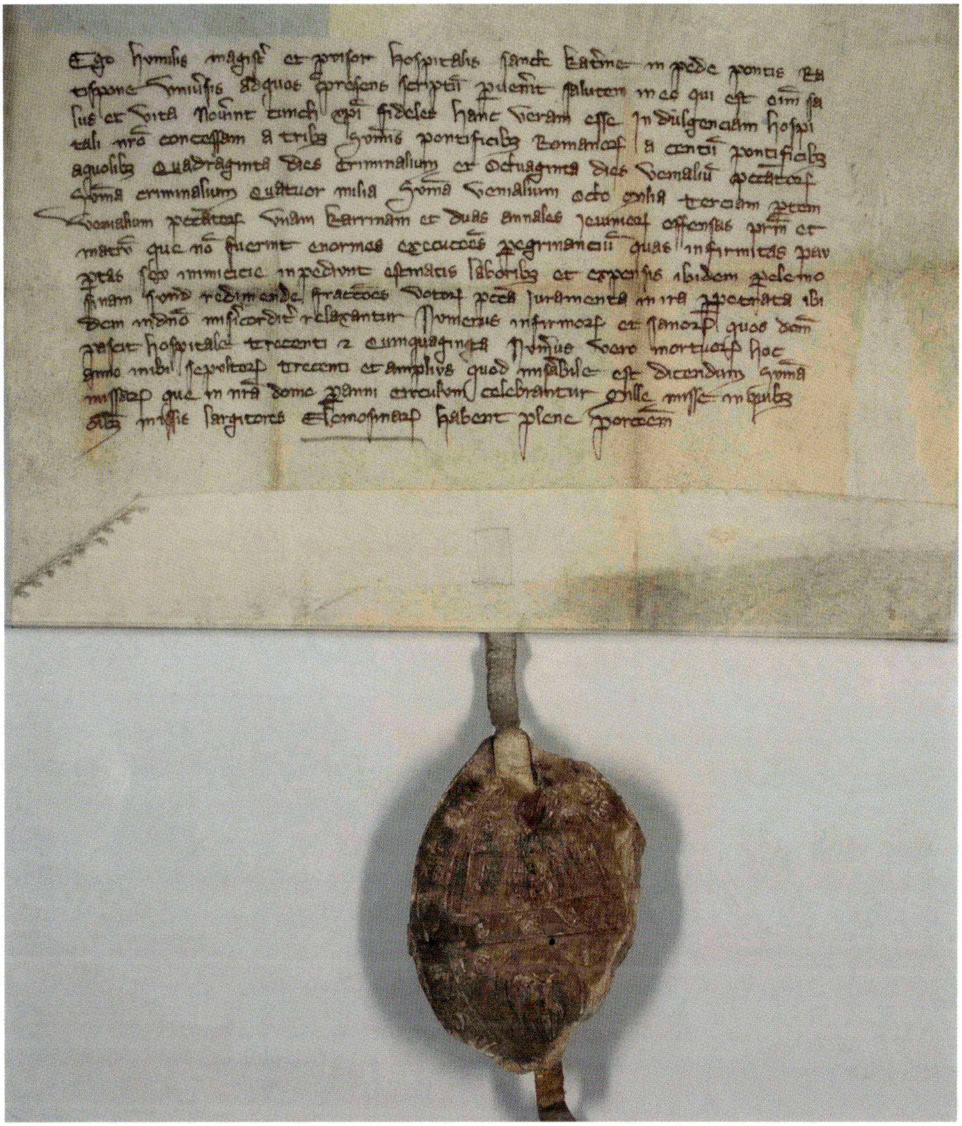

*Abb. 11 (Dirmeier):* „Ausweis“ eines Almosensammlers des St. Katharinenspitals, um 1320

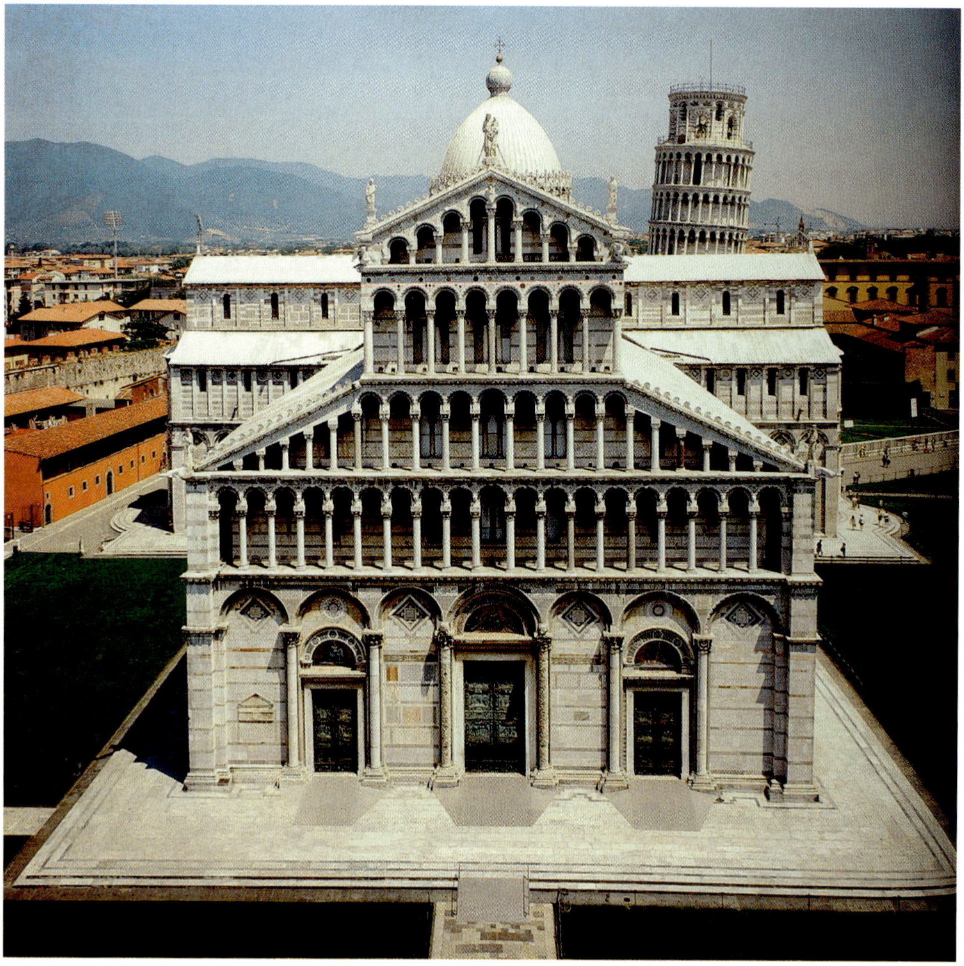

*Abb. 12 (Klein):* Pisa, Dom, Westfassade

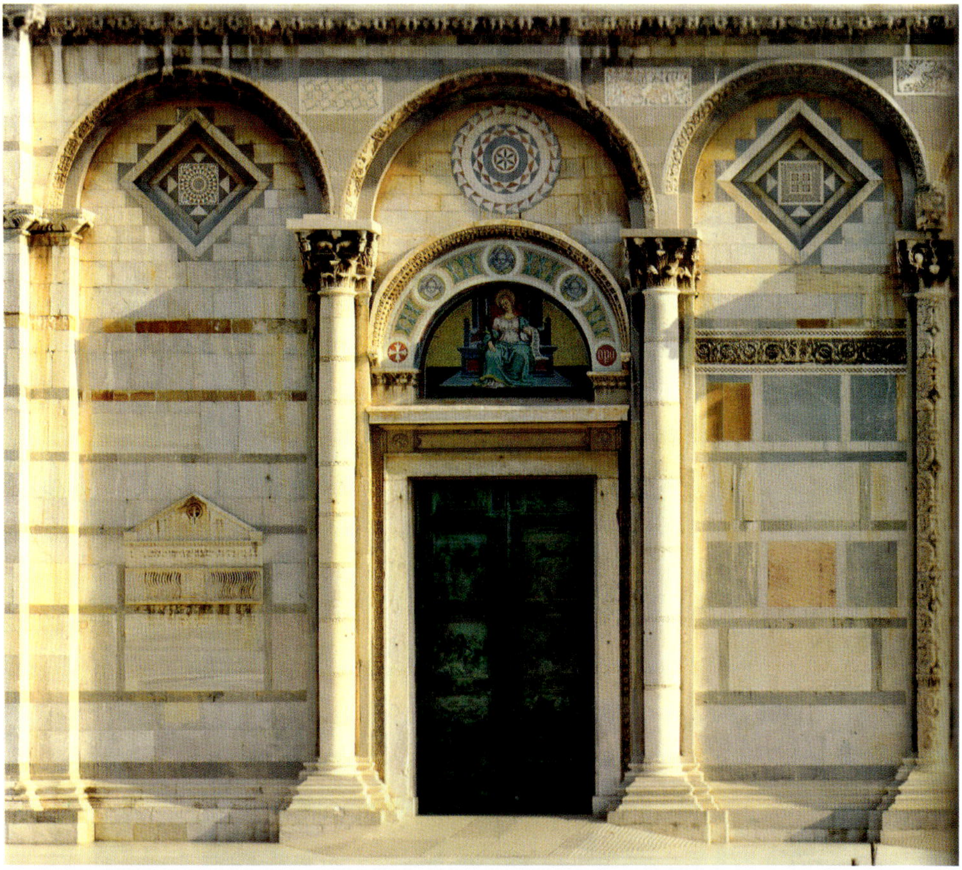

*Abb. 13 (Klein):* Pisa, Dom, Westfassade, nördliches Seitenportal

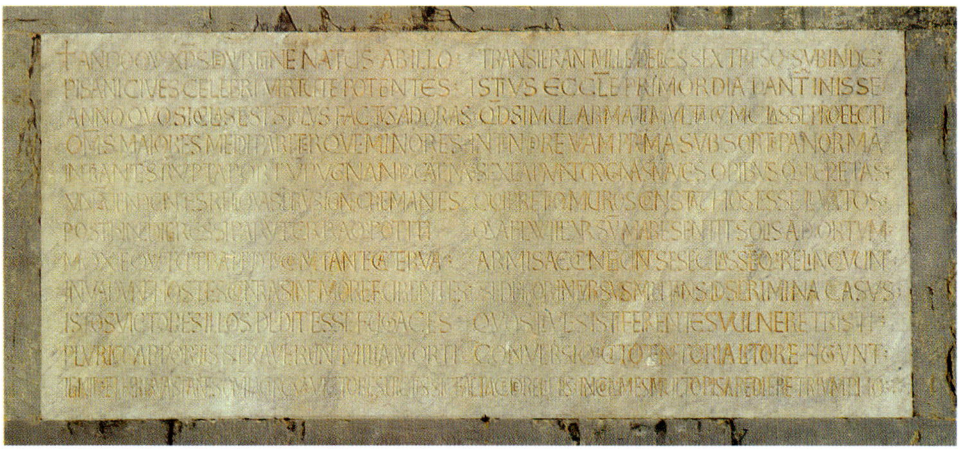

*Abb. 14 (Klein):* Pisa, Dom, Westfassade, Inschrift rechts vom nördlichen Seitenportal

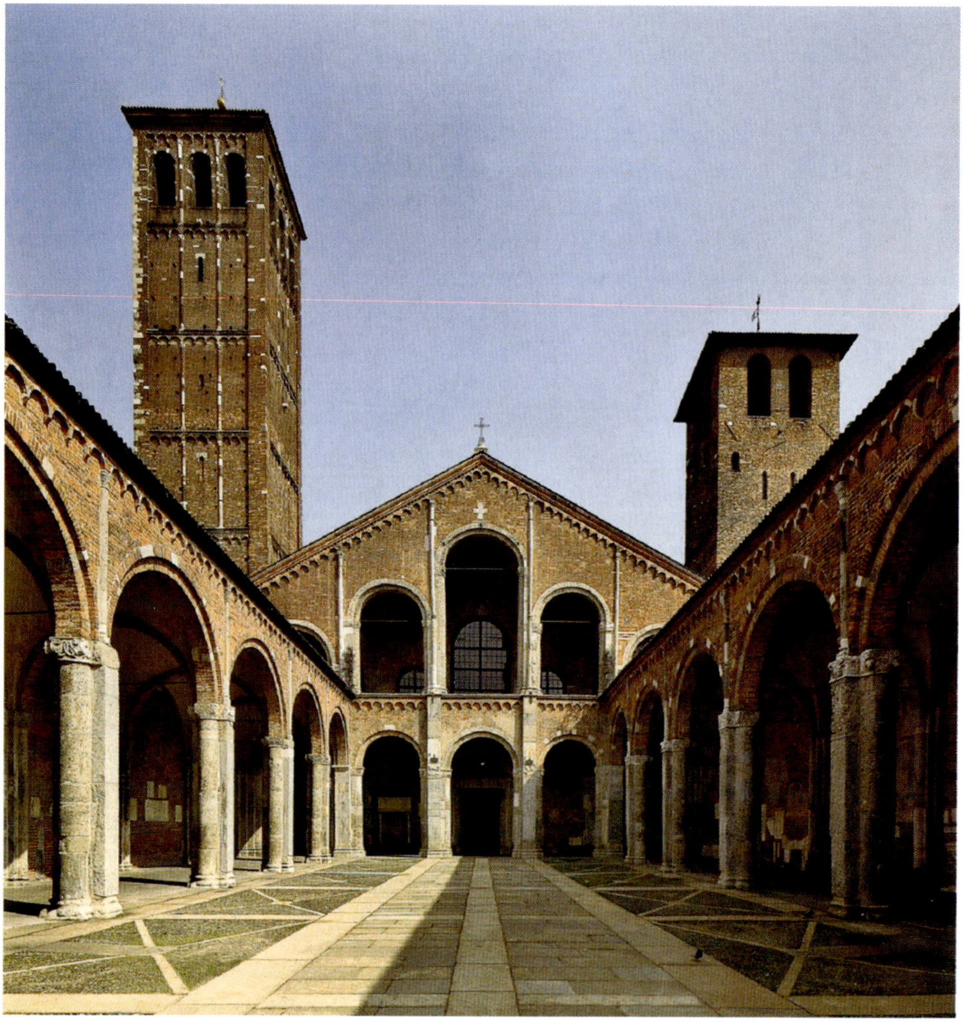

*Abb. 15 (Klein):* Mailand, S. Ambrogio

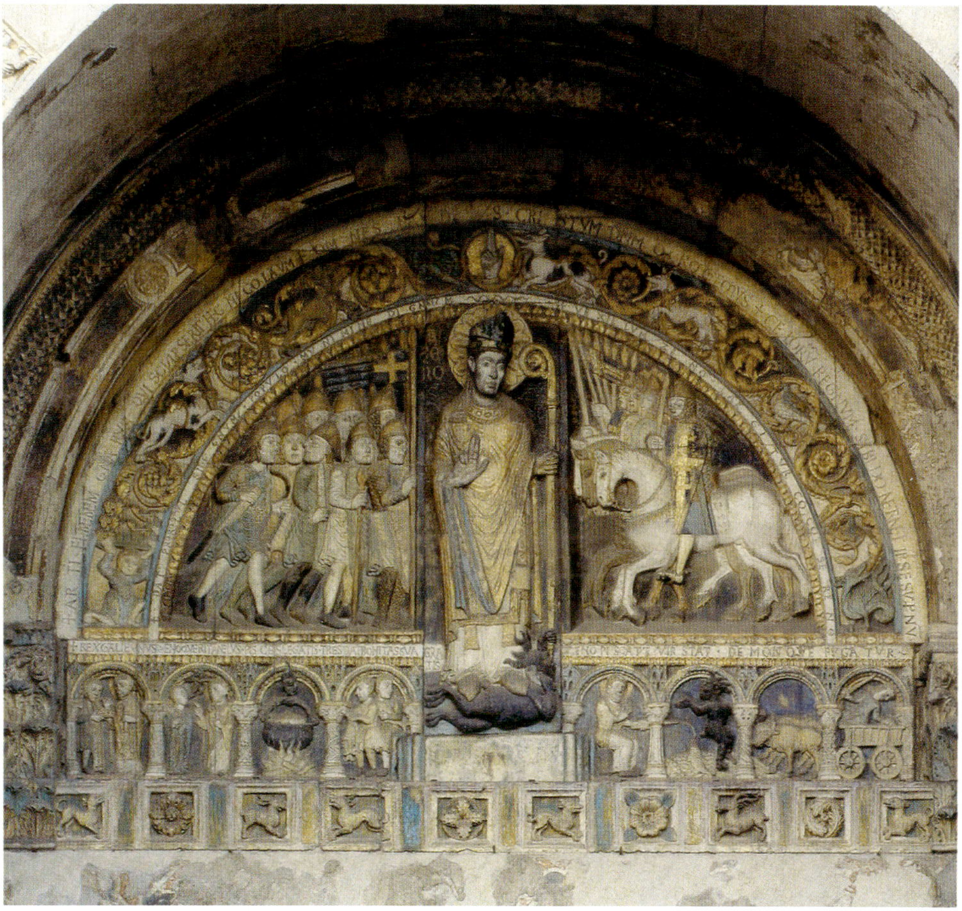

*Abb. 16 (Klein):* Verona, S. Zeno, Tympanon

# Abbildungsnachweis

### Antenhofer

Abb. 1: Christina Antenhofer

Abb. 2: Archivio di Stato di Mantova, Archivio Giovetti, Fotocolor 51; mit freundlicher Genehmigung des Archivio di Stato di Mantova, der Soprintendenza des Palazzo Ducale und des Ministero per i Beni e le Attività Culturali

Abb. 3: Archivio di Stato di Mantova, Archivio Giovetti, Fotocolor 25-5; mit freundlicher Genehmigung des Archivio di Stato di Mantova, der Soprintendenza des Palazzo Ducale und des Ministero per i Beni e le Attività Culturali

Abb. 4: Archivio di Stato di Mantova, Archivio Giovetti, b. 1431bis, c. 849; Foto ASM; mit freundlicher Genehmigung des Archivio di Stato di Mantova und des Ministero per i Beni e le Attività Culturali

### Dirmeier

Abb. 5: Staatsarchiv Nürnberg, Hochstift Eichstätt, Lehensbücher Nr. 8; mit freundlicher Genehmigung des Staatsarchivs Nürnberg

Abb. 6–10: nach Heinz Lieberich: Die bayerischen Landstände 1313/1340–1807, München 1990 (graphische Gestaltung: Regine Büttner)

Abb. 11: Spitalarchiv Regensburg, Urkunden Nr. 1997; mit freundlicher Genehmigung des Spitalarchivs Regensburg

### Klein

Abb. 12: Adriano Peroni, Il Duomo di Pisa (Mirabilia Italiae), Bd. 1, Modena 1995, S. 32, Abb. 1; mit freundlicher Genehmigung von Franco Cosimo Panini Editore S.p.A., Modena

Abb. 13: Adriano Peroni, Il Duomo di Pisa (Mirabilia Italiae), Bd. 1, Modena 1995, S. 42, Abb. 7; mit freundlicher Genehmigung von Franco Cosimo Panini Editore S.p.A., Modena

Abb. 14: Adriano Peroni, Il Duomo di Pisa (Mirabilia Italiae), Bd. 1, Modena 1995, S. 51, Abb. 40; mit freundlicher Genehmigung von Franco Cosimo Panini Editore S.p.A., Modena

Abb. 15: Bernhard Schütz, Klöster, Kulturerbe Europas, München 2004, S. 400; mit freundlicher Genehmigung von Ghigo Roli, Modena

Abb. 16: Poeschke, Joachim (Hg.), Die Skulptur des Mittelalters in Italien. Romanik, Bd. 1, München 1998, Taf. 56; mit freundlicher Genehmigung des Hirmer Verlags, München